現代民法総論［第 3 版］

現代民法総論

齋 藤　修 著

神戸商科大学教授
神戸大学法学博士

［第3版］

信 山 社

現代政治学の検討

第 3 版　序

　第 2 版が刊行されて以後，成年後見制度の実施に伴う民法の改正，消費者契約法（平成12年61号）の制定，中間法人法の制定（平成13年法49号）等のほか諸法が改正された。近時，我が国においても民法に関する諸制度の改革が進み，その立法化が実現してきている。民法は，人・物・金・家族および相続に関する法律であり，社会的経済的構造の変化に伴って日々変容しつつ発展して行くべきものである。

　民法が施行されてすでに103年を経過した。21世紀を迎えた現在，国民の間に権利意識の高揚と法的紛争の増大傾向が顕著に見られるようになり，民法を理解すべき必要性が高くなってきている。本書では，これまでに蓄積された学説および判例の見解を理解し，民法の考え方を学ぶことができるように重要なポイントに絞って叙述した。

　この度，第 3 版を刊行することになったので，本書全体の体系および整合性を保つため，最新の判例および文献ならびに資料も参照して，いくつかの補充を行なうことにした。

　最後に，第 3 版の刊行についても，信山社の今井貴氏のお世話になった。ここに記して心より厚く御礼申し上げる。

平成 13 年 6 月

神戸商科大学研究室にて

齋　藤　　修

第 2 版　序

　平成6年に初版を上梓した本書も，その後の民事訴訟法の全面改正による新民事訴訟法（平成8年法109号）の制定，判例の展開，臓器の移植に関する法律（平成9年法104号）の制定などによって，最新の内容にするため補足や修正を加えることが必要となった。成年後見制度の法改正については，介護保険制度の導入と同時に平成12年4月から施行する予定で現在作業が進行中であり，改正内容の要点を整理しておくこととした。

　全体としては初版の内容のままであるが，本文に大きな加筆を施すことなしに法発展の新しい成果も取り入れて，現在までの学説および判例の水準と到達点を示すことができるようにした。

　最後に，第2版の刊行についても，信山社の今井貴氏のお世話になった。ここに記して心より厚く御礼申し上げる。

平成11年10月

神戸商科大学研究室にて
齋　藤　　修

第1版　序

　本書は，各種の法律問題に日常現実に直面する人々が，民法の制度とその考え方を学ぶための体系書として上梓したものである。大学で民法を学ぶ学生諸君にとっても，民法上の制度や考え方について簡明に理解できる書物があれば，講義を通じて学ぶ場合にも有用であろう。
　法律学を学ぶ上で重要なことは，制度の趣旨および内容を理解し，現実に生起している問題を正確に認識し，的確な判断力を養うことである。民法は，裁判規範であるとともに市民社会において日常適用される行為規範であり，現実の社会生活と密接に関連している。民法を理解することは，社会の構成員として必須の常識ともいえる。好むと好まざるとにかかわらず，民法が法規範として存在し，紛争解決のための最終的な基準として適用されるものである以上，その内容を理解しておくことは極めて有意義である。現代社会における価値観の多様化と各種の利害関係の複雑化に伴い，紛争の増大傾向が見られ，健全な市民生活を維持するためには，法的根拠に視点を置いた紛争の予防と解決を図らなければならない。社会は今後もますます複雑になり，利害の対立が不可避となり，その結果，種々の紛争も増加することになるであろう。
　法律学を学ぶことは，紛争の予防という観点からも重要な意義を有している。法律学は，人類の知恵の結晶である。何が衡平で，何が正義に適うかを追究する学問である。そこには，常に調和を求め，法的安定性を尊重するとともに具体的妥当性を実現しようとした先哲の努力と知恵の輝きがある。民法を学ぶことは，市民社会を理解し，人間社会における紛争の暗闇に光明を見い出すために極めて有意義である。民法が施行されて95年の歳月が流れた。判決という形式で示された多数の判例および著書や論文という形式で表わされた多数の研究成果が，民法の全領域において蓄積されている。本書では，これらの現在までの到達点とされる通説および判例の考え方については，できるだけ簡明に説明するように心がけた。

神戸商科大学の教壇に立って民法を講義するようになってから15年の歳月が流れた。私が，学究としての道を歩めるようになったのは，恩師である神戸大学名誉教授西原道雄先生および関西大学元学長（現在名誉教授）明石三郎先生との出会いと御指導の賜物である。青年時代から今日に至るまで，両先生から多くの御指導をいただいた。本書の刊行がその学恩に報いるささやかな一里塚となるならば，幸いこれに過ぐるものはない。その学恩に対し，謹んで心からの感謝を申し上げる。

　本書によって，1人でも多くの人々が，民法を理解し，民法を身近なものとして感じるようになっていただければ望外の喜びである。

　最後に，本書の刊行に際しては，信山社の今井貴氏より御厚志を賜った。ここに記して，心より厚く御礼申し上げる。

　平成5年11月

神戸商科大学研究室にて

齋　藤　　　修

目　次

第 3 版　序
第 2 版　序
第 1 版　序

第 1 章　民法の意義 …………………………… 1
［1］　私法と公法 ……………………………………… 1
［2］　民法の法源 ……………………………………… 3
　　1　法源の意義 (3)
　　2　民法の法源 (3)
［3］　民法典の沿革 …………………………………… 4
　　1　民法典の編纂 (4)
　　2　民法典制定後の改正 (7)
　　3　特別法の制定 (9)
　　　(1) 抵当制度の展開 (9)　　(2) 不動産利用権の保護 (10)
　　　(3) 労働者の保護 (15)　　(4) 消費者の保護 (17)
［4］　民法の構成 …………………………………… 19
　　1　民法の構成 (19)
　　2　特 別 民 法 (20)
［5］　民法の基本原理 ……………………………… 21
　　1　私的自治の原則 (21)
　　2　所有権絶対の原則 (21)
　　3　過失責任の原則 (22)
［6］　基本原理の修正 ……………………………… 22
［7］　現代民法の指導原理 ………………………… 24
　　1　意　義 (24)
　　2　私権の社会性 (24)

　　　　　　A　公共の福祉の原則 (*25*)
　　　　　　B　信義誠実の原則 (*25*)
　　　　　　　(1) 沿　革 (*25*)　　(2) 意　義 (*26*)
　　　　　　C　権利濫用禁止の原則 (*31*)
　　　　　　　(1) 意義と沿革 (*31*)　(2) 要　件 (*33*)　(3) 効　果 (*34*)
　　　　3　3原則相互の関係 (*39*)
　　　　　　(1) 1条1項、2項、3項の関係 (*39*)
　　　　4　自力救済 (*40*)
　　　　　　(1) 意　義 (*40*)　　(2) 要　件 (*41*)
　　[8]　民法の解釈……………………………………………42
　　　　1　意　義 (*42*)
　　　　2　解釈の方法・技術 (*43*)
　　　　3　解釈の理想 (*45*)
　　　　4　解釈の基準 (*46*)

第2章　権利の主体 ……………………………………47

　　[1]　自　然　人…………………………………………47
　　　　1　権利能力 (*47*)
　　　　　　(1) 権利能力の意義 (*47*)　(2) 権利能力の発生 (*49*)　(3) 胎児の権利能力 (*49*)　(4) 胎児の死亡と父母の慰謝料 (*51*)
　　　　　　(5) 権利能力の消滅 (*52*)　(6) 外国人の権利能力と行為能力 (*54*)
　　　　2　行為能力 (*56*)
　　　　　　(1) 意思能力と行為能力 (*56*)　(2) 制限能力者 (*57*)
　　　　3　無能力者制度から制限能力者へ (*60*)
　　　　　　(1) 制限能力者制度の意義 (*60*)　(2) 制限能力者の種類 (*61*)
　　　　4　未成年者 (*61*)
　　　　　　(1) 成年期 (*61*)　(2) 未成年者の能力 (*63*)　(3) 法定代理人 (*64*)
　　　　5　成年後見制度 (*66*)

(1) 法定後見制度（66）　(2) 任意後見制度（66）
　6　成年被後見人（68）
　　　(1) 成年被後見人の意義（68）　(2) 後見開始の審判の要件（68）　(3) 審判の手続き（69）　(4) 成年被後見人の能力（69）　(5) 成年後見人（69）　(6) 成年後見監督人（70）　(7) 後見開始の審判の取消（70）
　7　被保佐人（70）
　　　(1) 被保佐人の意義（70）　(2) 保佐開始の審判の要件（71）　(3) 保佐開始の審判の手続き（71）　(4) 被保佐人の能力（71）　(5) 保佐人（74）　(6) 保佐開始の審判の取消（76）
　8　被補助人（76）
　　　(1) 補助開始の審判の要件（76）　(2) 補助人（77）　(3) 代理権付与の審判（77）　(4) 同意権付与の審判（77）　(5) 補助開始の審判の取消（77）　(6) 開始の審判相互の調整（78）
　9　制限能力者の相手方の保護（78）
　　　(1) 趣旨（78）　(2) 催告権（78）　(3) 詐術による取消権の排除（79）　(4) 詐術による場合の効果（80）
　10　住　所（81）
　　　(1) 住所の意義（81）　(2) 民事法上の効果（82）　(3) 住所の個数（82）　(4) 居所と仮住所（82）　(5) 本籍および住民票（83）
　11　不　在　者（83）
　　　(1) 制度の趣旨（83）　(2) 不在者の財産管理制度（85）　(3) 財産管理の終了（87）
　12　失踪宣告（87）
　13　認定死亡（92）

[２]　法　人 ……………………………………… 93
　1　法人の意義および本質（92）
　　　(1) 法人擬制説（94）　(2) 法人否認説（95）　(3) 法人実在説（95）

2　法人の種類(96)

(1)　社団法人と財団法人(96)　　(2)　公益法人と営利法人(97)
(3)　中間法人(97)　　(4)　特殊法人と認可法人(98)　　(5)　公法人と私法人(99)

3　権利能力なき社団・財団(99)

(1)　意　義(99)　　(2)　法律関係(101)　　(3)　権利能力なき財団(105)

4　法人の設立(105)

(1)　設立の主義(105)　　(2)　社団法人設立の要件(106)　　(3)　財団法人設立の要件(109)　　(4)　特定非営利活動団体(110)
(5)　民法法人でない者の名称使用禁止(111)　　(6)　法人の登記(111)

5　法人の権利能力および行為能力(113)

(1)　法人の権利能力(113)　　(2)　法人の行為能力(116)

6　法人の不法行為責任(121)

(1)　法人の不法行為能力(121)　　(2)　不法行為の成立要件(122)　　(3)　機関個人の責任(127)

7　法人の機関(129)

(1)　機関の意義(129)　　(2)　理　事(129)　　(3)　監　事(136)　　(4)　社員総会(137)　　(5)　社員の地位（社員権）(138)

8　法人の消滅(139)

(1)　法人の解散(139)　　(2)　清　算(141)

9　法人の監督(145)

10　外国法人(146)

(1)　外国法人の意義(146)　　(2)　外国法人の認許(146)　　(3)　外国法人の登記(147)

第3章　権利の客体 ………………………………… 149

［1］ 物の意義 ………………………………… 149
  1　権利と客体と物（149）
  2　有体物（149）
  3　支配可能性（151）
  4　非人格性（151）

［2］ 物の独立性 ………………………………… 152
  1　一物一権主義（152）
  2　集合物（153）

［3］ 物 の 分 類 ………………………………… 155
  (1) 単一物・合成物・集合物（155）　(2) 融通物・不融通物（155）　(3) 可分物・不可分物（156）　(4) 消費物・非消費物（156）　(5) 代替物・不代替物（156）　(6) 特定物・不特定物（157）

［4］ 動産と不動産 ………………………………… 157
  1　意　義（157）
  2　不動産（158）
  (1) 土　地（158）　(2) 土地の定着物（160）　(3) 建　物（161）　(4) 立　木（163）
  3　動　産（164）
  (1) 意　義（164）　(2) 無記名債権（165）　(3) 貨　幣（165）
  4　法律上の取扱いの差異（166）

［5］ 主物と従物 ………………………………… 167
  1　区別の理由（167）
  2　従物の要件（168）
  3　効　果（169）

［6］ 元物と果実 ………………………………… 170

1　意　義 (*170*)
　　2　天然果実 (*171*)
　　3　法定果実 (*171*)

第4章　権利の変動 …………………………… *173*

[1]　私権の得喪および変更 …………………… *173*

　　1　権利の取得 (*173*)
　　2　権利の喪失および変更 (*174*)
　　3　法律要件と法律事実 (*174*)

[2]　法 律 行 為 ………………………………… *175*

　　1　法律行為自由の原則 (*175*)
　　2　法律行為と意思表示 (*177*)
　　　(1)　法律行為の意義 (*177*)　(2)　意思表示 (*177*)
　　　(3)　法律行為の分類 (*177*)　(4)　法律行為の成立要件と効力要件 (*180*)

[3]　法律行為の内容 …………………………… *181*

　　1　意　義 (*181*)
　　2　内容の確定（法律行為の解釈）(*181*)
　　　(1)　解釈の意義 (*181*)　(2)　解釈の基準 (*181*)　(3)　法律行為の解釈は事実問題か法律問題か (*187*)
　　3　内容の実現可能性 (*188*)
　　　(1)　実現可能性 (*188*)　(2)　不能の意義 (*188*)
　　4　内容の適法性 (*189*)
　　　(1)　強行法規と取締法規 (*189*)　(2)　判例の見解 (*190*)　(3)　脱法行為 (*192*)
　　5　内容の社会的妥当性 (*194*)
　　　(1)　公序良欲の意義 (*194*)　(2)　公序良俗に反する事項を目的とする法律行為の意義 (*195*)　(3)　公序良俗に関する判例の分類 (*196*)

[4] 意思表示 …………………………………………… 205

1 意 義（205）
　(1) 意思表示の成立（205）　(2) 意思表示の効力（207）

2 意思の欠缺（207）
　(1) 心裡留保（208）　(2) 虚偽表示（209）
　(3) 錯　誤（220）

3 瑕疵ある意思表示（235）
　(1) 意　義（235）　(2) 詐欺による意思表示（235）
　(3) 強迫による意思表示（241）　(4) 消費者契約法による保護（244）

4 意思表示の効力発生時期と受領能力（245）
　(1) 意思表示の効力発生時期（245）　(2) 到達主義（246）
　(3) 公示の方法による意志表示（248）　(4) 意思表示の受領能力（248）

[5] 代　理 …………………………………………… 249

1 総　説（249）
　(1) 代理制度の意義（249）　(2) 代理の本質（250）
　(3) 代理における三面関係（251）　(4) 代理と委任（252）
　(5) 代理と類似の制度（253）　(6) 代理の適用範囲（256）
　(7) 代理の分類（257）

2 代理権（258）
　(1) 代理権の発生原因（258）　(2) 代理権授与行為（授権行為）（258）　(3) 代理権の範囲（263）　(4) 権限の定めのない代理人の権限（264）　(5) 共同代理（265）　(6) 自己契約と双方代理の禁止（266）

3 代理行為（270）
　(1) 代理意思の表示（270）　(2) 代理行為の瑕疵（273）
　(3) 代理人の能力（275）　(4) 代理行為の効果（276）

4 復代理（276）

(1) 復代理の意義(*276*)　(2) 復任権(*276*)　(3) 復代理人の地位(*277*)

5　代理権の消滅(*279*)

(1) 代理権の消滅原因(*279*)　(2) 共通の消滅原因(*279*)　(3) 任意代理に特有の消滅原因(*280*)　(4) 復代理権の消滅原因(*281*)

6　無 権 代 理(*281*)

(1) 無権代理の意義(*281*)　(2) 無権代理の効果(*282*)　(3) 無権代理人の責任(*284*)　(4) 無権代理人と本人の地位の融合(*287*)

7　表 見 代 理(*292*)

(1) 表見代理制度の基礎(*292*)　(2) 代理権授与の表示による表見代理(*293*)　(3) 代理権限踰越による表見代理(*298*)　(4) 代理権消滅による表見代理(*310*)

[6]　無効と取消 ……………………………………*312*

1　序　論(*312*)

2　無　効(*313*)

(1) 無効の意義(*313*)　(2) 無効の効果(*313*)　(3) 無効行為の追認（無効の確定性）(*313*)　(4) 一部無効(*315*)　(5) 無効行為の転換(*316*)

3　取　消(*317*)

(1) 取消の意義(*317*)　(2) 取消権者(*318*)　(3) 取消の方法(*320*)　(4) 取消の効果(*320*)　(5) 取消しうべき行為の追認(*322*)　(6) 法定追認(*323*)　(7) 取消権の短期消滅(*324*)

[7]　条件および期限 ………………………………*325*

1　序　論(*325*)

2　条　件(*326*)

(1) 条件の意義(*326*)　(2) 条件に親しまない行為(*327*)　(3) 条件付法律行為の効力(*328*)　(4) 条件の成否確定後の

効力（*329*）　(5)　条件の成否確定前の効力（*330*）　(6)　条件成就の妨害（*331*）

 3　期　　限（*332*）

  (1)　期限の意義（*332*）　(2)　期限付法律行為の効力（*333*）　(3)　期限の利益（*333*）

第5章　期　　間 ……………………………………………*337*

［1］　期間の意義 ……………………………………………*337*
［2］　期間の計算方法 ………………………………………*337*

(1)　期間の計算方法（*337*）　(2)　時・分・秒を単位とする期間の計算法（*337*）　(3)　日・週・月・年を単位とする期間の計算法（*338*）　(4)　期間の満了点（*338*）

第6章　時　　効 ……………………………………………*341*

［1］　時効制度の意義 ………………………………………*341*

(1)　時効の意義（*341*）　(2)　時効制度の存在理由（*342*）　(3)　時効の法的構成（*345*）　(4)　時効の遡及効（*347*）　(5)　除斥期間（*348*）

［2］　時効の援用 ……………………………………………*349*

(1)　援用の法的性質（*349*）　(2)　援用権者（*349*）　(3)　援用の方法（*351*）　(4)　援用の効力（*352*）　(5)　援用権の濫用（*353*）

［3］　時効の利益の放棄 ……………………………………*353*

(1)　立法趣旨（*353*）　(2)　時効完成前の時効利益の放棄（*353*）　(3)　時効完成後の時効利益の放棄（*354*）　(4)　時効完成後の援用権の喪失（*354*）　(5)　時効の利益の放棄の効果（*356*）

［4］　時効の中断 ……………………………………………*356*

(1)　時効中断の意義（*356*）　(2)　時効の中断事由（*357*）　(3)　時効中断の効果（*366*）

［5］ 時効の停止 ……………………………………… *368*
  (1) 意　義（*368*)　　(2) 停止事由（*368*）

［6］ 取 得 時 効 …………………………………………… *369*
 1　取得時効の意義（*369*）
 2　所有権の取得時効の要件（*370*）
  (1) 占　有（*370*)　　(2) 時効期間（*373*)　　(3) 自然中断（*376*）
 3　所有権の取得時効の効果（*376*）
  (1) 所有権の原始取得（*376*)　　(2) 対抗要件（*377*）
 4　所有権以外の財産権の取得時効（*379*）

［7］ 消 滅 時 効 …………………………………………… *380*
 1　消滅時効の意義（*380*）
 2　債権の消滅時効の要件（*381*）
  (1) 権利の不行使（*381*)　　(2) 時効期間（*383*）
 3　債権以外の財産権の消滅時効（*387*）
  (1) 債権または所有権でない財産権（*387*)　　(2) 存続期間が定められている形成権（*387*）
 4　確定判決などで確定した権利の消滅時効（*388*）

事項索引（巻末）
判例索引（巻末）
条文索引（巻末）

文　献

1　体　系　書

吾妻光俊『民法総則』〔昭和 34 年　弘文堂〕
五十嵐清＝泉久雄＝鍛治良堅＝甲斐道太郎＝稲本洋之助＝川井健＝高木多喜男『民法講義 1 総則』〔昭和 51 年　有斐閣〕
幾代　通『民法総則〔第 2 版〕』〔昭和 59 年　青林書院〕
石田喜久夫『口述民法総則〔第 2 版〕』〔平成 10 年　成文堂〕
石田喜久夫編『現代民法講義』〔昭和 60 年　法律文化社〕
石田　穣『民法総則』〔平成 4 年　悠々社〕
石本雅男『民法総則』〔昭和 37 年　法律文化社〕
内田　貴『民法 1（総則・物権総論）〔第 2 版補訂版〕』〔平成 12 年　東京大学出版会〕
遠藤　浩『民法総則』〔昭和 56 年　日本評論社〕
遠藤浩＝川井健＝原島重義＝広中俊雄＝水本浩＝山本進一編『民法(1) 総則〔第 4 版増補補訂版〕』〔平成 12 年　有斐閣〕
近江幸治『民法講義Ⅰ（民法総則）〔第 3 版〕』〔平成 13 年　成文堂〕
大村敦志『民法総論』〔平成 13 年　岩波書店〕
大村敦志『基本民法Ⅰ総則・物権総論』〔平成 13 年　有斐閣〕
於保不二雄『民法総則講義』〔昭和 26 年　有信堂〕
川井　健『民法概論 1（民法総則）〔第 2 版〕』〔平成 12 年　有斐閣〕
川島武宜『民法総則』（法律学全集）〔昭和 40 年　有斐閣〕
北川善太郎『民法総則（民法綱要 1）〔第 2 版〕』〔平成 13 年　有斐閣〕
近藤英吉『民法大綱』〔昭和 13 年〜14 年　巖松堂〕
四宮和夫『民法総則〔第 4 版〕』〔昭和 61 年　弘文堂〕
四宮和夫＝能見善久『民法総則〔第 5 版増補版〕』〔平成 12 年　弘文堂〕
鈴木禄弥『民法総則講義』〔昭和 59 年　創文社〕
富井政章『民法原論　第 1 巻　総論』（大正 11 年版復刻）〔昭和 60 年　有斐閣〕
鳩山秀夫『日本民法総論』〔昭和 2 年　岩波書店〕
林良平編『民法総則』〔昭和 61 年　青林書院〕

舟橋諄一『民法総則』〔昭和28年 弘文堂〕
星野英一『民法概論Ⅰ（序論・総則）』〔昭和46年 良書普及会〕
本城武雄＝山脇一海編『民法総則』〔昭和59年 嵯峨野書院〕
松坂佐一『民法提要 総則〔第3版増訂〕』〔昭和57年 有斐閣〕
森泉　章『新版民法総則講義』〔昭和52年 一粒社〕
山中康雄『民法総則講義』〔昭和30年 青林書院〕
山本敬三『民法講義Ⅰ総則』〔平成13年 有斐閣〕
米倉　明『民法講義総則(1)』〔昭和59年 有斐閣〕
柚木　馨『判例民法総論（上巻）』〔昭和26年 有斐閣〕
柚木　馨『判例民法総論（下巻）』〔昭和27年 有斐閣〕
柚木　馨『民法総論』〔昭和38年 青林書院新社〕
我妻　栄『新訂民法総則（民法講義Ⅰ）』〔昭和40年 岩波書店〕
我妻栄＝有泉亨『民法Ⅰ　総則・物権法〔第5版〕』〔平成12年　一粒社〕

2　注　釈　書

梅謙次郎『訂正増補民法要義 巻之1 総則編』（明治44年版復刻）〔昭和59年 有斐閣，初版 昭和62年復刻 信山社〕
岡松参太郎『註釈民法理由 総則編』〔明治29年 有斐閣書房〕〔昭和62年復刻版 信山社〕
鳩山秀夫『法律行為乃至時効』（註釈民法全書 第2巻）〔大正7年 巖松堂〕
遠藤浩編『基本法コンメンタール民法総則〔3版〕』〔昭和62年 日本評論社〕
谷口知平＝松本保三＝山本一郎＝田畑豊＝松岡久和著『民法総則・物権法（新版）ポケット註釈全書』〔昭和61年 有斐閣〕
谷口知平編『注釈民法(1)』〔昭和39年 有斐閣〕
林　良平編『注釈民法(2)』〔昭和49年 有斐閣〕
川島武宜編『注釈民法(3)』〔昭和48年 有斐閣〕
於保不二雄編『注釈民法(4)』〔昭和42年 有斐閣〕
川島武宜編『注釈民法(5)』〔昭和42年 有斐閣〕
谷口知平・石田喜久夫編『新版注釈民法(1)』〔昭和63年 有斐閣〕
林　良平・前田達明編『新版注釈民法(2)』〔平成2年 有斐閣〕
遠藤浩＝水本浩＝北川善太郎＝伊藤滋夫編『民法注解財産法（第1巻 民法総

則)』〔平成元年　青林書院〕
篠塚昭次=前田達明編『新・判例コンメンタール民法１〜２』〔平成３年　三省堂〕

3　その他

遠藤浩=川井健=西原道雄編『演習民法（総則・物権）』〔昭和46年　青林書院新社〕
奥田昌道他編『民法学１』〔昭和51年　有斐閣〕
広中俊雄・星野英一編『民法典の百年Ⅰ〜Ⅱ』〔平成10年　有斐閣〕
星野英一編集代表『民法講座１』〔昭和59年　有斐閣〕

第1章　民法の意義

〔1〕　私法と公法

　私法と公法と区別する可能性と必要性については，古くより議論がある。私法と公法との区別の問題は，社会構造における政治的・経済的・社会的背景を前提として生じており，国家・社会に対する認識について差がある限り，定説は存在しえない問題である。実定法としての民法，商法等が私法に属し，憲法，行政法，刑法，民事訴訟法，刑事訴訟法などが公法に属すると考えることについては異論はないが，私法と公法とを区別する理論的基準については，現在においても種々に論じられている。

　従前の学説は，次のように述べている。第1説（利益説）は，ローマの古典法学者ウルピアヌス（Ulpianus）の「公法はローマ国家の組織に関する法であり，私法は個人の利益に関する法である」(D.1,1,1,2)とする見解に基づくものである。すなわち，法律関係の対象となっている利益を基準として，国家・社会の利益擁護を目的とするものが公法であり，社会の構成員である個人の利益保障を目的とするものが私法であるとする見解である。しかし，法秩序は，人類の社会生活を保障することを目的としており，私法の規定が直接には個人の利益を保障することを目的としている場合にも，結局のところ社会全体の利益を保障することになるのであり，その間に明確な区別を認めることは困難である。第2説（主体説）は，法律関係の主体を基準として，公法は国家・公共団体相互の関係および国家と個人との関係を規律する法であり，私法は個人相互の関係を規律する法であるとする。しかし，この見解によれば，国家や公共団体が個人と売買や請負といった契約をなす場合を公法関係と捉えざるをえない不都合が生じる。第3説（性質説）は，私法を平等関係の法，公法を権力服従関係の法として，法律関係の性質に基づく区別をする見解である。すなわち，私法は相

互に同等な関係にある人々の間の法律関係を規律し，公法は相互に上下関係にある人々の間の法律関係を規律すると捉える。この見解によれば，国家や公共団体が統治主体としての活動としてではなく，経済活動における取引主体として個人と法律関係をもつ場合を私法の規律対象として捉えることが可能であるが，国際法についても平等に国家相互の関係を定める法であるため私法に属すると考えざるをえないことになると批判されている。第4説（生活関係説）は，公法は国民としての公的生活関係を規律する法であり，私法は私人としての私的生活関係を規律する法であるとする。この見解に対しても，内容によっては生活関係によって明確に区別することが困難な場合があるとの批判がある。しかし，この分類は，区別の基準として明解であり，大部分の場合には妥当するところから極めて有用である。

　旧憲法下においては，国または地方公共団体の法律関係に係わる事件は行政事件として行政裁判所が管轄し，民事事件を扱う司法裁判所に提訴することは認められず，公法と私法との区別は手続上も重要な意義を有していた。しかし，新憲法下では，いずれも司法裁判所で扱われるため私法と公法を区別する実際上の意義は著しく減少している。社会関係が私法関係に属するか公法関係に属するかを決定した上で，私法と公法とを区別して適用する方法は，現実の問題を処理するのに妥当ではない場合があり，具体的な社会関係の実態や実定法規定の趣旨から，適用すべき法律が何であるかを判断して法律の適用を考えるべきである。例えば，弁済供託における供託物の取戻請求権の消滅時効の期間に関して，供託上の法律関係は公法関係であるから，供託金の取戻請求権は会計法30条により5年であるとするのではなく，弁済供託が民法上の寄託契約の性質を有するものであることから，供託金の取戻請求権の消滅時効は民法の規定により，10年をもって完成すると解する場合（最大判昭45・7・15民集24巻7号771頁）がこれに該当する。

〔2〕 民法の法源

1 法源の意義

　民法の法源が何かについては，議論のあるところである。第1に，民法が存在する形態または形式をいい，第2に，法の適用という観点から，裁判官が準拠すべき法を認識する手段をいう。両者は密接に関連しているが，前者は社会の構成員にとっての行為規範として，後者は裁判官が法による紛争解決のために適用すべき裁判規範として認識するうえで重要な意義を有している。

　法は，まず慣習法や判例法といった文字に表わされない不文法の集積として生じた後に，文字に表わされた成文の統一的な法律として制定されるという発展過程を経るのが通例である。わが国は，ドイツ，フランス，スイスなどのヨーロッパ大陸諸国の法と同じく，法源を法典として文書の形式で表わす成文法主義を採っている。これに対して，イギリス，アメリカなどでは，判例法主義を採り，判例法が主たる法源とされ，制定法は判例法を前提として構成されている。社会の発展に伴う紛争の増大と法の複雑化は，制定法の重要性を増大させる傾向にあり，特に，私法的取引に対する公的規制の強化の必要性によって，制定法の法源としての意義が高まってきている。成文法主義は，法律の存在と内容を明確にさせるとともに検索にも優れており，法的安定性を確保しやすいという長所を有する反面，現実の社会事情の変化や発展に柔軟に対応し難いという短所を有している。

2 民法の法源

　成文法主義のもとでは，制定法が主たる法源である。わが国の民法の法源には，①民法典，②民法典以外の成文の特別民法，③慣習民法，④判例民法がある。前の二者は，国家の立法機関が制定した成文法であり，後の2者は，慣習や裁判所の判決の集積により生じた不文法である。わが民法は成文法主義を採っているため英米のように下級裁判所は上級裁判所の判決に従うことを法律上要求されず，判例に準拠して裁判すべき旨を規定した法規も存しない。この

意味からいえば，判例民法は法規としての拘束力をもたず，法源ではない。しかし，実際上の取扱いにおいて，最高裁判所の判決は，同種の判決が何度か出された場合はもちろん，1回だけの場合であっても解釈基準として尊重され，下級審裁判所においてこれに反する判決をしないように努力することが多く，事実上の拘束力をもっている。さらに，最高裁判所が同じ趣旨の判決を繰り返す場合には，慣習法が生成していると評価できることもある。

社会の中に事実上の慣習によって成立する慣習法がある。慣習を守ることが義務として考えられるようになり，行為規範として機能するに至ったものや，立法上，法律で規制せずに慣習に委ねるとしたものがこれに該当する。法例2条は，「公ノ秩序又ハ善良ノ風俗ニ反セザル慣習ハ法令ノ規定ニ依リテ認メタルモノ」（例えば，民217条，219条，228条，236条，263条，268条，269条，279条，294条など）「法令ニ規定ナキ事項ニ関スルモノ」（例えば，温泉利用権，流水利用権など）に限り法律と同一の効力を有すると規定する。通説によれば，「慣習」は，法的確信によって指示された慣習，すなわち慣習法であると解しているが，単に慣習が法律と同一の効力を有することを認めているにすぎないとする見解もある。法源性を認められた慣習を慣習法と呼び，慣習が慣習法として認められる場合には，裁判所は訴訟当事者の主張がなくても適用しなければならない。

市民社会において個人間に生活関係についての紛争が生じた場合には，何人も裁判所で裁判を受ける権利を有しており，紛争解決のための最終的な手段としての機会が保障されている。

〔3〕 民法典の沿革

1 民法典の編纂

わが国では，明治時代まで一般国民に適用される統一的な民法典はなかった。民法という語は，津田真道がオランダ語のブュルゲルリーク・レグト（Burgerlyk regt）の訳語として作ったものである（穂積陳重『法窓夜話』180頁）。明治政府は欧州先進国から新文化を輸入し，日本の近代化を進めるために民法編纂の必要

性を認め，明治3年(1870年)に制度取調局を置いた。初期の明治政権にとって最も重要な課題は，徳川幕藩体制に代わる新たな政治体制と社会体制を創設し整備することであった。制度取調局長官で後に司法卿となった江藤新平は，箕作麟祥(みつくりりんしょう)に命じてフランス民法を翻訳させ，フランス民法の翻訳をそのまま日本の民法として施行しようとしたが，征韓論に破れて辞職したため法典編纂の計画は中止となった。その後，司法卿となった大木喬任が事業を継いで，箕作麟祥およびその他の学者に調査を命じて，明治9年6月から起草に着手した。明治10年および明治11年に草案ができあがったが，フランス法の不完全な翻訳がほとんどで，わが国の伝統や慣習を顧慮していなかったため，それを実施することはできなかった。大木司法卿は明治12年に，フランスの前パリ大学法学部助教授で法律顧問として来朝中であったボワソナード(Boissonade)に民法草案を起草させた。

　その後，幕府の大老井伊直弼と米国公使ハリスとの間に締結した安政条約を改正する必要が生じた。明治政府は，安政条約は，わが国が外国人裁判権と関税自主権とを放棄した不平等条約であり，対等同格の地位を回復するために，条約の改正を主張した。これに対して，西欧列強は，不平等条約改正の不可欠条件として，近代的な法典を整備して，文明国であることの実を示すことが先決であるという態度を示していた。条約改正の進行を阻んだ最も有力な反対理由は，当時の日本の法制が西欧の法制と非常に異なっており，非近代的で，その刑罰は封建的で苛酷なものが少なくなく，西欧人に従わせるのは困難であるということであった。これに対して，日本の朝野に不平等条約の改正が急務であると痛感させたのは，主として治外法権による独立国家としての屈辱と実害とであった。すなわち，日本人が外国人を相手に訴訟をする場合には，当該外国人を管轄する領事裁判によることとなり，この裁判を受けるためには巨額の訴訟費用と代言人料を払わなければならず，控訴しようとすれば，被告の本国の裁判所で争わなければならなかったので，実際上，外国人に対する訴権を奪う結果になった。また，諸外国政府は，領事裁判権を広義に解釈して，日本の各種行政法規も外国人に関しては，公使全員の同意を得なければ外国人に適用できないと主張した。このため，明治政府は外国人旅行規則，通貨制度などの法律を制定するために各国公使の団体である外交国との協議を必要とするとい

う慣例が生じ，決定が遷延して行政法規は事実上外国人に適用されないことになり，外交上の紛議が重なったのである（この間の事情については，本野一郎「条約改正ト法典実施」星野通編著『民法典論争資料集』246頁）。特に，明治10年（1877年）のハリート事件（イギリス商人が阿片を密輸入したのに対し，イギリス領事裁判は，生阿片は薬用に供するものであるから条約による輸入禁止品ではなく，阿片の日本への輸入は関係英国閣令に違反しないとして無罪にした）や明治19年（1886年）のノルマントン事件（イギリスの貨物船ノルマントン号が紀州沖で沈没し，乗組員は全員救助されたにもかかわらず，便乗していた日本人は全員溺死したが，船長は神戸のイギリス領事による海事審判で無罪と判決された。）などが発生し，条約改正の必要性が改めて論じられた。

　明治13年に元老院の中に置かれた民法編纂局を明治19年に閉鎖して外務省に法律取調委員を置き，明治20年には，この事業を司法省に回収し，司法大臣山田顯義が委員長となり，ボアソナードが民法5編中の財産編・財産取得編の大部分と債権担保編および証拠編を担当し，人事編および財産取得編の一部を日本人の委員が担当した。そして，明治23年（1890年）に法律28号でボワソナード起草の部分を，同年10月に法律98号で日本人委員起草の部分を公布し，明治26年1月1日から民法全部を施行することに決定された。これがいわゆる旧民法である。しかし，実施前に旧東京大学法学部および帝国大学法科大学の卒業生によって組織されていた「法学士会」が，明治22年5月に「法典編纂ニ関スル意見」（星野通編著『民法典論争資料集』14頁）を発表し，これを契機として世論および法曹から民法典実施延期論が起こり，明治25年の帝国議会で延期論が起ったのである。これが，いわゆる民法典論争である。

　仏法派を中心とする断行派が，わが国の近代化のために実施が必要であると主張したのに対し，英法派を中心とする延期派は，わが国の家族制度を無視し国情に副わないとし，明治24年には，東京大学法学部の穂積八束教授が「民法出デテ忠孝亡ブ」（法学新報5号，星野通編著『民法典論争資料集』82頁）という論文を発表した。民法典論争は単なる理論の論争ではなく，思想，階級，学閥の対立であった。民法典論争の結果，結局延期派の勝利となった。明治25年の帝国議会において，「民法商法施行延期法案」が両院を通過し，同年11月法律8号によって民法修正のため民法の実施は明治29年12月31日まで延期され，さ

らに新たに民法を編纂することになった。

　政府は明治26年（1893年）に勅令1号によって，伊藤博文を総裁に西園寺公望を副総裁として，穂積陳重，富井政章，梅謙次郎の3博士を起草委員とする法典調査会を設置して新民法の編纂に着手させた。この時には，明治21年（1888年）1月に公表されたドイツ民法第1草案を参照するとともに，フランス民法をも加味し，わが国の慣習をも取り入れて民法典を編纂した。第1編総則，第2編物権および第3編債権は明治29年に，第4編親族および第5編相続は明治31年に公布され，ともに明治31年7月16日から施行された。これが，昭和22年に第4編と第5編に大改正を受けるまでの民法典である。

　民法典の編別は，ユースティーニアーヌス帝（Justinianus）が編纂したローマ法大全（Corpus juris civilis）の中の学説彙纂（Digesta）より採ったパンデクテン式に従っている。この編別の特質は，①民法全体にわたる原則的規定をまとめた総則を冒頭に置くこと，②物権と債権の理論的区別を明瞭にさせるために分離すること，③財産関係を規律する財産法と身分関係を規律する身分法とを区別することにある。ドイツ民法第1草案は，自由主義的経済思想と経済組織を背景として生まれたものであり，ドイツではその徹底したローマ法的，個人主義的色彩の故に種々の批判を受け，採用されなかった。

　わが国の民法典の編纂に際して参照されたフランス民法典も自由主義および個人主義を基本とするものであるため，わが国の民法典は極めて自由主義的個人主義的な法典となったのである。

　明治27年7月に日英通商条約の調印によって条約は改正され，明治32年7月に長年の悲願であった治外法権の撤廃と関税自主権の回復がなされ，独立国家として国際的地位を認められることになった。

2　民法典制定後の改正

　統一的な民法がなければ，国内の法律状態は紛糾し，社会生活は著しく不安定なものとなる。徳川時代の封建制度を打破し，民法典の編纂を実現して近代先進諸国の個人主義的法律理想を採用したことは，法律生活の安定と社会の近代化への誘導のために大きな功績をもたらした。しかし，条約改正の必要という理由から速成したために日本国内の実情を十分に調査できず，慣習や習俗に

も適合しない規定も少なからず存在し，しかも社会の変遷や国民道徳の具体的内容の進化によって適合しない条文もかなりあるため，大正8年に臨時教育会議は，わが国古来の淳風美俗に適合するように民法典を改正すべしとの建議を政府に行ない，政府は臨時法制審議会を設け，その急務である親族編相続編の改正に着手した。そして，大正14年に親族法改正要綱，昭和2年に相続法改正要綱を公表したが，改正法案として議会に提出されずに太平洋戦争となり，昭和20年に終戦となった。

太平洋戦争終結後，昭和21年（1946年）11月3日に公布された日本国憲法は，平和な民主主義国家になることを目標とするとともに，第24条に家族生活における個人の尊厳と両性の本質的平等の原則を規定したため，民法の第4編（親族）と第5編（相続）を中心として大改正を必要とした。政府は内閣に臨時法制調査会を，司法省に司法法制審議会を設けて諮問し，憲法施行日である昭和22年5月3日に同時に施行するように改正作業を急いだが間に合わず，昭和22年4月19日に，暫定的に「日本国憲法施行に伴う民法の応急的措置に関する法律」（昭和22年法74号）を公布し，新憲法の施行日から施行して，憲法第24条の原則に反する民法の規定を修正することにした。そして，第4編および第5編を全面的に平仮名・口語体に書き改めるとともに総則編の妻の無能力制度に関する規定の削除などの修正を盛り込んだ「民法の一部を改正する法律」（昭和22年法222号）を昭和22年12月22日に公布し，昭和23年1月1日から施行した。明治23年に公布された旧民法と混同を避けるため，昭和22年の大改正以前の規定を「旧法」，改正後の規定を「新法」という。改正の主な点は，妻の無能力制度の廃止，母の地位の向上，家制度の廃止，婚姻年齢の引上げ，親族会の廃止などであるが，同時に，民法の冒頭に民法全編を支配する基本原則として，公共の福祉，信義誠実の原則および個人の尊厳と両性の本質的平等という2大原理を宣言した。昭和37年に，新法の施行の結果生じた不都合を是正し，解釈上の疑問を解決するために，民法の一部が改正された（昭和37年法40号—30条・31条の改正，32条ノ2の追加，811条2項の改正・3項ないし5項の追加，815条・845条・887条・889条・939条・958条・959条の改正，888条の削除，919条3項，958条の2，958条の3の追加）。そして，昭和55年に配偶者の相続分の引上げがなされた（昭和55年法51号—900条1号2号3号）。このほか，特に注

目すべき改正としては，昭和46年に抵当権の章に，第4節として根抵当に関する規定（昭46法99号—398条ノ2ないし398条ノ22）が追加されたことである。

平成11年には，高齢化社会の進展に伴い，成年後見制度が導入され，民法総則の能力（7条以下），親族編の後見（838条以下）ほかの改正が行われた（法149号）。特別法として，任意後見契約に関する法律（法150号）などが制定され，平成12年4月1日から施行された。

平成12年には，消費者の利益を擁護し，国民生活の安定向上と国民経済の健全な発展に寄与するために消費者契約法（法61号）が制定され，平成13年4月1日から施行された。

3　特別法の制定

社会的・経済的情勢の変化および進展に伴い，取引上の新たな需要や貧富の隔絶に基づく社会的不安を除去するために，多くの特別法が制定され，民法典の内容に修正が加えられた。特に，(1)資本主義経済の発展に伴う抵当権利用の拡大の必要性，(2)生産手段を所有する者と所有しない者とを実質的な自由と平等の実現という観点から取り扱い，不動産賃借人の利用権を保護する必要性，(3)資本主義経済体制の維持を前提とする労働者の地位の向上および保護の必要性，(4)消費者の保護の必要性などから特別法が制定された。

(1) 抵当制度の展開

民法は，抵当権の目的を不動産と不動産物権（地上権，永小作権）に限定しているため，企業の施設全体を一体のものとして担保に供する途がなかった。しかし，資本主義経済の下では，目的物の利用価値を所有者に委ね，交換価値のみを債権者が把握するという形態での生産設備の担保化による資金の調達を必要とする。そこで，明治38年以降に各種の財団抵当法（明治38年鉄道抵当法，明治38年工場抵当法，明治42年軌道ノ抵当ニ関スル法律，大正2年運河法，大正14年漁業財団抵当法など）が制定され，工場財団その他の企業財団が統一的財産として特別の価値をもつことが認められ，抵当権の目的となるに至った。また，金融制度の発達に伴って，抵当権の目的となりうるものとして，採掘権（鉱業法13条），立木（立木法2条），農業用動産（農業動産信用法12条），自動車（自動車

抵当法3条），航空機（航空機抵当法3条），登記船舶（商法848条）などが認められている。さらに，担保権に関しては，昭和53年に，仮登記担保契約に関する法律（法78号）が制定され，立法によって規制されることになった。

(2) 不動産利用権の保護
(イ) 建物保護法・借地法・借家法の制定

資本主義経済の発展によって，財貨の偏在が生じ，持てる者と持たざる者との対立が激化することになったため，不動産の賃貸借関係を整備し，賃借人の保護を図った。賃貸借に関する民法の規定は，動産と不動産に共通のものが多く，不動産の賃貸借について特別の考慮があまりなされていないだけでなく，形式的な人間の自由と平等とを理念としており，実際上の賃貸人と賃借人との経済力の差を考慮に入れないために賃貸人に有利となることが多く，賃借人の保護という観点からは不十分なものである。

明治30年代後半以降，特に，日露戦争後，需要の増大，租税の重課，賃金の上昇などによって物価が高騰し地価が暴騰した。賃借権は物権ではないので賃借人は賃貸人以外の第三者に対抗できないが，民法は不動産の賃貸借については，登記すればその不動産について物権を取得した者に対してもその効力を生ずるとしている(605条)。したがって，賃貸借の登記があれば賃貸人である所有者がその不動産を第三者に譲渡した場合には，賃貸人の地位が第三者に移転し，従来の賃借人はその不動産について賃借権をもつことになる。しかし，賃貸借の登記には賃貸人の協力が必要であり，貸主には協力義務がないので，実際上は登記することは困難である。借地人が土地を賃借してその上に建物を所有していた場合には，土地の所有者が第三者に譲渡することによって，借地人は自己の建物を取り毀して土地を明渡さなければならないことになり，地震によって建物が倒壊するのと同じ結果となった。借地人が絶えず揺すられて不安定でいるところから**地震売買**といわれている。地代値上げのためによく利用されたが，建物を取り毀すことは，社会経済的観点からも極めて不合理であり，明治42年に**「建物保護ニ関スル法律」**（法40号，昭和41年の借地法改正で1条2項を削除した）を制定し，建物の登記をすれば，その敷地の地上権または賃借権についての登記がなくても，これを第三者に対抗できることにして建物の保護をは

かった。さらに，第1次世界大戦後の経済の発達によって，人口の都市集中がますます進んだだけでなく，土地所有者と企業経営者が分離して他人の土地の上に社屋を建設する傾向が強くなり，建物を所有するための借地権を強化しなければ，住宅問題を解決できないのみならず産業の発展を期することもできなくなった。そこで，大正10年（1921年）に**「借地法」**（法49号）を制定し，事情の特に緊迫した都市地区に限って施行した。本法により借地権の存続期間を法定し強固にすることが中心的目的である（旧借地法2条～9条）が，賃貸人が借地権の譲渡または転貸の承諾をしない場合には建物などを取得した者に買取請求権を認め（旧借地法10条），かつ，事情変更による地代の増減請求権（旧借地法12条）を認めた。そして，昭和16年（1941年）に正当な事由がなければ借地契約を終了できないとする（旧借地法4条1項）とともに，施行区域の制限を撤廃して全国に施行されることになった。

　他人所有の建物を有償で借用して居住または営業することは古くから行なわれているが，家主と借家人との間には社会的経済的地位に較差のあることが多く，借家人に不利な契約がなされ易い。しかも，借家の場合には借家人の生活または営業の基礎となっているため，契約自由の原則を適当に制限して，借家人が適当な条件で借家の利用を継続できるように保障することが必要である。このような趣旨で，借家について民法上の賃貸借を修正する特別法が大正10年（1921年）に**「借家法」**（法50号）として制定された。旧借家法は，借家人の保護のために，建物の賃貸借は，その登記がなくても建物の引渡があるときには，爾後その建物について物権を取得した者に対して効力を生ずるものとした（旧借家法1条1項）。期間の定めのない借家契約の解約の申入は，賃貸借が終了すべき時点から6ヶ月前にしなければならず（旧借家法3条1項），かつ，昭和16年の改正法（法56号）により，この解約申入れは，賃貸人が自ら使用することを必要とする場合その他正当の事由がある場合でなければならず（旧借家法1条ノ2），解約期間経過後も賃借人が建物の使用・収益を継続し，これに対して，家主が遅滞なく異議を述べなければ，前の賃貸借と同一の条件で，さらに賃貸借したものとみなされた（旧借家法3条2項）。期間の定めがある場合には，当事者が期間満了前6ヶ月ないし1年内に相手方に対して更新拒絶の通知または条件を変更しなければ更新しない旨の通知をなさなければ期間満了の際に前賃貸

借と同一の条件でさらに賃貸借したものとみなされ(旧借家法2条1項)，この更新拒絶が正当の事由に基づいている場合でなければ，法定更新が生ずることとした。また，正当の事由に基づいて適時に更新拒絶をして期間満了とともに賃貸借が終了しても，その後借家人が建物を使用または収益する場合には，これに対して家主が遅滞なく異議を述べなければ，法定更新が生じ，期間満了の際に前賃貸借と同一の条件でさらに賃貸借したものとみなされるとした（旧借家法2条2項）。

　(ロ)　借地借家法の制定

　生活の基盤となる家や家を建てるための土地の賃貸借において，賃借人の保護を目的として借地法と借家法が制定されたが，その後の経済的社会的条件の変化によって，不動産賃貸借に関する2法を改正する必要が生じた。地価の上昇傾向が昭和40年代以降加速され，日本の高度経済成長期に地価が高騰し，地主は借地として利用するより遊休地として更地のまま放置する方が便宜かつ有利であると考えるようになり，借地の供給不足が深刻化するようになった。すなわち，地価に見合う地代を得られず，地代の増額も困難であり，借地として賃貸すれば貸主に正当事由が認められない限り更新を拒絶できないばかりか，貸主は最終的に立退料を負担しなければならないという状況になり，借地の減少に伴う借地権の稀少化現象が生じた。その結果，借地人が新たに借地をするためには高額な権利金を支払わなければならなくなり，土地供給の流動性が著しく減退することになった。

　借家の需要は，現代の社会生活の流動化に伴って増大するとともに，経済社会の高度化によって，借家の必要性や目的の多様化現象が生じ，これらの変化に対応することが要請されることになった。

　以上のような社会の変化に対応させるために，「**借地借家法**」が平成3年10月4日（法90号）に制定された。新法施行後は，建物保護に関する法律，借地法および借家法の3法は廃止されることになった（借地借家法附則2条）。

　新法は，借地期間を30年として（借地借家法3条），借地期間の適正化を図り，一定期間経過後は正当事由の存否に関係なく借地関係が終了する借地権を定期借地権として認めた（長期定期借地権22条；建物譲渡特約付定期借地権23条；事業用借地権24条）。旧借地法に規定されていた更新拒絶の要件としての正

当事由については，要件を具体的に明確化して，「土地の使用を必要とする事情のほか，借地に関する従前の経過及び土地の利用状況並びに借地権設定者が土地の明渡しの条件として又は土地の明渡しと引換えに借地権者に対して財産上の給付をする旨の申出をした場合におけるその申出を考慮して」判定するとした（同 6 条）。建物保護に関する法律に規定されていた内容は，借地借家法 10 条 1 項に「借地権は，その登記がなくても，土地の上に借地権者が登記されている建物を所有するときは，これをもって第三者に対抗することができる」と規定された。

借家については，建物賃貸借の解約の申入れにあたって要件とされる正当事由について，「建物の賃貸人及び賃借人が建物の使用を必要とする事情のほか，建物の賃貸借に関する従前の経過，建物の利用状況及び建物の現況並びに建物の賃貸人が建物の明渡しの条件として又は建物の明渡しと引換えに建物の賃借人に対して財産上の給付をする旨の申出をした場合におけるその申出を考慮して」，判断することとなった（借地借家法 28 条）。借家契約の約定期間の満了によって，正当事由の有無を考慮することも，立退料の負担も必要としないで借家関係を当然に終了させる定期借家契約が認められることになった。その後，平成 11 年に借地借家法が改正され，賃貸人に転勤・療養・親族の介護などのやむを得ない事情があるときに限って認めていた制度を改め，一般的に更新制度の適用がない定期借家制度を導入した（38 条）。

(ハ) 農地法の制定

農地の賃貸借（小作）の保護立法としては，昭和 13 年に農地調整法（法 67 号）が制定され，農地の賃借権は農地の引渡によって対抗力を生じるとともに，地主の解約および更新拒絶が制限された。第 2 次世界大戦後，小作農を自作農化することによって，農業生産力の発展と農村における民主的傾向の促進を図るため，昭和 21 年に自作農創設特別措置法（法 43 号）が制定されて農地改革が実施された。そして，これらの法律は，昭和 27 年の農地法（法 229 号）に受け継がれた。農地法によれば，農地または採草放牧地について賃借権を設定するためには，農業委員会または都道府県知事の許可を受けなければならず（3 条 1

項），許可がなければ無効である（3条4項）。農地または採草放牧地の賃貸借は，その登記がなくても農地または採草放牧地の引渡があったときは，その後に物権を取得した第三者に対抗できる（18条1項）。期間の定めがある場合には，当事者がその期間の満了の1年前から6ヶ月前までの間に，相手方に対して更新をしない旨の通知をしないときは，従前の賃貸借と同一の条件で更に賃貸借をしたものとみなされる(19条)。賃貸借の解除，解約の申入れ，合意による解約または更新をしない旨の通知については，原則として，都道府県知事の許可が必要であり(20条1項)，この許可は，①賃借人が信義に反した行為をした場合，②農地または採草放牧地がその目的を実現するのにふさわしくない場合，③賃借人の生計，賃貸人の経営能力等を考慮して，賃貸人が利用することが相当である場合などの正当の事由がある場合に限定して認められている（20条2項）。存続期間の定めがない場合は，解約の申入れをすることができるが，知事の許可を必要とし，許可は正当の事由がある場合にしか与えられない（20条1項）。

　昭和36年には，農業の自然的経済的社会的制約による不利を補正し，農業従事者の自由な意志と創意工夫を尊重しつつ，農業の近代化と合理化を図って，農業従事者が他の国民各層と均衡する健康で文化的な生活を営むことができるようにすることが，国民の責務であるとして，農業の向うべき新たな途を明らかにし，農業に関する政策の目標を示すため農業基本法が制定された（同法前文）。本法の制定により農業の構造改革のための農業経営の規模の拡大と農地の集団化の促進が重要な政策課題となり，農地法制の改正が行なわれた。昭和37年には，農業基本法が定めた協業の助長(17条)および農地についての権利の設定または移転の円滑化（18条）の実現を目的として，農業生産法人制度の創設，農地の権利取得の最高面積制限の緩和などの農地法の改正がなされた。さらに，昭和45年に農業経営の規模拡大を促進するため，賃貸借制度の再編を図ることを目的とした農地法の改正（法56号）がなされた。高度経済成長期に農地の価格が高騰したため農地を資産として保有する傾向を助長し，農地の流動化による経営規模の拡大が実現できなくなってきたことが改正の要因である。この改正により，農地法の目的の中に「土地の農業上の効率的な利用を図るためその利用関係を調整」する旨を加えて（1条)，経営規模の拡大による効率的な土地

利用の趣旨を明らかにした。農地の賃貸借を促進するために，合意による解約，10年以上の期間の定めのある賃貸借について更新を拒絶する場合などには許可を必要としないこととした(20条1項)。また，小作料の最高額統制(旧22条2項)を廃止して，小作料を契約で自由に定められることにし，小作料の増減請求権(農地法23条)を認めるとともに(最高裁判所は，小作地に対して宅地並み課税がされたことによって固定資産税等の額が増加したことは，農地法23条1項に規定する「経済事情の変動」には該当せず，それを理由として小作料の増額を請求することはできないとする。最大判平13・3・28)，農業委員会が小作料の標準額を定められるようにした(農地法24条の2)。しかし，農地法の改正によって賃貸借規制を緩和したにもかかわらず，耕作権が厚く保護される農地法の下では，資産保有者としての農地所有者が賃貸することを望まないため農地の流動化は停滞した。その後，昭和50年の農業振興地域の整備に関する法律の改正(法39号)，昭和55年の農用地利用増進法(法65号)の制定により農地利用の流動化が促進された。

平成11年には，農業基本法は廃止され，新たに食料・農業・農村基本法(法106号)が制定された。我が国の経済社会が急速な経済成長，国際化の著しい進展などにより大きな変化を遂げる中で，食料・農業・農村をめぐる状況が大きく変化し，①食料自給率の低下，②農業者の高齢化，③農地面積の減少などの事態が生じた。これに対応するため，「食料，農業及び農村に関する施策について，基本理念及びその実現を図るのに基本となる事項を定め，並びに国及び地方公共団体の責務等を明らかにすることにより，食料，農業及び農村に関する施策を総合的かつ計画的に推進し，もって国民生活の安定向上及び国民経済の健全な発展を図ることを目的と」(1条)して本法が制定された。国は，国内の農業生産に必要な農地の確保およびその有効利用を図るため，農地として利用すべき土地の農業上の利用の確保，効率的かつ安定的な農業経営を営む者に対する農地の利用の集積，農地の効率的な利用の促進その他必要な施策を講じなければならない(23条)。

(3) 労働者の保護

雇用は，当事者の一方(労務者)が相手方(使用者)に対して労務に服するこ

とを約し，相手方がこれに対して報酬を支払うことを約することによって成立する契約である（民623条）。民法は，他人の労務ないし労働力を利用することを目的とする契約（労務供給契約 Arbeitslieferungsvertrag）として，雇用，請負，委任，寄託という4つの種類を区別して規定している。請負は，労務ないし労働によって仕事を完成することを目的とするものであって，たとえ労務を提供しても仕事を完成しなければ報酬を請求できない（民632条）。委任は，信任に基づいて委託された事務を処理することを目的とするために，労務は委託された事務の執行の中に吸収されてしまうだけでなく（民643条），委託された事務の目的に従って，自己の裁量によって処理することができる。寄託は，他人の物を保管するという限られた特殊の労務の提供を目的とする（民657条）。これに対して，雇用は，被用者の労務ないし労働それ自体を供給することを目的とする。特定の仕事を完成することが契約の内容とされず，その仕事が統一した事務として契約の内容とされるのでもない。雇用の場合には，労務の提供と報酬が対価関係にあり，被用者は使用者の指揮命令の下に労務を提供しなければならない。

　民法が規定する雇用は，使用者と被用者が対等の地位でそれぞれの自由意思に基づいて，労務を供給し，これに対して報酬を支払うことを約する契約である(623条)。その限りにおいては，労務と賃金との交換関係である。しかし，資本主義経済の発達とともに，生産手段を所有する使用者と自己の労働力を売り渡さなければならない労働者の厳しい対立を生じさせた。しかも産業革命以後の機械のめざましい発展によって，労働力の供給量の方が需要より多くなり，労働力の提供を唯一の生活手段とする労働者間の競争が不可避的に発生し，雇用契約の締結の場合には使用者に有利な条件で契約しなければならないことになった。さらに，労働力は労働者の身体から独立して提供できないだけでなく，労働力はその性質上売り控えることができないため，劣悪な条件で売らざるをえない宿命にある。したがって，雇用契約の場合には，労働者は実質的には意思決定の自由もなく，使用者と対等の地位にもないだけでなく，契約の締結によって労働者の人格が拘束されることになる。使用者と労働者との間の経済力の差は，対等同格の人格者として自由な意思による契約を締結させることが妥当であると考えられた時代の理想を達成できなくさせるに至った。そこで，使

用者と労働者との経済的社会的地位の不均衡を是正し，使用者による労働者の人格の不当な拘束を防止し，労働者の地位の向上を図るために，個別的契約関係以外の方策が必要となった。ここに至って，国家は，労働者の団結を保護するとともに，労働条件が労働者の生活を劣悪なものにしないように最低基準を定めて使用者に強制する施策をとることになる。このような趣旨の下に立法されたのが労働法であり，労働組合法，労働関係調整法，労働基準法を中心として，新たな法体系が形成されている。

(4) **消費者の保護**

契約自由の原則によると，金銭消費貸借契約において高利の支払いを約束しても契約した以上はその利息を支払うべきことになる。しかし，これを無制限に認めると経済的強者である貸主が経済的弱者である借主から高利を貪ることになるので，合理的な利息制限を行なうことが必要である。

我が国の高度経済成長に伴うメーカーの大量生産と消費の拡大により，消費者の安全の保護が強く叫ばれるようになった。また，米国における製造物責任に関する判例の展開およびヨーロッパ(特に，EU諸国)における製造物責任立法に次いで，我が国においても欠陥製品による損害に対する製造者の厳格な責任について立法化が必要となり，平成6年（法85号）に製造物責任法が公布され，平成7年7月より施行された。また，消費者取引の適正化を図るために，消費者契約法が平成12年（法61号）に公布され，平成13年4月から施行された。さらに，消費者の一層の保護のために，訪問販売や通信販売を行なう事業者を規制する訪問販売法およびクレジット取引に関する割賦販売法が平成12年に改正され，平成13年6月1日より「特定商取引に関する法律」（平成12年法120号）に改称されて施行されている。これによって，内職・モニター商法，マルチ商法，電子取引（インターネット通販）等における消費者の保護を強化することになった。

(イ) **利息制限法の制定**

利息制限法が古くより制定され，約定利息の制限を規定している。昭和29年に全面改正された利息制限法（法100号）は，民事上有効な金利の範囲を規定し，元本が10万円未満は年2割，10万円以上100万円未満は年1割8分，100

万円以上は年1割5分を最高とし，これを超える部分は無効とする（1条1項）。平成11年12月に貸金業の規制等に関する法律（貸金業規制法），出資の受入れ，預り金及び金利等の取締りに関する法律（出資法）および利息制限法の一部改正法（法155号）が公布され，平成12年6月から施行された。貸金業規制法の改正により，保証人への書面交付業務の強化，貸付利率の明確化，取立行為の規制が強化された。また，出資法における上限金利の引下げ（年40.004％から年29.2％へ；同5条2項），および利息制限法における遅延損害金の上限金利の引下げ（2倍から1.46倍へ）が行なわれた（同4条1項）。

(ロ) 製造物責任法の制定

製造物責任法では，責任原理を「製造業者等の過失」から「製造物の欠陥」に変更し，製造業者等に厳しい責任を認めた。製造業者等は，その製造，加工，輸入した製造物の欠陥により他人の生命，身体，または財産を侵害したときは，これによって生じた損害を賠償する責任を負う（同3条）。本法は，欠陥概念，欠陥基準，因果関係の推定規定の不存在，開発危険の抗弁の採用等，EU諸国における製造物責任と同一水準にある立法内容になっている。

(ハ) 消費者契約法の制定

消費者契約法では，消費者が事業者と締結した全ての消費者契約を対象として，消費者契約の締結過程に係わるトラブルの解決，および契約条項に関わるトラブルの解決を目指している。一般法である民法による対応では，①詐欺，強迫，錯誤の規定は，それぞれの要件が厳格であり，②民法の規定の多くは任意規定であるため特約によって排除できることになり，③公序良俗や信義則違反という一般条項による解決では，実際上どのような条項が無効になるのかが不明確である，という限界があった。

本法は，消費者と事業者との間の情報の質および量ならびに交渉力の格差に鑑み，事業者の一定の行為により，消費者が誤認し，または困惑した場合について契約の申込みまたはその承諾の意思表示を取り消すことができるとするとともに，事業者の損害賠償の責任を免除する条項その他の消費者の利益を不当に害することとなる条項の全部または一部を無効とすることにより，消費者の利益の擁護を図り，国民生活の安定向上と国民経済の健全な発展に寄与することを目的としている（消費者契約法1条）。消費者は，①事業者の不実告知（同4

条1項1号)，断定的判断および故意の不告知(同4条1項2号，4条2項)，および②不退去および監禁といった事業者の不適切な行為によって，自由な意思決定が妨げられた結果，誤認または困惑して締結した契約を取り消すことができる (同4条3項)。また，消費者が締結した契約において，消費者の利益を不当に害する一定の条項の全部または一部が無効とされる (同8条，9条，10条)。

〔4〕 民法の構成

1 民法の構成

　民法は私法の根本原則を定める法規であり，総則・物権・債権・親族・相続の5編から成っている。総則・物権・債権の前3編は明治29年4月27日に法律89号により，親族・相続の後2編は明治31年6月21日に法律9号により公布され，ともに明治31年7月16日から施行された。親族編および相続編は，わが国の家制度を前提として立法されていたため，血統を継承した戸主によって統率された家を尊重し，個人の自由と平等を軽視するものであった。そこで，終戦後日本国憲法24条に規定された家族生活における個人の尊厳と両性の本質的平等の原則に適合するように改正され，昭和22年12月22日に「民法の一部を改正する法律」(法222号)が公布され，昭和23年1月1日から施行された。

　人間の私法的生活の間には，種々の側面がある。一方には，人間が生活をするために必要な衣・食・住に関する財産と財貨の生産・利用・交換といった経済的関係がある。私的所有権と商品交換を保護するために，物を直接的に支配して利益を受ける排他的な権利である物権と債務者に対して一定の給付を請求することができる権利である債権を認めることにより，社会の経済取引関係を規制しようとするのである。他方には，家族生活があり，男女の結合，ことに婚姻とそれに基づいて生ずる親子関係という性的・血縁的・愛情的関係が存在する。前者を規律するのが財産法であり，後者を規律するのが家族法である。

　総則編は，民法全部にわたる総則の規定を包括する。今日の法律制度は権利本位に構成されており，私法的生活関係も権利の側面から，その主体である個

人を中心に構成されている。総則編においても，多くの場合は私権を中心に規定されており，私権の性質・内容は何か，その主体となり客体となるものは何か，私権はどのように発生し変動し消滅するかということが規定されている。まず，冒頭に，公共の福祉と私権行使の原則（信義誠実の原則，権利濫用の禁止）および民法を解釈するさいの原理を宣言した。第1章「人」および第2章「法人」は，権利の主体に関して，第3章「物」は，権利の客体に関して規定した。第4章は，個人間に権利の得喪および変更を生じさせる人の行為である「法律行為」に関する一般的な原則を規定し，第5章「期間」で一定の継続した時の区分の計算方法についての原則を定め，第6章「時効」は，一定の事実状態の継続によって生ずる権利の得喪についての原則を規定した。

　総則の規定は民法全体に通ずる通則であるが，親族および相続を対象とする家族法では財産法とは異なる要素を考慮する必要があり，家族法の範囲で適用される規定は制限される。人，法人，物，期間に関しては，民法全般に対して通則的意義を有するが，人に関する規定の中の無能力者制度，法律行為，時効に関しては，財産上の行為だけに適用される。代理制度および条件といった規定も，身分上の行為には適用になじまない規定である。

2　特別民法

　民法典は，民法法規の大部分を包含するが，それ以外にも個々の事柄について特別の規定を置く特別民法というものがある。例えば，利息制限法（昭和29年法100号），借地借家法（平成3年法90号），信託法（大正11年法62号），工場抵当法（明治38年法54号），農業動産信用法（昭和8年法30号），自動車抵当法（昭和26年法187号），自動車損害賠償保障法（昭和30年法97号），仮登記担保契約に関する法律（昭和53年法78号），製造物責任法（平成6年法85号），消費者契約法（平成12年法61号），中間法人法（平成13年法49号）などは，民法の規定を直接に修正または補充する内容のものである。それ以外にも，不動産登記法（明治32年法24号），戸籍法（昭和22年法224号）をはじめ，土地収用法（昭和26年法219号），農地法（昭和27年法229号），鉱業法（昭和25年法289号），労働基準法（昭和22年法49号），漁業法（昭和24年法267号），公害対策基本法（昭和42年法132号）などの公法的な法律の中にも，民法法規を修正または補充する規定がある。

〔5〕 民法の基本原理

　近代民法は，個人主義および自由主義の立場に立ち，封建社会における身分制度と封建的土地所有制度に基づく各種の拘束から個人を解放し，個人の人格を尊重し，自由と平等とを実現することを理想として生成し編纂されている。私法の基本原理は，個人間の自由と平等である。市民社会における生活関係は，自由で平等な個人の意思に委ねることが理想とされ，これによって，国家社会の発展と個人の幸福が実現すると考えられた。個人に自由と平等を保障することによって，個人の能力や才能を活かし，社会全体に活力を与え，豊かで幸福な社会が生成し発展することが期待された。このような基本原理に基づいて，(1)私的自治の原則，(2)所有権絶対の原則，(3)過失責任の原則という近代私法の三大原則が確立された。これらの原則は，資本主義経済体制を支える基本的条件であり，近代法の精神ともいうべき事柄である。

1　私的自治の原則

　私的自治の原則は，個人がその自由意思に基づいて自己の私法的法律関係を形成しうることを認めるものである。個人相互の間では，権利を取得し義務を負担するのは，個人の自由な意思に基づくことによるのであり，自由な意思の合致，すなわち契約によって法律関係を形成しうることになるので，契約自由の原則とも呼ばれる。私的自治の原則は，資本主義経済における自由放任主義（レッセ・フェール）を前提として，予定調和による理想社会が実現するとの確信のもとに，私有財産制度と相まって資本主義社会の発展の原動力となるとともに，19世紀における文明の母ともいえる社会制度を流れる根本原理であった。

2　所有権絶対の原則

　市民社会においては，すべての人に人格が認められ，封建的身分関係から解放された代わりに，個人は自己の責任において生活を営むことが要求され，個人が所有する財産が最後のよりどころとなる。人が生きて行くためには，衣・

食・住についての財貨を必要とし，国家といえども個人の財産権を侵してはならないことが要請される。所有権は天賦のものとして神聖不可侵の前国家的な自然権であるとする原則を所有権絶対の原則という。すべての財貨に対して，排他的な完全な支配を認め，相互に侵害しないようにし，所有権の利用は，自由な契約関係に委ねることになった。私有財産制度の尊重とその保障は，資本主義経済体制の最も重要な基盤であり，これを維持することは，資本主義国家の本質的使命となる。憲法は，「財産権は，これを侵してはならない」(29条1項)と規定する。市民相互間において私有財産を尊重すべきことはもちろん，国家も私有財産に対して干渉することは許されない。また，公益のために私有財産を用いる場合は，法律の定める適正な手続によらなければならず，「正当な補償の下に」(憲29条3項)行なわなければならないのである。

3 過失責任の原則

法律関係の変動は個人の自由意思に基づくべきであるとする自由主義的・個人主義的法思想からは，個人に責任を負わす場合にも，個人の意思活動によって責任原因を生じさせたことを要する。故意または過失に基づく行為によって損害を発生させた場合に限って，その賠償責任を負う(民709条，415条)という原則を過失責任の原則という。これによって自由な活動が保障され，他人の行為について責任を負わず(自己責任の原則)，無過失の行為について責任を負わないことになった。個人は，自己の行為について十分な注意をしていれば責任を負わされず，安心して企業活動に従事することができることになり，種々の大企業を発展させる原動力となった。

〔6〕 基本原理の修正

近代私法の三大原則は，資本主義経済体制の基盤となり，社会の発展の推進力ともなったが，抽象的に自由で平等な人格を有する人間像を前提とする法制度は，素質・能力・努力・運を異にし，生活条件を異にする現実の具体的な人間間に著しい貧富の差を生じさせた。形式的に自由と平等を確保し保障することが，かえって実質的な自由と平等を奪う結果になった。そこで，経済的強者

と弱者との対立を回避し，経済的弱者を保護するために，契約自由の原則に制限を加える必要が生じた。生産財を所有する使用者と労働力を提供して生活手段とする労働者とが形式的な自由意思と人格の平等とを前提とする契約自由の原則の名の下に契約を締結すれば，実質的に労働者に不利な契約が締結されるに至ることは不可避である。実質的な自由と平等とを確保し，社会全体の健全な発展のために，国家は労働者に団結権と団体交渉権を認め使用者と対等の立場に立って労働協約を締結させようとする。

　所有権絶対の原則の下に，所有者がその目的物を利用できる債権契約と結合することによって，所有権は物に対する支配権に留まらずに，人を支配する権利となるに至った。そこで，生活の基盤となる不動産の利用権者の地位を保護するために，借家，宅地，農地の賃借権を特別立法によって強化した結果，賃借権の物権化が生じることになった。その結果，所有権は制限を受け，所有権の内容も変容を受けざるをえなくなった。

　現代社会における各種の大企業は，高度の科学技術や化学物質の利用に伴う危険を包蔵する施設や企業活動を通じて利潤を得ており，危険源を支配する者に注意義務違反（過失）がない場合には賠償責任を負わない（過失責任の原則）とすることは，何の落度もない市民が犠牲を強いられる結果となる。そこで，危険な企業や危険物の支配者に対して，危険な活動や物から生ずる損害について過失がない場合にも賠償責任を負担させる（危険責任の理論）とともに，利益の帰する者に損失も帰せしめる（報償責任の理論）ことが，衡平な損害の分担という損害賠償法の理想に適うとされるようになった（無過失責任）。無過失責任を認める特別法には，鉱業法（109条），原子力損害の賠償に関する法律（3条1項），大気汚濁防止法（25条以下），水質汚濁防止法（19条以下），国家賠償法（2条）などがあり，自動車損害賠償保障法（3条）や製造物責任法（3条）も実質的にはこれに含まれる。

〔7〕 現代民法の指導原理

1　意　義

　個人の自由と平等を最高の価値とする思想は，18世紀末の市民社会への転換期におけるスローガンとなり，19世紀において文明を創造し発展させた。個人の権利を中心として構成された法律思想は，封建社会における身分的階級制度を打破し，すべての人に自由な意思と自由な活動を保障することによって，人類文化の発達に大きく貢献した。しかし，20世紀に入り，貧富の懸絶から財産的支配関係が現実の社会に現われ，社会構成員の共存共栄のために，個人の権利に対して社会性を盛り込むことが必要となった。

　所有権の制限は，所有権相互の間の利用制限（相隣関係）のほか法令による所有者の忍容義務や作為義務などにより生ずる。また，権利濫用の禁止によっても生ずる。権利の濫用は，所有権の自由を外部的に制限するが，さらに所有権は義務を伴うとして所有権に内在する制限が考えられるようになった。所有権の社会性を初めて明確にしたのは，1919年に制定されたワイマール憲法であり，153条は，「所有権は義務を伴う。所有権の行使は同時に公共の福祉に従う」と規定した。日本国憲法12条は，その保障する基本的人権の行使について，「国民は，これを濫用してはならないのであって，常に公共の福祉のためにこれを利用する責任を負ふ」と規定する。

　現代法は，具体的な人間の社会的経済的差異を認めたうえで，個人の尊厳と人格価値を尊重し実質的な自由と平等を保障することを理想としている。憲法13条は，「すべて国民は，個人として尊重される。生命，自由及び幸福追求に対する国民の権利については，公共の福祉に反しない限り，立法その他の国政の上で，最大の尊重を必要とする」として，権利の尊重と権利の社会性について規定する。

2　私権の社会性

　私権は法によってその存在と効力を認められ，法は社会全体の向上発展を目

的とするものであるから，私権は，社会全体の福祉と調和する限度においてのみ存在しうる。また，社会全体の向上発展は，すべての構成員の向上発展なくして実現しえず，構成員の向上発展は，社会全体の向上発展なくして考えられないのであるから，私権が認められる根拠は，社会共同生活の向上発展のための不可欠の要件であることにある。

A 公共の福祉の原則 （民1条1項）

民法1条は，昭和22年の改正によって追加された規定である。1項は，私権が社会全体の利益による制約を受けるという大原則を宣言し，2項は，1項による制約の具体的な適用として，私権の行使は信義に従い誠実に行なうべきことを規定し，3項は，私権の制約を逸脱した濫用を禁止する旨を規定する。

第1項は，私権，すなわち，財産および家族に関する法律関係において認められる権利の存在を確認し保障しつつ，私権の内容と行使は，社会共同生活の全体としての向上発展と調和するようにしなければならないことを規定した。これに違反する私権の内容と行使は，その効力を認められない。次の最高裁判決は，流水使用権が公共の福祉によって制限を受ける例である。

〔河川に流木する慣習上の河川使用権を有する村落民が，川の上流にダム建設をした発電会社に対して，流木水利権の確認とダムに流木路を設けて下流一帯に放流すべきことを求めた事案である。裁判所は，電力事業の社会的重要性，会社が一定の補償金を支払っていること，その他諸般の事情を考慮して，河川使用権は，その地域の上流に及ばないとし，流木に必要な河水量を放流することは発電会社に大きな障害を与えるので，発電会社の使用権に譲歩すべきであるとした。〕（最判昭25・12・1民集4巻12号625頁）

B 信義誠実の原則 （民1条2項）

(1) 沿 革

信義誠実は，社会共同生活の一員として，当該の具体的な事情のもとにおいて，相手方が正当に期待する信頼を裏切らないように，誠意をもって誠実に行動すべきことを要求することである。公の秩序善良の風俗（民法90条）の観念とともに，法と道徳との調和を図るために重要な意義を有する。民法1条2項

は,「権利ノ行使及ビ義務ノ履行ハ信義ニ従ヒ誠実ニ之ヲ為スコトヲ要ス」と規定し,現実に権利を行使し義務を履行する場合には,権利者または義務者は,自己の個人的利益だけを考慮せずに,誠意をもって行動すべきことを要求している。

この原則は,ローマ法における一般的悪意の抗弁および法務官法上の善意訴訟に端を発するものである。近代法においてこれを承継した最初の立法である1804年のフランス民法は,「合意は信義 (bonne foi) に従って履行されなければならない」(フ民1134条3項) と規定しており,主として債務の内容ないし履行の方法を規律する標準とされた。その後,1896年のドイツ民法は,「契約は,取引慣行を顧慮して,信義誠実に従って解釈しなければならない」(ド157条) とするとともに,「債務者は,取引慣行を顧慮して信義則に従って給付すべき義務を負う」(ド242条) と規定した。

これらの立法では,債権者と債務者との関係における理念として信義則により規律すべきであるとするものである。その後の法律思想の進展によって,信義則の適用範囲が拡張し,債権関係だけでなく,すべての法律関係に及ぶべきであると考えられるようになった。1907年のスイス民法2条1項は,「すべての人は,権利の行使および義務の履行において,信義誠実に従って行動しなければならない」と規定し,信義則を広く適用すべきことを明言した。わが民法1条2項もこれに拠ることにしたのである。

(2) 意 義

信義誠実の原則は,公共の福祉の原則が社会一般に対する権利の公共性ないし社会性を強調するものであるのに対して,法律関係の当事者間における権利行使と義務履行の信義性を要求するものである。公共の福祉の原則は,社会的法思想に基づく自由主義的法思想の制限であるのに対して,信義誠実の原則は,自由主義的法思想の中にあって法律関係の補充と修正の必要性に基づいて認められる。信義誠実の原則は,すべての法律関係について,それぞれの具体的場合において正義衡平の理念に従って決定すべきことを要求するものである。法律関係の内容およびその実現方法は,当事者間の具体的事情によって多様性をもつものであるから,すべての事情を予想して規定することは,立法者にも契

約当事者にもできることではない。さらに，利害関係の対立する当事者は，相手方の犠牲において自己の利益を優先させようとするので，事柄を形式的・機械的に判断せずに，正義衡平の理念に基づいて，具体的内容を決定すべきであるというのが，信義誠実の原則を認める趣旨である。

形式的には制定法の規定または契約条項に合致する要求または履行であっても，実質的に正義衡平に悖るときは，信義誠実の原則により，要求が認められず，あるいは給付義務の内容が拡張，変更または消滅させられることになる。信義誠実の原則の機能としては，① 契約の解釈の基準となること，② 権利者の権利行使を抑制すること，③ 義務者の義務内容を確定すること，④ 制定法の欠缺を補充し形式的適用による不合理を是正すること，などがある。

① 契約解釈の基準

信義誠実の原則は，当事者のした契約の趣旨の解釈についてもその基準となる（最判昭32・7・5民集11巻7号1193頁）。契約の解釈にさいして，慣習および任意法規による補充が必要となるが，それでも十分でない場合には，最終的基準としての意義を有する。

② 権利行使の抑制

形式的には権利として主張できる内容であるが，信義則に反するために認められない場合がある。判例としては，次のようなものがある。

(i) 借家人の賃料延滞が少額で，修繕費償還請求権があり，家主との信頼関係が破壊されたと認める程度の不誠実が認められないときは，家屋賃貸借の解除は無効である（最判昭39・7・28民集18巻6号1220頁）。

(ii) 財団法人が目的の範囲外の事業を行なうために財産を売却し引渡した後，寄附行為変更の認可を受け，買戻の申出を拒絶したりして，売渡後7年10ヶ月を経て売買の無効を主張することは認められない（最判昭51・4・23民集30巻3号306頁）。

(iii) 借地人の建物が火災によって滅失した後，建物を再築しようとしたが，土地賃貸人の建築禁止通告および仮換地明渡調停の申立によって建物の築造を妨げられた結果，賃貸借期間満了の際に建物所有ができないときは，借地人の更新請求に対して，賃貸人が建物の不存在を理由として拒絶することは許されない（最判昭52・3・15判時852号60頁）。

(iv) 最高裁判所は，電気通信事業者は，ダイヤルＱ２事業の創設に伴いＱ２サービスの無断使用による料金高額化の危険が存在していた以上，あらかじめ加入電話契約者に対して，同サービスの内容や危険性等について具体的かつ十分な周知を図るとともにその危険の現実化をできる限り防止するために可能な対策を講じておくべき信義則上の責務があるとする。そして，この責務を十分に果たさなかったために，加入電話契約者が適切な対応策を講ずることができず，加入電話契約者以外の生計を同じくする未成年の子がＱ２情報サービスの多数回・長時間の無断使用をしたため，通話料が日常生活上の利用による通常の負担の範囲を超えて著しく高額化し，加入電話契約者が通話料の負担を余儀なくされるといった契約当事者の予想と著しく異なる結果を招来した場合には，通話料の支払いを請求するに当たって，信義則上相応の制約を受け，請求額が減額され加入電話契約者に対してその金額の5割を超える部分の支払いを請求することは許されないとした（最判平13・3・27［通話料請求事件］は，1ヶ月の通話料として約42万円の請求がなされ，情報料を除いた情報サービス利用に係わる通話料が8万円余に上った事案で，4万円余について支払いを認めた）。

③ 義務内容の確定

債務者は債務の本旨に従った履行をしなければならない（民法415条）が，具体的に何が債務の本旨となるかの判断が必要となる。

(i) 1万円の債務の弁済に100円不足し，その100円について支払の準備のある場合に，債権証書の返還や抵当権抹消を拒否することは認められない（大判昭9・2・26民集13巻366頁）。

(ii) 履行遅滞にある借地人がした延滞賃料の弁済提供・供託金額につき僅少の不足がある場合に，債権者が債務の本旨に従った履行がないものとして，その受領を拒絶することは許されない（最判昭41・3・29判時446号43頁）。

(iii) 大豆粕の引渡場所を「深川渡」とする売買契約において，売主が深川の倉庫に引渡の準備を整えて買主に通知した場合に，買主が引渡場所を知らないとしても，相手方に対する一片の問い合わせによって直ちにこれを知ることができるときは，問い合わせをすることが必要であり，これを怠れば遅滞となる（大判大14・12・3民集4巻685頁［大豆粕深川渡事件］）。

④ 制定法の欠缺の補充および不合理の是正

信義誠実の原則から，次の諸原則と理論が派生する。

(a) 禁反言の原則

英米法上の「エストッペル（estoppel）の原則」のことであり，自己の行為に矛盾した態度をとることは許されないとする原則である。民法中の意思表示の効力について表示主義を認めた規定（民93条，94条2項，96条3項など），表見代理に関する規定（民109条，110条，112条），無権代理人の責任に関する規定（民117条）などにも，禁反言則の思想がその基礎にある。

(i) 自分の権利であっても，第三者がその上に正当な利害関係を有する場合には，自分の権利を消滅させて第三者の地位を覆すことは許されない。抵当に入れた建物所有者が敷地の賃借権を放棄しても抵当権者に対抗できない（大判大11・11・24民集1巻738頁）。また，賃貸人の承諾（民612条）によって適法に成立した転借権を賃貸人と賃借人の合意解除によって消滅させることはできない（大判昭9・3・7民集13巻278頁）。

(ii) 消滅時効の完成後に時効の完成を知らずに債務の承認をした者の時効の援用は認められない（最大判昭41・4・20民集20巻4号702頁）。

(b) クリーン・ハンズ（clean hands）の原則

英米法の衡平法上の「衡平法裁判所に入る者は，清い手をもって入らなければならない」とする原則である。自ら不徳な行為をしておきながら，救済を裁判所に求めることは許されないという思想であり，民法130条および708条は，この趣旨に基づいている。

(c) 事情変更の原則

契約締結当時その基礎となった社会的事情に，当事者が予見せずまたは予見しえなかった重大な変更が生じ，契約を履行させることが著しく信義衡平に反する場合には，当事者は契約の内容を修正することを請求し，または契約を解除することができる。

最高裁判所は，事情変更の原則を適用するためには，契約締結後の事情の変更が，当事者によって予見できず，かつ，当事者の責めに帰すことができないことが必要であり，契約上の地位の譲渡があった場合にも契約締結当時の当事者を基準としている。そして，ゴルフクラブの入会契約後にゴルフ場ののり面が崩壊し，防災措置を講ずるため多額の費用が必要になった場合には，事情の

変更が認められるが，のり面の崩壊は予見可能であり，帰責事由がなかったともいえず，事情変更の原則を主張して費用の分担を要求し，これを拒んだ会員の権利を否定できないとした（最判平9・7・1民集51巻6号2452頁）。

(d) 権利失効の原則

一定の権利を有する者が，久しきにわたってこれを行使せず，相手方および利害関係人において，その権利はもはや行使されないものと信ずべき正当な事由を有するに至った場合には，その権利の行使は信義則上許されない（最判昭30・11・22民集9巻12号1781頁）。これを権利失効（Verwirkung）の原則という。権利失効の理論は，ドイツにおいて，第1次大戦前後から判例理論として示された。当初，判例は，金銭債権の増額請求権，商標権および労働法上の解雇権についてのみ認めていた。その後，ドイツの学者によって支持され，すべての法領域に適用される一般原則となった。

(e) 背信的悪意者排除の理論

通説および判例（大判大10・12・10民録27輯2103頁，最判昭32・9・19民集11巻9号1574頁）は，民法177条の第三者には悪意者も含まれるとする。しかし，単なる悪意者ではなく，正当な自由競争の範囲を逸脱し，不当な利益を得る目的で信義則に反するような行為をした悪意者は該当しない（最判昭31・4・24民集10巻4号417頁）とされるようになった。さらに，実体法上物権変動があった事実を知る者において，登記の欠缺を主張することが信義に反するものと認められる事情がある場合には，かかる背信的悪意者は，登記の欠缺を主張することについて正当な利益を有しないものであって，民法177条の第三者に当らない（最判昭43・8・2民集22巻8号1571頁）とされるに至り，判例法として背信的悪意者排除の理論が確立した。

(f) 安全配慮義務の理論

雇用契約において，使用者は，その付随義務として，労務者が労務に服する過程において生命や健康を侵害されないように物的環境を整備し，危険から保護するように配慮すべき義務を負う。使用者の保護義務については，これを明文化した立法（ド民618条，ス債328条）もある。わが民法には規定がないが，解釈論として信義則を根拠としてこの種の義務を認めている。

近時においては，雇用以外の法律関係にある当事者間においても適用される。

一定の法律関係に基づいて特別な社会的接触関係に入った当事者は，当該法律関係の付随義務として，信義則上，相手方の生命および健康等を危険から保護するように配慮する義務を負う（最判昭 50・2・25 民集 29 巻 2 号 143 頁）。この義務を安全配慮義務といい，通説もこれを認めている。

(g) 契約締結上の過失理論

契約が原始的不能により不成立となった場合に，不能な契約を締結したことに契約締結の際に過失のある者は，契約を有効であると誤信した相手に対して損害賠償責任を負う。これを契約締結上の過失（culpa in contrahendo）という。契約締結のための準備ないし交渉段階における一方当事者の行為を理由として，他方当事者が債務不履行責任を追及できるかについて，個別的構成要件および使用者責任の不備という問題点のあるドイツ民法において意義のある法理であり，日本民法の下では実益に乏しいとする見解もあるが，通説は，契約締結上の過失について，信義則上の義務違反に基づく契約責任を認めている。最高裁判所は，分譲マンションの売却予定者が，買受希望者の希望に応じて設計変更したのに契約が不成立になったため，契約準備段階における信義則上の注意義務違反を理由として損害賠償請求した事案において，これを肯定した（最判昭 59・9・18 判時 1137 号 51 頁）。

C 権利濫用禁止の原則 (民 1 条 3 項)

(1) 意義と沿革

権利の濫用とは，形式的には権利の行使のような外形をそなえるが，実質的には権利の社会性に反し，権利の行使として是認できない行為である。民法 1 条 3 項は，「権利ノ濫用ハ之ヲ許サズ」と規定する。法が権利を認めている以上，人の利益が衝突する場合には，権利として保護された利益が優先的に保護される。ローマ法以来，「自己の権利を行使する者は，何人に対しても不法を行なうものではない」(Qui jure suo utitur, nemini facit injuriam.) し，「自己の権利を行使する者は，何人をも害することはない」(Qui jure suo utitur, neminem laedit. Paulus, D. 50, 17, 151) とされ，権利の正当な行使が他人の利益を侵害することになっても，法的責任を負わないのが原則である。しかし，権利は決して個人の利己的立場からのみ認められるものではなく，社会公共の福祉の立

場に立って個人に認められた法律上の力である以上，権利の行使には社会的に許される限界がある。権利の行使は信義に従い誠実にこれをなすことを要するとする（民1条2項）のは，権利の行使には社会的な限界があり，その限界を逸脱した場合には権利の正当な行使とは認められず，権利の濫用として禁止されるべきことを意味する。

　民法が昭和22年の改正で1条3項に権利濫用の禁止について規定する以前に，すでに学説および判例は，権利濫用の法理を展開していた。明治初期には，その権利行使が権利者に何の利益ももたらさないのに，相手方を害する目的のみで行われたときに濫用となるとしてシカーネ（Schikane）の禁止に留まっていた。明治30年代になって，権利の社会性ないし公共性が認識されるようになり，権利の限界を超える権利の行使を認めないとする判例が現われた（流水使用権について，大判明32・2・1民録5輯2巻1頁。戸主の居所指定権について，大判明34・6・20民録7輯6巻47頁）。学説は，民法制定当初より権利濫用が違法であるとしていたが，明治30年代の後半になって権利濫用の理論が体系的に展開され（牧野「権利の濫用」法協22巻6号850頁），大正時代に公序良俗違反の権利行使を権利の濫用とする理論へと発展した。明治44年には，企業の権利の行使が濫用となる可能性が論じられ（鳩山「工業会社ノ営業行為ニ基ク損害賠償請求権ト不作為ノ請求権」法協29巻4号599頁），その後の判例に大きな影響を与えた。信玄公旗掛松事件（大判大8・3・3民録25輯356頁）は，由緒ある老松から僅かに一間半未満の所に，線路の分岐点が設けられ，汽車の入れ換えのため数分間にわたり，機関車が停車することが少なくなく，煤煙および震動によって松が枯死したとして松の所有者が損害賠償を請求した事案である。国の責任の有無についての中間判決となった大審院判決は，「其行為ガ社会観念上被害者ニ於テ認容スベカラザルモノト一般ニ認メラルル程度ヲ越ヘタルトキ」は，権利行使の適当な範囲にあるものとはいえないので不法行為になるとした。本判決を契機として，学説上も権利濫用の理論が深化され（末川『権利濫用の研究』10～11頁），法が権利を認めているのは，共同の社会生活における法秩序の維持のためであるから，権利者だけのためにある絶対的なものではなく，当然に社会的な制約を受けている相対的なものであるとして権利の社会性が明確に主張された。さらに，権利といえども，それが存在する社会的意義に従って適当の制限を受

けるものであるから、その行使方法が公序良俗に違反する場合には違法性を帯びると考えられるようになった。そして、権利濫用という観念は個人主義的権利本位の民法においては考えられない観念であり、これを強調することは社会本位の法律思想の特色である（我妻『事務管理・不当利得・不当行為』144頁）とされるようになり、通説となった。

(2) 要　件

　ドイツ民法226条は、「他人に損害を加えることのみが目的となりうるような権利の行使は許されない」（シカーネの禁止 Schikaneverbot）として、権利者の主観的な目的を権利濫用の要件とした。これに対して、スイス民法2条2項は、「権利の明白な濫用は、法律による保護を受けない」と規定して、主観的要件を排除して権利の濫用を禁止した。わが民法1条3項は、スイス民法に倣ったものである。権利濫用の認定に際しては、害意というような主観的要素を必要とせず、権利濫用という客観的事実があれば足りる。

　客観的要素の評価によって、権利濫用となるか否かを判断する場合には、権利行使によって受ける利益と相手方の被る損害とを実質的に比較衡量し、公共の福祉という観点から評価することが必要となる。但し、権利濫用になるか否かについて客観的かつ事後的な認定を判断基準とするときは、大資本を投下して既成事実を作った企業や公益事業の起業者の利益を擁護する結果となりがちになる虞れがあることに留意すべきである。判例には、次のようなものがある。

(i)　発電用トンネル撤去請求事件（大判昭11・7・10民集15巻1481頁）

　　電力会社が、他人の地下に無断で、発電所用水路として幅4メートル、長さ616メートルの隧道を作ったので、土地所有者が妨害排除ならびに原状回復を請求した。

　　大審院は、すでに工事が竣成した現在において、これを撤去し新たに水路を設けることは、巨大な物資と労力の空費を来し社会経済上の損失少なからざるものがあることを顧るときは、所有権に基づく妨害排除はもはや不能に帰し、損害賠償の請求しかできないとした。

(ii)　高知鉄道線路撤去請求事件（大判昭13・10・26民集17巻2057頁）

　　原告である土地所有者は、線路敷設のため無断で埋立工事をしていた鉄道会社に対して、埋立工事禁止の仮処分を申請し決定を受けた。これに対して、鉄道会社が

仮処分の取消を裁判所に求めて仮処分取消の判決を得て，係争中に埋立を完了したので，所有者が原状回復請求をした。

　大審院は，原状回復は公共の利益を甚だしく阻害するばかりでなく工事もまた技術上至難であり，多大の日時と費用を要し社会通念上不能に属するから，原状回復請求は権利濫用であるとした。

(iii)　板付基地事件（最判昭40・3・9民集19巻2号233頁）

　国が賃借して駐留軍に提供し，空軍基地の一部として使用させていた土地について，所有者が，占領状態終結により契約期間が満了したとして国に対して所有地の明渡しを請求した。

　最高裁判所は，国が特別措置法に準拠して土地の使用または収用の手続をとらなかった点に落度のあることを認めたが，本件土地所有権の侵害については，不法行為または不当利得に関する法規により救済を求めるのであれば格別，原状回復を求める請求は，私権の本質である社会性，公共性を無視し，過当な請求をなすものであり，認容しがたいとした。

　以上のような他人の所有地を無権原で占拠する事案においては，侵害行為に対する妨害排除請求を権利濫用とするのは厳格かつ慎重にすべきであり，権利濫用の濫用とならないように注意しなければならない。

(3)　効　果

　権利の濫用となる場合は，権利の行使としての法律効果を生じない。

(イ)　所有権の濫用

(a)　所有権に基づく使用が権利濫用となる場合は，正当な権利行使として認められず，違法性を帯びるときは，不法行為として損害賠償義務を負う。

(i)　信玄公旗掛松事件（大判大8・3・3民録25輯356頁）

　事案および判決理由は上述（31頁）の通り。

(ii)　大阪アルカリ事件（大阪控判大8・12・27新聞1659号11頁）

　硫酸の製造工場の煙突から排出された亜硫酸ガスにより，工場から2丁離れた付近の土地の農作物が枯死したとして，地主と小作人が損害賠償を請求した。

　大阪控訴院は，日本内外で同種の営業をする工場の煙突の高さに比べ，大阪アルカリ株式会社の煙突が低いという事実を認定し，会社が亜硫酸ガスおよび硫酸ガス

の噴出遁逃を防止するにつき，その当時技術者のなしうる適当の方法を尽したとはいえないとして，損害賠償責任を認めた。

(iii) 日照妨害事件（最判昭 47・6・27 民集 26 巻 5 号 1067 頁）

　Xが分譲住宅を買い受け居住し，Xより少し遅れてYがX宅の南側に隣接する住宅を買い受け居住していた。Yは，建築基準法の定める容積率に違反して，しかも無届建築により増築工事をしようとし，都知事から工事施行停止命令および違反建築物除却命令が出されたが，これを無視して工事を強行した。その結果，Xは，日照をほとんど奪われ，通風も著しく悪くなった。そのため，家族は健康を害し，Xはやむなく不利な価格で土地家屋を第三者に売却して転居した。XがYに対して損害賠償を請求した。

　最高裁判所は，すべて権利行使は，その態様ないし結果において，社会観念上妥当と認められた範囲内でのみこれをなすことを要し，権利者の行為が社会的妥当性を欠き，これによって生じた損害が，社会生活上一般的に被害者において忍容するを相当とする程度を越えたと認められるときは，権利の濫用となり違法性を帯び，不法行為責任を生ぜしめるとして，損害賠償責任を認めた。

(iv) 下水管敷設受忍請求事件（最判平 5・9・24 民集 47 巻 7 号 5035 頁）

　Xが所有地に存した旧建物を取り壊し，建築基準法の確認申請を受けない，かつ，建ぺい率にも違反する新建物を建築した。Xが，Xの所有地に隣接するYの所有地の一部に下水管を敷設する必要があるとして，Yに対して敷設工事の許諾と当該工事の妨害禁止を求めた。最高裁判所は，建物が建築基準法に違反し除却命令の対象であることが明らかである場合に，建物の所有者が隣接地の所有者に対して下水管の敷設工事についての受忍を求めることは，権利の濫用に当たるとした。

(b) 所有権に基づく妨害排除請求権の行使が権利の濫用となる場合は，侵害行為を排除することができない。

(i) 宇奈月温泉事件（大判昭 10・10・5 民集 14 巻 1965 頁）

　宇奈月温泉を経営するY鉄道株式会社が，Aの所有地のうち引湯管が通過する部分約2坪については利用権を設定していなかった。そこで，Xは，Aからその土地を譲り受け，隣接するX所有の 3000 坪の土地も合わせてYに対して法外な価格で買取るよう要求した。Yが拒絶すると，Xは土地所有権に基づく妨害排除として引湯管の撤去および立入禁止を請求した。

大審院は，Xの行為は，「全体ニ於テ専ラ不当ナル利益ノ攫得ヲ目的トシ所有権ヲ以テ其ノ具ニ供スルニ帰スルモノナレバ，社会観念上所有権ノ目的ニ違背シ其ノ機能トシテ許サルベキ範囲ヲ超脱スルモノニシテ，権利ノ濫用ニ外ナラズ」とした。

(c) 土地の譲受人が，対抗力を具備しない土地賃借権者に対して建物収去・土地明渡を請求することが権利の濫用とされる場合には，請求は認められない。

(i) **家屋収去土地明渡請求事件**（最判昭38・5・24民集17巻5号639頁）

AがBの所有地を賃借し，その上に平屋建家屋を建て，そこで子Yに電気器具商を営ませていた。Yが家屋の半分を二階建にし，その後，残存部分を取り毀して平屋建居宅を建てた。この取り毀しおよび増築に対して，Bは異議を述べ，建物朽廃による賃貸借の終了を通告した。Yは，建物の保存登記をする前提として，建物の申告書を敷地所有者であるBの証明印のないまま法務局出張所に提出したが，Bが申告書を持ち帰り，Yが保存登記するのを妨害した。賃貸地は，Bの子Cに売却され，さらにCはYの賃借権を知悉していたX会社（B，Cおよびその血族ないし婚姻関係にある者の同族会社）に売却された。XからYに対して，Aの賃借権が対抗力を有しないことを理由に家屋収去・土地明渡を請求した。

最高裁判所は，Yの賃借権およびその地上建物につき登記がなくても，Yの賃借権の対抗力を否定し建物の収去を求めることは，権利の濫用として許されないとした。

(ii) **建物収去土地明渡請求事件**（最判昭43・9・3民集22巻9号1817頁）

XはAから本件土地を買受け，所有権移転登記を経た。これより先に，Y_1はAから本件土地を賃借し，その地上に建物を新築所有した後，自ら代表者となって，個人会社であるY_2会社を設立し，Y_2に本件建物を使用賃貸契約により使用させていた。しかし，Y_1は賃借権を登記せず，建物についても保存登記をしていなかった。Xは，本件建物が未登記であることを知り，これを奇貨としてY_1に対して買受の事実を告げなかったばかりか，何らの事前交渉もすることなく，移転登記後13日目に突如として，Y_1に対して建物収去・土地明渡，Y_2に対して建物よりの退去・土地明渡，ならびにY_1およびY_2に対して不法占拠に基づく賃料相当損害金の賠償請求の訴を提起した。

最高裁判所は，土地の買受人が，地上に賃借人が建物を所有して営業していることを知って，著しく低廉な賃借権付評価額で土地を取得しながら，賃借権の対抗力

の欠如を奇貨とし，不当の利益を収めようとして，賃借人の生活および営業上の多大の損失を意に介せず，賃借人に対して建物収去土地明渡を請求することは，権利の濫用として許されないとした。

対抗要件を具備しない借地権者に対する新地主の所有権に基づく建物収去土地明渡請求が権利の濫用として排斥された場合に，事後の法律関係が問題となる。最高裁判所は，新地主による明渡請求権の行使は権利濫用になることから，借地人の土地占有が，権原に基づく適法な占有となるものでないことはもちろん，その土地占有の違法性が阻却されるものでもないとする。したがって，対抗しうる権原を有することなく，土地を占有していることが新地主に対する関係において不法行為の要件としての違法性をおびるときは，損害賠償を請求できるとする（最判昭43・9・3民集22巻9号1817頁）。

(iii) **土地明渡請求事件**（最判平9・7・1民集51巻6号2251頁）

YがAから甲・乙2筆の土地を賃借し，ガソリンスタンドを経営していた。Yは，甲地上に登記されている建物を所有し店舗等として利用し，乙地には未登記の給油設備等を設置して両地を一体として利用していた。XがAから両地を買い受け，Yに対して乙地の明渡請求をした。

最高裁判所は，これらの土地が社会通念上相互に密接に関連する一体として利用されている場合においては，借地権者名義で登記されている建物の存在しない土地の買主の借地権者に対する明渡請求の可否については，双方における土地の利用の必要性ないし土地を利用できないことによる損失の程度，土地の利用状況に関する買主の認識の有無や明渡請求をするに至った経緯等を考慮して，権利の濫用に当たり許されないとした。

(ロ) **所有権留保に基づく引渡請求と権利濫用**

自動車ディーラーXが，所有自動車をサブディーラーAに所有権留保付で売却し，AがXへの代金完済前に自動車をユーザーYに売り，Yは代金を完済したが，AがXへの代金支払を怠った場合に，XはYに対して自動車の引渡しを請求できるかが問題となる。この場合は，Aを販路拡張のために選択したXが，Aの無資力についての危険を負担すべきであり，Xの引渡請求は否定すべきである。最高裁判所は，所有権留保に基づく引渡請求は，本来，XにおいてサブディーラーであるAに対してみずから負担すべき代金回収不能の危険をユーザ

一であるYに転嫁しようとするものであり，自己の利益のために代金を完済したYに不測の損害を蒙らせるものであって，権利の濫用として許されないとする（最判昭50・2・28民集29巻2号193頁，最判昭57・12・17判時1070号26頁）。

(ハ) 解除権の行使と権利濫用

解除権のような形成権が濫用される場合は，その権利の行使によって生ずべき効果は生じないから，解除権を濫用して賃貸借や労働契約を解約してもその解約は無効である。判例は，家賃不払による解除の場合（最判昭39・7・28民集18巻6号1220頁）および無断増改築の場合（最判昭41・4・21民集20巻4号720頁）ならびに賃借権の無断譲渡・転貸の場合（最判昭28・9・25民集7巻9号979頁，最判昭39・6・30民集18巻5号991頁，最判昭44・4・24民集23巻4号855頁など）に，賃貸借当事者間の信頼関係を破壊するに至る程度の背信的行為の有無を判断基準としており，信頼関係破壊の理論を根拠とするものが主流となっている。すなわち，債務不履行の程度が軽微な場合には，解除権の行使は信義則上認められないとするものであり，通説もこれを承認している（詳細については，後述186頁参照）。

(ニ) 消滅時効の援用と権利濫用

債務者が債務の履行をするような態度を装い，そのために債権者が適時に訴を提起できなくさせたり，債権者に時効中断の処置を執ることを怠らせたりしたような場合に，時効期間経過後，突如として態度を変えて時効を援用するときは，権利の濫用となる（谷口「権利濫用の効果」末川古稀記念論文集（上）104頁）。

時効の援用によって利益を得る債務者が，何らかの手段を弄して積極的に債権者の時効中断を妨害しなくとも，時効の援用が思いもよらず，これを口実として債権者を困惑させるような場合には権利濫用となる。最高裁判所昭51・5・25判決（民集29巻4号417頁）は，家督相続をした長男Yが，家庭裁判所における調停の結果，母Xに対し，老後の生活保障とYの幼い妹らの扶養および婚姻費用等に充てる目的で農地を贈与し，その引渡もなされ，Xが20数年間にわたってこれを耕作し，子女の扶養，婚姻等の諸費用を負担したこと，XがYに対して農地法3条所定の許可申請手続に協力を求めなかったのも，既にその引渡を受けて耕作しており，かつXが老齢であり，右贈与が母子間においてな

されたなどの事情によるものである場合に，Yによる所有権移転許可申請協力請求権の消滅時効の援用は，信義則に反し権利の濫用として許されないとした。

(六) 親権の濫用

父または母が，親権を濫用したときは，家庭裁判所は子の親族または検察官の請求によって，その親権の喪失を宣言することができる（民法834条）。父母が親権を喪失すると，子を監護および教育する権能を失う。不法行為の要件を充足するときは，子に損害賠償請求権が生ずる。

3　3原則相互の関係

(1)　1条1項，2項，3項の関係

民法1条に規定された3原則相互の関係について，かっての通説は，1条は私権の社会性を宣言したものであるとしていた。そして，1項は，原理を宣明し，2項と3項は，その適用を示すものとした。しかし，近時の有力説は，3つの条項は，それぞれ独立して別個の法律関係を規律するものと解釈するようになっている（我妻『新訂民法総則』38頁）。この見解によれば，

① 1項は，私権と公共の福祉との調節を目的とする。私権の存否・内容・行使方法などは，公共の福祉に適合する範囲において認められる。② 2項は，賃貸借・労働契約その他の契約当事者や夫婦・親子などのように，特別の権利義務によって結合されている者の間の利害の調節を目的とする。したがって，相手方の些細な債務不履行を理由に解除することは，信義に反する解除権の行使として効力を生じないことになり，3項によって権利の濫用になるという必要はないことになる。そして，③ 3項は，特殊の権利義務で結合されていない私人間の利害の調節を目的とする。したがって，特定の者の所有権行使と社会の一般人との関係が中心的な対象となるが，特許権・商標権の行使，不正競争などについて制限する場合に適用される。

以上のように解釈する理由は，公共の福祉といい，信義誠実の原則という抽象的な規定は，ともするとその場その場の近視眼的な判断によって恣意的に解釈され，私権の存立を脅かし，ひいては私法秩序を乱す虞れがあるために，できるだけ客観化しようとすることにある。

(2) 私権の社会性

　民法1条は，全体として私権の社会性を宣言したものである。1項は，私権が社会的存在であることから生ずる内在的制約原理を示している。信義則と権利濫用の関係については，基本的には特殊の法律関係のある当事者間においては信義則により処理されるといえるが，実際の判例に見られる理論構成には，信義則に反し権利の濫用として許されないとするもの（最判昭51・5・25民集29巻4号417頁）もあり，必ずしも整合的になされていない。

　3条項とも一般条項であるが，公共の福祉の基準は最も抽象的であり，信義則および権利濫用の法理の方が具体的な解釈基準として機能しやすいといえよう。信義則違反の程度が著しい場合には，背信行為を権利濫用と評価することによって違法性を明確にすることができ，不法行為責任を基礎づけるための法律構成に説得力をもたせることができるという利点がある。

4　自力救済

(1) 意　義

　権利者が，その権利の行使が他人によって妨害されているときに，自分の実力を用いて権利を実現することを自力救済という。法の支配が完備した近代国家においては，自力救済は原則として禁止され，権利の強制的実現は裁判所の手続を通じて行なわれなければならない。自ら実力を行使することは，たとえ権利の実現のためであっても犯罪行為となり，相手に損害を与えた場合には，不法行為に基づく損害賠償責任を負う（民709条）。所有者が占有を奪った者から勝手に実力で取り返したときは，占有訴権により相手方から取り戻される（民200条）。自力救済を禁止するのは，権利者が自分に権利があると考えることが正しいかどうかについて疑問があるだけでなく，たとえ正しい場合であっても，私人の自由に任せると暴力的手段や報復が行なわれる危険があって社会の秩序が維持できないからである。しかし，緊急の事情があって，事後的に裁判手続による保護を求めることが不可能であったり，著しく困難である場合にも自力救済を禁止すれば，私権を認めた趣旨を達成できないことになるので，例外的に自力救済を認める必要が生ずる。

(2) 要　件

　明文の規定によって自力救済を許容している立法例として，ドイツ民法とスイス債務法がある。ドイツ民法は，自力救済に関して詳細な規定を置いている。すなわち，「自力救済の目的のために，物を収去，破壊または毀損した者，もしくは逃走の疑いのある義務者を留置する者，または，忍容の義務のある行為に対する義務者の抵抗を排除するものは，適時に官憲の救助を得られず，かつ，即時にこれをなさなければ請求権の実現を不能または著しく困難にする虞れがある場合には，これを不法としない」（ド民229条）とし，「自力救済は危険の防止に必要な限度を超えてはならない」（同230条1項）とする。また，占有を侵害された場合には，さらに強力な自力救済権が認められている。すなわち，「占有者は，法の禁じた私力を実力で防衛することができる」（同法859条1項）。「占有者が法の禁じた私力によって占有を奪われたときは，占有者は，現行犯で逮捕され，または追跡された加害者から実力をもってこれを奪還することができる」（同859条2項）。「占有者が法の禁じた私力によって不動産の占有を奪われたときは，侵奪後直ちに加害者を排除して占有を回復することができる」（同859条3項）と規定する。

　スイス債務法は，「正当な請求権を保全するため自力によって保護をなした者は，官憲の援助を適時に受けることができず，かつ自力救済によってのみ請求権の消滅またはその行使を著しく困難ならしめることを防止できる場合には，損害賠償の義務を負わない」（52条3項）と規定する。これらの立法においては自力救済の成立要件として，①正当な請求権の保全のためであること，②自救権者は請求権の帰属者であること，③即時に自力救済の手段に訴えるのでなければ，請求権の実現が不能となるか，または著しく困難となるおそれのある場合であること。債権者について発生の危険性ある損害と自力救済によって債務者に発生すべき損害との間には，法益の均衡を必要としない。④自力救済について管轄権を有するすべての官庁の救済を待ついとまのない場合であること，⑤自力救済を行なう時の事情や目的に適応した手段を採ること，が考えられている（明石三郎『自力救済の研究〔増補版〕』130頁以下）。

　わが国には，自力救済についての明文の規定がないので，最終的には，公の秩序善良の風俗（公序良俗）を標準として，厳格な要件の下に承認すべきであ

る。最高裁判所も，自力救済を原則として禁止すべきであるとしつつ，「法律に定める手続によったのでは，権利に対する侵害に対抗して現状を維持することが不可能又は著しく困難であると認められる緊急やむを得ない特別の事情が存する場合においてのみ，その必要の限度を越えない範囲内で，例外的に許される」(最判昭40・12・7民集19巻9号2101頁：占有の交互侵奪の事案であるが，緊急の事情があると認められず，私力行使の許される限界を超えるとして違法であるとした。)とする。

〔8〕 民法の解釈

1 意 義

　法源の意味内容を明確にすることが法の解釈であり，民法の解釈というのは，民法の法源の意味内容を明確にすることである。民法は，その法律効果を一定の法律要件に結びつけて規定しているが，法律要件は類型的抽象的であるだけでなく，文言による表現上の限界や立法当時には予想していなかった社会的事象が生ずることもある。民法規範を大前提とし，具体的生活事実を小前提として，三段論法によって結論を導くのが民法の適用である。民法の適用に際しては，まず具体的生活事実を確定し，次に，民法規範の意味を，主として法律要件および法律効果の面から明らかにしなければならない。前者が訴訟法上いわゆる事実問題であり，後者が民法の解釈，すなわち，いわゆる法律問題である。抽象的一般的に規定された法規の意味は，解釈によってはじめて判決となり具体化する。抽象的一般的な法規と具体的個別的な判決との間には規範意味の上から，必ず一定の間隙が存在する。この間隙を充填して，一般法規と個別法規を結合するのが，民法の解釈の作用である。

　民法の解釈がもつ規範意味充填の作用は，価値相対主義を前提とする限り，相対的かつ流動的である。したがって，法秩序の安定を重視する立場からは，本来容易に動かされてはならない法が，解釈によって自由に動かされる危険性を有していると見ることになる。そこで，法の解釈が，恣意を超越した客観的形式にしたがってなされることを要求し，三段論法による概念法学的解釈を行

なうのである。これに対して，法の発展性を尊重する立場からは，法がどのような形式において成文化されたとしても，規範意味充塡の必要性があるとともに，立法当時以後の社会的条件の変化に応じた具体的妥当性を追究しようとするために，合理的解釈を重視することになる。これが自由法論的解釈であり，単に法規範の枠内での論理的整合性を追究することだけを目的とせず，与えられた法規範を基礎としつつ，正義の実現のために，新たな法規範の創造に向けて解釈することになる。

2 解釈の方法・技術

民法の法源の中で成文法が最も重要であり，民法の解釈は成文法の解釈が中心となる。成文法は，一定の文言で表現されており，その意味を明らかにすることから始めなければならない。

第1に，そこで用いられている文言の常識的な意味を尊重すべきであり，当該法規の文言の通常の意味に従って解釈すること（文理解釈）が，法解釈の出発点となる。しかし，文理解釈にとどまると，法規の形式的かつ硬直な適用がなされ，具体的妥当性を失わせる虞を生ずる。文理解釈の例としては，大審院が，浪花節のレコードを勝手に複製販売した事件において，浪花節は音楽ではないから著作権の目的とならず，したがって権利侵害がないとして，民法709条の権利侵害の要件を充足せず不法行為は成立しないとした判例（大判大3・7・4刑録20輯1360頁，大判大7・9・18民録24輯1710頁〔桃中軒雲右衛門事件〕）がある。

第2に，すべての法律は，それぞれ独自の基本原理に基づきながら，各条文が全体として1つの法典を構成し，1個の論理的体系を形成しているものであるから，個別的な条文についての解釈とその法律全体としての論理的体系とが矛盾しないようにしなければならない（**論理解釈**）。論理解釈の前提である論理的体系は，形式論理的に構成することも，目的的な論理に従って構成することもできるが，形式論理に重点を置き過ぎると具体的妥当性を損なうことになるので注意しなければならない。

具体的な条文を解釈する場合には，文理解釈をしつつ論理的構成を念頭におくが，全体としての論理的体系の枠内で，当該規定の文言の意義を一般に用い

られる意味以上に拡張して解釈する方法（**拡張解釈**）がある。例えば，民法711条の「配偶者」には内縁の妻を含むと解釈する場合である。内縁の妻も法律上の配偶者に準じて同一の保護を与えるべきであるとする価値判断を前提とするときは，配偶者の本来の意味を拡張して解釈することになる。

　これとは逆に，当該規定の文言の意義を一般に用いられる意味より狭く解釈する方法（**縮小解釈**）がある。例えば，民法177条に定める「第三者」を「登記の欠缺を主張する正当の利益を有する者」に限定し，正当な利益を有しない第三者に対しては，登記なしに対抗しうると解釈する場合がこれである（大連判明41・12・15民録14輯1276頁〔第三者制限連合部判決〕）。

　第3に，法規の外形的意味を把握した後に，法規の意図ないし真意といった内面的意味を把握することが必要となる。このための方法として立法資料，法制調査会の議事録，立法理由書などによって，立法者がどのような意思でその法規の文言や表現を用いたのかを探究し，これに従って解釈する方法（**立法者意思解釈**）がある。しかし，法規の基本的意味を理解するためには参考となるが，法規はそこで用いられている文言の客観的意味において人々に対する拘束力をもつべきであり，また，科学技術の発達や社会構造の変化に伴い自動車事故や各種の公害のように立法当時には予想していなかった事実が発生することもあるので，立法者の意思に決定的な意義を認めるべきではない。これに対して，立法者の具体的な意思から独立して，法規が制定された客観的な立法目的を探求し，もし立法者がその目的に従って現在立法したとすればどのように立法したであろうかを推測して解釈する方法（**目的論的解釈**）がある。この方法は，社会の現実の変化に対応できるとともに，事件の個別的事情を評価できる点で，具体的妥当性を実現するという観点から優れているといえよう。

　第4に，解釈の技術として，類推解釈と反対解釈がある。類推解釈は，共通の基盤を有するAとBの2つの事実のうち，Aについてのみ規定がある場合に，BについてもAと同様の結果を認めるものである。類推解釈は，結果的には条文を拡張したことになるが，拡張解釈が規定された文言の意味に含ませて解釈するのに対して，類推解釈は文言の意味に含ませることができない場合に拡張する点において異なる。例えば，民法125条には取り消しうべき行為の法定追認について規定があるが，取消権者による履行の受領については規定がない。

しかし，履行の受領が追認の効果を有しないとすることは衡平を欠くことになるので，法定追認事由になると解釈する場合がこれである。

反対解釈は，類似したAとBの事実のうち，Aについてだけ規定する場合に，BについてAと反対の結果を認めるものである。例えば，詐欺と強迫による意思表示について規定する96条において，3項は「詐欺ニ因ル意思表示ノ取消ハ之ヲ以テ善意ノ第三者ニ対抗スルコトヲ得ズ」としているので，強迫を理由とする取消は善意の第三者にも対抗できると解釈する場合である。

3　解釈の理想

民法の解釈には2つの要請がある。第1に，民法規定に対して，人によっても事件によっても，同じ結果となるような一般的確実性を与えることである。第2に，民法規定に対して，具体的な場合に適用されて妥当な結果をもたらすような具体的妥当性をもつ内容を与えることである。一般的確実性と具体的妥当性とは，法規範の2大使命であり，一般的確実性を維持しながら具体的妥当性を実現することが法解釈の理想である（我妻『新訂民法総則』28頁）。

19世紀の初めからヨーロッパ大陸諸国では成文法が制定され，その思想上の根拠として啓蒙時代以来の自然法論があった。人間の自由と権利を擁護するための永続的な法体系が必要であると考え，それを成文法として制定することが，国家権力から人権を保障する最良の方法と考えたのである。このような理念に基づいて，成文法体系が形成された段階では，成文法規を具体的事件に適用するための解釈理論が必要となる。そこでは，権力者の恣意や裁判官の主観が介入しないようにするために，概念法学的な法解釈が必要とされる。しかし，人間が構想し制定した成文法は，決して完全無欠のものではないし，時代の流れによって社会事情が変化し，法規と社会生活の現実との間に間隙を生ずることは不可避である。この間隙を埋めることなしに成文法体系の完全性を前提として解釈することは，結果において不当であるとともに，時代錯誤に陥ることになる。成文法に欠缺があるとき，または，成文法の内容が現実の社会生活に適合しなくなったときは，解釈によって成文法に発展性を与えることが必要となる。19世紀の末以来主張された自由法学は，解釈に法創造的機能を賦与することによって制定法の弾力性を回復しようとした点で，大きな功績を残した。極

端な自由法学的解釈は，法的安定性を脅かす危険があるが，民法の解釈における理想は，具体的妥当性との調和を実現することにある。生きた社会生活を適正に秩序づけるためには解釈によって制定法を弾力的に適用することが必要である。

4　解釈の基準

民法1条の2は，「本法ハ個人ノ尊厳ト両性ノ本質的平等トヲ旨トシテ之ヲ解釈スベシ」とする。本条は，終戦後，親族編・相続編の改正の際に新たに加えられたもので，憲法の基本的人権に関する諸規定，特に，13条(個人の尊重・幸福追求権・公共の福祉)，14条（法の下の平等）および24条（家族生活における個人の尊厳と両性の平等）の趣旨に基づいて，民法解釈の原理として規定された。

個人の尊厳とは，すべての個人は個人として尊重され(憲法13条)，人格の主体として独自の存在を認められるべきであるということである。個人の尊厳を認めることは，自己の人格を尊重するとともに他者の人格をも敬うという自尊他敬の精神を理想とすることになる。また，両性の本質的平等とは，男女の間に存在する本質的差異を差異として認めながら，その間に価値の上下をつけないことである。個人の尊厳と両性の本質的平等の理想は，近世の自由主義的法思想の一表現であり，民主主義社会における最も基本的な価値判断である。それは，単に民法の解釈の基準であるだけでなく，私法関係のすべてにわたる理念の宣言と捉えるべきものである。

第2章　権利の主体

〔1〕　自 然 人

1　権 利 能 力

(1)　権利能力の意義

　現代の私法は，近世の自由主義的法思想の影響を受けて，個人に権利の主体たる地位を与え，他の者に対してこれを尊重すべきことを命ずることによって，法秩序を維持し社会およびその構成員の発展を図ろうとしている。権利義務の主体となることのできる地位または資格を権利能力または人格という。自らの人格を尊重するとともに他者の人格をも敬うべきであるとする自尊他敬の精神が，現代私法の根底に脈々と流れているとみるべきである。そこには，自由意思をもって自律できる人間というものが理念として考えられている。

　すべての生きている人々，すなわち，すべての自然人は，平等の権利能力を有するという現代社会では自明の原則が承認されるまでには，人類の長い歴史を経た。西洋の古代社会においては，所有権の客体である物として扱われる奴隷制度があった。ギリシアでは生きた道具とされ，ローマでは話す道具とされた時代があった。近隣共同体間の戦争の中で，勝者が敗者を奴隷として生かす過程において，人格のない奴隷が発生した。ローマの古典期後の発展過程においては，小作人（colonus）制度があり，土地に縛られた従属的な土地小作人の身分というものがあった。小作人は土地を離れられず，地主も小作人を土地から離れさせてはならないものとしていた。地主は，小作人を伴わずに土地を譲渡することも，土地を伴わないで小作人を譲渡することもできないものであった。このほか，家長権に服する家児の権利能力も極めて制限されていた。

　中世の荘園制においては，一定の土地を所有する領主が，そこに居住し，そ

れを耕作する農民を支配していた。荘園で耕作に従事し，賦役や賦課租によって支配された農民は，領主の人身的支配も受けることから農奴と呼ばれ，領主の権力に服していた。しかし，その後の交換経済の発達は，それまでの不自由人に交換や交換契約の独立の当事者としての地位を認め，その範囲で権利能力の主体とした。

　中世の都市制度の発達と，近世の工場制度の発祥とは，すべての人に権利能力を認めるべき必要性を生じさせた。すなわち，一方では，都市に出て他人に雇われて給料を取得し，他方では，生活に必要な物資を購入するために法律関係の主体となることが必要となった。

　絶対王政が支配し身分制と領主制が存続する旧体制の中から，貴族，新興の市民階級（ブルジョアジー）および民衆・農民の対抗関係を背景にフランス革命が起こった。その結果，すべての個人は，社会生活関係において，権利の主体としての地位を認められることになった。人が権利の主体であるとするのは，人が自己の意思に基づいて法律上の効果を生じさせる行為をなすことを認められるのにふさわしい価値をもつ存在であることが，法律によって承認された結果である。すべての人に権利能力を認め，各人の自由意思に基づいて自由に活動させることによって，各人の能力を十分に発揮する努力がなされることが期待されている。このことによって，国家社会全体としても活力をもつことができると考えられたのである。換言すれば，人に自由を認めるのは，自由それ自体が絶対的価値あるものとして承認されたからではなく，自由を認めることが国家社会全体にとって，経済および文化を発展させるために，また，幸福な人間社会を構築するために必要不可欠であったからである。フランス革命を転機として，すべての個人は私法関係において，私有財産をもち，契約主体となり，親族関係の主体となり，平等の人格を認められることになった。

　すべての自然人が平等に権利能力を有するという近代法の根本原則は，ドイツ民法（1条「人の権利能力は，出生の完了とともに始まる」），フランス民法（8条1項「すべてのフランス人は，私権を享有する」），スイス民法（11条1項「何人も，権利能力を有する」；2項「すべての人間のために，法秩序の制限内において，権利義務を有する平等の能力が成立する」）などには明規されている。わが民法が，ドイツ民法と同じく，1条の3に「私権ノ享有ハ出生ニ始マル」と規定す

るのは，単に権利能力の始期だけを規定するのではなく，すべての人は生まれながらにして平等の権利能力を有することを宣明する趣旨である。

(2) **権利能力の発生**
(イ) 権利能力の始期
　法人に対して，生きた人間を法律上，自然人という。自然人は，出生によって権利能力を取得する。民法1条の3は，「私権ノ享有ハ出生ニ始マル」として，権利能力の始期は出生であることを規定する。ドイツ民法1条は，「人の権利能力は出生の完了（Vollendung der Geburt）とともに始まる」とし，スイス民法31条1項は，「人格は出生の完了後（nach der vollendeten Geburt）の生存とともに始まる」と規定する。胎児を分娩する過程において，出生の時期がいつかについては，胎児が独立して呼吸した時とする説（独立呼吸説：鳩山『日本民法総論』43頁）もあるが，通説は，出生の時期が明確であることから，胎児が母体から全部露出した時（全部露出説：富井『民法原論総則』137頁，我妻『新訂民法総則』51頁）とする。これによれば，全部露出すればその時に生まれたものと認められ，生後ただちに死亡しても死産の場合と異なることになる。刑法上は，堕胎罪と殺人罪とを区別する標準となるが，胎児の一部が露出した場合には人と認め（一部露出説），殺人罪が適用されるとするのが，刑法学の通説および判例（大判大8・12・13刑録25輯1367頁）である。
(ロ) 出生の証明
　出生は，戸籍法の定めるところに従って，出生日を含めて14日以内に届け出なければならない（戸籍法49〜59条）。届出義務者が，正当な理由なしに届出を怠ると3万円以下の過料に処せられる（戸籍法120条）。しかし，出生の場合には，出生すれば当然に権利能力を有し，戸籍法による届出の有無は，婚姻の届出と異なり手続的なものであって，権利能力の取得のための要件ではない。

(3) **胎児の権利能力**
　胎児とは，法律上は，母親の胎内にあってまだ出生していない生命体をいう。近い将来，生命をもって生まれる可能性の高い生命体であることから法的保護の対象となるのであるから，理論的には，生命体が発生した時点から胎児とし

て捉えるべきである。

　権利能力の始期は出生であり，胎児には権利能力がない。しかし，この原則を貫いて胎児に権利能力がないとすると，既に生まれた者と比較して，胎児に不利になったり，不衡平になる場合が生ずる。そこで，各国の法律は，この原則を緩和して，胎児の利益を保護している。立法主義としては，①生きて生まれることを条件として，一般的にすでに生まれたものとみなす一般主義（スイス民法31条2項「出生前の子は，生きて生まれることを条件として，権利能力を有する」）と，②重要な法律関係についてのみ個別的にすでに生まれたのもとみなす個別主義（ド民844条2項後段［父その他の法定扶養義務者が殺害された場合における胎児の扶養料請求権］；同1912条［胎児の将来の権利保護］；同1923条2項［相続権］；フ民725条［相続権］；同906条1項［贈与を受ける権利］，など）がある。わが民法は，個別主義に立ち，損害賠償請求権（721条），相続（886条）および遺贈（965条）については，既に生まれたものとみなすことにした。認知については，父は胎児を認知することができる（783条1項）が，胎児には認知請求権が認められていない。

　胎児が生まれたものとみなされる場合に，その法律的性質に関しては見解が分かれている。すなわち，①胎児中には権利能力はなく，生きて生まれたときに，生まれた時期が問題となっている不法行為または相続開始の時まで遡及するとする法定停止条件説，および②原則として胎児は権利能力者であって法定代理人によって代理して行為することができるが，死産のときは遡って権利能力がなかったことになるとする法定解除条件説がある。法定停止条件説は，私権の享有は出生に始まるとする民法1条の3の解釈上，胎児中に権利能力を有すると構成するのは無理であると考えるとともに，胎児の財産を管理する法定代理人制度が存在しない現行法の解釈としてはやむをえないとする。また，法定代理人による権利の処分によって，胎児に事実上不利益を生じさせる虞れもあることから，法定停止条件説が通説および判例である（大判大6・5・18民録23輯831頁は，胎児は出生により初めて相続開始の時に遡り相続権の主体となるものとする。また，大判昭7・10・6民集11巻2023頁〔阪神電鉄事件〕は，胎児は出生前には損害賠償請求権を処分しうる能力をもつものではなく，たとえ能力を有していたとしても出生以前にその処分行為を代行すべき機関に関する規定がないとして，和解契

約は後日出生した子に対して何の効力もないとする)。

これに対して，法定解除条件説は，胎児中においても生まれたものとみなされる範囲で制限的な権利能力を有するとする。その根拠は，相続および不法行為に関してだけであっても胎児の利益保護が必要であり，懐胎している母に法定代理権を認めることは，特に，相続の場合に胎児を遺産分配に参加させることができるので重要であることである。また，現代のように豊かな社会で，しかも医学や医療技術の発達した状況下での出産においては，死産は例外であり，このような実態に適合した解釈がなされるべきことである。しかし，胎児である間は，法律関係を確定しえないので，その関係の確定するまでは法律関係を保存する権限に限られるとともに，母と胎児との財産的利害が一致しないこともあるから，立法論としては，胎児のために財産管理人を選任する制度を設けることが適当であると提唱されている（我妻『新訂民法総則』52頁）。

(4) 胎児の死亡と父母の慰謝料

交通事故や医療過誤の被害者である妊婦が，負傷を原因として胎児を流産または死産したときに，胎児の父親に固有の慰謝料を認められるかが問題となる。民法721条は，「胎児ハ損害賠償ノ請求権ニ付テハ既ニ生レタルモノト看做ス」として，自然人の権利能力の始期を出生とする原則に対して例外を認めた。しかし，本条によって救済されるのは，胎児が生きて生まれた場合に限られており，死産の場合には保護を受けられないとするのが通説である。これに対して，胎児の両親が不法行為によって胎児を失った場合に，加害者に慰謝料を請求できるか否かについては，胎児の保護ではなく両親の権利の保護という観点から評価することが必要であるとする見解がある。事故による死産の場合には，母親が傷害を受け，このために精神的肉体的苦痛を受けることは明らかであり，母親自身に慰謝料が認められる。この場合には，母体の受傷という事実に対して慰謝料が認められることについては異論はないが，胎児を失ったことに対する慰謝料が認められるか否かについては見解が分かれている。すなわち，①胎児に権利能力を認めない限り死産も母体に対する傷害として評価するほかないとする見解（新潟地六日町支判昭50・10・30交通民集8巻5号1551頁）および②死産は妊婦に対する傷害であると同時に胎児の生命に対する侵害として捉える見

解（福井地判昭55・1・31判時983号110頁）である。死産を妊婦の傷害としてのみ捉える限り，胎児を失ったこと自体は，単に傷害による慰謝料額を算定する際の1つの事情として評価されるに留まる。しかし，胎児が生きて生まれない限り胎児の権利は保護されないとしても，父母の権利として胎児が出生することに対する期待は法的に保護すべきであるだけでなく，胎児の生命の尊厳を尊重しようとするならば，胎児の生命が失われたという事実を適正に評価することが必要である。交通事故や医療過誤によって胎児を失った両親の精神的苦痛は相当に大きいものであり，事情によっては出生後の子を失った場合よりも大きいこともありうる。解釈論としては，民法709条および710条に基づく慰謝料請求権と構成することも可能であるが，胎児の生命が失われたという事実を重視する立場から，生命侵害について近親者に慰謝料を認める民法711条の規定を類推して，子を失った父母に準じて胎児を失った父母にも慰謝料請求権を認めるべきである（齋藤修「交通事故による胎児の死亡と父の慰謝料」神戸商大論集39巻1・2号67頁）。

(5) 権利能力の消滅
(イ) 権利能力の終期

　民法は権利能力の終期について規定していないが，死亡によって権利能力が消滅することは当然とされている。また，自然人の権利能力は，死亡によってのみ消滅する。

　死亡の時期がいつかについて，従来の通説は，心臓停止説（①心臓の停止，②呼吸の停止，③瞳孔反射の消失，の3徴候を必要とする見解）である。これに対して，近時，脳の不可逆的機能喪失をもって人間の個体死と認めてよいとする見解（脳死説）が強力に主張されている。脳死説は，主として臓器移植との関係で論じられているが，死亡の時期については，民法以外にも多くの法律的評価に影響を与える重要な問題であり，従前の日本人の死の観念に対する根本的な認識の変更を迫る議論であるだけに，社会的合意を強引に形成させるような方法による早急な解決は回避すべきである。死の時点を擬制する場合には，社会の法的確信として妥当と評価できる段階にまで高まっていることが必要であり，わが国の現在の状況は，その段階にまで達していない。この問題は，経済取引

におけるように合理的理性によって最終的に決着をつけられる性質のものではなく，宗教や人倫道徳に根ざした世界観および価値観に係わる問題であり，国民の総意によって決定すべき問題である。心臓停止説は，客観的かつ簡明に死亡を判定できる点で優れており，かつ日本人の死生観にも合致した見解であり，現時点においてもなお説得力をもつものである。臓器移植については，医療行為の一環として必要と認められる限度において，違法性阻却事由として法定すれば足りるというべきである。平成9年に臓器の移植に関する法律（法104号）が制定され，医師は，死亡した者が生存中に臓器を移植術に使用されるために提供する意思を書面により表示している場合であって，その旨の告知を受けた遺族が当該臓器の摘出を拒まないときまたは遺族がないときは，臓器を死体（脳死した者の死体を含む）から摘出できることが明規された（6条1項，2項）。この結果，臓器移植との関係においてのみ脳死は死と認められることになった。

(ロ)　死亡の証明

　死亡の事実および時期は，相続に関して重大な影響を及ぼす。戸籍の死亡届は，医師の診断書または検案書を添附してなされ，それには死亡の年月日時分および場所が記載されている（戸籍法86条）。しかし，そこで記載される時刻については，医師の推測が加わる場合が多く，絶対的なものではない。特に，数人の者が同一の危難に遭遇して死亡した場合の死亡時期の前後は，証明できないことが多い。同一の危難によって数人が死亡し，いずれが先に死亡したのか不明のときについて，ユスティーニアーヌス法は，成熟の子は親に後れ，未成熟の子は親に先立って死亡したものと推定した。フランス民法は，年齢または性別を基準として，死亡先後の推定規定を置いている（720〜722条）。スイス民法は，「多数の死者のうち，誰が先に死亡したかを立証できないときは，同時に死亡したものと推定する」（32条2項）と規定する。また，1951年のドイツ失踪法（Verschollenheitsgesetz）も，「多数の死者または死亡宣告を受けた多数の者のうち，誰が先に死亡したかを立証できないときは，同時に死亡したものと推定する」（11条）と規定する。

　わが民法には同時死亡に関する規定がなかったので，先に死亡したことの立証責任を負担する者がその立証を行なうことができないために，訴訟において不利益を被ることになった。

例えば，父Aに長男Bと二男Cがおり，Bには妻Dがいる場合に，AとBとが航空機事故により死亡したとする。Aに1億円，Bに3000万円の遺産があるとすると，(1) AがBより先に死亡したときは，まず，Aの1億円については，Bが5000万円，Cが5000万円をそれぞれ相続する（民900条4号）。次に，Bの死亡により，Bの遺産8000万円は，妻Dが4分の3 (6000万円)，Cが4分の1 (2000万円) 相続する（民900条3号）。これに対して，(2) BがAより先に死亡したときは，Bの遺産3000万円は，妻Dが3分の2 (2000万円)，父Aが3分の1 (1000万円) 相続し（民900条2号），Aの死亡によりAの遺産1億1000万は，すべてCが相続することになる。DにとってはAが先に死亡した方が有利であり，CにとってはBが先に死亡した方が有利であるが，ABのいずれが先に死亡したかの証明はできないのが通例であるから，事実上先に遺産を占有した方が有利になったのである。この欠点を補正するために，昭和37年の民法の一部改正（法40号）によって，32条の2に同時死亡の推定規定が置かれた。これによれば，死亡したる数人中その1人が他の者の死亡後なお生存したること分明ならざるときは，これらの者は同時に死亡したものと推定される。この結果，A・B間には相続は生じず，Aの遺産1億円はCがすべて相続し，Bの遺産3000万円は，妻Dが4分の3 (2250万円)，弟Cが4分の1 (750万円) をそれぞれ相続し（民900条3号），結局Cは1億750万円，Dは2250万円を相続することになる。しかし，子Bに子（Aの孫）があるときは，その孫はその父Bに代襲して，祖父Aを相続する（民887条2項）。また，遺贈が効力を生じるためには，受遺者が遺言者の死亡後まで生存していることが必要であり，遺言者と受遺者とが同時に死亡した場合には，遺贈の効力を生じない。民法は，「遺贈は，遺言者の死亡以前に受遺者が死亡したときは，その効力を生じない」（民994条1項）として，この趣旨を明記した。

(6) 外国人の権利能力と行為能力

外国人とは，日本国籍を有しない者をいい，無国籍人も外国人である。民法2条は，「外国人ハ法令又ハ条約ニ禁止アル場合ヲ除ク外私権ヲ享有ス」と規定し，内外人平等主義の原則を宣言する。外国人も日本人と平等に私法上の権利能力を有するのが原則である。外国人の法律上の取扱いに関しては，外国人を

敵視して権利能力を認めない敵視主義，外国人を蔑視して十分な法律上の保護を認めない賎外主義，国家的利己主義により外国人の権利能力を極度に制限する排外主義，自国人が当該国で認められているのと同一程度まで権利能力を認める相互主義，および，原則として自国人と同じ私権を認める平等主義に大別できる。相互主義も平等主義も，外国人に対して広範な権利の享有を認めることになるが，相互主義は，他国が自国民に与える権利より多くの権利を他国の国民に与えることは不利であるという思想に基づいている。相互主義によると，条約の有無およびその内容，外国人の本国の法律の内容によって，それぞれの取扱いを異にしなければならず，国際生活の安全を確保するのに適さないことになる。この結果，現在の文明諸国では，外国人の取扱いに関する一般原則として，内外人平等主義を採っている。しかし，内外人平等主義の原則においても，内国人の享有するすべての権利を外国人に享有させることを認めるものではなく，いずれの国も社会的・経済的保護の必要性に基づいて，外国人の私権の享有に一定の制限を加えている。

現在，わが国が当事者となっている条約で外国人の私権の享有を制限しているものはない。また，「外国人の財産取得に関する政令」は，土地・建物・工場その他一定の権利を取得する場合に，主務大臣の認可を要していたが，昭和54年12月18日に廃止されたので，現在では，命令によって制限している例もない。法律によって制限されている権利には，①外国人が享有できない権利，および，②相互主義の条件のもとに認める権利がある。前者には，鉱業権（鉱業法17条），租鉱権（鉱業法87条），日本船舶所有権（船舶法1条，商法702条），日本航空機所有権（航空法4条）などがあり，後者には，国または公共団体に対する損害賠償請求権（国家賠償法6条），土地所有権（外国人土地法1条），特許権（特許法25条），実用新案権（実用新案法55条），意匠権（意匠法68条），商標権（商標法77条），などがある。また，外国人は，特殊法人の株主となることができない（日本電信電話株式会社法4条，国際電信電話株式会社法4条など）。このほか，③一定の事業を営む場合に，主務大臣の免許を必要とするものがある。銀行業（銀行法32条），保険業（外国保険事業者に関する法律3条）などがこれに該当する。

外国人の行為能力については，本国法では能力の制限を受けるべきときでも

日本法によれば能力者であるときは，親族法および相続法上の法律行為と外国にある不動産に関する法律行為を除き，行為能力者として取り扱う（法例3条，29条）。また，日本に居住する外国人につき，その本国法によれば後見開始の審判の原因があり，かつ，日本法でもその原因を認めているときは，家庭裁判所は，後見開始の審判をすることができる（法例4条，5条，23条，24条，29条）。

2 行為能力

(1) 意思能力と行為能力

(イ) 意　義

　行為能力とは，法律行為を単独で完全になしうる能力である。人間の精神的作用には，自己の行為の結果を認識し，判断し，意思決定するという3要素がある。このような精神的作用を営むために必要な精神的能力を意思能力といい，行為能力は意思能力を前提としている。財産行為については7歳程度の通常人の能力が基準となり身分行為については，15歳が限界とされる場合が多い（民法791条〔子の氏の変更〕；797条〔代諾養子〕；811条〔協議上の離縁〕；815条〔離縁の訴〕；961条〔遺言能力〕）。法律行為が法律効果を生ずるためには，意思能力を有する場合でなければならない。これらの行為に法律上の効果が生ずるのは，各個人は原則として自己の意思に基づいてのみ権利を有し義務を負うという私的意思自治の原則に基づいており，行為者に意思能力がない場合には，意思に基づく行為があるとはいえないからである。スイス民法18条は，「判断能力のない者は，法律上の例外の場合を除き，その行為によって法律効果を生じさせることができない」として，行為者に正常な判断能力がなければ法律効果が発生しないとする。また，ドイツ民法105条は，「行為無能力者の意思表示は無効とする（1項）。意識喪失または精神作用の一時的障害の状態においてなされた意思表示もまた無効とする（2項）」と規定する。さらに，フランス民法は，1968年1月3日の法律5号により改正され，489条は，「有効な法律行為を行なうためには，精神が健全でなければならない」（1項本文）としている。これに対して，わが民法は，不法行為について，行為の責任を弁識するに足りる精神的能力，すなわち，責任能力がなければ責任を負わないことを規定しているが（712条〔未成年者の責任能力〕；713条〔心神喪失者の責任能力〕），法律行為については

規定がない。責任を弁識するというのは，単にその行為が道徳的に不正だというだけでなく，その行為の結果，何らかの法律上の責任を生ずることを認識することを意味する。法律行為における弁識力は意思能力であり，責任能力は，不法行為における意思能力ともいえるが，単なる意思能力よりはいくらか程度の高いものである。責任能力の有無については，具体的な場合における未成年者の年齢，知能，環境その他の事情から判断するほかないが，判例では11歳前後から14歳前後が基準とされている。

(ロ) 学説および判例　　判例（大判明38・5・11民録11輯706頁：後見開始の審判前の行為であっても，事実上意思能力がなかったときは，その行為は無効であるとした）は，一致して意思能力のない者の法律行為が無効であることは自明であるとしている。意思無能力には，判断力を欠如する場合と正常な判断に基づいて行為を行うことができない場合とがある。行為能力は，客観的画一的基準によって決定されるが，意思能力については画一的基準は存在せず，個別具体的な法律行為について，判断能力を考慮して裁判官の自由な心証により決定される。

判例には，① 7歳に達する者は，贈与に関する意思能力を有するのが普通であるから，反証のない限り，債権ならびに抵当権の譲り受けについて完全な意思能力を有するとするもの（東京地判大3・10・14新聞978号22頁），② 8歳の者は，消費貸借契約を締結する意思能力があるとするもの（東京控判昭2・6・7新聞2732号10頁），③ 7歳3か月の者も，不動産を取得するについて意思能力を有するとするもの（大判昭5・10・2民集9巻930頁）などがある。

(2) 制限能力者
(イ) 意　義

法律行為の効果が生ずるためには，意思能力を備えていたことが必要であり，行為者が行為をした時に意思能力がなかったことを証明すれば法律効果が発生しないが，この証明は必ずしも容易ではない。そこで，民法は，法律行為について意思能力の不完全な者を制限能力者とすることによって，制限能力者の行為は意思能力の有無を問題とせずに，一定の要件の下に取り消すことができるものとした。これが制限能力者制度であり，制限能力者を保護すると同時に，

制限能力者と取引をする相手方を警戒させ，不測の損害を防止させるのに役立つことになる。しかし，制限能力者か否かを審査することは必ずしも容易ではないし，審査すること自体が取引の敏活を妨げるから，制限能力者制度は取引の安全を犠牲にして制限能力者の財産上の利益を保護する制度であることは否定できない。

(ロ) 無効と取消の二重効

制限能力者が法律行為をした場合に，同時に意思無能力であったときの効果が問題となる。制限能力者がなした法律行為は取り消すことができるし，意思無能力でもあった場合には無効も主張できる（二重効肯定説）とするのが通説である。これに対して，意思能力の制度は，行為能力の制度に，昇華し転化してしまったとみるべきであるとして，意思無能力による無効を主張できないとする見解（二重効否定説：舟橋『民法総則』45頁）がある。しかし，次の理由により二重効を認めるべきである。すなわち，①制限能力者制度は，行為当時に意思無能力であったことを立証することが困難であるため，形式的に制限能力者であることだけで取り消すことを認めたものであり，制限能力制度によって意思能力制度がなくなるものではない。また，②意思無能力の中には，後見開始の審判を受けていない精神障害者や，泥酔者の行為のように制限能力者でない者もおり，これらの者については，意思無能力による無効の主張によって救済する必要がある。さらに，③二重効を否定すれば，単なる意思無能力者の場合にはいつまでも無効を主張できるのに，制限能力者となることによって，たとえ意思能力を欠如していても取り消すことができるにすぎないとすることになり，不利な取扱いを受けて不当である。二重効を肯定すると，無効は本来誰からでも主張できるので，意思無能力による無効を相手方からも主張できるのかが問題となるが，意思無能力による無効は，表意者本人を保護するための制度であるので，表意者が無効を主張しない場合には，相手方に主張を認めるべきではない。

(ハ) 制限能力者制度の適用領域と限界

　(a) 制限能力者と身分上の行為

身分上の行為は，他人が代わって行なうことを許すべきでないものが多いだけでなく，経済上の利害の打算に基づかず，非打算的な人間の本性に基づくも

のであるから，本人の意思としては，原則としてその身分的法律行為の意義を理解しうる能力で足り，財産的法律行為をなす場合に要求される程度の能力を要しない。① 能力を特別に規定した場合(731条〔婚姻適齢〕；791条〔氏の変更〕；797条〔養子となる能力〕および761条〔遺言能力〕）および② 他人の同意を必要としない場合（738条，764条，799条，812条〔成年被後見人の婚姻・離婚・縁組・離縁〕；780条〔未成年および成年被後見人の認知〕）がある。但し，後見人として被後見人を監護し支配する行為を行なう場合には，合理的客観的な判断能力を必要とするため，財産的法律行為と同じ行為能力が要求されており（847条〔後見人の欠格事由〕），この場合には代理も許されることになる（867条1項〔未成年被後見人の親権の代行〕）。

(b) 社会類型的行為

電気・ガスの利用，郵便・電話の利用，電車・バスの利用などのような日常の社会生活における典型的な取引行為については，電気やガスを使ったり，電車やバスに乗るというような社会類型的行為によって法的拘束を受けるという意識が，取引社会に確立されている。このような場合に，両当事者の意思の合致による契約が成立すると構成せずに，給付の事実上の提供と，給付の事実上の受領によって，契約が成立したのと同様の法的効果を認めるという事実的契約関係（Faktische Vertragsverhältnisse）の理論がドイツで主張されている。この見解によれば，意思能力や行為能力については問題とならないことになるが，社会類型的行為の意義を理解する程度の意思能力は必要と考えるべきである。意思能力のない者の挙動は，法的責任を負担させるべき行為として評価できないからである。なお，わが国では，事実的契約関係の理論に対して消極的な立場のものが多い（川井『民法概論1 民法総則』161頁は，「日本では，これを認めなくても，多くの場合は，黙示の意思表示があったとみて同じ結論を導くことができよう」とする）。

(c) 無産の制限能力者

制限能力者制度は，意思能力の不完全な者が取引行為によって財産を喪失することを防止するための制度であるから，制限能力者に財産がなければ実益がないだけでなく，制限能力者，特に，未成年者が生活を営むために雇われて働く場合には，かえって支障となることがある。未成年者が労働契約を締結する

ためには，法定代理人の同意が必要であり，その同意がなければ労働契約は取り消されうる（民4条2項）。さらに，親権者は，未成年の子の同意を得れば，その子に代わって労働契約を締結することができる（民824条）ので，親が子を犠牲にして自己の利益を図る危険性が生ずる。賃金の受領は，賃金債権の消滅を伴うために，「単ニ権利ヲ得又ハ義務ヲ免ルベキ行為」（民4条1項但書）に該当せず，未成年者が単独で行なうには，親権者の同意を必要とすることになる。そこで，労働基準法は，子を食いものにする親から，子を保護するために「親権者又は後見人は，未成年者に代って労働契約を締結してはならない」（労働基準法58条1項）とし，「未成年者は，独立して賃金を請求することができる。親権者又は後見人は，未成年者の賃金を代って受け取ってはならない」（同法59条）と規定した。

3 無能力者制度から制限能力者へ

(1) 制限能力者制度の意義

制限能力者制度は，未成年者，禁治産者および準禁治産者を無能力者としていた民法を改正し，平成12年4月から施行された改正法により新設されたものである。民法は，判断能力の低い者について，画一的な基準を設けて制限能力者（未成年者，被後見人，被保佐人，被補助人）として，その者が自らした行為を一定の要件の下に取り消しうるとした。

民法は，積極的に行為能力者について規定せず，消極的に行為能力を制限される者の要件を規定し，これに該当する者を制限能力者とする。そして，この要件を規定するに際して，一方において，自己の行為の結果を判断できる能力である意思能力があれば足りるとせず，合理的に判断できるか否かを基準とするとともに，他方において，この基準のみで制限能力者を認定せずに，一定の形式的基準を設けて，これに該当する者を制限能力者とする。したがって，意思無能力者であるが制限能力者でない者や，制限能力者であるが意思無能力でない者も存在することになる。制限能力者制度は，経済生活における合理的な経済活動を行なうのに必要な能力という観点から，この能力の十分でない者を保護するとともに，このような個人的利益の保護によって取引の相手方の立場を害することになるのを防止するために，外部から認識できる客観的基準を設

けて社会的利益との調和を図ろうとしている。

　高齢化社会の進展とともに、これに適切に対応できるような成年後見制度のあり方について検討することが必要となり、従来の無能力者制度による本人の保護のあり方や運用上の問題を視野に置いた制度の構築が必要となった。平成11年に民法の一部改正されたが無能力者制度の下では、無能力者のうち禁治産者および準禁治産者について、宣告を受けることに対する抵抗感が強いだけでなく、戸籍に記載されることや、手続が煩雑なために十分に利用されていないことが問題となっていた。

(2) 制限能力者の種類

　平成12年4月1日に施行された現行法では、禁治産者および準禁治産者制度に代わって、後見、保佐人および補助の制度が導入された。

　民法は、未成年者、成年被後見人被保佐人および被補助人を制限能力者とする。第1に、行為能力の観点からこれを見れば、成年被後見人が最も能力が低く、単独では全く完全な行為を行なうことができず、次に、未成年者は例外的にのみ単独で行為を行なうことができる。最も能力が高いのは被補助人であり、特定の行為について補助人の同意を要する審判がある場合のほかは単独で行為を行なうことができ、次いで被保佐人の能力が高く、特定の行為のみ単独で行うことができない。第2に、制限能力者は意思能力の補充または療養の看護のために一定の者の監督に服するが、未成年者については法定代理人、成年被後見人については成年後見人、被保佐人については保佐人が監督者となる。そして、法定代理人は同意権と代理権を有し、後見人は代理権のみを有し、保佐人は同意権のみを有する。

4　未成年者

(1) 成年期

　満20年をもって成年とし(民3条)、これに満たない者を未成年者とする。「年齢のとなえ方に関する法律」(昭和24年法96号)により、「年齢を数え年によって言い表わす従来のならわしを改めて、年齢計算に関する法律の規定により算定した年数によってこれを言い表わすのを常とするように心がけなければなら

ない」(同法1項)とされ，現行法では満年齢をもって数えることとしている。また，「年齢計算ニ関スル法律」(明治35年法50号)により，年齢は出生の日から起算して(初日算入)，暦に従って計算する。例えば，1950年2月18日に出生した者は，1970年2月18日から成年となる。

　成年期は国により異なる。ドイツでは，18歳(ド民2条)，スイスでは，20歳(ス民14条1項)である。フランスでは，1974年の改正(法律631号)により18歳(フ民388条，488条)である。イギリスでは，コモンローによる成年期は21歳であるが，1969年の家族法改正法(Family Law Reform Act)により，18歳とされている。また，アメリカにおいても，大多数の州では18歳とされている。今日の世界の文明国の趨勢は，成年期を18歳としているといえよう。

　民法は取引の安全の見地から，客観的基準によって行為能力の有無を決定することが妥当であると考えて，画一的に一定の年齢を基準として成年期を規定しているが，人の能力や成熟の程度には個人差があり，画一的に成年期を定めることにより妥当性を欠く場合もある。そこで，各国の法制において，画一性から生ずる弊害を是正するために，一定の事由がある場合に，未成年の規定を緩和する制度が採用されている。例えば，スイス民法は，成年宣告(Mündigerklärung)の制度(15条：18歳に達した者は，本人の同意および両親の同意の下に，後見監督官庁によって成年に達したものと宣告されることができる。)および婚姻による成年擬制(14条2項)を設けている。フランス民法は，解放(l'émancipation)の制度(477条1項：未成年者は，未婚であってもその者が16歳に達したときは，解放することができる。478条～482条，487条)および婚姻による成年擬制(476条：未成年者は，婚姻によって法律上当然に解放される。)を置いている。ドイツ民法は，成年宣告の制度を置いていた(旧法3条～5条)が，1974年に廃止した。

　わが民法は，満20歳を成年とする原則規定を置いているが，次のような例外がある。

　①　皇族の成年期については，皇室典範によって，天皇および皇太子・皇太孫は満18年(同22条)とされている。その他の皇族は満20年をもって成年とされる。天皇または摂政として，国事行為をする時期を早くしておくために公法上の要請により置かれている(同16条1項，17条1項)が，私法上も同様の取扱いをされる。

② 未成年者が婚姻をしたときは，成年に達したものとみなされる（民753条〔婚姻による成年擬制〕）。婚姻によって成年とみなされた者は，離婚または配偶者の死亡により婚姻が解消しても，再び未成年者に戻ることはない。成年擬制の根拠は，社会の最小単位である婚姻共同体を形成したことにより，社会生活を営むうえで十分な能力があるとみなすことが妥当であるからであり，単に夫や妻の両親の干渉を排除することを目的とするだけではないと考えるべきだからである。成年者とみなされるのは私法上の効果においてだけであり，公法上は成年者として取扱われない。また，公職選挙法（9条）や未成年者飲酒禁止法（1条，2条）のように年齢を要件としている場合には適用されない。

③ 1種または数種の営業を許された未成年者は，その営業に関しては成年者と同一の能力を認められる（民6条）。未成年者が営業を営む場合に，それと関連する個々の取引について，1つ1つの取引行為について法定代理人の同意を必要とすることは，煩雑になり，営業を営み難くなるので，営業の許可に関連する行為については行為能力を認めたのである。

(2) 未成年者の能力

未成年者が意思無能力者であるときは，その行為は無効である。未成年者が意思能力を有するときは，その行為は絶対的には無効ではないが，完全に有効となるためには法定代理人の同意が必要である（民4条1項）。同意を得ずになした場合には，未成年者または法定代理人において取り消すことができる（民4条2項，120条）。

未成年者の法律行為に法定代理人の同意を必要とするのは，未成年者の利益を保護するためであるから，その必要がない場合や能力を制限することがかえって未成年者に不利益となる場合には，未成年者が単独で確定的に有効な法律行為をなしうるとすべきである。そこで，民法は次の3つの場合を規定した。

① 単に権利を得または義務を免るべき行為（民4条1項但書）

何らの権利も失わず何らの義務をも負担せずに権利を得，または義務を免れる行為をいう。負担のない贈与を受け（大判大正9・1・21民録26輯9頁），書面によらない贈与を取り消すことなどである。これに対して，経済上有利な取引であっても，権利の喪失または義務の負担を伴う行為につい

ては，法定代理人の同意を要する。債務の弁済を受けることは，債権を失うので，単に利益を得る行為ではない。

② 処分を許された財産の処分（民5条）

法定代理人が，使用目的（例えば，学費とか旅費）を定めて一定の財産の処分を許したときは，この目的の範囲内で自由に処分することができる。目的を定めずに一定の財産を与えたとき（例えば，小遣）は，任意の目的に費すことができる。

③ 営業を許された未成年者のその営業に関する行為（民6条）

営業というのは，商業(商4条，5条)に限らず，広く営利を目的とする事業を含む。営業の許可は一種または数種の特定の営業についてなされることを要し，すべての営業を許可したり，営業の一部のみを許可することは取引上の混乱を生じさせるので許されない。未成年者が商業を営む場合には，登記をしなければならない（商5条）。営業の許可があれば，営業に関する限り，成年者と同一の能力を有する。すなわち，法定代理人の法定代理権がその範囲で消滅することになり，同意権および代理権は消滅する。

(3) 法定代理人

未成年者の保護者は法定代理人であり，第1次に，親権者（民818条），第2次に，後見人（838条）である。父および母は，子の自然の保護者として，身上監護権（民820条）と財産管理権および代理権（民824条以下）を内容とする親権を有する。この親権の作用として，親権者は未成年者の法律行為に対して同意を与え，またはこれを代理する（民4条，824～826条，859条，860条，864条）。父母が婚姻中は，原則として父母が共同して親権を行なうが，父母の一方が親権を行なうことができないときは，他の一方がこれを行なう（民818条3項）。

親権を行なう者がいないとき，または親権を行なう者が子の財産を管理する権利を有しないときは，後見人が法定代理人となる（民838条）。後見人となる者は，第1次に，未成年者に対して最後に親権を行なう者が遺言で指定した者（指定後見人），第2次に，家庭裁判所が選任した者（選任後見人）である（民839条）。

法定代理人の権限は，未成年者が一人でできない法律行為を行なうことにつ

いて予め同意を与え，または未成年者に代理して法律行為をなすことである。同意なしになされた行為は，取り消すことができる（民4条1項本文）。未成年者に意思能力のない場合は，法定代理人が代理するほかないが，未成年者に意思能力がある場合には，法定代理人は，同意権または代理権を行使できる。未成年者を代理する場合には制限があり，子の行為を目的とする債務を生ずるときは子の同意を得なければならない（民824条，859条2項）。例えば，法定代理人と雇主だけで労働契約を締結することはできないのである。もっとも，労働基準法が，親権者または後見人が子に代って労働契約を締結すること（同58条1項）と，賃金を代って受け取ることを禁止しており（同59条），民法の適用される範囲は，労働基準法の適用されない家事使用人の場合に限定される。

　親権者と子の利害が反する行為（利益相反行為），および子が数人いる場合に子同志の利害が反する行為については，家庭裁判所の選任する特別代理人に代理してもらわなければならない（民826条）。後見人についても同様であるが，後見監督人のいるときは，その同意が必要である（民860条，851条4号）。子の財産を親権者に譲渡する行為は，対価の有無を問わず，常に利益相反行為となる。子が第三者に対して債務を負担する行為自体は管理権に含まれるが，親権者の利益と外形的に結合する場合は利益相反行為となる。例えば，親名義の借金の担保のために，子を連帯債務者としたり（大判大3・9・28民録20輯690頁），子を保証人とする場合（大判昭11・8・7民集15巻1630頁）である。利益相反行為であるか否かは，その行為の外形によって決定すべきであり，その行為の実質的効果から判定すべきではない（最判昭48・4・24判時704号50頁）。子の養育費にあてる目的であっても，親権者の負担する債務のために，子の所有不動産に抵当権を設定するのは利益相反行為となる（最判昭37・10・2民集16巻10号2059頁）。利益相反行為について，親権者が子を代理してなした行為は，無権代理行為となり，子が成年に達した後にその追認がなければ無効である（大判昭11・8・7民集15巻1630頁，最判昭46・4・20判時631号53頁，最判昭48・4・24判時704号50頁）。

5 成年後見制度

(1) 法定後見制度
(イ) 改正の理念

　成年後見制度は，判断能力の不十分な成年者を保護するための制度であり，平成11年に改正されるまでの民法では，無能力者制度として禁治産者・準禁治産者制度およびこれを前提とする後見・保佐制度が設けられていた。しかし，従来の制度では，高齢化社会への適切な対応および知的障害者・精神障害者等の福祉の充実の観点からは不十分であり，自己決定の尊重，残存能力の活用，障害者もできる限り普通の生活ができるような社会をつくるというノーマライゼーション等の新しい理念と従来の本人の保護の理念との調和を図るために，柔軟かつ弾力的な利用しやすい成年後見制度を構築することになった。この結果，「民法の一部を改正する法律」によって，禁治産者制度および準禁治産者制度が抜本的に改正され，各人の多様な判断能力および保護の必要性の程度に応じた柔軟かつ弾力的な措置を可能にする制度にするため，「後見」（禁治産の改正），「保佐」（準禁治産の改正），「補助」（新設）の制度に改めるとともに，新たに任意後見制度を創設した。また，従来の無能力者制度では，禁治産宣告または準禁治産宣告の裁判が確定した後に，届出によって戸籍に記載されていた。新制度では，戸籍に記載する公示方法に代えて成年後見登記制度が創設された。

(2) 任意後見制度
(イ) 任意後見制度の意義

　任意後見制度は，本人が契約の締結に必要な判断能力を有している間に，自己の判断能力が不十分になったときに後見事務の内容と任意後見人を任意後見契約によって決定する制度である。「任意後見契約に関する法律」（任意後見契約法）が，平成11年（法150号）に公布され，平成12年4月から施行された。自己の後見について自己の意見によって決定するという自己決定の尊重の理念に基づき，法定後見制度と補完し合う制度として創設された。

(ロ) 任意後見契約

　任意後見契約とは，委任者が，受任者に対し，精神上の障害により事理弁識

能力が不十分な状況における自己の生活，療養看護および財産の管理に関する事務の全部または一部を委託し，その委任に係る事務について代理権を付与する委任契約であって，4条1項の規定により任意後見監督人が選任された時からその効力を生ずる旨の定めがあるものである（任意後見契約法2条1号）。

任意後見人となる資格には法律上の制限がなく，本人の親族，知人，弁護士，司法書士のほか，社会福祉士等でもよい。社会福祉法人や信託銀行等の営利法人を任意後見人に選任することもできる。

任意後見契約は，① 委任者の後見事務を内容とすること，② 任意後見監督人が家庭裁判所の審判によって選任された時から契約の効力が発生する旨の特約を付すること，および ③ 公証人が作成する公正証書による契約書を作成すること（任意後見契約法3条）が必要である。

(ハ)　任意後見監督人の選任

家庭裁判所は，任意後見契約が登記されている場合に，精神上の障害により本人の事理弁識能力が不十分な状況になったときに，本人，配偶者，4親等内の親族または任意後見受任者の請求により，任意後見監督人を選任する（任意後見法4条1項）。

任意後見監督人は，任意後見人の事務を監督し，その事務について家庭裁判所に定期的に報告する職務を負い（任意後見契約法7条1項1号・2号），任意後見人に対して，事務の報告を求めたり，任意後見人の事務または本人の財産の状況を調査することができる（同条2項）。家庭裁判所は，任意後見監督人に対する監督を行なうことにより，間接的に任意後見人を監督することにしている。

(ニ)　任意後見契約の終了

任意後見契約は委任契約であり，その解除によって終了するが，① 本人の保護が不十分になることを防止すること，② 解除についての当事者の真意を確認する必要があること，を理由に解除についての要件および方式に制限が加えられている。

任意後見監督人の選任前の解除は，当事者の真意を確認するため，公証人の認証を受けた書面によることが要件とされる（任意後見契約法9条1項）。任意後見監督人が選任された後では，任意後見による保護が開始されており本人の判断能力が不十分な状態にあるので，自由に解除を認めると本人の保護に欠ける

虞れがある。そこで,「正当な事由がある場合に限り,家庭裁判所の許可を得て」解除できることとした(任意後見契約法9条2項)。

任意後見人に不正な行為や著しい不行跡等の任務に適しない自由があるときは,家庭裁判所は,任意後見人を解任することができる(任意後見契約法8条)。任意後見監督人の選任後に法定後見(補助,保佐,後見)の開始の審判がされたときは,任意後見契約は終了する(任意後見契約法10条3項)。このほか,委任契約の終了原因である受任者(任意後見人)の死亡および破産ならびに任意後見人が後見開始の審判を受けた場合にも任意後見契約は終了する(民653条)。

6 成年被後見人

(1) 成年被後見人の意義

成年被後見人とは,精神上の障害(痴呆,知的障害,精神障害等)により事理を弁識する能力を欠く常況にある者で,家庭裁判所によって後見開始の審判を受けた者をいう(民7条)。

(2) 後見開始の審判の要件

精神上の障害により事理を弁識する能力を欠く常況に在る者については,家庭裁判所は,本人,配偶者,4親等内の親族,未成年後見人,未成年後見監督人,保佐人,保佐監督人,補助人,補助監督人または検察官の請求によって,後見開始の審判をすることができる(民7条)。

事理弁識能力を欠くとは,行為の結果について合理的な判断能力がないことであり,常況にあるというのは,常にということではなく,通常の状態としていることであり,時々は普通の精神状態に回復する場合を含む。

老人福祉法(32条),知的障害者福祉法(27条の3),精神保健及び精神障害者福祉に関する法律(51条の1,11条の2)は,市町村長は痴呆性高齢者・知的障害者または精神障害者について,本人の福祉を図るために特に必要があると認めるときは,後見・保佐・補助の開始の審判の申し立てをすることができるとしている。

(3) 審判の手続き

後見開始の審判は，家事審判法9条1項甲類（1号）の審判事件として，本人の住所地の家庭裁判所の管轄に属する。民法7条は，「後見開始ノ審判フ為スコトヲ得」と規定するが，本条は後見開始の審判が家庭裁判所の権限に属することを意味しており，本条の要件を充足するときは，本人の財産的保護と療養・看護を図るため，後見開始の審判をすべきである（禁治産者宣告については，判例がある。大判大11・8・4民集1巻10号488頁）。

家庭裁判所は，後見開始の審判をするには，本人の精神の状況について医師その他適当な者に鑑定をさせなければならない。但し，明らかにその必要がないと認められるときは，鑑定を要しない（家事審判規則24条）。

(4) 成年被後見人の能力

成年被後見人の法律行為は，これを取り消すことができる。但し，日用品の購入その他日常生活に関する行為については，この限りでない（民9条）。成年後見人の同意を得てなした場合でも，取り消すことができる（通説）。成年後見人が予め同意を与えても，成年被後見人は意思能力を欠く常況にあるから，同意の趣旨に従った行為をなすことは期待できず，単独の行為を認めないことが制度の目的に適合するからである。

但し，身分上の行為については，意思能力がある場合には，成年後見人の同意を要しない（民783条［婚姻］；764条［離婚］；780条［認知能力］；799条［縁組］；812条［離縁］；962条［遺言能力］）。

(5) 成年後見人

後見開始の審判を受けた者は，成年被後見人としてこれに成年後見人を付する。（民8条，843条1項）。成年後見人は，身上配慮義務を負い，成年被後見人の生活，療養・看護および財産の管理に関する事務を行うに当たっては，成年被後見人の意思を尊重し，かつ，その心身の状態および生活の状況に配慮しなければならない（民858条）。成年後見人は，成年被後見人の法定代理人であり，財産を管理し，その財産に関する法律行為について成年被後見人を代表する（民859条1項）。その代理権の行使については，未成年者の後見人と同様の制限を受

ける（民859条2項，864条）。成年後見人は，日用品の購入その他日常生活に関する行為を除いて，成年被後見人が行なった法律行為を取り消すことができる（民9条，120条）。新法では，配偶者が法律上当然に後見人となる配偶者法定後見人制度（旧840条）を廃止，家庭裁判所が個々の事案に応じて適任者を成年後見人に選任できるようにした。また，本人の状況によっては，後見等の事務の遂行のために，複数の成年後見人を選任することが認められることになった（民859条の2）。但し，未成年後見人の場合には，複数の後見人間の方針が齟齬することは適切でないので，1人でなければならない（民842条）。未成年後見人が後見開始の審判を受けた場合は，未成年後見人と成年後見人とは選任方法および職務権限の内容に差異があり，両者の後見人に適する条件も異なるので，家庭裁判所は改めて成年後見人を選任しなければならない。

(6) **成年後見監督人**

家庭裁判所は，必要があると認めるときは，成年被後見人，その親族もしくは成年後見人の請求に基づき，または職権で，成年後見監督人を選任することができる（民849条の2）。成年後見監督人の職務は，成年後見人の事務を監督すること（民851条1号），成年後見人が欠けた場合にその選任を家庭裁判所に請求すること（民851条2号），急迫の事情がある場合に必要な処分をすること（民851条3号）および成年後見人またはその代表する者と成年被後見人との利益相反行為について成年被後見人を代表すること（民851条4号）である。

(7) **後見開始の審判の取消**

後見の原因が止んだときは，家庭裁判所は，本人，配偶者，4親等内の親族，後見人（未成年後見人および成年後見人），後見監督人（未成年後見監督人および成年後見監督人）または検察官の請求によって，後見開始の審判を取り消さなければならない（民10条）。

7　被保佐人

(1) **被保佐人の意義**

被保佐人は，精神上の障害により事理を弁識する能力が著しく不十分な者で，

家庭裁判所によって保佐開始の審判を受けた者をいう（民11条）。精神的障害により意思能力を完全に失う程度までには至らないが，利害得失についての判断能力が著しく不十分な者をいう。従来の準禁治産制度とは異なり，判断能力の著しく不十分な者を保護するという趣旨から，単なる浪費者は含まれない。本人の財産行為を完全に否認すべき程度の障害か，財産行為を制限することで足りる程度の障害かによって区別されるべきである。判断能力が不十分であるが著しく不十分でない場合には，補助制度の対象となり，保佐開始の審判を受けることはできない。

(2) **保佐開始の審判の要件**

実質的要件は，本人が事理弁識能力を著しく欠如していること，形式的要件は，本人，配偶者，4親等内の親族，後見人，後見監督人，補助人，補助監督人または検察官の請求により，家庭裁判所が保佐開始の審判をすることである（民11条）。

(3) **保佐開始の審判の手続き**

保佐開始の審判の請求があった場合において，本人の判断能力が著しく不十分であると認定されるときは，家庭裁判所は，重要な財産行為について保佐人に同意権を付与して本人を保護する必要があるので，必ず保佐開始の審判をしなければならない。判例は，旧法の準禁治産者宣告について，心神耗弱者であれば必ず準禁治産の宣告をなすべきものとしていた（大判大11・8・4民集1巻488頁）が，通説は，本人の財産状態その他の点から見て，準禁治産者とする必要のない場合があるのみならず，制度が濫用される場合も少なくないことを理由として，宣告は必然的でないとしていた（『我妻嘯訂民法総則』82頁）。

(4) **被保佐人の能力**

被保佐人は，重要な財産上の行為についてのみ保佐人の同意を要し，かかる行為を同意を得ずになした場合には，これを取り消すことができる（民12条1項，4項）。その他の行為は，単独で確定的に有効にすることができる。成年被後見人の場合と同様に，日用品の購入その他日常生活に関する行為については

同意を要しない(同条1項但書)。保佐人は代理権を有しないから，被保佐人の財産上の行為は自分自身で行なうことになる。

民法12条は，被保佐人が保佐人の同意を要する行為を列挙しているが，資本主義経済の発展に伴い，その他にも重要な財産上の行為を生じており，被保佐人の財産保護の見地から重要な財産上の行為を禁止するという立法趣旨に従って，拡張解釈することが必要である。

① 元本を領収し，またはこれを利用すること（民12条1項1号）

元本とは，貸金または賃貸不動産などのように，利息や貸料その他の法定果実を生ずべき財産をいう。

② 借財または保証をなすこと（民12条1項2号）

借財とは，消費貸借によって金銭を借入れる行為および社会観念上これに準ずる債務負担行為をいう。例えば，(i)無尽を落札し，掛戻義務を負う行為（大判昭4・6・21新聞3031号16頁），(ii)時効完成後における債務の承認（大判大8・5・12民録25輯851頁：時効完成後における債務の承認は時効の利益の放棄であり，既に消滅した権利を未だ消滅しないものとすることであるから，借財をなすのと同視すべき行為であるとする。），(iii)手形行為（大判明39・5・17民録12輯758頁〔約束手形の振出〕；大判昭7・12・9新聞3503号9頁〔裏書〕）などである。手形行為については，手形の融通性を重要視して，手形行為そのものは有効と解し，その原因関係についてのみ本条の適用があるとする見解も有力である（我妻『新訂民法総則』84頁）。しかし，多数説は，判例を支持し，手形行為は原因関係から切断された手形上の債務負担に関する行為であり，無能力者を保護しようとする法の趣旨から本条を適用すべきものとする。

保証とは，典型的には保証契約がこれであるが，担保責任を負う行為も含まれる。判例は，手形保証もこれに含まれるとする（大判昭8・4・10民集12巻574頁）。

③ 不動産その他重要なる財産に関する権利の得喪を目的とする行為（民12条1項3号）

不動産に関する権利というのは，広く直接間接に不動産または重要な動産に関する権利であれば足りる。不動産を売買したり，不動産に地上権などの用益物権や抵当権などの担保物権を設定すること（大判明39・6・1民録12輯893頁

〔抵当権の設定〕）のほか，公有地の払下げを受ける権利の譲渡（大判明37・3・25民録10輯331頁）および土地賃貸借契約の合意解除（大判昭12・5・28民集16巻903頁）もこれに含まれる。

重要な財産に関する権利かどうかは，一般社会の経済状態およびその権利者の行為当時における財産状態に照らして決定すべきである（大判明44・12・18民録17輯835頁：300円の債務免除）。判例に現われたものとしては，5,000円の消費寄託（大判大2・7・1民録19輯590頁：その行為の結果必然的に権利を移転しその喪失を来すとする），記名株式の処分（大判明40・7・9民録13輯806頁：金銭の取得を目的とする債権も包含し，債権の性質を包含した権利である株主権を化体する記名株券の得喪を目的とする行為も該当するとする），電話加入権の譲渡（大判昭9・5・5民集13巻562頁：1つの債権であって財産的価値あるものについても，被後見人の重要なる財産と認めるべきである限り，その得喪を目的とする行為には類推適用すべきであるとする。）などがある。

④　訴訟行為をなすこと（民12条1項4号）

民事訴訟において，原告となって訴訟を遂行する一切の行為をいう。相手方が提起した訴または上訴について訴訟行為をすることは，単独でなしうる（民事訴訟法32条1項）。但し，訴の取下，和解，請求の放棄もしくは認諾などには，特別の同意を必要とする（民事訴訟法32条2項）。同意のない訴訟行為は取り消しうるのではなく無効であり，追認により行為の時に遡って有効となる（民事訴訟法34条2項）。

訴訟行為には送達を受ける行為は含まれない（大判明40・3・30民録13輯368頁：含むと解すると，訴訟無能力者が能力者となるまで訴訟を進行することができなくなるのみならず，民事訴訟法102条1項は，訴訟無能力者に対する送達は，その法定代理人になすとしている）。また，告訴・告発も含まれない（大判明42・3・12刑録15輯229頁：犯罪行為の被害者が，刑事訴訟法の規定によりその犯罪についてなす告訴告発は含まれないとする）。

⑤　贈与，和解または仲裁契約をなすこと（民12条1項5号）

贈与とは，他人に贈与することである。和解は裁判上のものとそうでないものを区別しない（大決明43・3・30民録16輯241頁）。仲裁契約とは，訴訟の当事者が，第三者（仲裁人）をして争いの判断をなさしめる契約をいう（公示催告手

続及び仲裁手続に関する法律786条以下）。

⑥　相続の承認もしくは放棄または遺産の分割をなすこと（民12条1項6号）

相続の承認には，単純承認（民920条以下）と限定承認（民922条以下）とを含む。

⑦　贈与もしくは遺贈を拒絶し，または負担付きの贈与もしくは遺贈を受諾すること（民12条1項7号）

贈与の拒絶とは，贈与の申込を拒絶することであり，遺贈の拒絶とは，遺贈を放棄することである（民986条）。負担付贈与を受諾するというのは，贈与を受ける者（受贈者）に義務を負担させる贈与の申込を承諾すること（民553条）であり，負担付遺贈を受諾するというのは，遺贈を受ける者（受遺者）が義務を負担すべき遺贈（民1002条，1003条）を承認することである。

⑧　新築，改築，増築または大修繕をなすこと（民12条1項8号）

家屋の工事をするために，工務店や大工とこのような行為を目的とする請負契約（民632条以下）を締結することを意味する。

⑨　民法602条に定めたる時期を超える賃貸借をなすこと（民12条1項9号）

長期の賃貸借によると，長期にわたって法律関係を拘束されることになるからである（川島『民法総則』183頁）。賃貸借は本項1号の元本を利用することに該当するが，短期の賃貸借は，日常的な管理行為にすぎないと考えられるので，被保佐人は単独でなしうるとしたのである。期間の定めがなくいつでも解約できる賃貸借は含まれない（大判大3・7・13民録20輯607頁）。602条の期間を超えた賃貸借の場合には，602条の期間を超過した部分のみ取り消すことができる。

⑩　家庭裁判所が指定した行為（民12条2項）

家庭裁判所は，本人，配偶者，4親等内の親族，後見人，後見監督人，補助人，補助監督人または保佐人もしくは保佐監督人または検察官の請求により，被保佐人が12条1項に掲げない行為をなすにも保佐人の同意を要する旨の審判をすることができる。但し，日用品の購入その他日常生活に関する行為についてはこの限りでない（民12条2項）。

(5) 保佐人

被保佐人の行為能力を補充するために保佐人が付される（民11条の2）。保佐

人は，民法 12 条 1 項所定の行為について同意権および取消権を有する。これ以外の行為についても保佐人の同意を要するものとする必要がある場合には，民法 12 条 2 項により保佐人に同意権を付与する旨の審判の申し立てができる。

　旧法の下では，保佐人は法定代理人ではなく，準禁治産者については同意権をもつだけで(民 12 条 1 項)，親権者や後見人のように代理権をもたないとされていた(大判大 11・6・2 民集 1 巻 267 頁)。これに対して，新法では，当事者が申立てにより選択した特定の法律行為(例えば，本人所有の不動産の売却)についても，審判により保佐人に代理権を付与することができることになった(民 876 条の 4 第 1 項)。

　旧法上の保佐人には，準禁治産者が同意を得ずになした行為を追認し（追認権）または取り消す権利（取消権）があるか否かについては，19 条 2 項，120 条および第 122 条などの文理から見解が分かれていた。すなわち，否定説は，①保佐人は法定代理人ではないこと，②同意は事前でなければならないこと，および③法文には保佐人が挙げられていないことを理由とする。これに対して，肯定説としては，①法定代理人の追認権および取消権は，同意権の効果であって代理権の効果ではないとして同意権者はその権能を無視された場合に，その無視してなされた行為を取り消しうるのでなければ，同意権は実効を収めえないとする見解（我妻『新訂民法総則』88 頁），および②同意権をもたず代理権だけを有する禁治産者の後見人にも追認権と取消権が認められている（民 120 条，122 条）ことから，保佐人の追認権および取消権は，無能力者の利益を守るために，無能力者の管理権の制限の反面として保護者に与えられた管理権（代理権・同意権）から導くべきであるとする見解（四宮『民法総則』57 頁：四宮・能見『民法総則』49 頁）がある。準禁治産者は，禁治産者とは異なり意思能力を全く欠如しているのではないから，追認権は事後の同意として認めるべきであり，取消権は同意権の実効性を確保するために同意権から生ずると理解すべきである。禁治産者の場合には，意思能力を欠如しているため後見人に同意権を認めるべき理由がないのでこれを認めていないだけである。但し，この場合には，同意権より強力な権限である代理権が法定代理人に認められる以上，代理権の効果として取消権も認められると解すれば足りる。取消権および追認権は代理権の効果であるべきでない（我妻『新訂民法総則』88 頁）と解する必要はないし，法

律上の明文規定のない「管理権」（四宮『民法総則』57頁）と構成する必要もないというべきである。判例は，保佐人は事後においても同意を与えることができる（大判大5・2・2民録210頁：準禁治産者の追認に対して，保佐人が同意したのを有効とした。；大判昭6・12・22裁判例5民286頁：事後の同意権という形で追認権を認めた）として事実上，追認権を承認するが，準禁治産者が保佐人の同意を得ない場合の取消権は保佐人にはなく，準禁治産自身にあるとしてこれを認めていなかった（大判大11・6・2民集1巻267頁）。

新法では，能力の制限によって取り消しうべき行為は，制限能力者またはその代理人，承継人もしくは同意をすることができる者に限り消すことができ（民120条1項），保佐人に取消権を認め，追認権も認められている（民122条）。

(6) 保佐開始の審判の取消

被保佐人の原因が止んだときは，本人，配偶者，4親等内の親族，未成年後見人，未成年後見監督人，保佐人，保佐監督人または検察官の請求により，家庭裁判所は保佐開始の審判を取り消すことを要する（民13条1項）。本人の判断能力が回復した場合には，保佐開始の審判を取り消すことが妥当であるが，逆に，判断能力を欠く常況に至った場合には，家庭裁判所は申し立てにより後見開始の審判に移行して，保佐開始の審判を職権で取り消す（民18条1項）。

8 被 補 助 人

(1) 補助開始の審判の要件

補助制度は，成年後見制度の改正により新たに設けられた制度である。精神上の障害により事理を弁識する能力が不十分な者については，家庭裁判所は，本人，配偶者，4親等内の親族，後見人，後見監督人，保佐人，保佐監督人または検察官の請求によって，補助開始の審判をすることができる。但し，後見または保佐の開始の審判の原因のある者については，この限りでない（民14条1項）。本人以外の者の請求によって補助開始の審判をするには，本人の同意がなければならない（同条2項）。補助制度の対象者が一定の判断能力を有する者であることから，自己決定を尊重して，本人の申立てまたは同意を要件とする

趣旨である。

(2) 補助人
　補助開始の審判を受けた者は，被補助人としてこれに補助人を付する（民15条）。

(3) 代理権付与の審判
　家庭裁判所は，14条1項本文に掲げる者または補助人もしくは補助監督人の請求によって，被補助人のために特定の法律行為について補助人に代理権を付与する旨の審判をすることができる。（民876条の9第1項）。代理権付与の審判の申立ては，補助開始の審判の申立てと同時にする場合のほか，補助開始の審判後にすることもできる。審判には自己決定の尊重の観点から，本人の申立てによる場合以外は本人の同意を要件としている（民876条の9第2項）。

(4) 同意権付与の審判
　家庭裁判所は，補助開始の審判の請求権者または補助人もしくは補助監督人の請求によって，被補助人が特定の法律行為をするにはその補助人の同意を得なければならない旨の審判をすることができる。但し，その同意を得なければならない行為は，民法12条1項に定める行為の一部に限る（民16条1項）。本人以外の者の請求によって補助開始の審判をするには，本人の同意を得なければならない（民16条2項）。補助人の同意を得なければならない行為について補助人が被補助人の利益を害するおそれがないにもかかわらず同意をしないときは，家庭裁判所は，被補助人の請求によって，補助人の同意に代わる許可を与えることができる（民16条3項）。補助人の同意を得なければならない行為でその同意またはこれに代わる許可を得ないでしたものは，これを取り消すことができる（民16条4項）。

(5) 補助開始の審判の取消
　補助の原因が止んだときは，家庭裁判所は，本人，配偶者，4親等内の親族，未成年後見人，未成年後見監督人，補助人，補助監督人または検察官の請求に

よって，補助開始の審判を取り消さなければならない。補助開始の審判の取消は，将来に向かってのみその効力を生じる。同意権付与の審判および代理権付与の審判（家庭裁判所は，補助開始の審判の請求権者または補助人もしくは補助監督人の請求によって，被補助人のために特定の法律行為について補助人に代理権を付与する旨の審判をすることができる。）の全部を取り消す場合においては，家庭裁判所は，補助開始の審判を取り消さなければならない（民17条3項）。

(6) 開始の審判相互の調整

後見開始の審判をする場合において本人が被保佐人または被補助人であるときは，家庭裁判所は，その本人に係る保佐または補助の開始の審判を取り消さなければならない（民18条1項）。保佐開始の審判をする場合において本人が成年被後見人もしくは被補助人であるとき，または補助開始の審判をする場合において本人が成年被後見人もしくは被保佐人であるときも，既になされている開始の審判を取り消さなければならない（民18条2項）。

9 制限能力者の相手方の保護

(1) 趣　旨

制限能力者の相手方は，取引を確定的に有効なものとすることができず，制限能力者側によって，制限能力者が能力者となった後5年を経過するまでは，いつ取り消されるかわからない不安定な立場に置かれる。相手方を保護するための一般規定としては，法定追認（民125条）および取消権の短期消滅時効（民126条）がある。しかし，これらの制度は，相手方が積極的に効力を確定させることを認めるものではないので，相手方の立場は不確定状態におかれ不利益であるだけでなく，社会一般の取引の安全を害することにもなる。そこで，民法は，特別規定を置いて相手方を保護することにしたのである。相手方の催告権（民19条）および制限能力者が詐術を用いた場合の取消権の排除（民20条）の制度がこれである。

(2) 催　告　権

制限能力者の相手方は，制限能力者側に対して1カ月以上の考慮期間を与え

て，取り消しうべき行為を指示して，これを追認するかどうかを確答するように催告することができる（民19条1項）。

催告の相手方は，意思表示の受領能力があり，かつ取消または追認をなしうる者（民120条，122条）でなければならない。催告自体は意思表示ではなく準法律行為であるが，意思表示に関する規定が類推適用され，意思表示の受領能力について規定した民法98条も類推適用される。制限能力者が能力者となった後には本人（民19条1項），未だ能力者とならない間は，制限能力者の行為については法定代理人，保佐人または，補助人（民19条2項），被保佐人または被補助人の行為については保佐人または補助人の同意を得て，本人に追認すべき旨を催告することを要する（民19条4項）。保佐人には，追認権も取消権もないから，これに対する催告も認められないと考えられたために民法19条には加えられていない。しかし，保佐人に追認権および取消権を認めるべきであるので，保佐人に対する催告も有効と解すべきである。但し，この場合には，民法19条4項に準じて，被保佐人の同意を得て追認することが必要である。

催告に対して確答がない場合は，① 催告を受けた者が単独で追認しうる地位にあるときは，その行為を追認したものとみなされる（民19条1項2項）。単独で追認することも取り消すこともできる立場にあるのに何らの手段も講じないのは，有効であることを望んでいるものとして取り扱うのが合理的であると考えられるからである。② 単独で追認し得ない地位にあるときは，取り消したものとみなされる（民19条3項では，未成年後見監督人の同意を必要とし，同条4項では，保佐人または補助人の追認が必要である）。この場合には，催告を受けても単独で追認しえず，単独で取り消しうる立場にある者であるから取り消したものとみなしたのである。

(3) **詐術による取消権の排除**

制限能力者が，相手方に自分が能力者であると誤信させるために詐術を用いた場合には，その制限能力者を保護する必要はない。相手方は，行為能力に関して詐術があったために錯誤に陥り，その結果その法律行為をした場合には，詐欺による意思表示として取り消すことができる（民96条1項）。また，不法行為が成立する場合には，不法行為を理由として損害賠償を請求することもでき

る（民709条）。しかし，これらの方法だけでは，相手方の保護として十分ではない。そこで，民法20条は，制限能力者の取消権を排除することによって，相手方の予期した完全な法律行為を成立させることにしたのである。

詐術となるためには，①能力者たることを信ぜしめるために，②詐術を用いたこと，③相手方が行為能力者であると信じ，または同意権者の同意行為があったと信じたことが必要である。当初，判例は，例えば戸籍謄本を偽造して無能力者である事実を隠蔽したり，他人に自己が能力者であることを偽証させるような，積極的に詐欺の手段を用いることが詐術であると解していた（大判大5・12・6民録22輯2358頁）。したがって，準禁治産者が，自分が能力者であることを述べ，もしくは他人の誤信を知りながら自分が無能力者であることを黙秘するのは詐術に当たらない（大判大6・9・26民録23輯1495頁）としていた。その後，大審院は，詐術の意義を拡大して，無能力者が能力者と誤信させるため自分が能力者であることを陳述しその目的を達した場合も詐術になるとした（大判昭5・4・18民集9巻398頁：禁治産の宣告は取消され，また一級の選挙権もあると告げた。；大判昭8・1・31民集12巻24頁：準禁治産者が相当の資産信用を有するから安心して取引されたい旨を述べた）。さらに，最高裁判所は，抽象論としてではあるが，無能力者であることを黙秘していた場合でも，それが他の言動などと相俟って相手方を誤信させ，または誤信を強めたものと認められるときは詐術に当たるが，単に黙秘していたことのみでは詐術とはいえないとする（最判昭44・2・13民集23巻2号291頁：準禁治産者が，保佐人である妻の同意なしに所有地の売買契約を締結し，登記や知事への許可申請などに関してある程度積極的に関与するとともに，自分のものを売るのに何の遠慮がいるものかと述べた）。準禁治産者については，外見から普通人と判別することが困難であるだけでなく，未成年者の場合より保護すべき必要性も低いと考えられるので，準禁治産者であることを黙秘し，他の言動により相手方の誤信を強めた場合にも，詐術に当たるものと評価して取引の安全を図ることが妥当である。

(4) **詐術になる場合の効果**

制限能力者の詐術によって，相手方が制限能力者を能力者と信じたときは，相手方を保護する必要があり，制限能力者の行為は取り消すことができないも

のとなる(民20条)。したがって，制限能力者自身だけでなく，法定代理人も取り消すことができない。

10 住 所

(1) 住所の意義

　民法は，各人の生活の本拠をもって住所と規定した(21条)。本条は，フランス民法(102条：すべてのフランス人の住所は，その私権の行使に関しては，生活の本拠を有する地に存在する)に倣っている。生活の本拠とは，人の生活関係の中心である場所，すなわち，人がその家族と居住し，財産的および精神的利益の中心が置かれている場所をいい，民法は実質主義を採用している。これに対して，住所を現実の生活関係とは必ずしも関係のない本籍などのような形式的標準によって画一的に決定する立法を形式主義という。

　実質主義によれば，住所を定める場合に，定住の意思を必要とするかどうかについて問題となり，定住の事実だけで足りるとする客観主義と定住の意思を必要とする主観主義に分かれる。立法例としては，主観主義を採るものが多い(フ民103条～105条〔住所の変更に関する規定〕；ド民7条1項，3項：住所の設定には，定住の事実と住所設定の意思を必要とし，その廃止には定住の放棄と住所の廃止の意思を必要とする。；ス民23条1項：人の住所は，定住の意思をもって居住する場所にある)。わが国の学説および判例は，古くは主観主義をとっていた(学説は，鳩山『日本民法総論』107頁以後は，客観主義に立つものが多い。；大決大9・7・23民録26輯1157頁，大決昭2・5・4民集6巻219頁)。しかし，定住の意思は，必ずしも常に存在するとは限らないだけでなく外部から認識できない場合も多く，これを要件とするときは，第三者に不測の損害を及ぼす虞れがある。また，わが民法には，主観主義をとったと解すべき文言がないだけでなく，意思無能力者のための法定住所に関する規定(例えば，フ民108条，ド民9条，ス民25条)がないことから，通説および判例は，客観的事実に基づいて住所を判定する客観主義の立場をとっている(我妻『新訂民法総則』95頁，松坂『民法提要総則』100頁；最判昭26・12・21民集5巻13号796頁，最判昭38・11・19民集17巻11号1408頁)。

(2) 民事法上の効果

住所には，民事法上，種々の法律効果が認められている。不在者および失踪の標準となり（民25条，30条），債務の履行場所を定める標準（民484条，商516条）や相続の開始地（民883条）となるほか，裁判管轄の標準（新民事訴訟法4条など）や国際私法上の準拠法決定の標準（法例4条2項，9条2項，12条など）となる。

(3) 住所の個数

住所が複数存在しうるかについては，1個に限られるとする単一説と，複数存在しうるとする複数説がある。ドイツ民法は，明文で住所が同時に複数存在することを認めるが（7条2項），スイス民法ではこれを否定し（23条2項），フランス民法には規定がなく，学説および判例は1個であるとする。わが国ではかっては単一説が通説であったが，現在では，複数説が通説である（我妻『新訂民法総則』95頁）。現代社会における人の生活関係は，必ずしも一面的でなく多面的であり，各種の生活関係における中心点を，それぞれの法律関係における住所として認めるべきである。判例の立場は不明確であるが，最高裁判所は，公職選挙法上の選挙権の要件としての住所は，その人の生活にもっとも関係の深い一般的生活，全生活の中心をもってその者の住所と解すべく，私生活面の住所，事業活動面の住所，政治活動面の住所等を分離して判断すべきものではないとしており（最判昭35・3・22民集14巻4号551頁：町議会議員当選者がその町に住所を有しないとして，第三者が当選無効確認請求をした事案），一般論としては単一説に立つものと推測される。また，選挙人名簿登録の要件としての住所について，修学のために学生寮で生活している学生の住所は，学生寮にあるとする（最大判昭29・10・20民集8巻10号1907頁〔星嶺寮事件〕）。

(4) 居所と仮住所

居所とは，人が一定期間継続して居住するが，土地との密接度が住所ほどには至らない場所をいう。主観説によれば，定住の意思をもって居住しているかどうかによって住所と居所とを区別するが，客観説では，客観的に判断して生活関係の中心であるかどうかによって区別することになる。

住所が知れない場合（民22条），および日本に住所を有しない者の場合（民23条）には，その居所をもって住所に代える。但し，渉外的法律関係について，法例その他の国内法が，準拠法を外国の住所所在地の法律とする旨を規定している場合には，居所をもって住所に代えることはできない（民23条但書）。

当事者は，ある取引のために，一定の場所を選定して仮住所とすることができる。この場合には，その取引関係について仮住所をもって住所とみなし，その仮住所は法律上も住所として扱われる（民24条）。仮住所は取引の便宜のために定められるものであるから，当事者の合意によって定められ，生活関係とは関係がないので厳密には住所の一種ではない。

(5) 本籍および住民票

本籍は，夫婦およびこれと氏を同じくする未婚の子を中心とする各人の身分に関する事項を示す戸籍を編製する基準となる場所である（戸籍法6条）。もっぱら届出によって形式的に定まり（戸籍法16条以下，108条），必ずしも実際の生活の中心となる場所ではないから，住所とは異なる概念である。

市町村において，住民の居住関係の公証，選挙人名簿の登録その他の住民に関する事務の処理の基礎とするとともに住民の住所に関する届出等の簡素化を図り，あわせて住民に関する記録の適正な管理を図るため，住民基本台帳の制度が設けられた（住民基本台帳法（昭和42年法81号）1条）。市町村長は，個人を単位とする住民票を世帯ごとに編成して，住民基本台帳を作成しなければならない（同6条）。住民票の記載事項の1つに住所がある（同7条）ので，住民票に記載された住所は，民法上の住所を決定するさいの重要な資料となる。但し，住所を移転させる目的で転出届がなされても，実際に生活の本拠を移転していなければ住所の移転があったといえない（最判平9・8・25判時1616号52頁）。

11 不 在 者

(1) 制度の趣旨

従来の住所または居所を去って容易に帰来する見込みのない者を不在者という（民25条）。生死が不明であることは必要でない。人が行方不明になったときは，不在者が残した財産を朽廃させないように防止するためにも，配偶者や相

続人のほか債権者の利益のためにも，何らかの善後策を講ずる必要がある。そこで，民法は，失踪としてこの問題を2段階に分けて解決した。第1段階では，本人は生存しているものと推定して，残留財産を管理し，本人の帰来を待つことにする。そして，第2段階では，一定の手続の下に死亡したものとみなして法律関係を終結させ，本人が後日帰来したときに以前の法律関係を復活させることにした。第1段階の者を不在者といい，第2段階の者を失踪者という。

　不在者について処置を講ずることは，ローマ法以来，各国の法律が行なっている。ドイツでは，1939年に「失踪法」(Verschollenheitsgesetz 「失踪・死亡宣告および死亡時の確定に関する法律」)が制定され，1951年の法律で改正されて現在に至っている。失踪とは，滞在場所が長期間不明で，その期間中生死に関する消息がなく，死亡の疑いが強いことをいう(同1条)。ある人が失踪し，失踪期間を経過したときは，検察官，失踪者の法定代理人，配偶者その他の利害関係人の申請により，区裁判所は公示催告手続を経て，決定をもって死亡宣告を行なう(同2条以下，14条，16条以下，23条)。死亡宣告を受けた者は，決定で確定された死亡の時点に死亡したものと推定される(同9条1項)。

　フランス民法は，不在を3期に分けて不在によって必要となる資産の管理とその帰属を中心として不在者の法律関係を処理している(112条，119条，129条)。第1期では，不在の推定がなされ，財産管理の保護処分を行なう(113条)。第2期では，不在宣告の判決をなし(115条)，この判決によって相続人に対して，不在者の財産について仮占有認許がなされ，相続人の間で仮に分配される(120条)。第3期では，裁判所は決定的占有認許を与え，相続人は分配された財産の処分権を取得する(129条，132条)が，不在者は死亡したものとみなされるのではない。フランスでは，失踪は不在者とは異なり，本人が死亡の危険に遭遇したために死亡の可能性が高い状態をいう。本人の生命を危険にさせる状況において，本人が行方不明となったときは，裁判所は死亡宣告の判決を行なうことができる(フ民88～90条)。死亡宣告判決は，本人の死亡日を確定し，その主文は身分登記簿に記載されることになっている(フ民91条)。

　スイス民法は，不在者の財産管理のために補佐人(Beistand)を置いている(ス民393条1号)。また，死亡を確定する死亡認定の制度(ス民34条)を設けるとともに，死亡の危険が高い状況で消息を絶ち，または，長期の音信不通によって，

死亡の蓋然性が高いときは，裁判官は利害関係人の申請に基づき失踪宣告を行なうことができるとしている（ス民35条1項）。

(2) **不在者の財産管理制度**
(イ) **不在者に財産管理人がいない場合**

不在者が残した財産の管理について，財産管理人を置いた場合には，管理人の権限および管理の方法は，契約によって決定される。契約によって決定しなかったときは，民法103条が適用される。これに対して，不在者に法定代理人や財産の管理に関して委任を受けた者がいない場合および本人の不在中に管理人の権限が消滅した場合には，家庭裁判所は，利害関係人または検察官の請求に基づいて財産の管理について必要な措置を講じなければならない（民25条1項，家事審判法9条1項甲類3号）。家庭裁判所が命じうる必要な処分としては，財産管理人を選任するのが最も普通の方法であるが，場合によっては財産の封印や競売も認められる。

家庭裁判所によって選任された財産管理人の対外的な地位は，不在者の意思とは無関係に選任されるので一種の法定代理人である。したがって，民法103条に定めた管理行為を自由にすることができるが，それ以上の行為をするためには，家庭裁判所の許可を必要とする（民28条）。

相手方から訴えられた場合には，財産管理人は法定代理人であるので応訴の権限を有する（大判昭15・7・16民集19巻1185頁：民事訴訟法32条1項（旧民事訴訟法50条1項）により民法28条の規定にかかわらず裁判所の許可なくしてなしうるとする）。最高裁判所は，家庭裁判所が選任した財産管理人は，家庭裁判所の許可なしに不在者を被告とする第1審判決に対し控訴を提起し，その控訴を却下した第2審判決に対し上告する権限を有するとする（最判昭47・9・1民集26巻7号1289頁）。

財産管理人は，家庭裁判所が選任したものであるが，家事審判法は不在者との間に委任の規定を準用している（民16条）。この結果，財産管理人は，対内的関係においては，①事務処理に関する善管注意義務（民644条），②受任者の受取物などの引渡義務および権利移転義務（民646条），および③受任者の金銭消費に対する利息支払および損害賠償責任（民647条）を負う。財産管理人の権限

としては，受任者の費用償還請求権，代物弁済請求権および受任者が委任事務を処理するため自己に過失なくして受けた損害の賠償請求権（民650条）を有する。

　以上のほかに，財産管理人は不在者および利害関係人のために財産を管理するのであるから，管理すべき財産目録を作成しなければならない。但し，その費用は，不在者の財産から支弁する（民27条1項，家事審判規則36条〔財産目録調整義務〕）。また，家庭裁判所は，財産状況や管理の計算（家事審判規則33条〔財産状況報告義務，管理計算義務〕）などの不在者の財産の保存に必要な処分を命ずることができる（民27条3項〔財産管理義務〕）。さらに，管理人が管理を適正に行なわなかったり，目的物を費消して不在者に損害を与える場合に備えて，財産の管理および返還について相当の担保を提供させることができる（民29条1項〔担保提供義務〕）。財産管理人は，これらの職務を負う代わりに，委任無償の原則（民648条1項）が緩和され，家庭裁判所は，管理人と不在者との関係その他の事情により，不在者の財産中から相当の報酬を管理人に与えることができる（民29条2項〔報酬請求権〕）。また，管理人は，不在者のために支出した必要費およびその利息の返還，または自己に過失なくして受けた損害の賠償を請求することができる（民650条，家事審判法16条〔損害賠償請求権〕）。

　㊁　不在者が財産管理人を置いた場合

　不在者が置いた財産管理人は，不在者の受任者であり，かつその任意代理人であるから，その権限は委任契約によって定まり，契約に定めがなければ民法103条の適用がある。しかし，次の場合には，委任契約によることはできないので，家庭裁判所が関与することになる。

　(a)　本人の不在中に管理人の権限が消滅した場合には，不在者に管理人がなかった場合と同様に扱われる（民25条1項後段）。

　(b)　不在者が生死不明になったときは，本人による財産管理人への干渉を期待できないので，家庭裁判所は，利害関係人または検察官の請求により，管理人を改任することができる（民26条）。また，従来の管理人を改任せずにこれに対して，財産目録の調製（民27条2項，家事審判規則36条），その他財産の保存に必要な処分（民27条3項）を命じ，不在者が定めた権限を超える行為を必要とするときは許可を与えることができる（民28条後段）。財産の管理および返還に

ついて相当の担保を提供させ（民29条1項），不在者の財産中から相当の報酬を与えることができる（民29条2項）。

(3) 財産管理の終了

本人が後日に至り管理人を置いたときは，その管理人，利害関係人または検察官の請求によって（民25条2項），本人がみずから財産を管理することができるようになったとき，またはその死亡が分明となりもしくは失踪の宣告があったときは，家庭裁判所は，本人または利害関係人の申立によってその命じた処分を取消さなければならない（家事審判規則37条）。

12 失踪宣告

(1) 制度の趣旨

不在者の生死不明の状態が継続した場合に，不在者を死亡したものとみなすことによって，その者の住所を中心とする法律関係の確定を図る制度が失踪宣告の制度である。失踪宣告を受けた者を失踪者という。失踪宣告は不在者の死亡を擬制するものであるが，その者の権利能力を消滅させるものではなく，生存している限り自然人として権利能力を有している。

(2) 失踪宣告の要件

失踪宣告には，普通の状況で行方不明となった場合（普通失踪）と死亡した蓋然性が高い状況で行方不明となった場合（特別失踪）とがある。普通失踪の場合は，不在者の生存が確認された最後の時から7年間生死不明の状態が続くと利害関係人からの請求によって家庭裁判所は失踪宣告をしなければならない（民30条1項）。これに対して，特別失踪の場合には，①戦地に臨みたる者が戦争の止んだ時より1年間生死不明のとき（戦争失踪），②沈没した船舶にいた者が沈没の時より1年間生死不明のとき（船舶失踪），③その他死亡の原因たるべき危難の去った時より1年間生死不明のとき（危難失踪）に利害関係人からの請求によって家庭裁判所は失踪宣告をしなければならない（民30条2項）。利害関係人とは，失踪宣告を求めることについて法律上の利害関係を有する者をいう（大決昭7・7・26民集11巻1658頁）。例えば，配偶者，相続人たるべき者，財産

管理人，債権者などがこれにあたる。不在者の場合（民25条）と異なり，家族が本人の帰来を待っているのに国家が死亡の効果を強要するのは不穏当であるので，検察官は請求権者に含まれていない。家庭裁判所は，失踪宣告をなす前に，普通失踪の場合は6か月以上，特別失踪の場合は2か月以上の期間を定めて公示催告をして，不在者および不在者の生死を知っている者に対して届出をするように公示し届出期間の満了後に失踪宣告の審判をする（家事審判規則39条～41条）。

(3) **失踪宣告の効果**

失踪宣告を受けた者は，普通失踪では失踪期間満了の時，特別失踪では危難の去った時に死亡したものとみなされる（民31条）。

普通失踪の場合は，例えば，1980年4月1日に最後の音信があって，それ以後は音信不通である場合に，1990年1月10日に失踪宣告の申立があり，同年12月10日に失踪宣告の審判がなされたときには，失踪期間は1980年4月1日から7年間経過した1987年4月1日で満了するから，同日午後12時に死亡したものとみなされる。特別失踪の場合は，例えば，1990年9月1日に出漁した者が出漁中に台風に遭遇し，船が難波して帰港せず，1年間の経過後に失踪宣告が申し立てられ，1991年12月1日に失踪宣告の審判があった場合には，台風の去った時に死亡したものとみなされる。

死亡の認定時期については，①宣告の時とするもの，②最後の音信または危難発生の時とするもの（ス民38条2項；死亡の時が確定されない場合の普通失踪および特別失踪について，ド失踪法9条3項），③失踪期間満了の時とするもの（普通失踪について，ド失踪法3条1項），④裁判所が死亡の時を確定するもの（ド失踪法39条），などの立法主義がある。①説によれば，宣告によって死亡の効果が生ずるので，法律関係を明瞭にさせる点で優れているが，死亡の時期が当事者の請求の時期と家庭裁判所の手続の遅速とによって異なってくるという欠点がある。②説によれば，最後の音信の時を死亡の時期とするので事実に反する場合が多いだけでなく，失踪期間満了とともに宣告を受けたときでも，失踪期間を遡って死亡したことになり，法律関係が遡及して変更させられる結果，第三者に不測の損害を及ぼし易いという欠点がある。③説によれば，失踪期間満了

の時期は客観的に定まっているので①説の欠点がなく，また，遅滞なく請求すれば死亡の効果が遡及する期間も比較的短いため②説の欠点もない。そこで，民法は，以前には，死亡の認定時期を，普通失踪と特別失踪とを区別せずに失踪期間満了の時と規定していたが，特別失踪の場合に3年間も生存していたものとするのは不合理であるところから，昭和37年の改正（昭和37年法40号）によって，特別失踪の場合には，失踪期間を1年に短縮するとともに危難の去った時に死亡したものとみなすことにしたのである。しかし，このように立法しても，失踪期間満了の時または危難の去った時から失踪宣告前までに失踪者を相手方として善意でなされた行為も無効となる。したがって，債権者が失踪期間満了後，失踪宣告のある前に失踪者の残留財産に対して強制執行した場合には，失踪宣告があると失踪者の相続人が相続した財産に対する強制執行がなされたことになり無効となる（大判大5・6・1民録22輯1113頁）。

失踪宣告を受けた者は，死亡したものとみなされる。死亡の推定とは異なり，死亡の効果を確定的に生じさせる。失踪宣告が存在する間は，生存していることや死亡時とみなされる時に死亡したのでないことを立証しても死亡の効果は覆らない。死亡の効果を争うためには，失踪宣告を取り消さなければならない。

(4) 失踪宣告の取消

失踪者が生存していること，または失踪宣告によって死亡したとみなされる時と異なる時に死亡したことが証明されたときは，家庭裁判所は，本人または利害関係人の請求により失踪宣告を取り消さなければならない（民32条1項本文）。失踪宣告の取消の手続は，家庭裁判所の審判事件とされている（家事審判法9条1項甲類4号，家事審判規則38条, 43条, 44条）。

失踪宣告が取り消されると，失踪宣告は初めからなかったのと同様の効果を生ずる。したがって，失踪宣告によって消滅した身分関係は復活し，失踪宣告を原因として，相続その他によって取得した財産は還元しなければならないのが原則である。この結果，配偶者との婚姻は継続していたことになるので重婚となり，相続も開始しなかったことになるから，相続人は相続財産を返還しなければならない。また，相続人が相続によって取得した財産を第三者に譲渡した場合にも，相続人および第三者が失踪宣告について取消原因があることを知

っていた(悪意)場合には，第三者は所有権を取得できないから，財産を返還すべきことになる。しかし，この原則を厳格に貫くと，失踪宣告を信頼した配偶者や取引の相手方が，失踪宣告の取消によって不測の混乱と損害を被ることになるので，民法は以下のような2つの例外を認めた。

(i) 善意者の行為の効力維持　失踪宣告後その取消前に善意でなした行為は，その効力を失わない(民32条1項但書)。善意とは，失踪宣告が事実と異なることを知らないことである。したがって，例えば，Aに対する失踪宣告が事実に反することを知らないで相続したBが，相続財産を善意のCに譲渡し，その後に失踪宣告が取り消されたときは，Cはその権利を失わない。解除，取消，免除などの単独行為については行為者の善意のみで足りるが，契約の場合には両当事者が契約当時に善意であることを必要とするのが通説および判例(大判昭13・2・7民集17巻59頁：失踪宣告後その取消前の行為が契約である場合には，当事者双方が善意であることを要するとする。)である。通説は，両当事者が善意である場合には，その後の転得者が悪意であっても保護されるとして絶対的構成をとり，双方が善意でない場合には，その後の転得者が善意であっても保護されないとする。当事者双方の善意を要求するのは，善意者を介在させることにより失踪者が保護されなくなるのを防止するためであり，条文の文言も「善意を以て為したる行為」とされており，売買や贈与などの契約の場合には，売買契約や贈与契約それ自体を意味し，その契約に関与する当事者双方が善意であると解釈できるからである。これに対して，通説によれば善意者が当事者として2人介在すればそれ以後の転得者は悪意であっても保護されるので具体的正義に反するとして，民法32条1項但書は善意者を保護するための規定であり，財産的行為については必ずしも当事者のすべてに対して法律関係を合一的に決定する必要はなく，そのうちの善意者に対しては有効とし悪意者に対しては無効となるものとして取扱うべきであり，各当事者について個別的・相対的にその効力を決定するのが妥当であるとして相対的構成をとる有力説がある(舟橋『民法総則』43頁，星野『民法概論Ⅰ』97頁)。しかし，相対的構成によると，悪意者が出現すれば法律関係は確定しないことになって不安定な状態となるだけでなく，悪意者に対して対抗できるとすれば，悪意者が真正の権利者から追奪される結果として，その前主である善意者が悪意者から担保責任を追及

される（民561条）ことになり，善意者の保護に役立たないことになるので，絶対的構成をとるのが妥当である（幾代『民法総則〔第2版〕』43頁）。

　身分行為，すなわち残存配偶者が再婚した場合に，失踪宣告が取り消されると前婚と後婚の効果がどうなるかが問題となる。通説は，当事者双方が善意である後婚の場合にのみ前婚の復活を否定し，後婚の成立によって前婚は解消されるとする。また，悪意の後婚については，前婚は復活して重婚関係となり，前婚は重婚によって婚姻を継続し難い重大な事由があることになり離婚原因（民770条1項5号）になり，後婚は取消原因（民744条，732条）になるとする。これに対して，失踪宣告の取消の規定は身分行為には適用されないとして，後婚の善意悪意を問題とせずに重婚関係の解消については当事者の協議に委ね，協議不調の場合には前婚は離婚原因，後婚は取消原因となるとする見解（谷口『注釈民法(1)』397頁）がある。この見解は，身分行為において重要なことは善意か悪意かということではなく，身分行為をした当事者の意思が何であるかということである点を重視するとともに，重婚関係の解消について画一的に処理せずに当事者間の協議によらせて弾力的に解決させようとする点に特徴がある。

　(ii)　善意者の返還義務の制限　　失踪宣告を直接の原因として財産を得た者は，その取消によって権利を失うが，現に利益を受ける限度（現存利益）でその財産を返還すればよい（民32条2項）。この範囲は，民法703条の「利益ノ存スル限度」と同じ意味であって，取得した財産が原形のままか形を変えて存在している場合には，残存物をそのまま返還すればよいということである。生活費にあてた場合は，その分だけ必要な出費を免れたことになるので，現存利益となる。民法32条2項は，財産を得た者の善意と悪意を区別していないが，同条の趣旨は善意者を保護することにあるから，悪意の受益者については，704条の悪意の返還者と同じく，返還の範囲を拡張して，全部の利益に利息を付けて返還すべきものと解すべきである（通説。我妻『新訂民法総則』112頁）。

13　認定死亡

　不在者の生死不明の場合に，法律上死亡したものとする制度として，失踪宣告のほかに認定死亡がある。死亡したことは確実であると考えられるが，死体

を確認できない場合について，民法は規定を置いていない。例えば，船舶の難波や航空機の墜落，あるいは火災などによって，そこにいた人が全員死亡したことは確実であるが死体を発見できなかったり，本人であることを確認できない場合である。この場合に，失踪宣告の手続を経なければ死亡として取り扱えないとすることは，実際上極めて不便であり，多くの不都合が生ずる。そこで，戸籍法89条は，「水難，火災その他の事変によって死亡した者がある場合には，その取調をした官庁又は公署は，死亡地の市町村長に死亡の報告をしなければならない。但し，外国又は法務省令で定める地域で死亡があったときは，死亡者の本籍地の市町村長に死亡の報告をしなければならない」と定めた。これを認定死亡という。認定死亡の場合には失踪宣告の場合と異なり，失踪期間のように一定期間の経過を経る必要はなく，また，死亡の確実性が高いことを考慮して，利害関係人の申請も要件とされていない。戸籍の届出は，失踪宣告では届出義務者が失踪宣告をなした家庭裁判所の審判書を添付して行なう（戸籍法94条）が，認定死亡では，事変の現場を取り調べた官庁または公署が行なった死亡地の市町村長への死亡報告（同89条）に基づいて戸籍簿に死亡が記載される(同15条)。この記載があるときは，反証のない限り戸籍記載の死亡の日に死亡したものと認められるが(最判昭28・4・23民集7巻4号396頁)，生存の確証があれば認定死亡は当然にその効力を失う。失踪宣告の場合より認定死亡の場合の方が死亡の蓋然性が高いと考えられるので，認定死亡後にその取消前になされた行為については，失踪宣告後その取消前になされた行為と同様に認定死亡を信じた利害関係人の利益を保護するために，民法32条1項但書を類推適用すべきである（我妻『新訂民法総則』113頁）。

〔2〕 法 人

1 法人の意義および本質

　法人とは，自然人以外のもので権利義務の主体となることのできる法律上の資格（権利能力）を有するものである。人間の寿命や財産または活動能力には限界があり，社会生活が複雑化し，文化の進歩と経済の発展に伴い，大規模な事

業が必要となった現代社会においては，個人の能力のみをもって社会の需要に対応することは，資本の面でも労力の面でも不可能となっている。法人は，一定の目的のもとに集合して組織された人の集団や，一定の目的の実現のために運営される財産それ自体を独立した権利の主体として認められたものである。法人格を認められることによって，権利の主体として永続性を保持するとともに，この特質によって法人の信用が保全され，現実社会における広範囲かつ大規模な活動と発展を成し遂げることができるのである。

　わが民法は，自然人以外のもので権利義務の主体となりうるものを法人に限定したが，現代社会においては，形式的には法人格を有しないが実質的には社団または財団の実体を有する団体（法人格なき社団）や財産（法人格なき財団）が存在し，この社会的実体を尊重して，法人格を付与されたものと同様の効果を認めようとする理論が主張されている。

　これとは逆に，団体が形式的には法人格を有しているが，一定の法律関係についてその独立した法人格を認めることが衡平に反する結果となる場合に，団体に独立した法人格を認めないで，実体にそくして実質的な法主体である自然人に直接に法律効果を認める法理（法人格否認の法理）が主張されている。団体が法人である実体を有しないのに法人の形式を有したり，個人責任を免れるために法人制度を利用したりすることによって生ずる弊害を防止するのがこの法理の目的である。アメリカ法において発展した法理であるが，わが国の判例も承認している。判例は，法人格が全くの形骸にすぎない場合，またはそれが法律の適用を回避するために濫用される場合には，その法人格を否認することができるとする（最判昭44・2・27民集23巻2号511頁）。そして，新会社の設立が，旧会社の債務を免脱する目的で法人形式を濫用したものにすぎない場合には，形式的には新会社の設立登記がなされていても，新旧両会社の実質は前後同一であり，会社は取引の相手方に対し，信義則上，新旧両会社が別人格であることを主張できないとする（最判昭48・10・26民集27巻9号1240頁）。学説には，法人格否認の法理を積極的に評価するものが多いが，解釈論として定着させるためには，具体的な適用基準と適用範囲の明確化の問題が課題として残されている。

　これらの新たな法理の展開が見られるように，現代社会においては，法人理

論のあり方について，現実の実体を捉えた上で適正な法人制度の運用を確保するための理論が必要となってきている。

　法人の本質については，自然人以外のものに対して法人格が認められる根拠が問題とされた。特に，19世紀後半以降のドイツ法学において激しい議論が展開された。

(1) 法人擬制説

　サヴィニー (Friedrich Carl von Savigny) によって主張された見解である (System des heutigen römischen Rechts, Bd. 2, S. 235 ff.)。権利の主体となるものは，自然人である個人に限るべきである。法人は，国家によって単に法律上の目的のために，実在しないものを実在するかのように擬制されて認められた主体にすぎないとする。この見解は，自然人のみが自由な意思決定をなしうる実在であり，法律上も主体としては自然人に限るとする前提に立っている。法が擬制を用いて法人を認めるのは，法がその必要性を認めた場合に限定されるとする考え方は，近世法が個人の自由意思に絶対的価値を認め，原則として自然人以外に個人の自由を制限することになる団体の成立することを避けようとした時代，および，中央集権国家が政治権力を独占しようとして団体の成立について禁圧的態度を持った時代の法律思想に適合した。法人擬制説は，個人主義的法思想の現われであり，すべての法は個人に内在する自由のために存在するという法律観念に基づくものである。しかし，擬制説の大前提である権利義務の主体となるものは自然人である個人に限定されるとする理論は，現代社会においては妥当性を欠くといわざるをえない。自然人であっても権利能力は法律によって認められるからであり，自然人がもつ精神的および身体的特質のために法律以前に権利能力を認められるのではない。さらに，擬制説によれば，法により擬制された主体は，それ自体として独自の行動をなしえず，不法行為もなしえないことになるが，この見解は現代社会において各種の法人が対内的にも対外的にも独立した行動の主体として活動している現実と符合しないため，一般的に支持されなくなっている。

(2) 法人否認説

　法人は多数の自然人の集合または財産のみに還元され，このほかに法人の実体は何も存在しないので，法人格を認める必要はないとする見解である。これには，①法人の実体は，一定の目的に捧げられた財産であるとする目的財産説，②法人の本体は，法人財産の利益を享受する個人であるとする受益者主体説，および③法人の本体は，法人の財産を管理する者であるとする管理者主体説がある。法人否認説は，擬制説と異なり，法人の社会的実体に目を向け，これを実証的に考察した点で優れている。しかし，法人自体が社会的に実在することが十分に評価されていないことや，権利帰属主体を個人および財産に限定すべき根拠が十分に説明されていないことに対して批判がなされている。

(3) 法人実在説

　法人は，法律によってその存在を擬制された空虚なものではなく，自然人と同じく現実の社会の中に権利義務の主体として実在するものであるとする見解である。社会的に実在する実体が何であるかについては考え方が分かれている。

　(イ) 有機体説　　ドイツのギールケ（Otto von Gierke）が主張する見解である。自然人が自然的有機体であり個人の意思を有するのと同じく，団体は，社会的有機体を構成し，団体意思を有する。この社会的実在について権利義務の主体たる地位を認められたものが法人であるとする。これに対しては，社会的実体が有機体であって意思を有する存在であるということから何故に権利の主体性であることを根拠付けることができるのかについて明確でないと批判されている。

　(ロ) 組織体説　　フランスのミシュー（Michoud）やサレイユ（Saleilles）などが主張する見解である。法人の本体は，権利主体たるに適する法律上の組織体として実在するものであるとする。有機体説が要求したような自らの意思をもつ存在である必要はなく，一定の利益とそれを守り主張する意思ないし現実力を有する団体であって，それが法秩序の価値付けによって法的組織体として構成されたものである。法人格を認める根拠は，社会生活において団体の活動としての価値が認められる点にある。組織体説が通説であるが，これに対しては，どのような場合に法人格を与える価値のあるものと認めるべきかについて

(ハ) 社会的価値説　法人は擬制されたものでなく、その本質は、法律が個人以外に、これと同様に一個独立の社会的作用を担当することによって権利能力を付与するにふさわしい社会的価値を有するものであるとする。この実体が何であるかは、社会学や経済学などの社会科学の力を借りて探究すべきものであり、法律学においては、法人となりうるのは、その組織により一個の社会的作用を担当するために社会的価値があるとすることに基づくとすればよいとする説である（我妻『新訂民法総則』126頁）。

2　法人の種類

(1)　社団法人と財団法人

　法人には、一定の共同の目的のために結合した人の団体である社団法人と、一定の目的のために提供された財産の集合体である財団法人とがある。社団法人は、人の組織的集団に法律上の人格を認められたものであり、公益を目的とする公益社団法人と、営利を目的とする営利社団法人とがある。社団法人の目的および組織について規定した根本規則を定款という。社団法人は、構成員である個人の意思を結合して団体の意思を形成し、団体として自律的に活動することができる。これに対して、財団法人は、公益目的のために提供された財産それ自体に法人格を認めたものである。財団法人の根本規則を寄附行為という。財団法人は、社団法人のように自然人を構成員としていないから社員総会のような意思決定機関はなく、意思に基づく自律的活動を行なうことはできない。すなわち、財団法人は、設立者の意思に従って目的財産を一定の目的と組織の下に運営して他律的に活動することができるにすぎない。

　社会には、一定の非個人的目的に捧げられた財産が独立に存在し、これによって利益を受ける者の増減や変更によって、または、財産を運用する個人の変更にも関係なく独自の存在として認められるものがある。このような財産が社会生活関係において一個の独立の主体として存在している限り、法律上も一定の規律をして財産の独自性と管理の継続性を維持する必要がある。この目的を達成するためには、大陸法に発達した財団法人制度と英米法に発達した信託制度の2つの法制がある。財団法人制度は、財産の出捐者および現実の管理者か

ら独立した財産の集合体そのものを中心として権利の主体性を認めるものである。これに対して，信託制度は，特別の独立した権利主体を創設せずに，特定の管理者（受託者）に財産を帰属させて，財産の維持と管理について特別の方法を決めることによって，財産の独自性と管理の永続性を保持させるものである。祭祀，宗教，慈善，学術，技芸その他の公益を目的とする信託を公益信託という（信託法66条）。すなわち，公益信託は，信託者が公益事業のために信託財産を受託者に信託譲渡し，受益者の利益のために財産を管理させる制度である。わが国では，公益信託によると財産が他人名義になることに対する抵抗感があることや将来の規模の拡大を期待できないことなどの理由により，財団法人制度が用いられてきた。大正11年（1922年）に信託法（法62号）が制定されて以来，公益信託は長期にわたって用いられなかったが，昭和52年（1977年）になって初めて実用化された。（田中實編『公益信託の理論と実務』61頁）。

(2) 公益法人と営利法人

公益法人は，社会全般の利益を目的とする法人であり，営利法人は，構成員の経済的利益を図ることを目的とする法人である。

公益法人は，祭祀，宗教，慈善，学術，技芸その他社会全体の利益を目的として，主務官庁の許可を得て設立される法人である（民34条）。公益法人が，その目的達成に必要な資金を獲得するために営利行為をしても，公益を目的とするという本質に反しない。学校法人は，その設置する私立学校の教育に支障のない限り，その収益を私立学校の経営に充てるため，収益を目的とする事業を行なうことができる（私立学校法26条1項）。

営利法人は，営利を目的とする団体に，法人格が認められたものである。営利を目的とする財団は認められないので，営利法人は常に社団法人である。営利を目的とする社団は，商事会社設立の条件に従い法人とすることができる（民35条1項）。民法は公益法人について規定しており，営利法人については商法の規定が準用される（民35条2項）。

(3) 中間法人

公益法人でも営利法人でもない法人を中間法人という。社会には，同業者の

協同組合や同一の社会的地位にある者の共通の利益の増進や相互扶助を目的とする団体が多く存在する。しかし，これらの団体は，直接には公益を目的とするものでも営利を目的とするものでもないから，一般法である民法や商法によって法人格を取得することができない。民法34条の「公益に関する」という文言は，「公益を目的とする」と厳格に解釈されており，また，行政庁においても厳格な解釈に基づいて実際上の運用がなされているため，積極的に公益を目的とするもの以外は，公益法人として設立を許可していない。このような団体のうちで，特別法によって法人格を認められた法人が中間法人である。特別法によって法人格を取得できる団体には，労働組合（労働組合法11条1項），各種の協同組合（農業協同組合法3条，消費者生活協同組合法4条など），共済組合（国家公務員等共済組合法1条1項，3条，4条；地方公務員等共済組合法1条，3条，4条1項）などがある。これらの団体は組合と称するが，特別法によって法人格を認められた組合であり，民法667条以下の組合ではない。

　平成13年6月に非公益・非営利目的の団体が法人格を取得できるようにし，その組織及び運営について定めるため，「中間法人法」（法49号）が公布された。社員に共通する利益を図ることを目的とし，かつ，余剰金を社員に分配することを目的としない社団であって，中間法人法により設立されたものを中間法人という（同法2条1号）。同法人には，社員が法人の債権者に対して責任を負わない有限責任中間法人および社員が法人の債権者に対して責任を負う無限責任中間法人の2種のものがある（同2条2号3号）。有限責任中間法人の場合は，財産的基盤を具備させるため，300万円以上の基金の設立が義務づけられている（同7条2項1号2号3号，12条）。

　中間法人は，その主たる事務所の所在地において設立の登記をすることによって成立し（設立の登記による準則主義：同法6条），主務官庁等の許認可を必要としない。法人の機関として，社員総会，理事および監事（有限責任中間法人の場合は，監事も必置機関である：同法51条）が置かれる。

(4) **特殊法人と認可法人**

　法律により直接に設立される法人または特別の法律により政府が命じる設立委員が行なう特別の設立行為をもって設立すべきものとされる法人を特殊法人

という（国際交流基金，宇宙開発事業団など）。また，特別の法律に基づき民間の発意により限定数設立される法人を認可法人という（日本商工会議所，日本赤十字社など）。

(5) **公法人と私法人**

法人を公法人と私法人に分類することが慣例となっており，法律も明文の規定でこの区別を認めている（商2条）。公法人とは，最広義では国家および地方公共団体も含まれるが，国家の下に特定の国家的目的のために設立された法人をいう。これに対して，私法人とは，公の事務以外の目的，すなわち私的目的の追求のために設立された法人をいう。両者の区別の効果として従来から挙げられていたのは，①団体の構成員に対する会費その他の取立方法について，民事訴訟法の手続によるべきか，国税徴収法の手段によるべきか，②法人の役員の行為について公務員としての瀆職罪を構成するか否か，③文書偽造が公文書偽造となるか私文書偽造となるか，④争訟事件を司法裁判所に訴えるべきか行政上の救済手段に訴えるべきか，⑤法人が構成員の不法行為に対して責任を負うべきか否かなどの諸点である。これらの中で，日本国憲法が司法を一元化して，行政裁判所を廃止し，行政事件も司法裁判所の管轄に属することになったことと，国家賠償法が公務員の不法行為による国または地方公共団体の責任を認めたことによって，後の2点については問題とならなくなった。前の3点については，両者の区別に関連して議論がある。しかし，一般に公法人とされるものにも，その設立や管理についての国家の公権力の関与する程度には，各種の法人によって著しい差異があり，法人が公法人か私法人かによって一律に公法が適用されたり私法が適用されたりするものではなく，具体的な法人について法律の趣旨に従って個別的に決定されるべきものであるとして，近時においては，公法人と私法人との区別の有用性について疑問視する学説が多くなっている。

3 権利能力なき社団・財団

(1) **意　義**

社団としての実体を有するにもかかわらず公益も営利も目的としない中間的

な団体であって特別法によって法人格を認められないものを権利能力なき社団という。例えば，同窓会，町内の自治会，クラブ，PTAなどの団体のように，非営利・非公益の目的を有するものや，何らかの理由で法人制度を利用しないために社団法人となる手続をとっていない団体，または法人設立の手続中であるが許可されていない団体である。但し，自治会および町内会については，平成3年の地方自治法の改正により，町または字の区域その他市町村内の一定の区域に住所を有する者の地縁に基づいて形成された団体は，地域的な共同活動のための不動産または不動産に関する権利等を保有するため市町村長の許可を受けたときは，その規約に定める目的の範囲において，権利を有し，義務を負うとされている（地方自治法260条の2）。

　社団は，構成員の個人的目的を超越して，独立の団体として社会関係に現われ，構成員の個性が弱い団体であり，構成員の加入および脱退の自由が予定され，構成員の総会で選任された代表機関が職務執行権限を有し，その財産は社団自身に帰属し，その債務も社団自身が負い，構成員は債務および責任を負担しないものである。

　これに対して，複数の者が協力して共同の事業を営む法律関係としては，民法上，組合の制度がある（民667条以下）。しかし，組合は団体ではあるが法人ではなく，組合員の個人的目的のために，組合員相互が契約関係によって結合して共同事業を営むものであるから，組合員の個性が強く現われる。例えば，組合員の脱退および加入については組合員全員の同意を必要とし，組合の活動は組合員全員によるか全員によって選任された者によってなされ，その財産は組合員全員に合有的に帰属し，組合の債務については各組合員が無限責任を負担する。このような民法上の組合と社団とは，構成員全員から独立した存在をもつか否かという点で概念上は区別される。法人格を認められた団体は，その団体との法律関係について，構成員である自然人全員が権利義務の主体として取引する必要はなく，団体および相手方にとって便宜である。また，団体自体の財産を所有することができ，この財産については，構成員である個人に対する債権者は差押えることはできないことになる。

　権利能力のない社団は，団体の内部組織については社団法人に準じて多数決原理で規律し，外部に対する関係でもできるだけ団体独自の立場を認めて，団

体と取引をする相手方と団体の構成員との間の直接の法律関係を認めないようにするために構成された概念である。権利能力のない社団について，ドイツ民法54条は，組合に関する規律を準用し，スイス民法62条は，組合と同一に取り扱うとする。わが国においても民法上の組合の規定を類推適用すべきであるとする見解もあったが，社団としてその独立性を承認して，社団法人に準じた取り扱いをする見解が通説となっている。そして，通説は，権利能力のない社団というるためには，団体としての組織を備え，代表の方法・総会の運営・財産の管理，その他社団として主要な点が，規則によって確立しているものでなければならないとしている（我妻『新訂民法総則』133頁）。最高裁判所は，権利能力のない社団というるためには，団体としての組織を備え，多数決の原則が行なわれ，構成員の変更にもかかわらず団体そのものが存続し，その組織によって代表の方法，総会の運営，財産の管理その他団体としての主要な点が確定していることが必要であるとする（最判昭39・10・15民集18巻8号1671頁）。

　社会的実体として社団の実質を有しているが法人格のない団体には，法人格を有することを前提とする規定を除いて社団法人に関する規定を類推適用すべきである。しかし，社団と組合とは理念型というべきものであり，現実の社会に存在する団体には，社団的なものから組合的なものまで種々の性質のものがあり，それぞれの団体の特質に応じて，類推適用すべき範囲は異なる。

(2)　法律関係
(イ)　内部関係
　権利能力なき社団の内部関係については，団体が規則を定めている場合は規則により，規則のない場合には，原則として民法の社団に関する規定を類推適用すべきである。内部関係に関する規定は，法人であることに着目して定めたものではなく，社団であることに着目して定めたものだからである。（我妻『新訂民法総則』133頁）。但し，組合的色彩の残る社団については，事業の性質に応じて組合の規定も類推適用すべきである（四宮『民法総則』87頁）。例えば，構成員の脱退の場合に，団体に対する持分払戻請求権が認められるか否かについては，組合では民法681条により認められるが社団法人については認められないので，団体の組合的色彩の有無を判断して決定すべきである。

最高裁判所は，株主会員組織のゴルフクラブの会員であった者が，ゴルフクラブが規約に従い総会の決議によってした構成員の資格要件を変更する旨の規約の改正と決議について承諾していない場合に，個人正会員たる地位を有することの確認を請求した事案で，本件ゴルフクラブは権利能力のない社団であり，改正規定は，特段の事情がない限り，改正決議を承諾していなかったゴルフクラブのすべての構成員に適用されると解すべきであるとし，所定の資格要件を満たしていなかった者は会員資格を喪失したものと認めた（最判平12・10・20判時1730号26号；判タ1046号89頁）。

(ロ) 外部関係

外部関係の中で，訴訟能力については民事訴訟法29条により認められている。権利能力なき社団として享有できる権利の範囲，なしうる行為の範囲および代表機関の権限とその行為の形式，代表機関の不法行為による社団の賠償責任などについても社団法人の規定を類推適用すべきである。

団体の活動は代表機関によって社団の名においてなされるが，法人格を有しないので，権利義務は最も団体的色彩の強い共同所有の形態である総有として構成員に帰属すると構成するのが通説である。実質的には社団としての権利主体性を有しているが，形式的には法人格がないために，総有という構成をすることによって社団自体に権利が帰属するのと同様の効果を認めようとするのである。社団の資産が社団の構成員の総有に属する結果として，各構成員は，総会を通じてその管理に参画するだけで，個々の財産について持分権をもたない。社団の債務は，社団に総有的に帰属し，社団財産だけが責任財産となる。最高裁判所も，権利能力なき社団の財産は，実質的には社団を構成する総社員の総有に属するものであるから，総社員の同意をもって，総有の廃止その他財産の処分に関する定めのなされない限り，現社員および元社員は，当然には共有の持分権または分割請求権を有するものではないとする（最判昭32・11・14民集11巻12号1943頁：労働組合の脱退者に持分権，分割請求権はないとした。〔品川白煉瓦未登記労働組合事件〕）。また，権利能力なき社団の代表者が社団の名において負担した取引上の債務は，その社団の構成員全員に，1個の義務として総有的に帰属するとともに，社団の総有財産だけがその責任財産となり，構成員各自は，取引の相手方に対して直接には個人的債務ないし責任を負わないとする（最判

昭48・10・9民集27巻9号1129頁)。構成員は出資義務を限度として責任を負担する意思で加入する場合が通例であり，無限責任を負担する意思を有しない。したがって，定款または契約によって特別に規定しない限り，社団の債務に対する責任財産は社団財産に限定すべきである。また，社団には構成員から独立した法主体性を認められているから，取引の相手方としても，権利能力なき社団とだけ取引をするのであり，各構成員と取引をするのではないから，責任についても団体だけが負担すると考えるべきである。但し，社団の構成員に利益の分配が認められている場合には，利益を享受する者は損失も負担すべきであり，取引の安全のために例外的に無限責任を認めるべきである。

　権利能力なき社団の代表者が個人的責任を負うかどうかについては，見解が分かれている。ドイツ民法54条は，権利能力なき社団の名において第三者に対して法律行為をなした者は個人責任を負い，多数の行為者がいるときは，連帯責任を負うとしている。わが民法にはこのような規定がなく，理論上は法人格のある社団の場合と同じく代表者は個人責任を負わないと解すべきである。相手方が代表者の個人責任を期待する場合には，連帯保証または連帯債務の特約をすべきである。

　法人格なき社団の代表者がその職務を行なうにつき他人に損害を与えた場合には，44条に準じて考えられ，社団は損害賠償責任を負う。44条は，法人格があることに基づく規定ではなく，団体が社会に実在し現実に活動を行なうという実態に基づくものであるから，この場合にも類推適用すべきである。また，行為をした者も個人的に責任を負うべきである（川島『民法総則』139頁）。

(ハ)　財産権の公示方法

　権利能力なき社団の財産については，社団名義または社団の代表者の肩書を付した個人名義によって権利主体の名が示される。動産および現金のように占有が公示方法となっているものについては実際上も通常行なわれている。これに対して，不動産については，登記法上自己の名において所有権取得登記を受ける能力（登記能力）を有するか否かが問題となっている。最高裁判所は，登記の場合，権利者自体の名を登記することを要し，権利能力なき社団においては，その実質的権利者たる構成員全部の名を登記できない結果として，その代表者名義をもって不動産登記簿に登記するよりほかに方法がないとする（最判昭39・

10・15民集18巻8号1671頁）。社団の代表者は，社団の構成員全員の受託者たる地位において，個人の名義で所有権の登記をすることができるにすぎず，社団を権利者とする登記をし，または社団の代表者である旨の肩書を付した代表者個人名義の登記をすることは許されない。そして，権利能力なき社団の資産である不動産につき，登記簿上所有名義となった代表者がその地位を失い，これに代わる代表者が選任されたときは，新代表者は旧代表者に対して，当該不動産につき自己の個人名義に所有権移転登記手続をすることを請求できるとする（最判昭47・6・2民集26巻5号957頁）。また，権利能力のない社団である入会団体において，規約等に定められた手続により，構成員全員の総有に属する不動産につきある構成員個人を登記名義人とされた場合には，当該構成員は，入会団体の代表者でなくても，自己の名で登記手続請求訴訟の原告適格を有する（最判平6・5・31民集48巻4号1065頁）。

　判例およびこれを支持する学説は，その根拠として次のような理由を挙げている。ⅰ 不動産登記法36条1項2号に権利能力なき社団を登記申請人として規定していないこと，ⅱ 法人としての存在を公証する方法がないこと，ⅲ 登記手続に必要な印鑑証明を取ることができないこと，ⅳ 不動産登記法上，登記官には登記の申請が実体関係と符合しているかどうかを審査する実質的審査権がなく，登記の申請が形式的に整っているかどうかを審査する形式的審査権を有するにすぎない（大判昭15・4・5新聞4563号12頁）ので，登記官は申請人が権利能力なき社団としての実質を備えた団体かどうかについて審査できない。この結果，強制執行や税金の滞納処分を免れるために虚無人名義の登記がなされること，などである。これに対して，学説では，民事訴訟法29条（旧民事訴訟法46条）や税法（国税徴収法3条，法人税法1条2項，地方税法12条など）の取扱いにおいては，権利能力なき社団の権利主体性を認めているのであるから，登記法上もその公示を認めるべきであるとか，肩書付きの代表者名義の登記を認めるべきであるとする見解なども有力に主張されている。しかし，登記官に形式的審査権しか認められていない現在の登記制度を前提とする限り，実体に対応しない登記を防止する方法はないといわざるをえず，現実には存在しない社団またはその代表者の肩書付きの登記がなされる可能性があり，不動産登記の段階において法人格を認めたのと同様の取扱いをすることは妥当でない。

(3) 権利能力なき財団

　一定の目的のために捧げられた財産で，寄付者や財産管理者の個人財産とは独立しており，これを管理・運営する組織を有するが，法人格を与えられていないものである。判例も，財団法人の目的財産として他の個人財産から分離され，実質的には個人の帰属を離れた独立の存在として管理運用され，設立中の財団の代表機関たる地位に立って行動している者がいる場合（最判昭44・6・26民集23巻7号1175頁）や，個人財産から分離独立した基本財産を有し，かつ，その運営のための組織を有している場合（最判昭44・11・4民集23巻11号1951頁）には，権利能力なき財団にあたるとしている。判例は，権利能力なき財団も社会生活において実体を有しており，財団事務総長の肩書で振出した手形について，財団だけの責任を認め個人としての責任を否定した（前掲最判昭44・11・4民集23巻11号1951頁）。

4　法人の設立

(1) 設立の主義

　自然人の結合した団体が独立の社会的存在として実在するか否かは，法人の本質についての問題であり，現在の通説は，団体は実在すると考えている。しかし，団体が実在することと法律上の権利主体として認められることとは別問題であり，法人格は法が法律上の人格を付与することによって初めて得られる地位・資格である。国家が法人格を付与する方法は，時代により国や社会の事情により変遷した。

　近代市民社会の生成期以来，法人は資本主義経済社会の発展とともに発達してきた。近代法における個人自治の思想が強く支持された時期には，封建時代の団体が有していた政治的経済的な拘束から個人を解放することが必要であっただけでなく，中央集権国家が政治権力を独占するために，団体の設立を制限する態度をとった。この段階では，国家社会において法人の設立を認める必要性が特別にある場合には，特別法の制定または主権者の特許によって法人を設立する特許主義が採られた。例えば，わが国では，日本銀行，日本開発銀行，国民金融公庫などがある。しかし，国家と個人の中間には，独自の社会的機能を果たす各種の団体が存在しており，団体の存在を制限することは，社会生活

における現実を無視することになった。また、資本主義の発達過程における資本の集中は、資本団体である会社の設立の必要性を生じさせた。その結果、19世紀後半以降は、各種の会社の設立を容易にし、一定の基準によって自由に社団として法人格を取得することを認めるようになった。この結果、資本団体である会社だけでなく、公益を目的とする民法上の法人に対しても、目的その他の要件を検討して、主務官庁がこれを法人として人格を認めることが適当であると判断した場合に、自由裁量によってその設立を許可する許可主義が採用された。主務官庁とは、社団または財団が目的としている事業を管掌する行政官庁である。また、法律が定めた一定の要件を具備して認可を申請すれば、主務大臣や所轄行政庁などが必ず認可しなければならない認可主義がある。これらのほか、団体が法律の定める一定の組織を具備する場合に、それを一定の手続に基づいて公示することによって法人としての成立を認める準則主義がある。さらに、取引社会において自主的に活動する団体または財団が事実上社会に存在すれば、法が当然に権利能力を認めるという自由設立主義がある。この主義は、法人の設立について最も自由で簡易な方法を認めるものであるが、法人の内容を不明にすることになり、取引の安全を害する虞があるため妥当ではなく、わが国では認めていない。このほか、国家が国策として経済的社会的統制を行なうために、法律によって法人の設立を強制する強制主義がある。例えば、弁護士会や弁理士会などは準則主義によって設立されるが、その設立は同時に強制されている（弁護士法32条，45条，弁理士法10条，12条）。

わが国では、法人は民法その他の法律の規定によらなければ成立しえず（民33条〔法人法定主義〕）、民法上の公益法人については許可主義を採用し、商法上の営利法人である会社については準則主義を採用しているが、その他の法人については、それぞれの政策的理由に基づいて設立主義を決めている。

(2) 社団法人設立の要件

民法上の社団法人を設立するためには、次の3つの要件が必要である。

① 公益を目的とし、営利を目的としないこと　　積極的に祭祀、宗教、慈善、学術、技芸その他公益に関する事業を目的とし、消極的に営利を目的としないものでなければならない（民34条）。公益とは、積極的に社会全体の利益、

すなわち，不特定多数人の利益になることをいう。目的を達成するための資金を得るために収益事業をすることはできるが，これを社員に分配することは認められない。

② 設立行為をすること　社団法人を設立するためには，2人以上の者が，法人を設立しようとする意思を法人の根本規則を定めた書面である定款の作成という方式で表示しなければならない（民37条）。定款の法的性質については，法規とするものと法律行為的合意にすぎないとするものとに見解が分かれている。社団内部の規範として，行為当事者以外の構成員をも拘束し，権利義務に関する規定は法規範としての効力をもつが，私的自治の範囲を越えるものではなく法律行為的合意の特殊なものというべきである（四宮『民法総則』96頁）。定款作成行為には，2人以上の設立者を必要とするが，契約でも単独行為でもなく，設立者全員が法人の設立という同一の目的のために必ず合同してなされることを要する合同行為である。したがって，設立者の中の1人に行為無能力者がいたり，意思の欠缺のためにその行為が取消されたり無効となっても定款作成行為は影響を受けない。また，自己契約および双方代理を禁止する民法108条の規定は適用されない。判例は，設立行為は合同行為であり，合資会社の定款の作成があったときは，社員に会社設立の真意がない場合でも民法94条の適用はなく，合資会社は設立されるとする（大判昭7・4・19民集11巻837頁）。社団法人の設立は，まず，社団法人設立のための準備委員会ないし発起人会が結成され，次に，社員となるべき者が加わって団体の実体が形成され，最後に，主務官庁の許可を得て法人格を取得するという過程を経るのが通常である。

定款の必要的記載事項は，㋑目的，㋺名称，㋩事務所（所在地），㋥資産に関する規定，すなわち，資産の構成，運用方法，会費などに関する事項，㋭理事の任免に関する事項，㋬社員たる資格の得喪に関する規定，すなわち，入社・退社および除名などに関する事項である（民37条）。必要的記載事項を記載していない定款は無効である。以上のほかに必要がある場合には，任意に定款で定めておくことができる。例えば，総会の招集手続や役員会の組織などを定めておくこともでき，これを任意的記載事項という。しかし，任意的記載事項であっても定款に記載されると，必要的記載事項と同一の効力を取得し，これを変更するためには，必要的記載事項の場合と同様に，総社員の4分の3以上の同

意を必要とする。但し，定款に別段の定めがあるときは，必要的記載事項も任意的記載事項もそれによって変更することができる。定款の変更は，主務官庁の認可を受けてはじめて効力を生ずる（民38条）。定款の変更は，根本規則の変更であるから厳格な要件の下になしうることにしたのである。

③　主務官庁の許可があること　主務官庁とは，法人の目的とする事業を管掌する行政官庁をいう。例えば，学術および技芸に関しては文部省であり，保健および衛生に関しては厚生省がこれに該当する。主務官庁は，社団または財団が法律の定めた一定の組織を具備していても，法人の設立を認可するか否かの自由を有しており，許可は裁量行為である。このような立場を採用した理由は，公益法人の制度を悪用して，不当な目的を実現する手段とすることを禁止するためである。例えば，公益法人となることによって税金の減免を受けたり，補助金の交付を受けたり，強制執行の免脱を目的として法人制度を利用することを防止する趣旨である。許可主義を採用する結果，許可は行政官庁の自由裁量に委ねられており，拒絶されても原則として異議を述べることができない。不許可を相当とするとの結論に至った判断過程に一応の合理性があることを否定できなければ，他に特段の事情がない限り，不許可処分が裁量権の範囲を超え，またはそれを濫用した違法はないとされている（最判昭63・7・14判時1297号29頁）。法人格の付与を行政官庁の一方的な自由意思にかからしめることは，設立の自由が不当に制限される虞があるとして，準則主義をとり監督を厳格にすることで不正をはかることを防止できるとする見解（川島『民法総則』107頁）もある。しかし，民法は許可主義を採っており，団体が公益目的を実現するために必要な要件を充足しているか否かの判断自体が形式的判断になじまないものであり，社会状況や公益性の程度などを実質的に判断せざるをえない性質のものであるから，画一的に準則主義を採ることを前提として解釈することは妥当ではない。特に，法人の設立目的および事業の公益性（例えば，法人の設立目的に照らして適切な内容の事業であるか否か），法人の財産的基礎および収益事業が適正か否かなどについての評価は実質的な価値判断を含んでおり，設立の妥当性を判断するために許可主義を採ることが必要である。但し，自由裁量は主務官庁の恣意的判断を許すものではなく，裁量権の濫用となる場合には，行政処分の不当性を争うことができる（行政事件訴訟法30条）。一般的定型的に

公益性が高い事業内容を有する学校法人（私立学校法 31 条）や医療法人（医療法 44 条 1 項）等は，認可主義を採っている。さらに，宗教法人（宗教法人法 12 条）は，憲法 20 条が信教の自由を保障していることから，規則の認証という形式を用いており，許可主義を修正している。

設立行為がなされ主務官庁の許可があれば法人は成立するが，社会一般に対して法人の存在を認識させる手段として，設立登記をしなければならない（民 45 条 1 項）。登記は民法上の公法人については対抗要件である（民 45 条 2 項）が，私立学校（私立学校法 34 条），宗教法人（宗教法人法 15 条），労働組合（労働組合法 11 条），消費生活協同組合（消費生活協同組合法 61 条）などの場合には成立要件としており，法律関係を明確にする点で優れているといえよう。

(3) 財団法人設立の要件

財団法人を設立する場合も，社団法人と同様に次の 3 つの要件を必要とする。

① 公益を目的とし，営利を目的としないこと（民 34 条）　社団法人の場合と同じである。

② 寄附行為の作成　財団法人の設立行為は，一定の目的を達成するために，財産を出捐して独立の法主体である財団を成立させるための意思表示が必要であり，財団の根本規則を定めた書面を作成して行なわれる。民法は，このような設立行為および根本規則をともに寄附行為という（民 39 条，42 条）。財団法人の設立行為は，根本規則である寄附行為の作成および一定財産の出捐であり，その法的性質は単独行為である。設立行為が複数の設立者によって行なわれる場合には，単独行為の競合である。設立者は，目的，名称，事務所，資産に関する規定（必要的記載事項）を定めた寄附行為を作成しなければならない（民 39 条）。寄附行為は，社団法人の設立行為と同じように書面に記載することを要する要式行為であるが，財産の出捐が現実になされなければならないという要物行為ではない。設立者が寄附行為を作成した段階では現実には財産の出捐はなされず，財団法人の設立後に現実の出捐がなされることになる。財団法人が設立された後に，寄附行為者が財産を出捐しないときは，財団法人の理事が寄附行為者に対して財産の出捐請求権をもつ。寄附行為が要式行為であることを要求されているだけで要物行為ではないことから，虚偽または仮装の寄附行為

によって財団法人が設立される虞れがある。寄附行為は，相手方を必要としない単独行為であるが，財団法人設立関係者の通謀に基づいて，単に寄附行為の形式を整える目的で一定の財産を出捐する旨を仮装した場合には，相手方と事実上の通謀があり，当該寄附行為について民法94条の規定を類推適用して無効とすべきである（最判昭56・4・28民集35巻3号696頁）。

　財団法人の設立者が，名称，事務所または理事任免の方法を定めずに死亡したときは，裁判所は，利害関係人または検察官の請求によってこれを定めなければならない（民40条）。設立者が公益のために財産を出捐しようとする意思を尊重し，公益を目的とする事業の遂行を可能にするように寄附行為の補完を認めた。これに対して，財団法人の目的と資産については，根本規則である寄附行為の最も基本的な重要事項であるから裁判所による補完を認めないのである。寄附行為は，相手方のない単独行為であり，契約である贈与とは異なるが，無償の財産出捐行為という点で贈与および遺贈と類似点があることから，贈与の規定（民550条，551条，552条など）および遺贈の規定（民967条以下，1004条～1010条，1031条など）が準用される（民41条）。

　寄付財産は，生前処分によって寄附行為をなした場合には設立の許可の時より，遺言による場合には遺言が効力を生じた時，すなわち寄附行為者の死亡の時（民985条1項）より法人に帰属したものとみなされる（民42条1項，2項）。遺言による寄附行為の場合には，相続人の処分を防止し，遺言者の意思を尊重し，その実効性をもたせる必要があるために，設立者の死亡の時に遡って法人財産とすることにした。

　財団法人は設立者の意思に基づいて規律される法人であるから，寄附行為の中にその変更方法が規定されている場合のほかは寄附行為を変更することはできない。

　③　主務官庁の許可があること　　公益社団法人の場合と同じである。財団の権利能力の発生時は，主務官庁の許可を得た時である。

(4) 特定非営利活動団体

　特定非営利活動促進法（NPO〔Non Profit Organization〕法）が，平成10年3月25日に公布され，同年12月1日に施行された。本法は，特定非営利活動

を行なう団体に「特定非営利活動法人」の法人格を付与すること等により，ボランティア活動をはじめとする市民が行なう自由な社会貢献活動としての特定非営利活動の健全な発展を促進し，公益の増進に寄与することを目的として制定された（同1条）。

特定非営利活動とは，不特定かつ多数のものの利益の増進に寄与し，営利を目的としないものをいう。法人格の取得のためには，①同法の別表に規定された12分野の活動のいずれかに該当すること，②社員の資格の得喪に関して，不当な条件を付さないこと，③役員のうち報酬を受ける者の数が，役員総数の3分の1以下であること，④宗教活動および政治活動を目的とするものでないこと等の要件を充たし，所管庁の認証を受けなければならない。

(5) **民法法人でない者の名称使用禁止**

社団法人または財団法人でない者は，法人であることを示す名称を使用したり，法人と誤認されるような文字を使用することができない（民34条の2，昭和54年法68号本条新設）。民法上法人でない者が法人であるかのような名称を用いることを禁止することによって，その者の活動が公益性をもち，主務官庁の許可を受け，かつ主務官庁の監督下にあるかのように善意の人々を誤信させて営利を図ることを防止する趣旨である。本条に違反した者は，10万円以下の過料に処せられる（民84条の2）。

(6) **法人の登記**

(イ) 法人登記の意義

法人は取引関係において法主体として現われるものであるから，法人の存在，組織，財産状態などの取引上必要な事項について一般第三者が知らないと不測の損害を被る虞がある。そこで，民法はこれらの事項を外部から容易に認識できるように公示させるために登記させることにした。法人の登記には，対抗要件とするものと成立要件とするものとがある。民法は前者をとるが（民45条），商法は後者によった（商57条）。ドイツ民法は，非営利社団法人は登記によって権利能力を取得すると定めている（21条）。近時の立法には後者によるものが多く（例えば，私立学校法33条，宗教法人法15条，弁護士法34条など），法律関

係を明瞭にする点で優れている。

(ロ) 法人登記の種類

民法は次の4種類の登記を要求している。

① 設立登記　(a) 法人を設立したときは，設立の日から，主たる事務所の所在地では2週間以内に，その他の事務所の所在地では3週間以内に設立登記をしなければならない（民45条1項）。登記すべき事項は，目的，名称，事務所の所在地，設立許可の年月日，存立時期を定めたときはその時期，資産の総額，出資の方法を定めたときはその方法および理事の氏名と住所である（民46条1項）。

(b) 法人の設立は，主たる事務所の所在地において登記しない間は，他人，すなわち法人設立行為に関与した者（主務官庁，設立者，社員）以外の者に対抗することができない（民45条2項）。したがって，社団法人の社員に対しては，登記がなくても会費の納入を請求することができる。

② 事務所の新設および移転の登記　法人が設立後に新たに事務所を設けたときは，その事務所の所在地の登記所に，3週間以内に設立登記と同一内容の登記をしなければならない（民45条3項）。また，主たる事務所を移転したときは，2週間以内に旧所在地の登記所に対しては移転の登記をし，新所在地の登記所に対しては2週間以内に設立登記と同一内容の登記をしなければならない。法人が主たる事務所以外の事務所を移転したときは，旧所在地の登記所に対しては3週間以内に移転の登記をし，新所在地の登記所に対しては4週間以内に設立登記と同一内容の登記をしなければならない（民48条1項）。但し，新旧事務所が同一登記所の管轄区域内にあるときは，移転した旨の登記だけで足りる（民48条2項）。

③ 変更登記　登記した事項を変更したときは，主たる事務所の所在地においては2週間以内に，その他の事務所の所在地においては3週間以内に変更登記をしなければならない。登記前には，その変更をもって他人に対抗することができない（民46条2項）。理事の死亡（大決明36・7・9民録9輯908頁）および再任（大決明41・9・1民録14輯871頁）も登記事項に変更を生じたときに該当する。登記すべき事項で主務官庁の許可を必要とするものについては，その許可書が法人の事務所に到達した日の翌日から，登記の期間を計算する（民47

条, 140条)。理事の職務の執行停止もしくは理事の職務代行者を選任する仮処分またはその仮処分の変更もしくは取消しがあったときは，主たる事務所およびその他の事務所の所在地においてその登記をしなければならない。この場合には，登記前にはこれらの事由をもって他人に対抗することができない（民46条3項）。

④ 解散登記　法人が解散したときは，清算人は解散後に主たる事務所の所在地においては2週間以内に，その他の事務所の所在地においては3週間以内に，ⅰ清算人の氏名・住所，ⅱ解散の原因，ⅲ解散の年月日を登記して，主務官庁に届け出なければならない（民77条1項）。破産の場合には，裁判所が職権をもって遅滞なく嘱託書に破産決定書の謄本を添附して，破産の登記を各営業所または各事務所の所在地の登記所に嘱託する（破産法119条）。

5　法人の権利能力および行為能力

　法人は自然人と同様に権利義務の主体としての地位を認められたものである。法人の能力については，(1)いかなる範囲で権利義務の主体として認められるか（権利能力），(2)この権利義務を享有するために法人はいかなる種類の行為をすることができるか，いかなる人がどのような形式で行為をしなければならないか（行為能力），(3)いかなる人の不法行為について法人が損害賠償責任を負うか（不法行為能力），が問題となる。不法行為能力の問題については，次項の法人の不法行為責任の説明に譲る。法人の能力の問題は，民法上の公益法人に限定されるものではなく，営利法人にも適用される。

(1)　法人の権利能力

　法人の権利能力については，権利主体が団体であるから，自然人の場合とは次の3点において異なる。

(イ)　天然の性質による制限

　法人は，性や年齢や親族関係のように自然人が天然の性質に基づいて享有する権利を享有できない。スイス民法53条は，「法人は，性，年齢または親族関係のような天然の性質を要件としないすべての権利義務を享有することができる」と規定しており，わが民法においても同様に解釈すべきである。相続権は

財産上の権利であるから本質的に享有できないものではないが，民法は相続人を自然人に限定しているので法人には相続権がない。但し，遺贈を受けることはできるので，包括遺贈によって相続人になったのと同一の結果を得ることはできる（民990条）。社会において独自の実体を有しているので，名称権や名誉権のような人格権を享有できる。最高裁判所は，法人の名誉権侵害の場合は金銭的評価の可能な無形の損害が発生しうるものであり，そのような損害は，民法710条による財産以外の損害として加害者に金銭で賠償させるのが社会観念上至当であるとする（最判昭39・1・28民集18巻1号136頁）。

(ロ) 法令による制限

民法43条は，「法人は法令の規定に従い定款又は寄附行為に因りて定まりたる目的の範囲内に於て権利を有し義務を負う」と規定している。法人格は法によって与えられるものであるから，法人の権利義務を法律または命令によって制限することができる。自然人の場合には，すべての国民を個人として尊重し（憲13条），すべての国民は法の下に平等であるとする（憲14条）近代法の理想により，その権利能力を制限することは認められない。

現行法においては，一般的に法人の権利能力を制限した法令は存在しない。個別的に制限したものとしては，次のような規定がある。(a)会社は他の会社の無限責任社員となりえない（商55条，有限会社法4条）。(b)清算法人の権利能力は，その性質上清算の目的の範囲内に限定され（民73条），清算会社についても清算の目的の範囲内に限定される（商116条1項，430条）。

(ハ) 目的による制限

民法43条は，法人は，定款または寄附行為によって定まった目的の範囲内において権利を有し義務を負うとしている。本条は19世紀の中頃にイギリスの判例によって成立したウルトラ・ヴィーレース（ultra vires 権限踰越）の理論を承継したものである。すなわち，会社の能力は，定款に定めた目的によって制限され，目的外の行為は無効であるとする理論である。目的の範囲とは，定款または寄附行為に目的として記載された範囲に限定するのではなく，その目的を達成するのに相当と認められる範囲に及ぶと解釈するのが通説である。民法43条の趣旨が法人の何について制限しようとするものかに関しては，学説は以下のように分かれている。

(a)　**権利能力制限説**　民法の起草者は，法人が権利能力をもつのは法律によって人格を認められるものであるから，法律は自由に法人の権利能力を限定できると考えていた。ことに，民法上の法人は公益を目的とすることによって人格を享有するものであるから，その目的の範囲外に権利能力を認めることを必要としないとしていた（富井政章『民法原論総論』251頁，梅謙次郎『民法要義総則編』98頁）。法人擬制説の立場によれば，目的の範囲内においてのみ権利能力を有し，目的の範囲外の行為は越権行為であり無効となる。

　(b)　**権利能力および行為能力制限説**　法人は一定の目的のために存在し，その範囲内で社会的活動をなすものである。この説は，法人実在説に基づいて，法人の権利能力が民法43条によって制限される結果として，行為能力の範囲も制限されるとする見解である（鳩山『日本民法総論』142頁，柚木『判例民法総論（上巻）』302頁，我妻『新訂民法総則』157頁など。多数説）。

　(c)　**行為能力制限説**　法人の権利能力は，その性質または法令によって制限されるだけであり，法人の目的によって制限されるのは法人のなしうる行為の範囲であって行為能力の制限であるとする見解である（末川『判例民法の理論的研究』7頁）。本説においても，目的の範囲外の行為は法人の行為とは認められないので，法人に権利義務は帰属しないことになる。

　(d)　**代表権制限説**　法人には法令による制限を除くすべての財産上の権利義務が帰属しうるのであるから，民法43条は理事の活動およびその結果としての権利義務の帰属の範囲を制限するものであるとする（川島『民法総則』112頁，星野『民法概論Ⅰ』132頁）。目的の範囲外の理事の行為は，権限踰越の無権代理となる。代表権制限説は，法人擬制説の考え方を前提としている。法人自体の行為の存在を認めず，法人が権利義務を取得するのは代理人である理事の行為によってのみ可能であるから，民法43条は理事の代理権の範囲を制限し，目的の範囲外の理事の行為は法人に帰属しないとすることにより法人財産の維持を図り，取引法の一般原則に基づいて法人の法律関係を処理しようとするものである。

　(e)　**内部的責任説**　法人の権利能力の範囲も機関の代表権の範囲も制限したものではなく，機関の法人に対する内部的義務を定めたものにすぎないとする見解である（上柳「会社の能力」株式会社法講座(1) 85頁）。目的の範囲外の行為

は，理事の義務違反に対する責任を生ずるが，対外的な効力は有効であるとする。営利法人は，法人格を有するに至った時から，その営利目的に反しない限り無制限に行為をすることができるようになり，取引の安全を保護するために民法43条を適用すべきでないとする見解がある（柚木『判例民法総論（上巻）』315頁。田中誠二『再全訂会社法詳論（上巻）』76頁は，会社は解散または破産の場合を除き，目的による権利能力の制限を認める理由はないとする。大隅健一郎『全訂会社法（上）』27頁）。

　法人は権利能力および行為能力を目的の範囲内で有するとしても，どのような行為が目的の範囲に入るのかが問題となる。通説は，目的の範囲内とは，定款または寄附行為に目的として記載された範囲に限定するのではなく，その目的を達成するのに相当と認められる範囲に及ぶと解釈している。判例は，法人財産および法人構成員の利益の保護と法人の取引の相手方の保護とを調和させるために，営利法人か非営利法人かによって目的の範囲内か否かの判断基準を異にしているといえよう。

(2) 法人の行為能力

(イ) 法人の行為能力の意義

　法人の行為能力は，自然人の場合の行為能力とは意義および内容を異にする。自然人の場合には，単独で完全な法律行為をすることができる精神的能力を具備しているか否かという観点から捉えたのに対して，法人の場合には，精神的能力の発達の程度については問題とならない。法人自体の行為というものを認めることができるか否か，何びとのどのような範囲の行為が法人の行為と認められるかが問題となるのである。法人擬制説は，法人自体の行為を認めず，法人は代理人の行為によって権利を取得し義務を負担するにすぎないとする。これに対して，法人実在説は，法人は社会的実在であり法人もその固有の意思に基づいて行動することができ，法人自体の行為も存在するとし，機関の行為が法人の行為であるとする。

(ロ) 法人の行為の担い手

　法人は独立の社会的作用を営んでいると認められるためにその法主体性を認められるのであるから，法人の行為の存在が前提として認められているといわ

なければならない。しかし，法人実在説において法人の行為があると観念したとしても，現実には法人自体が活動することも，法律行為をなすこともできず，自然人の行為によらなければならない。法人の行為を現実に担当する者は，代表機関である理事であり，理事が目的の範囲内の行為をした場合に，その行為が法人自体の行為と認められるのである。法人の代表機関の行為は，法人以外の人格主体の行為ではなく法人の行為そのものであると認められるのである。代表機関が法人を代表する関係も，代表機関の行為の効果が法人に帰属する関係も，代理における関係と同一である。したがって，代表機関が法律行為をなす場合の形式および要件については，代理の規定に準拠して取り扱うことになる。

　理事の行為が法人の行為として成立するためには，①法人のためにすることを示して法律行為をすること（民99条，100条），②その法律行為の効果として帰属すべき権利義務が，法人の性質上，法令上および権利能力の範囲内のものであること，③その行為が目的の範囲内のものであること，④その行為が理事の権限内のものであること，が必要である。また，無権代理および表見代理についても代理の規定を適用するほか，理事がその名義を冒用して私利を図る場合には，代理人の権限濫用の場合と同一に取り扱うことになる。理事が名義を冒用した場合について，通説および判例は，代理権の範囲は客観的に決定されるべきであり，その行為が形式上は法人の目的の範囲内である限り法人の行為として成立するものとし，相手方が理事の私利を図る意図を知り，または知ることができたときは，民法93条但書を類推適用して，代理行為の効力を否定すべきであるとする（我妻『新訂民法総則』345頁；最判昭38・9・5民集17巻8号909頁：株式会社の代表取締役が，自己の利益のために会社所有の建物を売却した事案。最判昭42・4・20民集21巻3号697頁：代理人が自己または第三者の利益を図るため権限内の行為をしたときは，相手方が代理人の意図を知りまたは知ることができた場合に限り，民法93条但書の規定を類推して，本人はその行為について責めに任じないとする）。

　法人の名においてなされた法律行為に瑕疵があり民法101条の適用が問題となる場合には，その「代理人」に該当する者は，取引行為をした者が理事の場合にはその理事，任意代理人であればその任意代理人である。判例は，民法192

条における善意無過失の有無は，法人については第一次的にはその代表機関について決すべきであるが，その代表機関が代理人により取引をしたときは，その代理人について判断すべきことは同法101条の趣旨から明らかであるとする（最判昭47・11・21民集26巻9号1657頁：会社の代表取締役の善意・無過失を認定して即時取得を認めた原判決を破棄し，差し戻した）。また，法人の不当利得と悪意については，理事が悪意であれば民法704条により悪意の効果が生ずる（大判明44・2・16民録17輯59頁）が，理事でない使用人が法人の名で法人の目的の範囲外の行為をしたときは，使用人に法人を代理する権限はないから，使用人が悪意であっても法人の不当利得について悪意の効果を生じさせることはできないとする（最判昭30・5・13民集9巻6号679頁：法人に対する不当利得返還請求について，法人を悪意の受益者とした原判決を破棄し，差し戻した）。

いかなる人が法人の代表機関であるかは，法人の内部組織を定める規定によって定められるが，公益法人においては理事である（民53条）。理事のほかにも，理事が欠けた場合の裁判所が選任した仮理事（民56条），法人と理事の利益が相反する場合に選任された特別代理人（民57条）および法人が解散した場合の清算人（民74条）が代表機関である。また，商法の株式会社の場合には，代表取締役が代表機関であり，会社の営業に関する一切の裁判上および裁判外の行為について代表権を有し（商261条），会社と取締役間の訴えについては，監査役が代表権を有する（商275条ノ4）。合名会社の場合には，業務執行社員が代表機関であるが，定款または総社員の同意をもって業務執行社員中特に会社を代表すべき者を定めることができる（商76条）。合資会社の場合は合名会社と同様である（商147条）。有限会社の場合には，取締役が代表機関であるが，定款もしくは社員総会の決議をもって代表取締役を定めた場合にはこの者が代表機関である（有限会社法27条）。

(ハ) 代表機関の代表権の範囲

民法43条は，代表機関の無思慮ないし恣意による法人本来の目的以外の取引のために，法人の構成員または一般社会の利益が害される虞れがあることを考慮して，目的以外の取引の効果を法人に帰属させないことにした（松坂『民法提要総則』137頁，星野『民法概論Ⅰ』132頁）。しかし，目的の範囲を厳格に解釈して代表権を制限すると，法人と取引をする相手方に損害を与えることになる。

そこで，通説は，目的の範囲内とは，定款または寄附行為に目的として記載された範囲に限定するのではなく，その目的を達成するのに相当と認められる範囲に及ぶと解釈している。判例は，営利法人か非営利法人かによって，目的の範囲か否かの基準を異にして評価している。

① 営利法人　大審院は，営利法人の能力の範囲については，商法に規定がないから民法43条が適用されるという前提に立って判例法を形成した。明治40年頃までの判例は，会社の権利能力の範囲を定款に定められた目的の範囲内に厳格に限定する解釈をしていた。例えば，会社の創業時代からの功労者に対して2,000円を贈与した事案（大判明36・1・29民録9輯102頁）および定款に手形保証の記載がない場合に銀行が約束手形の支払保証をした事案（大判明40・2・12民録13輯99頁）などを無効とした。しかし，その後，その態度を緩和し，銀行が小切手に支払保証の記載をしその支払義務を負担する場合に，預金または貸付に関する行為にほかならないとして効力を認めた（大判明44・3・20民録17輯139頁）。大審院は，会社の能力を拡張して解釈するようになり，定款中に具体的に記載された事項から「推理演繹し得べき事項」は，定款中に具体的に指示していなくても，「記載事項中に包含されるものと推断することを妨げ」ないとし，「会社の目的を達するに必要なる事項」は定款中に記載されていなくてもその目的の範囲内における会社の業務たる性質を有するとして，銀行のなした手形支払保証を有効とした（大判大元・12・25民録18輯1078頁）。さらに，会社の功労者に対する慰労金の贈与（大判大2・7・9民録19輯619頁），紡績会社が取引先の業者の手形に裏書する行為（大判大3・6・5日民録20輯437頁：「会社は定款によりて定まりたる目的の範囲内に包含する事項及びその目的たる事業を遂行するに必要なる事項により権利能力を有する」とする。），金融業を目的としない会社の貸付行為（大判大5・11・22民録22輯3301頁），銀行の抵当権実行の結果自ら競落人となって漁業権を取得すること（大判昭13・6・8民集17巻1219頁）なども有効とした。

最高裁判所は，「定款に記載された目的自体に包含されない行為であっても目的遂行に必要な行為」は，社団の目的の範囲に属すると解すべきであるとし，目的遂行に必要か否かは，「定款の記載自体から観察して，客観的に抽象的に必要」か否かの基準に従って決定すべきであるとする。そして，不動産その他の

財産を保存しその運用利殖を計ることを目的とする社団が所有建物を売却した場合にも目的の範囲内であるとした(最判昭27・2・15民集6巻2号77頁)。また，一般木工品の製造などを目的とする会社が，他人の借地契約上の債務について連帯保証契約をすることは，会社の目的遂行に必要な事項であって，会社の目的の範囲内に属するとし(最判昭30・10・28民集9巻11号1748頁)，食肉ならびに加工品の販売などを目的とする会社が取引先の金銭債務の担保のための抵当権を設定し代物弁済契約をすることを会社の目的の範囲内の行為とした。さらに，会社による政治資金の寄付も，会社の社会的役割を果たすためになされたものと認められる限り会社の権利能力の範囲に属する行為であるとするに至っており(最大判昭45・6・24民集24巻6号625頁〔八幡製鉄政治献金事件〕)，現在では，会社に対する民法43条の目的の範囲内という制限は，ほとんど意義のないものになっているといえよう。

② 非営利法人　判例は分かれているが，「目的の範囲内」を比較的厳格に解釈している。大審院は，同業組合について，「法人の目的と相牽連し法人のため利便を得させる行為」も目的の範囲内ではないとして，組合員の生産した生糸の販売を目的とする重要物産同業組合が組合員のために生糸の原料である繭を買い入れたり，組合員の買い入れた繭代金の支払債務を引受ける行為(大判大元・9・25民録18輯810頁)，組合員に資金を貸付けることを目的とする産業組合法上の信用組合が非組合員に金銭を貸付けた行為 (大判昭8・7・19民集12巻2229頁)，信用組合が銀行の組合員に対する預金債務を何らの対価を得ないで引き受けた行為(大判昭16・3・25民集20巻347頁)などを目的の範囲外とした。最高裁判所は，農業協同組合が非組合員に組合の目的事業と全く無関係の土建業の人夫賃支払資金を貸し付けた行為 (最判昭41・4・26民集20巻4号849頁)，労働金庫の非組合員に対する貸付 (最判昭44・7・4民集23巻8号1347頁)，病院を経営する財団法人が，寄附行為を変更して国民健康についても事業を行なうという目的を追加したが，主務官庁の認可前に病院の敷地および建物などを売却した行為 (最判昭51・4・23民集30巻3号306頁)，税理士会が政党など政治資金規正法上の政治団体に寄付すること(最判平8・3・19民集50巻3号615頁)，などを目的の範囲外としている。

以上のような判例に対して，目的の範囲内として解釈したものもある。大審

院は，組合員の生産した農産物の販売を目的とする産業組合法上の産業組合が，第三者に対して精米納入の義務を負い，この義務の履行のために非組合員に組合に代わって精米を納入させる行為（大判大7・7・6民録24輯1403頁），組合員の製造加工した漁獲物の販売を目的とする漁業組合連合会が，非組合員から漁獲物を買い入れたり，これを非組合員に販売する行為（大判昭15・2・20民集19巻200頁）などを目的の範囲内とした。最高裁判所は，生命保険事業を営む相互会社が金員の預託を受ける行為（最判昭30・11・29民集9巻12号1886頁），農業協同組合が，非組合員であるりんご移出業者らからその集荷したりんごの販売委託を受けて手数料を受け取る契約を締結し，りんご移出業者らに集荷に必要な資金を貸し付け，後日その帳尻を準消費貸借に改めた行為（最判昭33・9・18民集12巻13号2027頁〔越水農業協同組合貸付事件〕），中小企業共同組合法上の信用協同組合が，組合員でない保険会社から預金を受け入れた行為（最判昭35・7・27民集14巻10号1913頁），信用協同組合が，組合員の手形債務について手形保証をする行為（最判昭45・7・2民集24巻7号731頁）などを目的の範囲内としている。

　最高裁判所は，目的の範囲内の要件を緩和して解釈しており，さらに目的の範囲外の行為のため無効である場合にも，信義則上，その無効の主張を認めないという解釈をすることによって制限を加えている。すなわち，労働金庫の非組合員に対する貸付が無効とされた事案では，債務者は貸金債権を担保するために設定された抵当権が実行され第三者が競落したときは，競落による所有権の取得を否定することはできないとし（最判昭44・7・4民集23巻8号1347頁），病院を経営する財団法人が病院の敷地および建物などを売却した事案では，売買から7年10か月余を経過した後に，その売買の無効を主張して物件の返還またはこれに代わる損害の賠償を求めることは，信義則上許されないとした（最判昭51・4・23民集30巻3号306頁）。

6　法人の不法行為責任

(1)　法人の不法行為能力

　民法44条1項は，「法人は理事その他の代理人がその職務を行うに付き他人に加えたる損害を賠償する責に任ず」と規定する。本条が法人の不法行為能力

を規定したものか否かについては、擬制説と実在説では見解を異にするが、実在説に立つ肯定説が従来の通説である。

擬制説によれば、法人は法律の仮設物であって法人には意思能力がなく、行為能力もないので、法人が権利を取得し義務を負担するのはその代理人の行為によってであり、法人自体には不法行為能力はないとする。また、法人の業務執行者は不法行為について代理権を有するということはありえないので、代理人の不法行為は代理人の責任であるとする。この見解によれば、同条は、理事その他の代理人が加えた損害について法人の賠償責任を創設するための規定であるということになる。これに対して、実在説によれば、法人は独立固有の意思を有し、その代表機関によって独自の行為をすることができる実在体であり、代表機関の行為が法人自体の行為であると捉える。その目的遂行の過程においてなされる代表機関の行為は、法人そのものの行為とみられるので、法人の代表機関が目的遂行のためになす行為によって他人の法益を侵害し、不法行為の要件を充足すれば、法人の不法行為が成立することになる。この見解によれば、同条は、法人の不法行為能力を注意的に規定したものであるということになる。

法人の代表者がその職務の執行に関して他人に損害を加えたときは、法人が賠償責任を負うとする立法例としては、民法44条1項の母法であるドイツ民法31条(「社団法人は、理事会、理事またはその他定款の規定に従って任命された代理人が、機関に属する事業を執行するについてなした損害賠償義務を負わせる行為によって第三者に加えた損害を賠償する義務を負う。」)のほかにスイス民法55条2項(「機関は、法律行為の締結ならびにその他の態度(Verhalten)によって法人を義務付ける。」)がある。フランスでは、民法にも1901年7月1日の「非営利社団に関する法律」にも規定はない。

(2) 不法行為の成立要件
(イ) 法人の代表機関の行為であること

民法44条1項の「理事その他の代理人」とは、理事、仮理事、清算人などの代表機関である。対外的に代表権をもたない監事および社員総会、理事が選任した代理人および支配人などは含まれない。代表機関が職務の執行についてなした不法行為は、法人の不法行為とみなして法人に責任を負わせる趣旨である。

本条は，商事会社（商78条2項，147条，261条3項，有限会社法32条）および特別法上の法人に準用されている（例えば，農業協同組合法41条，消費生活協同組合法42条など）。代表機関の行為は法人の行為とみられるので，法人が自己の行為に対する責任を負うのであり，法人の被用者が事業の執行について第三者に対して損害を与えたときに使用者として民法715条1項によって責任を負う場合とは異なる。したがって，法人の代表機関の不法行為については，使用者責任の場合（民715条1項但書）のように，その損害が選任または監督上の不注意を原因として発生したものでないことを証明して責任を免れることはできない。初期の判例は，理事に被用者の選任監督について過失があれば理事の不法行為と同視され，不法行為による法人の責任が生ずるとしていた（大判明36・3・14民録9輯313頁，大判大3・1・15新聞921号26頁）が，その後見解を改めて，支配人は商業使用人の一種であり，会社が支配人の選任および監督について注意を怠ったときは，民法715条1項によって賠償責任を負うとするに至った（大判大6・4・7民録23輯690頁；大判大9・6・24民録26輯1083頁は，民法44条は代表機関の選任した代理人の不法行為を包含しないとする）。

㈡　職務を行うにつき他人に損害を加えたこと

　機関の行為はその担当する職務行為の範囲内においてのみ，機関の行為として成立し，法人の行為となる。「職務を行うに付き」というのは，民法715条の使用者責任の場合の「事業の執行に付き」とほぼ同意義である。抽象的にいえば，「職務を行うため」よりも広く，「職務を行うに際し」よりも狭く，その中間にある観念であり，職務上の行為よりその結果が生じたことを必要とする。必ずしも法人のために法律行為をなす場合でなくても，代表者がその職務に属する法人の事務を行なうにつき損害を加える場合を含む。例えば，理事が法人の業務を行なうにあたって他人の著作権や特許権を侵害したり，法人のために他人と契約をなすにあたって詐欺を行なったときは職務上の加害行為とみられるが，法人の業務を行なうさいに他人を打撲したり他人の物を窃取しても，法人の本来の業務活動と本質的な関連性のない行為であるから，法人は責任を負わない。行為の外形上，機関の職務行為と認めるべきものは，たとえ不正になされても職務行為である（大判明35・12・22民録8輯11巻133頁：運送会社の取締役が同一貨物について二重の貨物引換証を発行して，質権者に損害を与えた。；大刑

判大7・3・27刑録24輯241頁[宍戸倉庫玄米空渡事件]：倉庫会社の取締役が預り証を回収しないで庫出しをし，受寄物上に質権を有する者に損害を与えた）。また，職務行為と社会観念上適当な牽連関係に立ち，外形上，法人がその担当する社会的作用を実現するために行なう行為と認められる行為を含むとされている（大判大元・10・16民録18輯870頁：銀行の取締役が債務者に訴を提起したが債務者が反証を挙げたので，これを打破するために偽証を告訴した事案で，この告訴行為は職務を行なうにつきなす行為に該当するとした。；大判昭9・10・5新聞3757号7頁：信用組合の理事が組合員でもその家族でもない者に定期預金証書を発行した事案において，実質上は目的の範囲外の行為でも，その外形より観察して法人の目的の範囲内の行為と認めうるものは職務の執行につきなされたものとした。我妻『新訂民法総則』163頁）。

　判例は，当初，職務行為を厳格に解釈し，職務行為自体または真実そのために必要な行為による加害でなければならないとして，倉庫会社の取締役の空券発行について法人の賠償責任を否定した（大判大11・5・11評論11巻民308頁）が，民法715条1項に関する大審院連合部判決（大連判大15・10・13民集5巻785頁：会社の庶務課長が株券を偽造して他人に損害を与えた事案において，その事業の執行に関する行為であることは認められるとして使用者責任を肯定した。）が，使用者と被用者の内部関係および被用者の主観的事情を判断基準としないことにして従前の判例理論を変更した。その後，大審院は，町長が自己に領得するために銀行から金員を借り入れた事案において，町長の主観から切り離して客観的に行為自体からこれをみると町長の権限に属する職務行為にほかならないとして外形標準説が確立された（大判昭15・2・27民集19巻441頁）。外形標準説は，代表機関の加害行為が，その行為の外形から判断して客観的に法人の事業活動ないし代表機関の職務範囲と認められる場合は，たとえ代表機関が自己または第三者の利益を図る目的で権限を濫用したときでも，代表機関の主観的事情を考慮しないで職務の範囲内の行為と評価して法人の責任を認める理論である。最高裁判所も外形標準説に立っているが，収入役の置かれている町では，町の出納その他の会計事務は収入役に専属し町長には属しない（地方自治法170条）から，町長の金銭受領行為は，外形上その職務行為に当たるとはいえないとした判決（最判昭37・2・6民集16巻2号195頁）がある。

外形標準説は，取引行為の場合には，当該行為が法人の職務行為であるという相手方の信頼を保護し，これによって取引の安全を保護するところに実質的な存在理由がある。したがって，相手方が無過失であることは要しないが，相手方において代表機関の行為が権限外であることを知っている（悪意）とき，または重大な過失によって知らなかったときは，法人の責任を認める必要性はなく，相手方が法人に対して賠償請求をすることは，信義則に反し認められないというべきである（一般的悪意の抗弁によって請求を認めないものとして，柚木『判例民法総論（上巻）』349頁）。最高裁判所も，地方公共団体の長のした職務権限外の行為が，外形からみてその職務行為に属するものと認められるものであっても，相手方がその職務行為に属さないことを知り，またはこれを知らないことに重大な過失があるときは，当該地方公共団体は相手方に対して民法44条1項による損害賠償責任を負わないとする（最判昭50・7・14民集29巻6号1012頁）。

　代表機関が法令の制限に違反して無権限で行為をしたり，権限を超えて法律行為をした場合の取扱いについては，民法44条と民法110条のいずれかを適用すべきかの問題がある。すなわち，代表行為として法人に当該法律行為の内容通りの法律効果を帰属させるか，または，法人の不法行為として損害賠償責任を負わせるべきかという問題であり，学説は以下のように分かれている。

　①　110条適用説　　理事が自分の個人的利益を図る目的で法人を代表して法律行為をした場合には，無権代理ないし表見代理となるかどうかによって処理され，110条によるとする説（川島『民法総則』130頁，柚木『判例民法総論（上巻）』339頁）。これによれば，取引行為については取引法によって処理すべきであり，110条が成立すれば110条を適用し，成立しない場合には第117条によって相手方を保護すべきことになる。

　②　110条優先的適用説　　取引行為は取引行為としての効力を維持することに努めるべきであり，110条の適用をまず考慮し，その適用の要件が否定された場合に44条の適用を吟味すべきであるとする説（我妻『新訂民法総則』165頁，星野『民法概論Ⅰ』140頁）。

　③　重畳的適用説　　44条および110条は重畳的に類推適用され，110条を類推適用できない場合にも44条の類推適用を認めるとする説（谷口「保証の趣旨の村長の手形振出と民法44条」民商48巻6号81頁，前田達明『判例不法行為法』

136頁)。表見代理が成立しない場合としては，(a)基本代理権を有しない場合，(b)被害者が直接の相手方でない場合，(c)相手方に過失があるために権限ありと信ずべき正当の理由があると認められない場合などがある。

④　選択的適用説　公法人の取引行為については44条1項と110条のいずれを適用しても妨げないとする説（平井宜雄「最高裁判所民事判例研究」法協84巻5号736頁，川井健「法人の不法行為・表見代理」遠藤＝川井＝西原編『演習民法（総則・物権）』93頁）。

　44条と110条との法律効果の違いを見ると，前者の場合には，法人（44条1項）および代表者が不法行為に基づく損害賠償責任を負い（709条），3年の消滅時効にかかる（724条）が，後者の場合には，法人（44条1項）が法律行為により発生した本来の債務内容を履行する責任を負い，10年の消滅時効にかかる（167条）。成立要件の違いについては，前者の場合には，外形上職務権限内の行為であれば職務行為であることが認められるが，相手方が悪意であるか重過失によって善意である場合には相手方は保護されない。しかし，軽過失によって善意である場合には法人の不法行為責任を認めて過失相殺することができるが，表見代理は成立しないことになる。(但し，選択的適用説は，軽過失があっても表見代理の成立を認めようとしている)。当事者は，44条と110条の両法条の法律効果を求めて要件事実を主張し立証することができるのであるから，当該事実関係においてどちらの法条を選択するのも自由である。したがって，44条の適用を排除することはできず，また，44条を補充的に適用すべきことを強制することもできない。判例が，44条を適用するものと110条を適用するものとに分かれているのは，このような事情によるものである。しかし，当事者は本来法律行為の効力が発生することを企図して法律行為をなすのであるから，法律行為としての効力を生じさせるように解釈することが当事者の意思に合致する。この意味において，110条優先的適用説が妥当である。

　判例において，44条を適用または類推適用したものには，次のようなものがある。(i)村の収入役が村会の2000円の借入決議の限度を超えて銀行を欺いて2400円の借り入れをした事案(大判昭12・10・5新聞4202号6頁)。(ii)町長が使用済みの村会決議書を流用し，自己のために銀行から金員を借り入れた事案において，客観的行為自体よりこれをみれば完全に町長の権限に属する職務行為で

あるとした（大判昭 15・2・27 民集 19 巻 441 頁）。(iii)村長が村会の議決なしに保証の趣旨で村のために主債務者と共同で約束手形を振り出した事案において，手形の振出をなすこと自体は，外見上村長の職務行為とみられるとした（最判昭 37・9・7 民集 16 巻 9 号 1888 頁）。(iv)市長が自己のために議会の議決を経ずに約束手形を振り出し金員を借り入れた事案において，約束手形振出行為は外形的に市長の職務行為として認められるとした（最判昭 41・6・21 民集 20 巻 5 号 1052 頁）。(v)村の収入役が権限なく相互銀行から村の借入金名義で金銭を受領した事案において，収入役の金銭受領行為は外形上その職務行為であるとした（最判昭 44・6・24 民集 23 巻 7 号 1121 頁）。

これに対して，110 条を適用または類推適用した判例には，次のようなものがある。(i)村会において 1000 円の借入をなすべき決議があった場合に，村長が 7000 円の借入の決議書を偽造して金員を騙取した事案（大判昭 16・2・28 民集 20 巻 264 頁）。(ii)現金出納の権限のない村長が，村の名で組合より金員を借り入れ，これを自ら受領した事案（最判昭 34・7・14 民集 13 巻 7 号 960 頁）。(iii)町条例に競争入札以外の方法による町有不動産の売却が一定価格未満のときには町議会の議決を要せず，町長に売買契約を締結する権限がある旨規定されている場合に町長が制限を超えて不動産を売却した事案（最判昭 39・7・7 民集 18 巻 6 号 1016 頁）。

(ハ) 機関の行為が不法行為の一般的成立要件を具備すること

44 条の責任は機関の不法行為に基づくものであるから，709 条の一般的不法行為の成立要件を充足しなければならない。すなわち，① 法人の代表機関の故意または過失ある行為であること，② 代表機関の行為が違法性を有すること，③ 相手方に損害が生じたこと，④ 加害行為と損害発生との間に因果関係があること，である。

(3) 機関個人の責任

法人が不法行為に基づく損害賠償責任を負担する場合に，機関個人も責任を負うかが問題となる。法人擬制説によれば，法人の行為というものはなく不法行為能力もない。理事の不法行為責任を法人が代って負担するのが 44 条の責任であるから，理事個人が自分の行為について不法行為責任を負うのは当然で

あることになる。これに対して，法人実在説によれば，法人の機関の行為は法人自身の行為とみられるので機関個人の行為としての意義を失い，機関個人は不法行為責任を負わないことになるはずである。しかし，実在説の論者は，①機関の行為は法人の行為である一面と機関個人の行為である一面との二面を有していること，および②機関個人にも責任を認める方が被害者の保護を厚くすること，を理由として機関個人の責任も認めている（我妻『新訂民法総則』167頁）。スイス民法55条3項は，「法人の過責に対して行為者もまた個人的に責任を負う」と規定している。ドイツ民法は明文規定を置かないが，判例および学説は，機関個人の責任を認めている。判例も，法人が賠償責任を負う場合には，行為者である代表機関個人も賠償責任を負うとする（大判明39・10・3民録12輯1167頁；大判昭7・5・27民集11巻1069頁〔「ああ玉杯に花うけて」事件〕：出版社の経営者Xは，佐藤紅緑著『ああ玉杯に花うけて』の著作権の一部を著者から譲り受けた。ところが，Y_1会社の取締役Y_2は同著の出版を計画し，Xの承諾を得ずに著者の子息と出版契約を結び同じ内容のものを出版した。Xは著作権侵害を理由としてY_1会社に損害賠償を求めるとともに，Y_2に対しても損害賠償を請求した。大審院は，法人の理事として職務を行なうにつきなされたため，個人としての責を免れるべき旨の規定がない以上理事は一般の規定に従い個人として法人とともに損害賠償責任を負うとした。最判昭49・2・28判時735号97頁；最判昭54・11・30判タ404号60頁など）。この場合には，法人および機関個人は各自全額について損害賠償義務を負い，両者の責任は不真正連帯債務の関係にある。内部関係においては，機関は法人に対して善良なる管理者の注意をもってその職務を行なうべき義務を負担しており，法人が被害者に賠償した場合には，機関個人に対して求償権を行使することができる。

(4) 職務外の行為の責任

法人の機関による不法行為が職務を行なうにつきなされたものと認められないときは，法人に賠償責任はない。しかし，この場合にも，その事項の議決に賛成した社員，理事およびこれを履行した理事その他の代理人は，その間に共同不法行為（民719条）が成立するか否かを問わずに，常に連帯してその賠償責任を負うことと定めた（民44条2項）。

7 法人の機関

(1) 機関の意義

　法人は権利義務の主体として法律関係の当事者となるが，自然人と異なり肉体を有しないので法人自身で活動することはできない。その結果，法人は自然人の行為を通じて活動することになるが，個々の法律関係において必要に応じて代表者を選任して活動することにすれば，法律関係が複雑化して事務手続上も煩にたえないことになる。法人が社会的活動を営むためには，法人内部の業務を執行し，外部に対して法人を代表して行動する常置の機関を必要とする。この機関が理事である。理事は，社団法人および財団法人に常置必須の業務執行機関である。両法人は，理事の監督機関として監事を置くことができる。また，社団法人には，必須の最高意思決定機関として社員総会がある。これに対して，財団法人の場合には，基本的な意思決定は寄附行為によるので社員総会はない。これらの機関の行動は，法人の外部にある別個の人格者の行動としてではなく，法人自体の行動として把握される。このほか民法に規定はないが，定款または寄附行為によって，評議員ないし評議員会などの機関を定めることができる。

(2) 理　事

(イ) 理事の地位

　理事は，公益法人の執行機関であり，外部に対しては法人を代表し，内部にあっては法人の業務を執行する（民53条）。法人には1人または数人の理事を置かなければならない（民52条1項）。理事は複数置かれるのが通常であり，各理事の意見が対立することもあるので，定款または寄附行為に別段の規定がないときは，法人の事務の決定は多数決によるものとされる（民52条2項）。法人の理事は，実際に事務を執行しなければならないものであるから，理事になりうるのは自然人に限られ（大判昭2・5・19刑集6巻190頁），禁錮以上の刑に処せられた者は，剥奪公権者または停止公権者とみなされ，理事になることができない（民法施行法27条，刑法施行法34条，36条）。未成年者および被保佐人は，法定代理人または保佐人の同意を得て理事となりうる。破産者については，理事

になりうるとする見解もあるが（山本一郎『ポケット註釈全書民法総則・物権法』92頁，藤原弘道『新版注釈民法(2)』357頁），破産は代理権の消滅事由である（民111条1項2号）とともに委任の終了事由であり（民653条），破産者は社会的経済的関係において信用を失っているため，他者の信任を受けて活動することは認められないというべきである。破産者が遺言執行者の欠格事由とされていることも同じ趣旨である（民1009条）。理事に欠員が生じてその補充に日数を要し，法人や利害関係人に損害を生ずる虞れがあるときは，利害関係人または検察官の請求によって，裁判所が仮理事を選任する（民56条）。仮理事は法人の機関であるが，一時的なものであり，正式の理事が任命されるとその権限は当然に消滅する。

(ロ) 理事の任免

理事の選任の方法は，定款または寄附行為によって定まる（民37条5号，39条）。ドイツ民法27条1項は，社団法人の「理事会の選任は，社員総会の決議によって行なう」とし，40条は，定款に別段の定めがある場合には定款による旨を規定している。理事の選任行為の性質は，法人と理事との間の委任に類似した契約である。理事はこの契約によって，法人の機関としての地位を取得する。理事の解任および退任については，定款または寄附行為の規定によるが，この規定で不十分な場合には，民法の委任に関する規定を準用すべきである。理事は善良な管理者の注意を用いて事務を処理する義務を負い（民644条，大判昭13・2・8民集17巻100頁），任期満了または辞任によって職を退いた後も，後任者が定まるまでは，善管注意義務を負担する（民654条）。法人は，いつでも理事を解任することができる（民651条1項）。理事の氏名および住所は登記事項であり（民46条1項8号），理事を任免した場合または理事が退任した場合には，その旨を登記しなければ第三者に対抗することができない（民46条2項）。

(ハ) 理事の職務権限

理事は対外的には代表権を有し，対内的には事務執行権を有する。理事は，これらの事項について，処理する権限を有すると同時に適正に処理すべき義務を負う。したがって，その職務執行に過誤があるときは，法人に対して責任を負わなければならない。

  (a) 法人代表

理事は外部に対しては，法人を代表してその一切の事務を処理する。理事が法人のためになす行為は，代理ではなく法人自体の行為であり，その本質は代表機関である。理事の代表権は，原則として法人の一切の事務に及ぶ（民53条〔包括的代表権〕）。理事が数人ある場合も各自単独で法人を代表することができる（単独代表の原則）。判例は，理事の1人が法人を代表してなした訴訟行為は，内部関係で民法52条2項に違反するときでも適法であるとする（大判大7・3・8民録24輯427頁）。但し，理事の過半数の決議を経ないで法人を代表してなした取引行為は，悪意の相手方との関係では，民法54条を類推して効力を生じないとする（大判昭15・6・19民集19巻1023頁）。

　(b) 代表権の制限
(i) 定款・寄附行為および総会による制限

　理事の代表権は，定款・寄附行為または総会の決議によって制限される（民53条但書）。但し，これらによって制限する場合にも，理事が法人の包括的代表権を有する代表機関であるという本質に反する内容のものは認められない。理事の代表権に加えた制限は，善意の第三者に対抗することができない（民54条）。54条の「理事の代理権に加えたる制限」は，53条但書を前提として，法人が内部的に定款・寄附行為または総会の決議によって理事の代表権を制限した場合を意味し，このような場合における内部的制限は必ずしも外部から認識しえないので，善意の第三者を保護して取引の安全を図っているのである（抽木『判例民法総論（上巻）』337頁）。したがって，法令によって代表権が制限されている場合には，法の不知は保護されず，相手方が善意であっても民法54条によって保護されない。理事と取引をした相手方が，内部的制限のあることを知らなかったときは，理事の代表行為は，有効なものとして法人に法律効果が帰属することになる。定款によって制限した事例としては，理事が他の理事と協議しなければ組合を代表して借入をなしえないと定めた場合（大判大9・10・21民録26輯1561頁），理事の互選による会長または副会長だけが代表すると定めた場合（大決昭9・2・2民集13巻115頁），学校法人の寄附行為中に理事が金員の借入れをするには評議員会の議決および理事の3分の2以上の同意を要する旨を定めた場合（最判昭58・6・21判時1082号45頁）などがある。

　相手方が理事の代表権について内部的制限があることは知っていたが，当該

取引行為は制限を逸脱していないと信じ,かつ,信じることに正当な理由がある場合には,民法110条を類推適用すべきである。理事は基本的に包括代表権を有しており,内部的制限によっても代表権を完全に制限してしまうことは許されないものであり,少くとも制限付きの代表権を有していると考えられるからである。最高裁判所は,「善意とは,理事の代表権に制限が加えられていることを知らないことをいうと解すべきであり,また,右の善意についての主張・立証責任は第三者にある」とし,第三者が善意であるとはいえない場合であっても,「第三者において,理事が当該具体的行為につき理事会の決議等を得て適法に漁業共同組合を代表する権限を有するものと信じ,かつこのように信ずるにつき正当の理由があるときには,民法110条を類推適用」するとしている(但し,本件では,正当の理由がないと認定した原審を肯定した。最判昭60・11・29民集39巻7号1760頁)。

民法54条は,善意であることを要件とするが,無過失を規定していない。最高裁判所は,本条と同趣旨を規定する宗教法人法24条但書について,「同条本文に記載する物件が宗教法人の存続の基礎となるべき重要な財産であり,特殊な利害関係人を多数擁する宗教法人の特性に鑑みるときは,右但書の規定は,善意であっても重大な過失のある相手方又は第三者までも保護する趣旨のものではない」とする(最判昭47・11・28民集26巻9号1686頁)。民法は善意であることについて無過失であることを必要とする場合には,過失のあるときを排除する旨を明規しており(例えば,112条,117条2項,162条,192条など),このような規定のない本条においては,無過失を必要としないと解釈すべきである。また,実質的に評価しても,理事は基本的に包括代表権を有する代表機関であるから,相手方が理事に代表権があると信頼するのが通常であり,この信頼は保護すべきである。理事と法律行為をなす相手方は,代表権の制限について調査する義務を負わない。但し,相手方に重大な過失がある場合には,相手方を保護する必要はなく,相手方が善意であることを主張することは信義則に反して許されないというべきである。

(ii) 利益相反事項

法人と理事との利益が相反する場合には,理事は代表権を有しない。この場合には,特別代理人を選任することが必要であり,利害関係人または検察官の

請求によって裁判所が選任する（民57条，56条，非訟事件手続法35条1項）。理事が法人の利益を犠牲にして自己の利益を図ることを防止し，法人の利益を保護することを目的とする。法人と理事との間の法律行為だけでなく，両者の利害が実質的に相反する一切の事項を含む点では民法826条と同趣旨であり，民法108条（自己契約および双方代理の禁止）の制限よりも広い。しかし，双方代理が当然に禁止とならず，理事が法人に贈与する場合のように，法人に損害を与えない行為を含まない点では制限は狭い。判例に現われた事例としては，寺院が代表者である住職の個人的債務について寺院の債務として訴えられた場合に，住職が寺院を代表して応訴したものがある（大判昭9・10・5判決全集11巻3頁）。株式会社の取締役個人の債務について，その取締役が，債権者に対し会社を代表して債務引受けをすることは，商法265条にいう取引に含まれる（最大判昭43・12・25民集22巻13号3511頁）。

　法人の理事の一部の者との利益が相反する事項については，他の理事は代表権を失わないので特別代理人を選任する必要はない。実質的に見ても，法人に対して善管注意義務を負い法人の実情に精通している理事が，利益相反行為について判断することが法人の保護にとって適切である。理事がなした利益相反行為は無権代理行為となる。したがって，追認が得られなければその行為の効力は法人に生じないことになり，相手方の選択に従って，理事が履行または損害賠償の責任を負う（民117条1項）。利益相反行為について理事の代表権が制限されるのは法人の利益を保護することを目的とするものであるから，その無効を主張できるのは法人であって，利益相反行為をなした理事または第三者は主張できないと解すべきである（最判昭58・4・7民集37巻3号256頁：農業協同組合が，理事との間で締結された消費貸借契約を有効なものとして扱い，理事の債務の担保として提供された第三者の組合への預金をもって債務の弁済に充当した場合には，理事も担保提供者である第三者も，農業協同組合法33条に違反することを理由としてその無効を主張することは許されないとする）。

　(iii) 復任権の制限

　理事は，定款，寄附行為または総会の決議によって禁止されない場合に限り特定の行為についてのみ，他人に委任することができる（民55条）。理事は包括代表権を有しており，法人の活動領域が拡大化すると法人の事務を適正に執行

するためにその権限を理事以外の者に委ねることが必要となる。また，理事が病気その他の故障によって一時的に法人の事務を執行することができなくなる場合もあり，事務を執行するために特別の知識や能力を必要とする事項について復代理人を選任することを認めなければ法人の運営に支障を来すことになる。ドイツ民法30条は，定款によって，理事会のほかに特定の業務について特別代理人を選任することができるとしている。これに対して，わが民法は，復代理の制度によって対処しようとするものであるが，法定代理人の復任権の規定（106条）によると，理事の権限に属する事項を包括的に代理させることになり，法人が特定の人を信任して包括代表権を有する理事にして，この者に事務を執行させようとした趣旨に反することになるので，特定の行為についてだけ復任権を認めたのである。最高裁判所は，建物区分所有法49条7項が準用する民法55条は，法人の代表行為（対外的業務的執行）に関する規定であり，それ以外の内部的業務執行について直接に規定したものではないとする。そして，理事会への代理出席を認める規約の有効性については，当該法人において当該合議体が設置された趣旨，当該合議体に委任された事務の内容に照らして，その代理が法人の理事に対する委任の本旨に背馳するものでないかどうかによって決すべきものとする。その結果，建物区分所有法による管理法人の理事会に，理事に事故がある場合に限定し，その配偶者または一親等内の親族に限って理事の代理人として出席し議決権の代理行使ができる旨を定めた管理組合の規約は，民法55条に違反しないとした（最判平2・11・26民集44巻8号1137頁）。

　復代理人の選任権者は理事である。定款または寄附行為によって特定の理事のみが代表権を有する場合には，代表権のある理事のみが復任権を有する。復代理人の性質は，自然人の復代理人と同じものである。復代理人は，法人の代表機関ではなく，職務上の不法行為については，民法44条を適用せず715条による（大判大6・4・7民録23輯690頁）。復代理人の行為に対する理事の責任については，一般の法定代理人の復任権とは異なり，理事は特定の行為についてのみ復任権を有するにすぎないので，任意代理人の場合（民105条）に準じて復代理人の選任および監督についての責任を負えば足りる。

　(c)　事務執行権

　理事は内部的事務を執行する。数人の理事がある場合には，定款または寄附

行為に別段の定めがない限り，多数決で決定する(民52条2項)。理事が数人ある場合には，理事全員をもって構成する合議機関としての理事会を設けるのが通例である。理事が処理すべき主たる事務には，次のようなものがある。

① 登記　　民法の法人の登記は対抗要件であるから，これを強制する方法が必要であり，民法は，理事が登記義務を怠ったときは，50万円以下の過料に処せられると規定した（84条1号)。

② 財産目録の調整　　財産目録とは，財産の種類および数量を記載した総財産の明細書である。理事は，法人設立の時に，法人の財産状態を明らかにするために基本財産目録を調整し，かつ，毎年初めの3か月以内に昨年度末の財産状態を明らかにするために毎年度財産目録を調整しなければならない。但し，特に事業年度を設ける法人については，毎年度財産目録は，事業年度の終りの財産状態を明らかにするように調整すべきである(民51条1項)。調整すべき時期については，新事業年度の初めの3か月以内に調整すればよい。財産目録は，法人の資産状態を一般第三者に知らせることによって取引上必要な判断資料を提供するとともに，法人の財産と理事や社員の財産との混同を防止するために調整される。資産および負債の状態が明らかになるように記載しなければならないが，形式については規定されていない。調整した財産目録は，常に事務所に備え付けておかなければならない(民51条1項)。財産目録の調整および備付けの義務を怠り，または不正の記載をしたときは，50万円以下の過料に処せられる（民84条2号)。

③ 社員名簿の作成　　社団法人の理事は，社員名簿を作成して，事務所に備え付け，社員の変更がある毎に訂正しなければならない(民51条2項)。この義務に違反した場合は，50万円以下の過料に処せられる（民84条2号)。

④ 総会の招集　　社団法人の理事は，少なくとも毎年1回通常総会を開かなければならない(民60条)。理事は必要ありと認めるときはいつでも臨時総会を招集することができる(民61条1項)。また，総社員の5分の1以上の請求がある場合には臨時総会を開かなければならない（民61条2項)。

⑤ 清算人になること　　理事は，法人が解散した場合には，破産の場合を除いて原則として清算人になる（民74条)。

⑥ 破産宣告の請求　　法人がその債務を完済することができなくなったと

きは，理事は直ちに破産宣告の請求をしなければならない（民70条2項）。これを怠ると50万円以下の過料に処せられる（民84条5号）。

(3) 監 事
(イ) 監事の地位
　監事は理事の事務執行を監督する機関である。理事は包括的代表権を有する機関であるが，その広範な権限を濫用して不正行為をしたり怠慢により職務を適正に遂行しない虞れも大きいので，民法は事務執行の当否を監査するための機関として監事を置くことができるとした（58条）。理事は必要機関であるが，監事は任意機関である。法人の目的である事業の種類その他の事情によって設置を必要としない場合もあることから，定款・寄附行為または総会の決議をもって1人または数人の監事を置くことができる任意機関としたのである。そのため，監事の任免に関する事項は，定款および寄附行為の必要的記載事項ではなく，監事の氏名および住所も登記事項ではない。しかし，実際には監事は常置の機関としてほとんど例外なく置かれている。

(ロ) 監事の任免
　監事の選任行為の性質，資格，選任方法および員数については，すべて理事の場合と同様である。退任および解任についても理事の場合と同様である。法人が解散した場合には，監事の地位は存続して清算人の清算事務の執行を監査する。

(ハ) 監事の職務権限
　監事の職務権限は，法人の内部にあって，法人の財産および理事の事務の執行を監督することである。理事とは異なり外部に対して代表権をもたないが，法人に対して，その職務を忠実に遂行すべき義務を負うことは理事と同様である。監事が複数いる場合については民法に規定はないが，監事は執行機関ではないので職務の性質上，各自単独で職務を行なうことができると解すべきである。民法59条は，監事が監督すべき事項について例示しているが，監事の職責を果たすために必要な場合には，これ以外の行為をすることもできる。
　(a) 法人の財産の状況を監査すること（59条1号）。
　(b) 理事の業務執行の状況を監査すること（59条2号）。

(c) 財産の状況または業務の執行につき不正な点を発見したときは，これを総会または主務官庁に報告すること（59条3号）。

　　官庁または総会に対して不実の申立をしたり，事実を隠蔽したときは，50万円以下の過料に処せられる（84条4号）。

(d) (c)の報告をするため必要があれば社員総会を招集すること（59条4号）。

(4) 社員総会
(イ) 意　義

社員総会は，社団法人を構成する総社員をもって組織される必須の最高意思決定機関である。社団法人は共同事業を営むことを目的とする社員の集合より成るものであるから，社員の総意を最も重視するとともに，社員各自が事業に参画できる方法を講じなければならない。多数の社員がいる団体においては，社員各自が意思を表明し，総社員の意思決定を行なう機関が必要であり，このために社員総会を置くのである。社員総会は，定款をもってしても他の機関をこれに代えることはできないが，意思決定機関であるから外部に対して法人を代表する権限を有するものではない。

(ロ) 招　集

理事は，通常総会を，少くとも毎年1回開かなければならない（民60条）。また，理事が必要と認めるとき（民61条1項），または，監事が必要な報告をするとき（民59条4号）は，臨時総会を招集することができる。総社員の5分の1以上より，会議の目的たる事項を示して請求したときは，理事は臨時総会を招集しなければならない（民61条2項）。この場合の社員の招集権は少数社員権の一種であり，その定数は定款をもって増減することができるが，社員からこの権利を奪うことはできない。総会の招集は，少なくとも5日前にその会議の目的たる事項を示して，定款に定めた方法に従って社員に通知しなければならない（民62条）。この通知には到達主義（民97条1項）は適用されず，発信主義による。

(ハ) 総会の権限

社団法人の事務は，定款をもって理事その他の役員に委任したものを除くほ

か，すべて総会の決議によって行なう（民63条）。定款の変更（民38条1項）および任意解散（民68条2項1号）は，総会の決議によらなければならない。社員総会の定足数については民法に規定がないが，定款に別段の定めがない限り，総会が社団法人の議決機関であることから，2人以上の社員の出席があれば足りる。決議事項は，定款に別段の定めがない限り，招集に際して予め通知した事項に限られる（民64条）。各社員の表決権は平等であり，出資その他の割合によって区別されない（民65条1項〔1人1票主義〕）。総会に出席しない社員は，定款に別段の定めがない限り，書面をもって表決をなし，または，代理人を出すことができる（民65条2項，3項）。法人とある社員との関係について議決をなす場合には，その社員は表決権を有しない（民66条）。法人と社員の利益が対立する場合には，決議の公正を期するために，その社員の表決権の行使を禁止したのである。この場合に表決権を行使したときは，その社員の投票を無効とすれば足り，決議自体を無効とする必要はない。決議の方法は，原則として，行使された表決の過半数でこれをなすが，定款の変更および解散決議は4分の3以上の同意を要する（民38条1項，69条）。

(5) **社員の地位（社員権）**

(イ) 意　義

　社員は，社団法人の機関ではないが，構成要素であり社員総会の構成員である。社員たる資格の取得は，定款記載事項である（民37条6号）。社員が社員たる資格において社団法人に対して有する地位を社員権という。社員権は，法人に対して種々の権利と義務を伴なう。社員権は，共益権と自益権の2種に大別される。共益権は，社員が法人の事業に参画する権利であり，総会に出席する権利，社員総会の招集を請求する権利および社員総会における評決権などがこれである。自益権とは，社員が社員であることによって個人的に利益を享受する権利であり，営利法人における利益配当請求権および残余財産分配請求権などがこれである。社員の主な義務としては，法人に対する会費払込義務のような出資義務がある。

(ロ) 社員権の性質

　社員権は，社団の事業に参加する権能を中心とする一個の包括的な権利であ

り，種々の具体的な権能は，社員権から派生する権能にすぎない。しかし，社員権の内容は，各種の法人によって大きく異なっており，株式会社の場合には，多くの株主は株価と利益配当に関心があるにすぎず，企業経営に参加する意欲をもっていないために，共益権の存在意義は少なく自益権が顕著に現われるが，公益社団法人の場合には営利を目的としないから自益権はその存在意義を有しない。

8　法人の消滅

(1) 法人の解散

(イ)　解散と清算

　法人は自然人のように生命を有しないし相続人ももたないので，その存立の基礎を失った場合には，まず，その目的遂行のための積極的活動を停止して，次に，その財産関係を整理する範囲においてのみ存続し，残余財産を一定の者に帰属させて整理を終了することによって初めて完全に消滅する。財産関係を整理することを清算といい，清算に入ることを確定して清算を開始することを解散という。民法は，解散後清算の終了までの法人について，清算の目的の範囲内においては，その清算の結了に至るまでなお存続するものとみなした（73条）。このような権利能力を制限された法人を清算法人という（事業の範囲を制限された法人と解釈するものとして，川島『民法総則』133頁，松坂『民法提要総則』152頁）。

(ロ)　解散事由

(a)　社団法人および財団法人に共通する解散事由は，以下の4.つである（民68条1項）。

①　定款または寄附行為をもって定めた解散事由の発生（同項1号）　例えば，一定の存続期間の満了または解散とする条件の成就などである。

②　法人の目的たる事業の成功またはその成功の不能（同項2号）　成功は，法人が予定していた目的が達成されることである。成功の不能は，法令の改正その他の事由によって法律上または事実上その目的を達成することが不可能になることである。

③　破産（同項3号）　法人がその債務を完済することができない状態にな

ったときは，裁判所は理事もしくは債権者の請求により，または職権をもって破産の宣告をする（民70条1項）。自然人の場合の破産原因は「支払不能」であり（破産法126条），支払不能か否かは，人の財産，信用および労務を総合的に判断して認定するが，法人の場合の破産原因は「債務超過」で足りる（破産法127条）。法人の資力は，財産の総和に尽きるのを常とするから，債務超過の法人を存続させると第三者に損害を及ぼす虞れが生じるので，理事は破産宣告の請求をしなければならないとしたのである（民70条2項）。理事がこの義務を怠れば50万円以下の過料に処せられる（84条5号）。なお，破産宣告の申立は，理事が単独で行なうこともできるが，この場合には，破産原因たる事実を疏明しなければならない（破産法134条）。

④　設立許可の取消（同項4号）　法人がその目的以外の事業をなし，または，設立の許可を得た条件もしくは主務官庁の監督上の命令に違反し，その他公益を害すべき行為をなした場合において，他の方法により監督の目的を達することができないときは，主務官庁はその許可を取消すことができる。正当の事由がないのに引続き3年以上事業を行わないときも同様である（民71条）。本条は，公益法人に対する主務官庁の監督を強化するために，昭和54年に改正された（法68号）。法人の設立許可を取り消す場合には，主務官庁は予め法人の理事につき聴聞をしなければならない（民施行法25条）。本条後段は，休眠法人の整理のための措置を規定しており，休眠法人を買収して悪用する弊害を防止する趣旨である。

(b)　社団法人に特有の解散事由は，次の2つである（民68条2項）。

①　総会の決議（同項1号）　社団法人は，定款に特別の定めがないときは，総社員の4分の3以上の特別決議によって解散することができる（民69条）。定数については定款をもって変更できるが（民69条但書），解散の決議は社員総会の専属的権限事項であるから，理事会の決議によって解散できると定款で定めても無効である。解散事由は第三者に関係するところが多いために，必ず定款または寄附行為に規定し，登記をして第三者に公示すべきものとされているのに（民68条1項1号，46条1項5号），もし総会が任意に期限付または条件付の解散決議をすることができるものとするとその趣旨に反するので，解散決議には期限および条件を付けることは許されないとするのが通説である

(我妻『新訂民法総則』187頁)。この見解によれば、総会が期限付または条件付の解散決議をする場合には、定款変更の手続をした後でなければならないことになる。判例は、株式会社の期限付解散決議を有効としている(大判大正2年6月28日民録19輯530頁)。

② 社員の欠亡(同項2号)　社員が退社または死亡などの事由によって、1人もいなくなった場合をいう。社員が1人でもいれば社団法人は存続することになる。設立行為は2人以上の者によってなされなければならないが、存続するための条件とを同一にすべき必要はなく、社員が減少して1人になっても法人の目的である事業の成功に妨げのない限り解散させるべきでないことなどの理由によって、社員の欠亡を解散事由としたのである。ドイツ民法は、非営利社団法人の社員が3人以下に減少したときは、区裁判所は、理事会の申請により、また、3か月以内にその申請がないときは理事会の聴問後に職権をもって社団の権利能力を剥奪しなければならないとする(73条)。これに対して、スイス民法は、社員の欠亡を解散事由にしていない(他の解散事由については、76条から78条までに規定している)。

(2) 清　算

(イ) 意　義

清算とは、解散した法人の財産関係を整理することである。破産による解散の場合には、破産管財人が破産法の手続に従って財産整理を行なう。民法は、その他のすべての場合について規定し、清算人が財産整理を行なうことになる。解散した法人は、清算の目的の範囲内においてはその清算の結了に至るまでは存続するものとみなされる(民73条)。この段階における法人を清算法人という。

(ロ) 清算法人の能力

権利能力は、清算の目的の範囲内に限られるが、この目的の範囲は、法人の本質と清算の性質に照らして適度に広く解釈すべきである(我妻『新訂民法総則』188頁)。

判例は、株式会社について、功労者に対して慰労金を贈与すること(大判大2・7・9民録19輯619頁)、および、抵当権実行のために清算会社より申し立てた競

売において不動産を競落すること（大決大14・7・11民集4巻423頁）は，いずれも目的の範囲内であるとしている。株式会社については，解散後に再び法人存続の決議をすることは許されないとされたが（大決大15・4・19民集5巻259頁），昭和13年の改正後は，解散後に社員の同意または総会の決議により会社を継続することができるようになった（商406条，有限会社法70条；合名会社および合資会社についてはそれ以前も可能であった。商95条，147条）。公益法人についても，目的の変更と同様に取り扱い，定款変更決議によって認められるとする見解が多数説であるが（我妻『新訂民法総則』188頁，松坂『民法提要総則』154頁），清算法人をして再び本来の法人としての積極的活動をさせることは不可能であるとする見解もある（森泉『法人法入門』108頁）。清算法人は清算手続に必要な範囲で権利能力を認められたものであり，公益法人については特別の規定がない以上，制限された権利能力を復活させることはできないと解すべきである。

(ハ) 清算法人の機関

清算法人においては，理事に代って清算人が清算に関する一般的機関となるほかには，監事および総会の機関としての地位には変更がない。清算人は，清算法人の事務を執行し，清算法人を代表する機関である。法人が破産した場合は，破産財団に関する事務執行については破産管財人が行ない，破産財団に関しない権利義務については，理事は清算人とならずに理事として存続し，清算法人の業務を執行しこれを代表する。定款もしくは寄附行為に別段の定めがあるか，または，総会において他人を選任した場合のほかは，理事が清算人となる（民74条）。清算人のいない場合または清算人が欠けたため損害を生ずる虞れがあるときは，裁判所は，利害関係人もしくは検察官の請求により，または，職権をもって清算人を選任することができる（民75条）。裁判所は重要な事由があるときは，利害関係人もしくは検察官の請求により，または，職権をもって清算人を解任することができる（民76条）。

(ニ) 清算人の職務権限

民法78条は清算人の職務権限の主要なものについて規定しているが，これ以外にも清算の本質からみて必要な事項は，すべてその職務権限に入る。

(a) 登記および届出　　清算人は，破産および設立許可の取消の場合を除く

ほか，解散後主たる事務所の所在地においては2週間，その他の事務所の所在地では3週間以内にその氏名，住所および解散の原因，年月日の登記をなし，かつ，これを主務官庁に届け出なければならない（民77条1項）。清算中に清算人に選任された者は，就職後主たる事務所の所在地においては2週間，その他の事務所の所在地においては3週間以内に，その氏名，住所の登記をなし，かつ，これを主務官庁に届け出なければならない（民77条2項）。また，設立許可の取消による解散の際に就職した清算人についても同様である（民77条3項）。清算人が登記を怠ったときは，50万円以下の過料に処せられる（民84条1号）。

(b) 現務の結了（民78条1項1号） 現に継続中の事務を完結させることである。判例は，法人財産に関する仮処分の取消も含まれるとする（大判大8・1・25民録25輯89頁）。

(c) 債務の取立および債務の弁済（民78条1項2号） 弁済期に達しない債権および条件付債権については，即時に取立てることができないので譲渡その他の換価処分をしなければならない。

債務の弁済については，清算人はその就職の日から2か月以内に少くとも3回の公告をして，債権者に対して債権の請求を申し出るように催告しなければならない。但し，その期間は2か月以上でなければならない（民79条1項）。また，債権者間に不公平が生じないようにするため，債権申出期間は3回とも同一でなければならない（大判明43・9・28民録16輯610頁）。この公告には，債権者が期間内に申し出なかったときはその債権は清算から除斥される旨を付記することが必要である。但し，知れたる債権者については，除斥することができない（民79条2項）。公告を怠りまたは不正の公告をしたときは，50万円以下の過料に処せられる（民84条6号）。知れたる債権者に対しては，除斥公告とは別個に個々に請求の申出を催告しなければならない（民79条3項）。この催告は，口頭でしてもよく，また1回だけすれば足りる。

清算人は，申し出た債権者に逐次に弁済する。申出期間においても自由に弁済することができる。商法423条1項は，清算人は会社債権者の債権申出の期間内は弁済することができないとするが，この場合にも任意弁済が禁止されるだけである。判例は，債権者もその期間内に請求の訴を起こすことができると

し(大判昭9・1・24民集13巻64頁)，強制執行や担保権実行によって弁済を受けることもできるとする (大判大7・4・20民録24輯751頁)。債権者に対する申出の催告(民79条3項)があれば，法人の債務について時効中断の効果を生ずる(大判大4・4・30民録21輯625頁)。清算人は適法な公告をすれば，申出期間の経過後に申し出た債権があっても，申出期間内に申し出た債権者や知れたる債権者に完済した後に残余財産がある場合にのみ弁済すればよい (民80条)。

(d) 残余財産の引渡し(民78条1項3号)　清算人は，清算の結果残余財産を生じたときは，帰属権利者に引渡すことになる。残余財産は，第1に，定款または寄附行為で指定した人に帰属し，第2に，指定した人がいないか指定する方法を定めなかったときは，理事が主務官庁の許可を得て，かつ，社団法人においては総会の決議を経て，その法人の目的に類似した目的のために処分する。以上によって，処分されない財産は，第3に，国庫に帰属する (民72条)。

(e) 破産申請 (民81条1項)　清算中に法人の財産がその債務を完済するのに不足していることが明らかになったときは，清算人は直ちに破産宣告の請求をしてその旨を公告しなければならない。破産宣告の請求をなすことを怠れば，50万円以下の過料に処せられる(民84条5号)。消極財産が積極財産を超えていることが明らかになれば，債権者平等の原則に従って，債権者間の公平を確保しなければならないので，破産手続を行なうことにしたのである。破産宣告がなされた場合には，清算人は破産管財人にその事務を引き渡すことになるが(民81条2項)，破産手続以外の事務については継続して担当する権限を有する。判例は，清算人は，株主総会決議無効確認の訴を追行できるとする (大判大4・2・16民録21輯145頁)。破産管財人は，すでに債権者に支払いまたは帰属権利者に引渡したものがあるときは，これを取り戻し(民81条3項)，破産手続に従って債権者に配当することになる。なお，法人に対して破産宣告をなした場合において，その法人の設立または目的たる事業につき官庁の許可があったものについては，裁判所は，破産宣告があった旨を主務官庁またはその権限の委任を受けた行政庁に通知しなければならない (破産法125条1項)。

(f) 清算結了の届出　清算人は，清算が結了したときは，これを主務官庁に届け出なければならない(民83条)。清算の結了は，会社については登記事項

であるが(商430条1項)，公益法人の場合には主務官庁に対して届け出るだけで足りる。

9 法人の監督

　公益法人の設立を許可した主務官庁は，行政上より法人の業務を監督し，法人がその目的に反した活動をしないようにする必要がある。法人には監事という監督機関はあるが，その目的は法人のために理事の職務執行を監督することにあり，法人全体の業務に対する公益上の監督ではない。そこで，民法は，法人の設立時に許可主義をとるだけでなく(民34条)，成立後にも主務官庁による監督制度を置いたのである。法人の業務は，主務官庁が監督する(民67条1項)。法人の業務とは，法人の目的遂行のための事業のことであり，法人の解散および清算を含まない。解散および清算については，裁判所が監督する(民82条)。公益法人の中に，本来の目的である公益事業を行なわないで，専ら収益事業ばかり行なうものがあるなど，事業活動に適正を欠くものがみられるようになったので，主務官庁の監督および指導を強化するために，昭和54年の民法改正(法68号)により，67条2項を新設した。この結果，主務官庁は，法人に対して監督上必要な命令をなすことができることになった。この命令に違反したときは，法人の理事は50万円以下の過料に処せられる(民84条3号の2)。さらに，法人が主務官庁の命令に従わない場合に，他の方法によっては監督の目的を達することができないときは，設立許可を取り消すことができるとした(民71条)。主務官庁は，これらの権限について，国に所属する行政庁に委任することができ(民83条の2)，その権限に属する「事務」を都道府県の知事その他の執行機関に処理させることができる(民83条の3第1項)。

　法人の業務は公益に関するものであるので，業務監督については行政官庁の監督を受けるのは当然であるが，法人が解散した場合には，行政官庁による監督は必要でなくなり，その残務処理に関しては主として私権の保護ということが必要となるために，解散および清算については，裁判所が監督することにし，裁判所は，いつでも監督に必要な検査をすることができることにしたのである(民82条)。

10 外国法人

(1) 外国法人の意義

外国法人とは，外国法に準拠して設立された法人であり，内国法に準拠して設立された内国法人に対する概念である。内外法人の区別の基準については，設立地主義，設立者国籍主義，準拠法主義および住所地主義などが主要なものである。現在では，後の2主義が有力であり，商事会社の設立の場合には原則として行政官庁の許可を必要としないのが通例であり，設立要件も大差がないので，当事者の主観的な意思を考慮せずに客観的に判断できる本店所在地主義が実際的処理に適している。これに対して，民法上の法人を設立するためには，主務官庁の許可を必要としているので，準拠法主義に基づいてその国籍を定めなければならない。日本に住所を有する法人のうち，日本法に準拠して設立されたものだけが日本法人である。わが国では，自由設立主義を認めず，法律に準拠して一定の要件を充足するものだけを法人としているので，日本に住所を有して日本法人たる実体を有するものであっても，日本法に準拠した組織を有する場合にだけ日本法人となる。

(2) 外国法人の認許

外国法人のわが国における法律上の地位については，民法に規定があり，外国法人は，国，国の行政区画および商事会社を除いてその成立を認許しないが，法律または条約によって認許されたものについてはこの限りでないとする（民36条1項）。外国法人の認許とは，外国法人すなわち外国法によって法人格を付与された社団または財団が，内国において，法人として活動することを承認することをいう。権利の主体性を有していることをわが国内においても承認することである。法人の活動範囲が広がり，国際取引が活発化した社会においては，外国法人の権利の主体性を全く認めないことはできないことと，外国法人を自由に活動させることも妥当ではなく，一定の監督をすることが必要であることから，認許主義を採用したのである。認許された外国法人は，日本にある同種の内国法人と同一の権利を有する（民36条2項）。但し，外国人が享有することができない権利および法律または条約中に特別の規定があって制限された権利

は、これを享有することができない（民36条2項但書）。民法が国およびその行政区画以外の外国公法人を認許しない理由は、その性質上、内国での活動の可能性が極めて少いからである。また、外国の公益法人を認許しない理由は、外国において公益となる事項が必ずしも内国においては公益とはならないだけでなく、公益法人は、その性質上、活動範囲が内国に限定されるからである。しかし、現代社会においては、各種の学術団体やスポーツ団体のように、いずれの国の公益にも役立つためにこれを保護すべきものもあり、国際民間団体のようにその活動範囲が国際社会に及ぶ場合もあることを考えれば、わが民法は認許について厳格すぎるものになっているといえよう。

認許されない外国法人は、わが国において法人として活動することを認められない。しかし、このことは、その属人法上の権利主体であることを否定するものでも、その本国またはその他の外国において法人としての事業活動を否定するものでもない。

(3) 外国法人の登記

認許された外国法人が、日本に事務所を設ける場合には、3週間以内に日本法人と同一の登記をしなければならない。事務所を移転する場合も同様である。但し、外国において生じた事項、例えば、理事の更迭や事務所の移転などについては、その通知が日本の事務所に到達した日の翌日より登記の期間を起算する（民49条1項）。外国法人が日本に事務所を設置する場合には、その外国法人は日本において事業を営む意思を有していると見られるので、取引の安全のために登記をさせることによってその法人の目的および組織を公示させる必要がある。登記をなさない外国法人は、50万円以下の過料に処せられる（民84条1号）。また、法人が初めて日本に事務所を設けたときは、その事務所の所在地において登記をなすまでは、他人は、法人の成立を否認することができる（民49条2項）。法人の成立を否認することができるというのは、民法45条2項の場合の法人の設立を他人に対抗できないというのと同じであり、一方において、法人として行為することを否認し、他方において、機関の行為を機関たる個人の行為と認めて責任を追及することができる趣旨である。これに対して、日本に事務所を設けないで活動する場合には登記する必要はないので、法人の成立を

否認することはできない。

第3章　権利の客体

〔1〕　物の意義

1　権利の客体と物

　権利は，一定の生活上の利益に対して法律がその内容の実現のために力を認めたものである。権利は，その利益に応じた対象をもち，この対象を権利の客体という。権利の客体は，権利の種類によって異なる。物権の客体は物であり，債権の客体は特定人（債務者）の行為すなわち給付である。親族権の客体は一定の親族関係に立つ人間相互間の関係であり，人格権の客体は，権利者自身の人格的利益である。また，無体財産権の客体は，著作や発明などの精神的創作物であり，形成権の客体は，取消や解除の対象となる法律関係である。

　近代的経済社会における法律関係は，直接的または間接的に人と物との関係として現われてくるために，物は権利の客体として重要な意味を有する。物は，物権の直接の対象であるとともに，特定人の給付の対象となることによって間接的には債権の客体となる。民法は，権利の客体の全部に適用される一般的規定を置かず，物が物権の客体であるだけでなく，債権の目的にも関係するところから，総則編の中に物に関する通則を置いたのである。

2　有体物

　民法において，物とは有体物をいう（民85条）。有体物とは，空間の一部を占め有形的存在をもつ物である。固体，液体，および気体は物であるが，電気，熱および光などのエネルギーや，発明および著作などの精神的創造物は物ではないとする有体性説が従来の通説である。有体物と無体物はギリシャ哲学の影響に基づく区別として，ローマ法の時代から認められており，前者は触知でき

る物，後者は触知できない物として把握された（原田慶吉『ローマ法』74頁）。フランス法（517条以下）および旧民法（財産編6条）は，これに従った。ドイツ民法は，ローマ法主義を採用せず，有体物のみを物とし（90条），わが民法も起草者がドイツ民法第1草案778条に倣って物を有体物に限定した。その理由は，無体物も物であるとすれば，物を客体とする物権は無体物上にも成立することになり，その結果，債権の所有とか所有権の所有権をも承知せざるをえなくなり，物権と債権の区別を混乱させることになるので，物が支配権の客体であるためには，直接かつ排他的に支配できるものでなければならないということにある（このほか，起草者は，旧民法財産編6条とは異なる意味に用いるために物は有体物に限定することを明示する必要があること，および，有体物に限定する方が普通の観念にも適し，ヨーロッパの立法例にも適合することなどを考えていた。米倉明『民法講義総則(1)』220頁）。これに対して，スイス民法は，「法律上の支配をなしうる自然力」も動産所有権の目的物として認めている（713条）。わが国においても，法律上の物を物理学上の有体物に制限することは，今日の社会的・経済的事情に適さないとして，法律における有体物を「法律上の排他的支配の可能性」という意義に解し，物の概念を拡張すべきであるとする管理可能性説が有力に主張されている（我妻『新訂民法総則』202頁）。管理可能性説も，電気窃盗については改正刑法で窃盗罪に関して電気を財物とみなす旨を定めており，（刑法245条），また，民法では刑法のように類推適用を禁止していないので，物でないとしても物に関する規定を準用することも可能であり，実際上の不都合を回避できることは認めている。しかし，有体性説による説明では，理論として物の概念を正当に把握しえず，また，集合物を一物として捉えられない点に問題があるとするのである。これに対して，有体性説からは，無体物についてはそれぞれの特別法規によって規律すべきであり，その法的内容は民法の所有権法の規定によってそのまま規律されるのに適せず，物の概念を拡張して所有権の成立を認める必要はないとしたり（川島『民法総則』142頁），有体物以外のものについては，法の欠缺と考え，その性質と問題に応じて物または物権に関する規定を類推適用すれば足りるとしている（四宮『民法総則』121頁）。わが民法85条は，物を有体物に限定しており，スイス民法713条のように法律上の支配をなしうるエネルギーに関して特別に規定していない以上，有体物の解釈自体を拡

張するのではなく，排他的支配可能性という観点から捉えて，それが可能なものについては有体物に準じて取り扱えば足りるというべきである。

大審院は，電気が物か否かについて，旧刑法上の窃盗の客体となるかという問題が争われた事案において，電気が可動性と管理可能性とを有することを理由として窃盗罪の成立を認めた（大判明36・5・21刑録9輯874頁）。また，電力供給契約を産物の売却すなわち売買契約に準ずる有償契約と解して，電力料金債権を民法173条1号の短期消滅時効にかかるものとした（大判昭12・6・29民集16巻1014頁）。

3　支配可能性

物は人が排他的に支配できるものでなければならないので，空気のように何人も自由に支配し利用できるものや，太陽や月のように何人も支配できないものは，物ではない。しかし，海洋も行政行為などによって一定の範囲を区画すれば，その海面を排他的に支配できるので，漁業権や公有水面埋立権などの客体となりうる。このような場合には，その海面は物とみることができるとするのが通説である（我妻『新訂民法総則』203頁）。判例は，海は，そのままの状態では，所有権の客体たる土地には当たらないが，国が一定範囲を区画し，他の海面から区別して排他的支配を可能にした上で，公用を廃止し，私人の所有に帰属させた場合には，その区画部分は所有権の客体たる土地に当たるとする（最判昭61・12・16民集40巻7号1236頁）。

4　非人格性

近代法は，個人の尊厳を保障することを根本理念としており，人格を有する人の身体またはその一部に対して他者の排他的支配権が成立することを認めない。したがって，生きている人体は物ではない。人は死亡したときに物となる。また，身体から分離された身体の一部，歯および毛髪などは物である。身体の一部を分離して処分する契約や死後に臓器を贈与する契約は，公序良俗に反しない範囲で有効であり，分離または死亡した場合に権利の客体となる。大審院は，遺骨は有体物として所有権の目的となることができ，相続人の所有に属するとする（大判大10・7・25民録27輯1408頁：家族の遺骨をその相続人が戸主の意

思に反して埋蔵したので，戸主から引渡請求をしたが認められなかった）。しかし，通説は，死体は慣習法によって喪主たるべき人に帰属するとする（我妻『新訂民法総則』203頁）。また，近時の下級審判決には，配偶者の遺体ないし遺骨の所有権は，通常の遺産相続によることなく，その祭祀を主宰する生存配偶者に原始的に帰属し，次いでその子によって承継されていくべきものと解するものがある（東京高判昭62・10・8判時1254頁70頁）。家制度を法律上廃止し，夫婦およびその子を社会の基本単位と捉える現代社会においては，夫または妻の死亡後は，その生存配偶者が原始的にその祭祀を主宰すると捉えることが妥当である。死体の所有権を認めるのは，死体の埋蔵，祭祀および供養という目的を達成するためにほかならないのであるから，所有権の放棄は許されない（大判昭2・5・27民集6巻307頁〔入夫戸主屍体引渡請求事件〕）。また，大審院は，市町村経営の火葬場において火葬したときの金歯屑は，骨揚げを終わらないうちは相続人に帰属するが，骨揚げ後の骨灰中に残留するものは，死者の相続人において所有権留保の意思表示をしない限り，骨揚げを終わると同時に市町村の所有に属するとした（大刑判昭14・3・7刑集18巻93頁）。

〔2〕 物の独立性

1 一物一権主義

1個の物の上には内容の相容れない物権は1個しか成立せず，1個の物権の客体は1個の独立した物でなければならないとする原則である。物権は一定の物を直接に支配する権利であり排他性を有するので，同一目的物に同一内容の物権は2個以上成立しえないのである。Aが所有する物を同時にBも所有することはできない。共有は1個の所有権の分属である。この原則から，1個の物の一部分は，独立して物権の客体となりえず，また，独立の物の集合も1個の物権の客体となりえないという原則が導かれる。動産は，一定の形体を有し取引観念上1つの単位となりうるものが1個の物である。不動産は，土地については1筆の土地，建物については社会観念上1個の建物として取り扱うのが妥当かどうかによって決定される。

2 集合物

　多数の物が共同の経済的目的のために集合し，取引観念上単一のものとして取り扱われるものを集合物という。集合物は，倉庫内の同種商品や工場とその中の機械設備などのように経済的関連をもつ多数の独立物の集合，または，有体および無体の財貨の集合であって全体として1個の取引の客体となるものである。集合物は，多数の物の有機的結合という，有体物を越える要素を含むので，物を有体物に限定する立場では物とは認められない。まして，この立場からは，有体物と権利ないし事実上の利益が混在する財産の総体の上に物権が成立することは認められないことになる（四宮『民法総則』122頁）。しかし，集合物の場合には，企業設備の全体が統一体として独自の経済的価値を有していることから，法律上も集合物を1個の物としてその上に1個の抵当権が成立することを認めざるをえなくなり，各種の財団を認めるとともに（財団抵当制度），会社の総財産の上に担保権が成立することを認めるに至っている（企業担保法昭和33年法106号）。また，現実の取引社会においては，例えば，店の商品とか工場施設の全部というように，集合物を1個の商品として取り扱う場合があり，これを法的にも1個の物として評価できるかが問題となる。集合物を物権の目的として認めるということは，集合物の中に組み入れた物について，その組み入れの時期を問題としないで，担保物権の設定時点の範囲のものについて優先的支配権を認めることになる。集合物を法律上どのように捉えるかについては，①集合物を物として捉えて集合物の上に1個の物権の成立を認める説，②集合物は民法上の物ではないが，民法の物権の規定を類推適用する説，③集合物を物と捉えず，個々の物に分析し個々の物を基準として，民法の物権の規定を適用する説，に分かれる。集合物の上に単一の物権を認めるための要件としては，①集合物が個々の構成物とは異なる独自の利益を有すること，②物権に関する特定の原則に適合していること，③物権に関する公示の原則に適合していること，が必要であるとされている（四宮『民法総則』123頁）。特別法によって登記や登録などの公示方法を与えられた財団（鉄道抵当法2条，工場抵当法14条，鉱業抵当法1条，3条など）においては集合物を1個の物として取り扱うが，特別法のない場合には，これを否定するのが従来の通説であった。これに対して，

近時の経済組織においては，個人が相結合して各種の団体を組織するのと同様に，物もまた相結合して客観的な組織を構成するので，客体たる物についてもその結合体を把握し，一体としての法律的規律を与えることに努めなければならないとする見解（我妻『新訂民法総則』204頁）が有力に主張されている。現実の取引社会においては，中小企業の金融手段として，在庫商品，製品および原材料などの集合動産が，譲渡担保の客体として利用されることがある。従来，集合流動動産については，個々の物に対する担保権設定と捉えて，設定者によって処分される商品が担保の拘束を免れることと仕入れなどによって補充される商品が担保権に服することの根拠を当事者の合意に求めていた。しかし，集合物の観念を認めてこれを1個の物として捉える立場からは，個々の物は集合物の構成部分として集合物の所有権に包括され，設定者の個々の物の処分およびその補充による構成部分の変動については，通常の譲渡担保における目的物の利用関係と同視して，譲渡担保契約によって設定された利用権限が，設定者による処分権能の根拠となる。下級審の判決には，債務者である電気器具類の卸商が，債権者である鉄鋼二次製品の卸商からの融資のために，在庫商品を一括して譲渡担保に供した事案において，「在庫商品の譲渡担保はこれを構成する個々の商品を離れた1個の集合物とみて，その1個の所有権を担保目的で移転する契約である」として，債権者の在庫商品の引渡請求を認めたものがある（大阪地判昭30・12・6下民集6巻12号2559頁）。また，出版会社が銀行に対する債務について，自社発行の出版物とその出版物の元卸先に対する代金債権を一括して担保に供する契約をなした事案において，包括的な譲渡担保を有効としたものもある（東京地判昭32・3・19下民集8巻3号512頁）。

　最高裁判所は，乾燥ネギを譲渡担保の目的物とした事案で，抽象的に集合流動動産を目的とする譲渡担保権を設定できるとして，次のように述べている。すなわち，「構成部分の変動する集合動産についても，その種類，所在場所及び量的範囲を指定するなどなんらかの方法で目的物の範囲が特定される場合には，一個の集合物として譲渡担保の目的となりうるものと解するのが相当である」とする（最判昭54・2・15民集33巻1号51頁）。さらに，最高裁判所は，目的動産の種類および量的範囲を債務者の第1ないし第4倉庫内および同敷地・ヤード内に存在する普通棒鋼等一切の在庫商品と指定した譲渡担保設定契約は，構成

部分の変動する1個の集合物を目的とするものとして有効であるとした(最判昭62・11・10民集41巻8号1559頁)。現在では，独自の経済的価値を有し，独立性を認められた集合物については，目的物を特定する適当な方法が講じられる限り，1個の物として取り扱うことが判例においても承認されている。

〔3〕 物の分類

物は，その観察点や基準を異にすることによって，これを種々に分類することができる。民法は，動産と不動産，主物と従物および元物と果実という3種類の分類については規定を設けているが，これら以外にも，物は次のように分類されている。

(1) 単一物・合成物・集合物

机や椅子のように形式上単一な一体をなすものであって，その構成部分が個性を失っているものを単一物という。宝石入りの指輪のように，複数の構成部分の個性を失わず，それらが結合して単一の形態をなしている物を合成物という。図書館の書物のように物質的に集合して，経済上独立の価値を有し，一体として取引させるものを集合物という。単一物と合成物とは，独立の一体として権利の対象として捉えられるのが通例であったが，集合物についても，一定の要件の下に1個の権利の対象として捉えられるようになってきていることは，上述した通りである。

(2) 融通物・不融通物

私法上の取引の客体となりうる物を融通物，そうでない物を不融通物という。不融通物には，①官庁の建物のように国家その他の公共団体の所有に属するものであって公の目的に使用される公用物，②河川・道路・公園などのように一般公衆の共同使用に供される公共用物，および③阿片(刑法136条以下)や偽造通貨(刑法148条以下)のように法令の規定によってその取引を禁止されている禁制品がある。不融通物は時効取得の対象とならないが，判例は，公共用物について，現実に外見上児童公園の形態を具備させておらず，現に公共用財産

としてその使命を果たしていない限り取得時効の成立を妨げないとする（最判昭44・5・22民集23巻6号993頁：自作農創設特別措置法の規定に基づき，政府から売渡を受けて被上告人らの先代が耕作していた土地に対して建設大臣が都市計画上公園と決定したが，公用開始行為がなかった事案）。また，長年の間，事実上公の目的に供用されることなく放置され，公共用財産としての形態，機能を全く喪失し，その物の上に他人の平穏かつ公然の占有が継続したが，そのため実際上公の目的が害されるようなこともなく，もはやその物を公共用財産として維持すべき理由がなくなった場合には，黙示的に公用が廃止されたものとして取得時効の成立を妨げないとする（最判昭51・12・24民集30巻11号1104頁：公図上水路として表示されている国有地を水田あるいは畦畔として占有していた事案）。

(3) 可分物・不可分物

金銭や土地のように，その性質および価値を著しく損わないで分割できる物を可分物，そうでないものを不可分物という。但し，この区別は，経済上のものであって物理上のものではない。共有物の分割の場合に，不可分物の場合は現物分割ができず価格分割になる（民258条2項）。また，複数の債権者または債務者がいる場合に，債権または債務の客体が不可分物のときは，不可分債権（民428条）または不可分債務（民430条）となる。

(4) 消費物・非消費物

消費物とは，その物の本来の用法に従い1回使用することによってその存在を失い，または，その主体を変更し再び同一目的に使用できないものをいい，そうでないものを非消費物という。米や酒のような飲食物，および金銭などは消費物であり，土地，建物および書籍などは非消費物である。消費物の貸借は消費貸借（民587条）であり，非消費物の貸借は使用貸借（民593条）または賃貸借（民601条）となる。

(5) 代替物・不代替物

土地，建物または書画，骨董品のように，一般の取引においてその物の個性に着眼され，他の同種の物をもって代えることができない物を不代替物といい，

金銭やガソリンのように他の同種の物をもって代えることができる物を代替物という。消費貸借（民587条）および消費寄託（民666条）は，代替物について成立する。

(6) **特定物・不特定物**

具体的な取引において，何丁目何番地の家とかこの犬とかいうように，当事者が物の個性に重きを置いて他の同種の物に代えることを許さない物を特定物といい，単に自動車1台とか米10キログラムというように，種類および数量によって指定した物を不特定物という。この区別は，物権変動の時期（民176条），特定物の保管義務（民400条），特定物の現状引渡し義務（民483条），弁済場所（民484条），危険負担（民534条）などに関して意義がある。

〔4〕 **動産と不動産**

1 意 義

動産と不動産の区別は，ローマ法においても認められていたが，ローマ法では両者を同一の法原則で取り扱っていたためあまり重要性を有しなかったとされている（原田慶吉『ローマ法』74頁）。わが民法が異なる取り扱いをしているのは（民177条，178条，192条，239条，369条），ゲルマン法の影響を受けたためである。動産と不動産の区別は，古来より多くの法制において最も重要なものとして認められている。その主な理由は，不動産の経済的価値が動産に比べて著しく高いことにある。民法が不動産に関する権利の得喪変更について厳格な規定を置いている（民12条1項3号，864条）のは，この趣旨によるものである。しかし，近代社会においては，動産の中にも船舶や有価証券などのように非常に高価なものも個人財産として出現することになり，価格の観点からは必ずしも区別する合理的根拠を見出しえなくなってきている。近代社会において動産と不動産の区別を必要とする根拠は，価格の点ではなく，不動産は一定の所在を有し，通常その場所を移転することがないのに対して，動産はその所在が一定せず，短期間の間に移転するという性質上の相違点があるからである。この

ような性質上の相違から，不動産に関する権利関係は，公簿に記載して公示して外部から認識できるようにすることが適当であるのに対して，動産の場合には，占有，すなわち，その物に対する事実上の支配をもって，その上の権利を公示するほかないという取扱上の差異を生ずる。さらに，訴訟手続においては，裁判管轄，強制執行手続および競売手続などでその取り扱いを異にしている（新民事訴訟法5条12号，民事執行法43条以下，122条以下，181条以下，190条以下）。

2 不 動 産

民法は，土地およびその定着物を不動産とする（86条1項）。ローマ法では，「地上物は土地に従う」(superficies solo cedit) の原則に基づいて，建物や樹木などの定着的地上物は土地と一体をなし，独立性を有しなかった（原田『ローマ法』75頁）。ドイツ民法は，土地を不動産とし，土地の定着物，特に，建物ならびに土地から分離しない土地の産出物は土地の本質的構成部分とされ（94条1項），それ自体土地と分離して独立の物権の客体となりえないとして，この主義によっている。スイス民法も，土地所有権は，法律上の制限がある場合を除き，すべての建築物および植物ならびに泉を含むとする（667条2項）。これに対して，フランス民法は，土地および建物は，その性質によって不動産である（518条）とし，土地の所有者がその土地の用役および経営のためにそこに設置した物は，用途による不動産とし(524条1項)，所有者が土地に常設的に付着させたすべての動産物件も用途による不動産とする(524条3項)。さらに，不動産を客体とする所有権以外の権利，すなわち，不動産である物の用益権，地役または土地役務および不動産の返還を請求することを目的とする訴権を権利の客体による不動産とする(526条)。わが民法は，わが国の慣習を尊重して，不動産を土地およびその定着物とし，土地の定着物も独立の不動産とした（柚木『判例民法総論（上巻）』401頁）。

(1) 土 地

土地とは，一定範囲の地面にその上下（空中と地下）を含めたものをいう。地中の鉱物や岩石は，土地そのものを構成する分子であって，独立の不動産では

ない（大判大 7・3・13 民録 24 輯 523 頁：旧鉱業法の適用を受けない未採掘の硅石の売買について，土地と分離していない場合は，土地の一部であり，第三者がそれを買っても所有権を取得できないとした）。但し，鉱業法の適用を受ける未採掘の鉱物については，国家経済上の理由から，国が採掘取得権を有するので（鉱業法 2 条，3 条），土地所有権の内容には含まれない。採掘された鉱物は，鉱業権者の動産となる（大判大 4・3・9 民録 21 輯 299 頁）。

　土地は，土地登記簿において 1 筆の土地として地番を付し，地目および地積を定めて登記された一定の範囲の土地が，1 個の不動産とされる（不動産登記法 15 条，78 条以下）。したがって，土地の個数は登記簿の筆数によって決定される。問題となるのは，1 筆の土地の一部が外形上区画される場合に，その部分を譲渡し，または時効取得することができるかということである。当初，判例は否定し，土地の売買において分筆手続を完了するまでは土地の一部について所有権を取得しえず（大判大 3・12・11 民録 20 輯 1085 頁），また，土地の一部について取得時効により所有権を取得しえない（大判大 11・10・10 民集 1 巻 575 頁）としていた。しかし，後に，大正 13 年の民事連合部判決でこれを改めて，土地の売買において分筆手続をしなくても土地の一部について所有権を取得することができ（大連判大 13・10・7 民集 3 巻 476 頁〔栗尾山林事件〕：1 筆の土地を数人が事実上区分して各自単独に所有していたが，登記簿上は共有になっている場合に，その 1 人の所有部分を売却すれば買主は所有権を取得する。；最判昭 30・6・24 民集 9 巻 7 号 919 頁は，当事者間において契約当時その範囲が特定していたのであれば，これを売買契約の目的とすることができるとする。；最判昭 61・2・27 判時 1193 号 112 頁は，1 筆の土地の一部が現地において明確に区分され，その他の部分とは別の者に賃貸された後に，当該 1 筆の土地として譲渡されたとしても，特段の事情のない限り，当該使用部分に限って売買されたと解するのが相当であるとする），土地の一部についても取得時効により所有権を取得しうる（大連判大 13・10・7 民集 3 巻 509 頁〔孫左衛門塚事件〕）とするに至った。但し，当事者間では物権変動を生ずるが，分筆しない以上，登記することができないので，第三者に対して権利取得を対抗することはできない（柚木『判例民法総論（上巻）』408 頁）。通説も，そのままでは対抗要件を具備することのできない物について，取引による物権の変動を認めることは望ましくはないが，登記を単なる対抗要件とするわが民法の下で

は判例理論を肯定すべきであるとする（我妻＝有泉『新訂物権法』13頁）。土地の個数は人為的に決定したものであり，その性質上分割を許さないものではなく，1筆の土地の一部が独立性および特定性を有するものとして取引の対象となり，その譲受人は事実上使用収益することもできる。さらに，時効取得の要件としては占有のみが要求されており，登記は対抗要件にすぎないことから，1筆の土地の一部についても外形上区分することによって独立の物として捉えることができる。

(2) 土地の定着物

土地の定着物とは，土地に付着する物であって，継続的に一定の土地に付着した状態で使用されることが，その物の性質とされる物をいう。定着物の「着」の正字は「著」であるが，六法全書や一部の学者は「著」の字を使用している。しかし，当用漢字としては，「着」の字を用いるべきである。

定着物か否かは，不動産と動産の区別，公示方法およびその物の技術的取り扱いにおいて異なる結果を生じさせる。当事者の意思によって不動産か動産かが決定されるとすれば，法規範の内容が当事者の意思により動かされることになり取引の安全を害するので，定着物か否かの判断は，取引観念に従って客観的標準によって決定すべきである。定着物であるためには，土地に付着するものでなければならず，付着していない物は動産である。定着物は，その自然の状態を毀損するのでなければ分離または他に移動させることができない物のみに限らない。工場に設置された蒸汽汽罐や紡績機械は，大規模な基礎工事によって土地に固着された場合に定着物となる（大判明35・1・27民録8輯1巻77頁；Yが紡績会社の工場等について抵当権を有していたが，工場等が強制執行され，その配当にあたってX銀行が異議の申立をした。工場に設置されている機械等に抵当権が及ぶか否かが争われた事案である）。しかし，工場に据付けられた機械であっても，単にその使用の際に動揺するのを防止するために土地建物の一部として設けられた基礎工事または土地建物に接着した枕木にボルト，釘，スパイクなどで固定しただけでは定着物とはいえない（大判昭4・10・19新聞3081号15頁）。また，地上に置かれるものとして設計，製作された石油タンクであっても，土地に砂を盛ってその上に置かれているにすぎないものは，土地の定着物ではない

（最判昭37・3・29民集16巻3号643頁）。仮植中の樹木は，定着物ではない（大判大10・8・10民録27輯1480頁）。庭木，庭石，沓脱石(くつぬぎ)などは通常土地の定着物であるが，石燈籠や石塔などは土地とは別個の動産である。判例は，石垣も定着物であるとする（大判大7・4・13民録24輯669頁）。公有水面を埋め立てるために投入した土砂は，埋立工事が完成し，竣功認可を受ける時まで埋立地に附合せず，独立した動産としての存在を失わず，埋立権とは別個にこれを譲渡することができる（最判昭57・6・17民集36巻5号824頁）。

　定着物は，すべて不動産であるが，その取り扱いには差異がある。すなわち，第1に，取引観念上土地の構成部分とされる物（石垣，溝渠，庭石など），第2に，土地から離れて独立の不動産とみられる物（建物，立木法による立木，樹木の集団など），第3に，場合によりどちらともなりうる物（樹木，未分離の果実など）がある。定着物の独立性には種々の段階がある（我妻『新訂民法総則』213頁，四宮『民法総則』126頁）が，学説には第2の物のみを定着物として捉える立場もある（柚木『判例民法総論（上巻）』403頁）。

(3) 建　物
(イ) 意　義

　建物は，常に土地から独立した不動産とされる。土地登記簿とは別個に，建物登記簿が設けられ（不動産登記法14条），その権利の得喪変更は，登記しなければ第三者に対抗できない（民177条）。建築中の建物はいかなる程度に達したときから独立の不動産としての建物になるかが，譲渡，権利の設定方法および差押えなどに関して重要な問題となる。すなわち，建築中の建物が独立の不動産となるまでは，建物としての保存登記をなすことができない。また，建築中の建物を譲り受けて完成した場合には，譲受人が原始的に所有権を取得するので，登記がなくても第三者に対抗できる。さらに，抵当権は不動産にのみ設定できるので（民369条），建物になるまでは抵当権を設定できない。判例は，木材を組み立てて地上に定着させ，屋根を葺き上げただけのもの（大判大15・2・22民集5巻99頁：譲り受けて完成した者は，原始的に所有権を取得したとする），あるいは，単に切組を済まし降雨を凌ぎうる程度に土居葺きを終えた程度で荒壁の仕事に着手したか否かも的確でない状態のもの（大判昭8・3・24民集12巻490

頁）では，建物といえないとする。これに対して，判例は，建物はその使用の目的に応じて構造を異にするものであり，新築する場合には建物がその目的とする使用に適当な構造部分を具備する程度に達していればよく，住宅用建物については，屋根および周壁を有し土地に定着する1個の建造物として存在していれば，床および天井を具備していなくても建物として登記することができるとする（大判昭10・10・1民集14巻1671頁）。

　(ロ)　建物の個数

　建物の個数は，土地とは異なり，登記簿によってではなく社会観念によって決定される。判例は，個数を決定するためには取引上の性質を無視しえないことはもちろんであるが，取引または利用の目的物として観察した建物の状態についても重要な判断資料であるとする。そして，建物の物理的構造だけでなく，周囲の建物との接着の程度，連絡の設備，四辺の状況などの客観的事情のほか，所有者の意思をも考察することが必要であるとする（大判昭7・6・9民集11巻1341頁；同旨の判例として，最判昭39・1・30民集18巻1号196頁がある。建物に加えられた築造部分が別個独立の建物となるか否かについては，現在建物が一個の建物として登録・登記されるに至った所有者側の事情も総合して，独立して取引または利用しうるか否かの点も勘案すべきものとする）。判例は，増築部分と既設部分の間に障壁がなく増築部分のみに便所・湯殿がある事案について，増築部分を除いては既設部分が経済上の独立性を失う場合は，増築部分を独立の建物とすることはできないとする（最判昭31・10・9裁判集民23号421頁）。一棟の建物の一部分でも，構造上区分されて独立して住居，店舗などに使用できるものは，それぞれ所有権の目的とすることができる（「建物の区分所有等に関する法律」1条）

　(ハ)　建物の同一性

　増改築や建て替えなどがなされた場合に，新旧の建物が同一かどうかが問題となる。判例は，建物の改造の場合には，新旧の建物の材料，構造，規模等の異同に基づき社会観念に照らして判断すべきであり，建物の物理的変化の程度によっては，新旧の建物の同一性が失われることもありうるとする（最判昭50・7・14判時791号74頁）。また，建物を同地番内の他の個所に移し，その内部構造を少し変更したに留まる場合（大判大7・2・27民録24輯368頁），建物の内部の一部を取り壊して同字内の他の地番上に移動した場合（大判昭12・6・30民集16

巻1298頁)，建物を同一地番の敷地上で約4〜5間移動させ，周壁の一部の腰板を外し，屋根の空気穴に瓦を葺き，階段・便所を移し，6畳1室を増築した場合（最判昭31・7・20民集10巻8号1045頁）などには，同一性を肯定している。なお，判例は，畳建具は建物に備付けられたときも一般に動産であるが，雨戸あるいは建物の入口の戸扉その他建物の内外を遮断する建具類は，一旦建物に備え付けるときは建物の一部を構成し，独立の動産ではなくなるとする（大判昭5・12・18民集9巻1147頁）。

(4) 立木（りゅうぼく）

(イ) 立木法による樹木

　樹木の集団，とくに山林は，土地に生育している状態で，しかも土地から離して取引する必要性があり，わが国の慣行として古くから独立の価値あるものとして認めてきた。しかし，民法は，直接これについて規定せず，不動産登記法も立木の登記を認めなかった。そこで，立木法（明治42年法22号，改正昭和6年法39号）を制定して，1筆の土地または1筆の土地の一部に生立する樹木の集団であって立木法によって所有権保存の登記を受けたものは，土地から完全に独立した不動産とみなされることにした（同法2条）。

(ロ) 立木法の適用を受けない樹木の集団

　立木法の適用を受けない樹木の集団は，原則として土地の一部として取り扱われるが，当事者が特に地盤から独立した別個の物として取引をすれば，その生育する土地から離れた独立の物となる。そして，単に当事者間で所有権の移転を生ずるだけでなく，明認方法（例えば，樹皮を削りまたは標識を立てて，所有者名を墨書するなどして所有権の所在を公示しておく。）を施せば，第三者にも対抗することができる（大判大4・12・8民録21輯2028頁，大判大5・3・11民録22輯739頁，大判大9・2・19民録26輯142頁）。明認方法は，1度施したというだけでは不十分であり，第三者が権利を取得した当時において現存していることが必要である（大判昭6・7・22民集10巻593頁；最判昭35・3・1民集14巻3号307頁）。

　判例は，樹木と土地と共に取得した場合は，土地所有権の移転登記を経れば，立木についても別個に明認方法を施さずに第三者に対抗できるとする（大判明

38・2・13民録11輯120頁)。これに対して，土地について所有権移転登記を経ずに，立木について明認方法を施しても，立木の所有権を第三者に対抗できないとする(大判昭9・12・28民集13巻2427頁)。取引によって土地から独立する地位を与えられていないためであるが，所有者がとくに明認方法を施したときは，立木の上の所有権についてだけは対抗力を与えようとした意思を認めるべきである（我妻『新訂民法総則』216頁)。

樹木は伐採を目的で売買された場合でも，伐採されるまでは動産とはならない（大判明32・4・12民録5輯4巻23頁)。立木を譲り受けて明認方法を施さずに伐採した者が，動産となった伐木の所有権の取得を第三者に対抗できるかについて，最高裁判所は，立木当時すでに対抗関係にあった者に対しては，立木としての明認方法を施していない限り対抗することができないとする(最判昭33・7・29民集12巻12号1879頁)。

(ハ) 個々の樹木

個々の樹木は，一般的にはその独立性は認められないが，独立の価値のあるものは，樹木の集団と同様に取扱うべきである（大判大6・11・10民録23輯1955頁は，根廻しをした樹木は，まだ動産とはいえないから，占有の移転だけでは対抗要件とならず，明認方法を施さなければならないとする)。果樹は土地から分離独立した権利の客体ではなく，地盤たる土地の構成部分として1個の所有権の客体と認められる（最判昭40・8・2民集19巻6号1337頁)。

3　動　産

(1)　意　義

不動産以外の物はすべて動産である(民86条2項)。仮植中の樹木のように土地に付着していても定着物でない物は動産である（大判大10・8・10民録27輯1480頁)。樹木は伐採されることによって動産となる（大判明36・11・13民録9輯1221頁)。未分離の天然果実は本来は元物の一部であり独立の物ではないが，判例は，稲立毛（大判昭3・8・8新聞2907号9頁，大判昭13・9・28民集17巻1927頁)，雲州みかん（大判大5・9・20民録22輯1440頁)，桑葉（大判大9・5・5民録26輯622頁）などは成熟期に達したものは未分離のままで土地または樹木と別個の所有権の客体となりうるとし，その所有権の取得は明認方法によって第三

者に対抗できるとする。

　船舶（商法686条，687条，848条），自動車（道路運送車両法4条，5条；自動車抵当法3条，5条），航空機(航空法3条，3条の2），農業動産信用法による農業用動産（12条，13条）などは動産であるが，登記または登録を公示方法としており，抵当権の目的となるなど不動産に準じて取り扱われる。

(2) 無記名債権

　証券面に債権者の名を記載せず，債権の成立，存続・行使などがすべて証券によってなされる債権を無記名債権という。例えば，無記名公社債，百貨店の商品券，乗車券，学園債券（最判昭44・6・24民集23巻7号1143頁）などである。無記名債権の本質は債権であるが，債権の得喪および行使は証券の占有と密接な関係を有し，証券が債権そのものであるかのような観を呈するので，民法はこれを動産とみなした（86条3項）。その結果，その譲渡は引渡を対抗要件とし（民178条），即時取得（民192条）の適用があることになる。しかし，学説は，一般に無記名債権の譲渡について，証券の引渡しは，証券的債権の本質からいって単なる対抗要件ではなく効力発生要件と解すべきであるとしている（我妻『新訂民法総則』219頁）。また，有価証券である無記名債権については，商法519条によって，動産よりも強い善意取得者の保護が認められている。すなわち，小切手法21条は，小切手の善意取得について取得者の善意無重過失のみを要求し，即時取得の場合のように盗品または遺失物についても善意取得の制限をしていないのであり，この規定が金銭その他の物または有価証券の給付を目的とする有価証券に準用される。この結果，無記名債権のうちで，金銭その他の物または有価証券の給付を目的とするものは，その善意取得については，民法によるのではなく商法519条によることになるのである。

(3) 貨　幣

　貨幣は価値を表象する動産である。貨幣は支払手段として形式的な使用価値を有するだけで，それ自体物としての個性を有しない。したがって，所有権と現実の占有の所在は一致しており，そのように取り扱うことによって初めて金銭の機能を確保することができる。従来の通説によれば，他人に貨幣を奪われ

た場合には，その貨幣自体に対する物権的返還請求権は成立しない。また，占有していれば同時に所有権も有するので即時取得の規定（民192条）の適用はない。かつて判例は，即時取得の適用があるとしていた（大判大元・10・2民録18輯772頁，大判昭9・4・6民集13巻492頁）。これに対して，学説は，金銭については194条の適用はなく，有価証券に対する権衡からも第193条の適用を排除し，流通保護のために有価証券の規定（商法519条，小切手法21条）を準用すべきことを主張した。さらに，金銭については所有権を問題とせずに占有とともに移転するものと見て，即時取得を適用すべきではなく，返還請求は金銭債権の問題として不当利得返還請求権によって解決すべきであるとするに至った。最高裁判所も，この理論を認めて従前の判例を変更した（最判昭29・11・5刑集8巻11号1675頁，最判昭39・1・24判時365号26頁）。

4 法律上の取扱いの差異

動産か不動産かによって，法律上の取扱いに以下のような種々の差異がある。

① 公示方法　不動産の物権変動の公示方法は登記であるが（民177条），動産の場合には引渡しである（民178条）。

② 公信力　動産の占有には公信力が認められているが（民192条），不動産登記には認められていない。

③ 先取特権　先取特権は，法律の定める一定の債権を有する者が，債務者の一定の財産から他の債権者に優先して弁済を受けることのできる担保物権である（民303条）。動産の先取特権は，債務者の特定動産の上に成立するが（民311条），不動産の先取特権は，債務者の特定不動産の上に成立する（民325条）。

④ 質権　質権は，債権者がその債権の担保として債務者または第三者から受け取った物を債務が弁済されるまで留置して債務者の弁済を間接に強制するとともに，弁済されない場合にはその物から優先弁済を受ける担保物権である（民342条，347条）。動産を目的とする質権を動産質といい，不動産を目的とする質権を不動産質という。両者とも質物の占有移転によって初めて効力が生ずる（民344条）。しかし，動産質はその占有の継続をもって第三者に対する対抗要件とするが（民352条），不動産質は登記を対抗要件とする。

⑤ 抵当権　　抵当権は，目的物の占有を移転しないで，単に観念上目的物を支配し，債務が弁済されない場合にその物から優先弁済を受ける担保物権である（民369条）。目的物の使用価値を抵当権設定者が握り，交換価値を抵当権者が握るのである。抵当権は，目的物を抵当権設定者の手元に留めるので，登記または登録などの手段によって公簿にこれを公示しなければならない。しかし，登記または登録は，公簿に簡明にその同一性を明示することができる物についてでなければ実行できない制度であるから，国家が特別に公簿上の公示手段を創設した物についてだけ認められる。この結果，不動産には抵当権の設定が認められるが，動産には原則として認められないことになる。

⑥ 無主物先占　　例えば，野生の動物のような無主の動産を所有の意思をもって占有すれば所有権を取得する（民239条1項）が，無主の不動産は国庫の所有に属し，先占の目的物とはならない（民239条2項）。

⑦ 買戻し　　不動産の売主は，売買契約と同時になした特約に基づいて，買主が支払った代金および契約費用を返還することによって，買主に帰属した不動産を取り戻すことができる（民579条）。これを買戻しといい，不動産についてのみ認められている。

〔5〕　主物と従物

1　区別の理由

個々の物が，独立の存在を保持しながら，客観的・経済的関係において，一方が他方の効用を助ける立場にあって結合しているときは，これを法律的運命においても同一に取り扱い，その結合を破壊しないようにすることが，社会経済的立場から要請される。例えば，母屋と物置，建物と畳建具，ボートとオールのように，一方が他方の効用を助ける場合に，効用を助けられる物を主物といい，効用を助けるものを従物という。民法は，物の所有者が，その物の常用に供するため，自己の所有に属する他の物を以てこれに附属させたときは，その附属させた物を従物とするとし（87条1項），従物は主物の処分に随うと規定した（87条2項）。従物は，主物の常用に供されているが，それ自体独自の財産

的価値を有しており，当事者の意思ににより主物と別個に処分することもできる。民法は，従物について特別の定めがない場合に，それを主物の処分に従わせることにしたのである。

2 従物の要件

(イ) 主物と独立の物であること

一方が他方の構成部分と認められる場合や付加して一体をなす物（付加物）の場合には，従物として主物と別個の物として扱うことはできない。雨戸あるいは建物入口の戸扉その他建物の内外を遮断する建具類は建物の構成部分であるが，その他の畳建具類は従物である（大判昭 5・12・18 民集 9 巻 1147 頁）。石灯籠および取外しのできる庭石などは，宅地の従物である（最判昭 44・3・28 民集 23 巻 3 号 699 頁：宅地の根抵当権の効力が従物にも及ぶとされた）。地下タンク，ノンスペース型計量機，洗車機等は，ガソリンスタンド用建物の従物である（最判平 2・4・19 判時 1354 号 80 頁）。ドイツ民法（97 条 1 項）およびスイス民法（644 条 2 項）は，従物は動産に限定されているが，わが民法は動産であることを要件としていない。したがって，母屋と納屋，農場と農具小屋なども主物と従物の関係にある。

(ロ) 主物の常用に供されること

従物は客観的にみて主物の常用に供されるものでなければならない。主物の効用を助けるものであっても，一時的に付加されるような物は従物ではない。

(ハ) 主物に附属せしめられていること

主物の経済的目的に供せられるという従物の使命に適応できるだけの密接な場所的関係にあること。

(ニ) 主物と従物とが同一の所有者に属すること

従物は主物と法律的運命をともにするので，第三者の権利を侵害しないためである。しかし，物の経済的効果における客観的結合は，所有者を異にする物についても成立するので，そのような物の結合にも主物と従物の関係を認め，第三者の権利を害しない範囲において，従物として主物の法律的運命に従わせるべきであるという見解が有力に主張されている（我妻『新訂民法総則』223 頁）。主物の所有者が附属させたことは必要でなく，他人の附属させた物が主物

の所有者に属するに至った場合でもよい。例えば，借家人が附属させた畳・建具を家主が買取れば従物となる。

3 効 果

「従物は主物の処分に随う」（民87条2項）。従物は，主物と法律的運命をともにする。主物が処分されれば，従物も同時に処分されたものと解される。処分とは，権利義務を発生，変更または消滅させる一切の行為をいい，所有権の譲渡や物権の設定のような物権的処分だけでなく，売買や賃貸借のような債権的処分を含む。但し，質権設定のように目的物の引渡しが要件とされる場合には，動産である主物の質権は引渡されなかった従物には及ばない（民344条）。

主物について抵当権が設定された場合に，抵当権は従物に及ぶかについては見解が分かれている。判例は，初めは動産である従物には抵当権の効力は及ばないとしたが，後にこれを改めて，抵当権の効力は反対の意思表示がない限り，抵当権設定当時における債務者所有の従物に及ぶとした（大連判大8・3・15民録25輯473頁）。最高裁判所も，宅地に対する抵当権の効力が構成部分に及ぶことはもちろん，特段の事情のない限り，抵当権設定当時宅地の従物であった石灯籠および庭石にも及ぶとする（最判昭44・3・28民集23巻3号699頁）。従来の多数説は，抵当権設定当時の従物に限り効力が及ぶとしていた。しかし，近時においては，抵当権は目的物の占有を設定者に留めて設定者がこれを利用してその効用を発揮できる状態におきながらその交換価値を把握するものであるから，抵当不動産に附属し，その作用を助ける従物について，抵当権の効力の及ぶ範囲を抵当権設定当時に存在するものに限ることは不合理であるとし，民法370条の抵当「不動産に附加してこれと一体を成したる物」の中には従物が含まれるとする見解（我妻『新訂担保物権法』258頁，270頁）が有力である。この見解によれば，抵当不動産の従物は，抵当権設定後に附属されたものにも抵当権の効力が及ぶことになる。

対抗要件については，従物が動産の場合には，主物たる不動産に登記があれば，従物に独自に対抗要件を具備する必要はない（大判昭8・12・18民集12巻2854頁は，建物について登記を経た以上は，畳・建具の譲渡を第三者に対抗できるとする。また，前掲最判昭44・3・28は，宅地の従物であった石灯籠および庭石にも抵当権

設定登記による対抗力が生ずるとする)。従物が不動産の場合には，従物についても登記を必要とすると解すべきである。

　主物と従物との関係は，物と物との結合関係であるが，権利と権利の間に同様の結合関係が成立している場合には，同様に扱うべきであり，民法87条を類推適用すべきである。判例も，建物所有権と敷地賃借権の場合に関して，土地賃借人が該土地上に所有する建物に抵当権を設定した場合には，原則として，抵当権の効力は土地の賃借権にも及び，建物の競落人と賃借人との関係においては，建物の所有権とともに土地の賃借権も競落人に移転すると解するのが相当であるとする（最判昭40・5・4民集19巻4号811頁。大判昭2・4・25民集6巻182頁も，建物所有権が競落により競落人に移転した場合には，敷地の賃借権も共に移転するとする)。また，賃借地上にある建物の売買契約が締結された場合においては，特別の事情のない限り，売主は買主に対し，その建物の敷地の賃借権をも譲渡したものであって，それに伴い賃借権譲渡につき賃貸人の承諾を得る義務を負うと解すべきであるとする（最判昭47・3・9民集26巻213頁)。そして，元本債権と利息債権の場合に関しても，元本債権について転付命令があれば将来の利息債権も共に移転し（大判大10・11・15民録27輯1959頁)，譲渡の目的たる権利が不動産およびそれに従たる動産に関する買戻権であるときは，とくに動産に関する買戻権譲渡の通知は必要でないとする（大判大8・5・24民録25輯889頁)。また，すでに生じた遅延利息の債権は元本債権に付随して生じたものであるから，元本債権が譲渡された場合には，反対の証拠のない限りそれ以前の遅延利息債権も譲渡されたものと認めるべきであるとする（大判昭2・10・22新聞2767号16頁)。

〔6〕 元物と果実

1 意　義

　物から生ずる収益を果実といい，果実を生ずる物を元物という。収益は収益権者の収入に帰するものであるが，果実とみるべき範囲および果実が生ずるまでに収益権者に移動があった場合の果実の分配などについて争いを生ずる虞れ

があるので，民法は，その観念と帰属の範囲について規定したのである。果実には，元物から産出するものと，元物を他人に利用させてその対価として受け取るものがある。前者を天然果実，後者を法定果実という。

2 天然果実

物の用法に従い収取する産出物を天然果実とする（民88条1項）。用法に従いとは，元物の経済的目的に従ってという意味である。したがって，盆栽の実，乳牛の子などは，用法に従って収取されるものではないから果実ではない。産出物とは，果物，動物の子，牛乳，羊毛，野菜，桑の葉（大判大5・10・19民録22輯1931頁：桑の樹そのものは果実ではないとする）。竹（最判昭35・11・29判時244号47頁）などのように自然的・有機的に産み出されたものに限らず，鉱物，石材のように人工的・無機的に収取されるものでも，元物を直ちに消耗せずに継続的に収取され，経済的見地からみて元物の収益と認められる限りは，これを包含する（通説）。

天然果実は，その元物より分離する時にこれを収取する権利を有する者に属する（民89条1項）。すなわち，天然果実が元物から分離する時の収取権者がその所有権を取得する。これを分離主義という。これに対して，「蒔いた者が刈り入れる」立場を生産主義という。収取権者は，元物の所有者（民206条；大判大5・4・19民録22輯770頁），賃借権者（民601条），地上権者（民265条），および留置権者（民297条）などであるが，元物についての法律関係の趣旨に従って判断すべきである。例えば，果物を収穫するために果樹を賃借した者は果実の収取権者であるが，乗馬用に馬を賃借した者は馬の子の収取権者ではない。

未分離の天然果実は，元物の一部であって原則として独立の物ではない。しかし，未分離のままで独立して取引の客体となるものは，これに明認方法を施すことによって，独立して物権の客体となる。

3 法定果実

物の使用の対価として受くべき金銭その他の物を法定果実という（民88条2項）。土地・家屋の使用の対価である賃料（地代・家賃），金銭使用の対価である利息（大判明38・12・19民録11輯1790頁），貸布団の賃貸料（最判昭42・11・9判時

506号36頁）などは，法定果実である。

　法定果実はこれを収取する権利の存続期間に従い，日割をもってこれを取得する（民89条2項）。本条は，権利の帰属を定めたものではなく，帰属権利者間の内部的な分割の割合を定めたものである。すなわち，天然果実も法定果実も，ともに分離期または支払期の権利者に帰属し，内部関係において，後者は清算を必要とし，前者はその必要がないとするものである。利子の計算は，特別の意思表示がなければ，債権の存続期間日割をもって計算すべきである（前掲大判明38・12・19民録11輯1790頁）。当事者の合意によって別段の定めをすることは妨げない。

第4章　権利の変動

〔1〕　私権の得喪および変更

1　権利の取得

　権利の取得とは、自己に権利が帰属するようになることである。民法は権利本位に構成されているので、法律効果は権利の変動、すなわち、権利の発生・変更・消滅という形式で規定されている。これを権利の主体との関係で捉えれば、権利の得喪および変更である。ある権利を他人の権利に基づかずに独立に取得する場合を原始取得という。例えば、家屋を新築して所有権を取得する場合、無主物先占（民239条）、遺失物拾得（民240条）、埋蔵物の発見（民241条）、時効取得（民162条、163条）などがこれにあたる。これに対して、他人の権利に基づいて権利を取得することを承継的取得という。例えば、売買によってある物の所有権を取得する場合である。従前の権利者を前主といい、権利を取得する者を承継人という。承継的取得には、売買や相続の場合のように、前主の権利がそのまま承継される移転的取得と、所有者から抵当権または地上権の設定を受ける場合のように、前主の権利の一部を取得する設定的取得とがある。さらに、承継的取得には、前主の権利義務を一括してかつ単一の原因によって承継する包括承継と、前主の特定の権利を個々の原因によって承継する特定承継がある。前者の例としては、相続（民896条）、包括遺贈（民990条）、会社の合併（商法103条、416条）などがあり、後者の例としては、売買などによる通常の権利の承継がこれにあたる。包括承継の場合には、権利とともに義務をも承継する点で特定承継とは異なる。

　承継的取得は、前主の権利に基づいて取得するものであるから、承継人は前主に属していた権利を限度として取得する。何人も自己の所有する以上の権利

を他人に移転することはできないからである。原始的取得との差異は，① 承継人は前主が有していなかった権利を取得することができない。② 承継人がその取得した権利を主張するには，前主の権利が存在しないことを証明しなければならない。③ 承継人は前主の権利とともにその従たる権利も取得するが，前主の権利よりも優れた権利を取得することはできない。したがって，承継人は，前主の権利に付着した制限，負担および瑕疵も承継することになる。

2 権利の喪失および変更

権利の喪失とは，従来の権利主体が権利関係から離脱すること，すなわちその権利を有しなくなることである。権利の喪失には，絶対的喪失と相対的喪失がある。前者は，権利が絶対的に存在しなくなることであり，他に取得者がいないのに権利主体であることを終止する状態，すなわち権利の消滅である。例えば，地上権が存続期間を満了して消滅するとか，債権が弁済によって消滅するとか，権利の目的物が滅失した場合のように権利が消滅する場合である。これに対して，後者は，他に権利主体となる者がいることによって権利を喪失すること，すなわち権利の移転または承継であり，権利そのものは消滅せずに単に主体の変更があるにすぎない場合である。例えば，譲渡の場合には，譲渡人は権利を喪失するが，主体に関する権利の変更であって，権利自体の存在を失うものではない。

権利の変更とは，その存在を失うことなくその内容，効力または主体に変更を生ずることである。内容に関する変更は，物の附合や債務の一部免除によって目的物の範囲が増減する場合のように量的に生ずることも，あるいは特定物の引渡を目的とする債務の履行が債務者の過失によって不能となり，金銭を目的とする損害賠償債権に変ずる場合のように，質的に生ずることもある。このほか，債務の履行時期を変更する場合のように，権利の効力に変更を生ずることもある。主体に関する変更は，権利の移転，すなわち承継の場合に生ずる。

3 法律要件と法律事実

一定の生活関係が法律の規律を受けるということは，この生活関係から生ずる効果が法律の力によって保障されることを意味する。法律上の効果を生ずる

生活関係を法律要件といい，法律要件を構成する要素である個々の事実を法律事実という。無数の事実の中で，権利の得喪または変更を生ずるものが法律事実である。権利変動の原因である法律要件は，通常数個の法律事実から成るが，例えば，取消の意思表示や遺言のように，1個の法律事実がそのまま法律要件となる場合もある。法律事実には，人の精神作用を要件とするもの（容態）と，人の精神作用を要件としないもの（事件）とがあり，前者には，意識された精神状態に基づく外部的容態（行為）と，行為として外部に現われない精神作用である内部的容態とがある。また，法律事実である行為には，積極的行動である作為と消極的になすべきことをなさない不作為とがあり，法律上の行為には，適法行為と違法行為がある。適法行為は，法律の規定に違反しない行為であり，意思表示が最も重要なものである。適法行為であってその法律効果が意欲の内容によって定まるのではなく，法律によって直接かつ強行的に定まるものを準法律行為という。準法律行為は，一定の意思の表示である点では意思表示に類似しているが，意思表示の場合には表意者の意欲に応じた効果を生じさせるのに対して，準法律行為の場合には，表意者の意思にかかわらず法が直接に一定の法律効果を与える点で異なる。準法律行為には，一定の意識内容の表現であることを本質とする表現行為（意思の通知，観念の通知，感情の表示）と行為そのものとして法律効果を認められる非表現行為（先占，拾得，事務管理など）がある。違法行為は，法律の規定に違反する行為であり，不法行為（民709条以下）と債務不履行（民415条）がある。

〔2〕 法 律 行 為

1 法律行為自由の原則

　近代法は，人類文化の発達の成果として，すべての個人に対して権利能力を認め，社会生活における独立の主体としての地位を与えた。権利能力を与えられた個人が，具体的に生活をするための手段は，私有財産と自由契約である。すなわち，近代法がすべての個人に対して権利能力を認めたことは，社会生活関係が原則として個人の契約によって維持されることを宣言したことを意味す

る。自由な意思を有し自律できる人間が，自らの意思と責任に基づいて意思決定を行ない，活動することによって，社会生活関係を規律するのが近代市民法の原則である。人類文化の発達の過程は，「身分から契約へ (from status to contract)」というメイン (Maine) の標語によって示すことができるというのは，人類文化の発達に伴う権利能力の拡張の過程を，現実の現象形態から表現したものである。個人の意思の合致により契約が成立し，契約に基づいて権利を取得し義務を負担する関係が生ずる。契約によって，社会生活は維持されるとともに，商品交換を基本とする自由主義経済を背景として，所有権と結合して資本としての経済的機能を発揮させることになった。しかし，その後の資本主義経済の進展とともに，資本の集中が生ずることになり，経済的対立が顕著な形で現われてきた。また，近代法における理念としては，社会の構成員である個人は，その自由な意思に基づいて自由に社会生活関係を規律することができるものと考えて法制度を構築しているが，現実には組織化した企業を中心とする契約の定型化が進んでおり，契約自由の原則は，形骸化し種々の修正が必要とされている。形式的に自由で平等な人格者としての地位を保障することを理想とした時代から，社会の構成員としての個人を，血も肉もある生きた人間として捉え，各人の人格を実質的に尊重すべき時代へと人類社会は発展してきたのである。さらに，個人の自由意思を尊重しすぎることは，取引の安全を害するだけでなく，恣意的な利己的態度を助長させる傾向を生ずる虞れがある。自律した人間は，一定の行為をなす場合に，自らを律すると同時にその行為を信頼した相手方を裏切ってはならず，信義則に基づく行動をなさなければならないのである。

　人の意思を重視し，意思決定に基づく一定の行為に対して法的効果を認められるものとしては，契約が最も重要なものであるが，近代法は契約の自由以外にも，社団および財団設立の自由，遺言の自由などを認めており，これらを含めて法律行為自由の原則という（法律行為論の現代社会における問題点を指摘した論稿として，磯村保「法律行為論の課題(上)」民法研究2号1頁以下）。

2 法律行為と意思表示

(1) 法律行為の意義

　法律行為は，意思表示を要素とする法律要件である。行為者が一定の法律効果を発生させる意思をもってある行為をなし，その意欲した内容の効果を生ずる行為が法律行為である。法律行為は，1個または数個の意思表示そのものではなく，意思表示を要素とする法律要件である。消費貸借契約のような要物契約の場合には，当事者の一方が種類，品等および数量の同じ物を返還することを約して，相手方から金銭その他の物を受け取ることによってその効力を生ずる（民587条）。すなわち，この場合には，返還することを約する意思表示とともに物を受け取るという事実行為が法律要件となっており，法律行為と意思表示とは同一のものではないことを示している。

(2) 意思表示

　すべての法律行為は，その本質的要素として1個または数個の意思表示を必要とする。意思表示とは，一定の私法上の法律効果の発生を意欲する意思（効果意思）を外部に表示する行為である。意思表示は，その内容において，法律効果の発生に向けられたものでなければならず，単に事実的な事柄に向けられた意思の表現は，法律上の意思表示ではない。効果意思は，これを表示しようとする表示意思に基づいて現実に表示することを要する。そして，表示行為は，これによって一定の効果意思を推断するに足るべきものでなければならないが，必ずしも効果意思を表現する目的をもってなす必要はなく，例えば，注文もしないのに送付してきた商品を消費したり使用したりする場合のように意思実現でもよい。しかし，効果意思を推断させるべき外部的行為は，表意者がこれによって効果意思が推断されるべきものであることを認識したのでなければ意思表示とはならない。

(3) 法律行為の分類

(イ)　単独行為，契約および合同行為

① 単独行為とは，当事者の一方のみの意思表示だけで成立することのでき

る法律行為をいう。相手方のある単独行為には，同意，取消，追認，債務の免除，解除などがあり，相手方のない単独行為には，寄附行為および遺言などがある。

② 契約とは，2人以上の当事者の相対立する意思表示が合致して成立する法律行為をいう。法律行為の大部分は，例えば売買や賃貸借のような契約という形式による。契約は私法のすべての領域に存在し，所有権移転契約のような物権契約や婚姻のような家族法上の契約もあるが，特に重要なものは債権契約であるので，民法は契約に関する総則を債権編の中に規定している。

③ 合同行為とは，社団法人の設立行為のように，相対立しない2人以上の当事者が同一目的に向けてなす数個の意思表示の合致によって成立する法律行為である。

(ロ) 債権行為と物権行為

賃貸借契約のように債権的効果を発生させる行為を債権行為といい，抵当権設定行為のように物権的効果を発生させる行為を物権行為という。また，債権の譲渡（民466条以下），債務の免除（民519条），無体財産権の譲渡などのように，物権以外の権利の変動を生じさせる行為を準物権行為という。物権行為が成立するためには，売買契約のようなその原因行為とは別に，常に別個独立の意思表示を必要とするか否かについては議論がある。通説および判例は，売買契約が締結されて，売主に所有権を移転する債務，買主に引渡を請求することができる債権が成立すれば，特別の事情がない限り，債権行為の効果として所有権移転という結果が生ずると解釈し，物権行為の独自性を否定している。

(ハ) 有因行為と無因行為

財産上の支出を負担する行為を出捐行為という。人が出捐行為をなす場合には，これを根拠づける何らかの目的があるのが通例であり，この目的は出捐をなさしめたものであるから出捐の原因といわれる。法律行為が原因と一体となり，原因が無効であれば法律行為も無効となる場合の法律行為を有因行為といい，原因が無効であっても法律行為は有効となる場合の法律行為を無因行為という。手形行為その他の証券上の行為は無因行為の代表的なものであり，これらの行為は両当事者がそれぞれ別個の原因を意図し，または原因が無効であったり取り消されたりしても，その効力を妨げられることなく意欲した財産上の

効果を生ずる。例えば，売買契約によって生じた代金支払債務の弁済のために手形を発行した場合には，売買契約が無効となっても手形行為は有効であり，手形そのものの効力は失われない。手形は一たび発行されると取引の手段として転々と流通するものであるから，原因が無効となることによって手形も無効とすれば，取引の安全を著しく害するので，手形行為は当事者の意思表示によっても有因とすることができない絶対的無因行為とされるのである。物権的合意が債権契約とは別個になされた場合に，債権契約が無効であったり取り消されたときに，物権的合意が依然として効力を有するかどうかは，物権行為の無因性の問題として論じられている。通説および判例は，物権変動を目的とする債権契約が無効であり，または取り消されたような場合には，原則として物権変動も有効に成立しないと解している。無因行為の場合には，原因行為が無効であっても財産の移転が生じ，受領者は不当利得返還義務（民703条以下）を負うにすぎないので，法律関係の安定が確保され取引の安全が保障されることになる。

　㈡　要式行為と不要式行為

　要式行為とは，一定の方式を必要とする法律行為をいい，何らの方式を必要としない法律行為を不要式行為という。近代法においては，契約自由の原則を採っており，方式自由の原則を認めるために一般的には方式を必要としない。しかし，①当事者に慎重に行為させるため，②法律行為の存在をとくに明確にするため，または，③権利の範囲を明確にするなどの理由に基づいて，一定の法律行為については方式を必要としている。例えば，法人の設立行為（定款の作成：民37条；寄附行為の作成：民39条），遺言（民967条以下），婚姻（民739条），手形行為（手形法1条，2条，75条，76条）などがその例である。なお，例えば，小作契約（農地法25条）や建設工事請負契約（建設業法19条）などのように，法律が書面の作成を奨励するにとどまり，書面の作成を効力発生のための要件でないと解されるものは要式行為ではない。

　㈢　有償行為と無償行為

　財産の出捐を目的とする法律行為のうちで，売買，交換，賃貸借，雇傭，請負などのように，対価のあるものを有償行為といい，贈与や使用貸借などのように，財産の出捐を目的とするが対価のないものを無償行為という。有償契約

については，売買の規定が準用される（民559条）。

(4) 法律行為の成立要件と効力要件

　法律行為が成立するために必要な一般的成立要件は，① 当事者，② 内容，③ 意思表示，の3つが存在することである。このほかに，特別に法律の規定によって特定の法律行為の成立について必要とされる特別成立要件がある。例えば，消費貸借の場合における金銭その他の物の引渡し（民587条），質権設定の場合における質物の占有移転（民342条），婚姻や縁組の場合における届出（民739条，799条）などがこれにあたる。

　すでに成立した法律行為が，法律上完全に法律行為の内容に応じた効果を生ずるための要件を効力要件という。すべての法律行為に必要な一般的効力要件は，① 当事者が行為能力を有すること，② 法律行為の内容が，㈤ 確定可能性，㈡ 実現可能性，㈧ 適法性，および ㈢ 社会的妥当性を有するものであること，③ 法律行為の要素である意思表示について，意思表示の内容と当事者の内心的効果意思とが一致し，意思表示に瑕疵のないこと，である。これらの要件を充足しなければ，その法律行為は無効となり，または取消することができる。特定の法律行為の効力について，その要件を欠如すれば法律行為としての効力を生じないことになる特別効力要件がある。例えば，停止条件付法律行為における条件の成就（民127条），代理行為における代理権の存在（民113条），遺言における遺言者の死亡（民985条）などがこれにあたる。

　民法は，法律行為が有効に成立するための要件として，① 当事者の行為能力に関する要件（3条以下），② 法律行為の内容に関する要件（90条から92条），③ 法律行為の要素である意思表示に関する要件（93条から96条），について規定するほか，特殊な場合として，④ 代理行為について代理権の存在（99条以下），⑤ 条件付法律行為および期限付法律行為について，条件の成就および期限の到来（127条）を規定している。これらの要件を欠如すれば無効となり，または取り消しうるものとなるが，無効および取消についても一般的規定を設けている（119条から126条）。

〔3〕 法律行為の内容

1 意　義

　法律行為は，当事者が一定の法律効果の発生を意欲する意思を表示した場合に，法律がこれを是認して，その効果の発生に助力する制度である。しかし，法律は，すべての法律行為を是認するのではなく，法律がその効果を認めることが妥当であるとしたものについてのみ助力するのである。法律行為の内容とは，当事者がこれによって達しようとした効果であって，法律行為の目的ともいう。法律行為の内容は，法律がその達成に助力できる程度に明確であることが必要である。したがって，まず，内容を確定することが必要であり，（法律行為の解釈），内容については，実現可能性があり，かつ，適法で社会的妥当性を有するものでなければならない。

2　内容の確定（法律行為の解釈）

(1)　解釈の意義

　法律行為の効力を判断する前提作業として，その意味内容を明確にすることを法律行為の解釈という。意思表示によって意欲された効果は，専ら表示行為を通じて判断すべきものであり，法律行為の解釈は，この表示行為が有する客観的な意味を明らかにすることである。当事者の用いた言葉や文章が不明確であったり不正確なために，法律行為に不備がある場合には，合理的判断によってその内容を補充しなければならない。また，非法律的なものは法律的に構成して，当事者の意図した社会的目的に対して法律的助力を与えることができる基礎を作ることが，法律行為の解釈の任務である。

(2)　解釈の基準

　法律行為の解釈については，一般的基準を設けている立法例が多い。例えば，ドイツ民法は，「意思表示の解釈にさいしては，その真意を探究すべきであり，その表現の文字上の意義に拘泥してはならない」（133条）とし，「契約は，取引

慣行を顧慮して，信義誠実に従って解釈しなければならない」とする（157条）。また，スイス債務法は，「契約を解釈するさいには，形式ならびに内容に従って，合致した現実の意思を顧慮すべきであり，当事者によって錯誤に基づいてなされ，または，契約の真実の性質を隠すために使用された不真正な表示または語句を顧慮してはならない」とする（18条1項）。フランス民法は，1156条から1164条までに合意の解釈について規定を置いている。すなわち，「合意においては，その文言の字句に拘泥するよりも，契約当事者の共通の意図がどうであったかを探究しなければならない」（1156条）として，意思表示における内心の優位について規定するほか，有効に解釈すべきこと（1157条），適切に解釈すべきこと（1158条），慣習に従って解釈すべきこと（1159条，1160条），全体的に相互の条項を関連させて解釈すべきこと（1161条），債務者に有利に解釈すべきこと（1162条）などを規定する。また，1163条は，「合意は，その文面上の文言がいかに一般的であっても，当事者がそれについて契約しようとしたと思われるものしか含まない」とし，1164条は，「契約において債務の説明のために1つの場合を表示したときも，それによって，表示されていない場合に当然に受ける義務の範囲を制限しようとしたものとはみなされない」として，契約の文言中に例示があっても契約目的がそれに限定されることはないとしている。

　わが民法は，92条に任意規定と異なる慣習について規定するのみで，他に一般的基準を設けていないが，学説および判例は以下のような解釈の基準を認めている。

　(ｲ)　当事者の意図する目的

　当事者がその法律行為によって達成しようとした経済的または社会的目的を明確にして，法律行為の全内容をこの目的に適合するように解釈することが，法律行為の解釈にとって最も重要な基準である。上述の諸外国の立法例では，法律行為に使用された文字に拘泥することなく，当事者の真意を探究し，当事者の意図する目的をできる限り達成させることを解釈の基準としている。

　わが国の判例も，意思表示の内容を確定するには，その文書に用いられている文字に拘泥せず論理法則と経験律に従って，当事者の真意を探究すべきであるとし（大判大14・8・3新聞2475号13頁），特別の事由のない限り，できるだけ契約が有効となるように解釈すべきであるとする（大判大3・11・20民録20輯954

(ロ)　慣　習

　法律行為に使用された文字は，その地域またはその当事者の属する取引社会に存在する慣習または取引慣行に従って解釈しなければならない。当事者の意思の探究によって法律行為の目的が明らかにならない場合には，慣習を補助的に利用して，目的を確定しなければならない。慣習が公の秩序に関する規定，すなわち強行規定に違反するときは，その効力を認めることはできない。民法92条は，任意規定と異なる慣習がある場合に，法律行為の当事者がこの慣習によって法律行為の内容を定めようとする意思を有するものと認められるときは，その慣習に従った効力が生ずるとする。同条における慣習は，事実たる慣習と呼ばれる習俗的規範であり，社会の法的確信によって法規範にまで高められた段階の慣習法とは異なる。慣習に従う意思が積極的に表示された場合には，法律行為の内容となり，その場合に当事者の意思が任意規定に優先することは既に91条に規定されており，これと重複することになる。したがって，当事者が特に慣習によらない意思を表示していない限り，両当事者に共通の慣習であれば，慣習による意思を有すると認め，当事者が慣習の存在を知っている必要もないと解すべきである（通説）。

　判例も，借地法施行前の地上権設定契約において，地代の値上げについて取り決めをしていなかった事案で，東京市およびその近郊では，その土地が繁栄し地価が高騰して公租公課が増加され，比隣の借地料に比較して著しく低い借地料になった場合は，地主は借地人の同意を得なくても相当の値上げをする慣習があることを認定した。そして，慣習がありその慣習によって契約をするのが普通である場合には，反対の意思を表示しない限りは，これによる意思を有するものと推定すべきであるとする（大判大3・10・27民録20輯818頁〔小石川久堅町地代値上事件〕；また，大判大10・6・2民録27輯1038頁は，本件判決を引用し，その慣習による意思の存在を主張する者は，特にこれを立証する必要はないとする。大豆粕売買において「塩釜レール入」の意味について売主がまず積出し，代金は塩釜駅到着後に請求できるとする商慣習によった）。なお，最高裁判所は，宅地の賃貸借契約における期間満了にあたり，賃貸人の請求があれば当然に賃貸人に対する賃借人の更新料支払義務が生ずる旨の商慣習ないし事実たる慣習が存在すると

は認められないとする（最判昭51・10・1判時835号63頁）。

(ハ) 慣 習 法

法例2条は，公序良俗に反しない慣習は，①法令の規定によって特別に慣習によるべき旨を定めたもの（例えば，民法217条，219条3項，228条，236条など）と，②法令に何らの規定のない事項に関するもの（例えば，流水利用権，温泉権など），に限って慣習に対して法律と同一の効力を有することを認めている。すなわち，法例2条によると，ある事項について任意規定が存在すれば慣習は成立しないことになり，任意規定に優先する慣習というものは考えられないことになる。そこで，従来の通説は，法例2条の慣習は，社会の法的確信によって支持される程度になった慣習法を意味し，民法92条の事実たる慣習とは異なるものと説明することによって，両条文の間の矛盾を回避する解釈をしてきた。判例も，法例2条の慣習は法則たる効力を有する慣習法であり，民法92条の慣習は，法則たる効力を有しない単純なる慣行の事実であって，法律行為の当事者の意思を補充するものにすぎないとする（大判大5・1・21民録22輯25頁）。しかし，社会の法的確信によって支持される程度に至っているか否かを客観的に判断することは，極めて困難であるだけでなく，社会の法的確信によって支持された慣習法はたとえ任意規定であっても規定がある限りその存在は認められないのであるから，社会の法的確信を伴わない単なる慣習にとどまるときには事実たる慣習として任意規定に優先することになり，矛盾した結果を生ずることになる。そこで，近時の有力説は，事実たる慣習と慣習法とを区別すべき理由はないとして，法例2条は制定法一般について慣習の補充的効力を認めるもので任意法規に劣後するとし，民法92条は，私的自治の認められる分野に関しては法例2条に対する特別法と解釈している（四宮『民法総則』151頁，四宮・能見『民法総則』165頁）。

民法92条によって，私的自治の認められる分野においては，慣習法が任意規定に優先して適用されることになり，その結果，慣習法は任意規定を改廃する力を有するに至る。さらに，成文法はいかに精緻な規定を設けて弾力的に運用したとしても，社会の発展や社会情勢の変化とともにその限界を生じ，社会的経済的需要に応じて発生する慣習法を阻止することはできない。場合によっては，強行規定でさえも現実の社会においてその実効性を維持することが困難に

なることがあり，慣習法に成文法改廃の効力を認めざるをえないこともある。学説および判例は，立木および未分離の果実の所有権移転についての明認方法，動産の譲渡担保などの場合に慣習法の成立を認めている。

㈡ 任 意 規 定

当事者が任意規定と異なる意思を表示したときは，任意規定は排斥される（民91条）。このことは，第1に，法律行為自由の原則を明らかにしており，第2に，強行規定に違反する場合には，その法律行為の効力は生じないことを明らかにしている。任意規定は，法律行為の解釈の基準となり，意思表示の内容が欠けている場合にこれを補充し（補充規定：例えば，民38条1項），または意思表示が不明瞭な場合にこれを一定の意味に解釈するもの（解釈規定：例えば，民557条）である。例えば，家賃や地代の支払時期について民法は毎月末に支払うことを要す（614条）と規定しているが，契約で月初めに支払うと約束した場合には，契約が優先することになる。

㈥ 信義誠実の原則と条理

信義誠実の原則とは，人は，当該具体的事情の下において，契約その他特別の関係にある者から一般に期待される信頼を裏切らないように，誠意をもって行動すべきであるという原則である。ドイツ民法157条は，「契約は，取引慣行を顧慮して，信義誠実に従って解釈しなければならない」と規定しているが，わが民法においても同様に解すべきである。信義誠実の原則は，民法上の権利を制限する理論としてだけでなく，法律行為の解釈の基準としても機能すべきものであり，条理も同様である。スイス民法1条2項は，法律に規定がないときは，裁判官は慣習法に従い，慣習法も存在しない場合は，自分が立法者であれば定立したであろう規定に従って裁判すべきであるとしている。明治8年太政官布告103号裁判事務心得3条は，成文の法律がないときは習慣により，習慣もないときは条理を推考して裁判すべしと規定していた。法律行為の解釈は，表示行為のもっている客観的な意義を決定するものである以上，信義誠実の原則または物事の道理である条理が解釈の基準となることは当然というべきである。判例も，信義誠実の原則は，権利の行使，義務の履行についてのみならず，当事者のした契約の趣旨を解釈するにもその基準となるとする（最判昭32・7・5民集11巻7号1193頁）。例えば，AがBに対し契約期間を通じて採掘する鉱石

の全量を売却する旨の鉱石売買契約が締結された場合には，信義則に照らして，Aは採掘した鉱石を順次Bに出荷し，Bはこれを引き取り，かつ，その代金を支払うべき法律関係が存在していたものと解するのが相当であるとする（最判昭46・12・16民集25巻9号1472頁）。

契約締結の場合に，経済力の強い一方が，他方に対して著しく不利な条項を印刷した証書を呈示することがあり，このような条項は例文にすぎないもので当事者を拘束しないとする判例がある。このような解釈の方法を例文解釈という。借地契約や借家契約において争われた事例が多く，例えば，借地法および借家法施行前の事件で建物所有を目的とする借地契約中の期間を5年以下の短期にするという条項や地主の必要に応じていつでも明渡すという条項などは，例文であり，当事者には真実このような特約をする意思はなかったから当事者を拘束しないとした下級審の裁判例が少なくない。また，賃料の支払いを1回でも怠れば賃貸借契約は解除される，という特約も例文であるとされることが多い（東京高判昭31・8・17下民集7巻8号2213頁）。例文解釈は，個人の意思の効力を尊重する傾向が強かった時代に，明白な意思による承諾がないという根拠によって不当な条項の効力を否定しようとしたものである（大判昭15・11・2新聞4642号7頁）。しかし，不当な条項は，たとえ当事者が一応承諾した場合でも，信義誠実の原則によってその効力を否定すべきである。例文解釈は，例文であるかどうかということについての解釈によってではなく，当該の条項に文言通りの法的拘束力を認めるべきかどうかという法的価値判断によって決定されるべき問題である。文言通りの効力を形式的に認めることが，当事者の一方に苛酷となる場合には，表示された文言に拘束力を認めない趣旨であり，判例上問題となったものとしては，賃貸借契約のほかに，示談のさいの請求権放棄条項の解釈においても問題となる。例えば，自動車事故により右大腿骨骨折の傷害を被り，入院治療を受けた12歳の被害者が，父を代理人として請求権の放棄条項が印刷された示談書用紙で示談をし，請求権放棄条項を念頭に置かなかった母が調印した事案において，東京高等裁判所は，不服禁止の誓約文言は，いわゆる例文に属するものであって慰謝料請求権を放棄したものとみるのは相当でないとした（東京高判昭45・9・17判時607号47頁）。

不動産の賃貸借のような継続的契約においては，賃貸人と賃借人との信頼関

係が特に重要であり，当事者の一方に僅少な債務不履行がある場合にも解除をなしうるとすることは賃借人に酷であるから，義務違反が賃貸借の基礎をなす信頼関係の破壊に当たる場合にのみ解除をなしうるという見解が提唱されている（広中俊雄『債権各論講義（第4版）』179頁，我妻『債権各論中巻㈠』480頁）。判例上も，賃貸借が当事者相互の信頼関係を基礎とすることから，解除権の行使について種々の修正や制限が加えられている。すなわち，当事者の一方に債務不履行があれば，相手方は相当の期間を定めてその履行を催告したうえで契約を解除できるという一般原則（民541条以下）に対して解釈によって修正を加えている。例えば，(i)賃貸借の継続中に，当事者の一方に，その義務に違反し信頼を裏切って賃貸借関係の継続を著しく困難にさせるような不信行為があった場合には，相手方は，催告をなさずに解除ができるとするもの（最判昭27・4・25集6巻4号451頁，最判昭40・8・2民集19巻6号1368頁，最判昭47・2・18民集26巻1号63頁，最判昭50・2・20民集29巻2号99頁），(ii)債務不履行があっても賃借人に信頼関係を破壊するに至る程度の不誠意がないときは，解除権の行使は信義則に反し許されないとするもの（最判昭39・7・28民集18巻6号1220頁：賃料不払いを理由とする解除；最判昭59・12・13民集38巻12号1411頁は，都営住宅の入居者が割増賃料の支払と増築建物の収去の催告に応じなかったため，都によって使用許可が取り消されて建物の明渡しを求められた場合にも，信頼関係の法理の適用を認めた。），(iii)増改築禁止に違反すると借地契約を解除しうる旨の特約がある場合でも，増改築が土地の通常の利用上相当であり賃貸人に著しい影響を及ぼさないため，賃貸人に対する信頼関係を破壊する虞れがないときは，信義則上解除権を行使しえないとするもの（最判昭41・4・21民集20巻4号720頁），などである。

⑶ 法律行為の解釈は事実問題か法律問題か

判例は，法律行為の解釈を事実問題とすることが多いが（大判大10・5・18民録27輯939頁：もみの消費貸借がもみの価格に相当する金銭消費貸借に代わった場合に，任意債務とするか更改契約かが問題となった。），証書の文字の解釈が実験則，信義則，取引の通念に反する場合には，法律問題であることを認めている（大判大2・11・20民録19輯983頁，大判昭4・12・18新聞3081号10頁，大判昭4・12・26新

聞3081号16頁)。これに対して，学説は，一般に法律問題であるとする。すなわち，当事者がどのような表現で意思を表示したか，どのような具体的事情のもとで表示行為をしたか，どのような慣習が存在していたかなどを確定することは事実問題であるが，法律行為の解釈は，確定された事実を基礎として，表示行為の合理的な意味や内容を確定することであり，事実に対する法的価値判断であるから法律問題であるとする。この問題は，民事訴訟法において，法律問題だけが上告理由となる点で重要な意義を有している（民事訴訟法312条）。

3　内容の実現可能性

(1)　実現可能性

法律行為の内容は，実現可能なものでなければならない。事実上または法律上実現不可能な内容の法律行為は，法がその実現に助力することができないので無効である。ドイツ民法は，「不能の給付を目的とする契約は無効とする」(306条)とし，スイス債務法は，「不能または違法な内容を有する契約，または善良の風俗に反する契約は無効とする」(20条1項)と規定する。

(2)　不能の意義

(イ)　不能を定める標準

不能かどうかは，社会観念によって決定される。物理的に不能な場合だけでなく，普通人の観念によって不能と考えられることも不能である。また，不能は確定的なものでなければならず，一時的に不能であっても可能となる見込みの多いものは不能ではない。

(ロ)　原始的不能と後発的不能

法律行為を無効とするのは，その法律行為がなされた当初から内容の実現が不能なものである。例えば，家屋の売買において，その家屋が契約締結時にすでに焼失している場合であり，これを原始的不能という。これに対して，法律行為がなされた後に不能となる場合，例えば，売買契約締結後，履行までの間に目的家屋が焼失した場合は後発的不能といい，債務不履行（民415条）および危険負担（民534条から536条）の問題を生ずるが，法律行為そのものは有効に成立する。

(ハ) 一部不能と全部不能

　法律行為の内容の全部が不能であるか一部が不能であるかによる区別である。一部が不能である場合には，その不能な部分については効力を生じないが，残りの部分も無効となるかどうかについては，民法に一般的規定がない。ドイツ民法は，「法律行為の一部が無効なときは，その全法律行為は無効である。但し，その無効な部分がなかったとしても法律行為がなされたものと認められるときは，この限りでない」とする(139条)。例えば，贈与の目的物の一部が滅失していたために，その部分が無効であっても他の部分は有効である。また，スイス債務法は，「瑕疵が単に契約の一部に関するものであるときは，無効の部分がなかったならば契約は締結されなかったであろうことが認められない限り，その部分のみ無効である」とする（20条2項）。わが民法は，ある権利が一定の期間以上存続することが許されない場合に，当事者がそれ以上の期間を約束するときは，許される期間に短縮すべきものと規定している例が多い(例えば，278条，360条，580条，604条など)。また，法律行為の中心的な内容の効力を消滅させる条件だけが不能である場合には，中心的な内容は完全に効力を生じ，不能な部分によって影響を受けないことが規定されている(133条2項，131条1項前段，2項後段)。民法にこのような規定がない場合については，不能な部分を条理によって補充し，なるべく法律行為の効力を維持するように解釈すべきである(我妻『新訂民法総則』262頁)。

4　内容の適法性

(1)　強行法規と取締法規

　法令中の公の秩序に関する規定，すなわち強行法規に反する法律行為は無効である。このことは，法律行為の制度の趣旨から当然であるが，民法91条の反対解釈からも導かれる。公の秩序に関する規定は，公の秩序または善良の風俗に関する規定（民90条）と同じ意味である。強行法規は，当事者の意思によって変更することを許さず，当事者の意思にかかわらず適用される。強行法規に違反する場合は無効であり，私法上の効力を生じない。違反するときは無効である旨を各法条の中に規定することは，立法技術上煩雑すぎるし，条文に明示しないときは，その効力を無効とするのに解釈上困難を伴うために，民法91条

に概括的に原則を設けたのである（梅『訂正増補民法要義総則編』203頁）。

　法律行為を無効にする規定が強行法規であり，一定の行為を禁止し，または制限することを目的とする法規が取締法規である。取締法規は，例えば，軽犯罪法や道路交通法に違反する事実行為と取引行為の両者を含む。取締法規には，違反行為に対して公法上の制裁を加えるにとどまり，その行為の私法上の効力を否定する趣旨でない単なる取締法規と，違反してなされた法律行為の私法上の効力をも否定する趣旨である効力法規とがある。強行法規は，民法91条にその根拠を有し，主として私法全体の通則的意義をもつのに対して，取締法規は主として行政法規について意義を有する。強行法規違反の私法上の効力は無効であるが，取締法規違反の私法上の効力は，各法条について検討しなければならない。取締法規は，一定の行為がなされないように防止することを目的とするのに対し，強行法規は，当事者が一定の行為によって達成しようとする私法上の効果の実現について国家が助力しないことを目的とする。しかし，処罰を受けるだけで，私法上の効力は認められるとすれば，処罰されるのを覚悟のうえで違反行為をする者もあるので，行為の私法上の効力をも否定することが，行為を防止するという目的からも有効であることが多い。その反面，行為の私法上の効力を否定することは，取引の安全を害するだけでなく，自分で契約したことを無効であると主張して義務を免れることもあるので公正を害する結果になる。したがって，取締法規違反の行為については，立法趣旨，違反行為に対する社会の倫理的非難の程度，一般取引に及ぼす影響，当事者間の信義公平などを検討して総合的に判断しなければならないが（我妻『新訂民法総則』264頁），取締法規の目的である公益上の要請と取引の安全とをいかに調和させるかが，最も重要な問題である。

(2) **判例の見解**
(イ) 無資格者の取引行為

　公益的見地から，一定の取引行為や営業をする場合に許可，認可，または免許などを必要としているときは，無資格者の取引行為は原則として有効である。営業区域外における無尽会社の営業行為(大判昭4・12・21民集8巻961頁)，食品衛生法による営業許可を受けていない食肉販売業者の精肉販売（最判昭35・3・

18民集14巻4号483頁），無免許自動車運送業者の運送契約（最判昭39・10・29民集18巻8号1823頁），取引に際しての手続に関する取締法規違反の事例として，証券取引法49条に違反して委託証拠金なしに信用取引によりなされた株式の売買（最判昭40・4・22民集19巻3号703頁），外国為替管理法30条，外国為替管理令13条に違反してなされた非居住者の居住者に対するドルによる貸付け，その債権の居住者に対する譲渡（最判昭40・12・23民集19巻9号2306頁），文化財保護法に違反する重要文化財の有償譲渡（最判昭50・3・6民集29巻3号220頁），独占禁止法19条に違反する拘束預金（最判昭52・6・20民集31巻4号449頁）などは，有効としている。

　これに対して，法律が特に厳格な標準によって一定資格のある者に限って営業ないし取引を許している場合には，その違反行為は私法上も無効とする。商品取引所の取引員のなした名板貸契約（大判大15・4・21民集5巻271頁），鉱業権者のなした斤先掘契約（大判昭19・10・24民集23巻608頁），弁護士法72条に違反する委任契約（最判昭38・6・13民集17巻5号744頁），自動車運送業者のなした名義貸契約（名古屋高判昭39・2・20下民集15巻2号315頁）などは，いずれも無効とする。但し，無効な名板貸契約によって，その名板貸人が第三者と締結した契約については，取引の安全を保護する必要があるので有効とする。大審院は，商品取引所の会員または取引員でない者のした取引所の売買取引の代理媒介または取次の契約に関する事案において，商品取引所法の規定は，「主として行政取締の必要上認可をえずしてかかる行為を営業となすことを禁止した法意に外ならないから，何人と雖も非営業としてこれをなすことは法の禁ぜざるところであり，営業としてこれをなした場合においてもその行為自体は何等の違法なく，私法上これをもって無効のものなりと断ずべきではない」（大判昭9・3・28民集13巻318頁）として，積極的に有効説を採るに至っている（柚木『判例民法総論（下巻）』47頁）。

　㈠　経済統制法規違反

　経済統制法規に違反する取引行為については，価格統制に違反する契約は，原則として統制価格を超過する部分について無効とする（大判昭20・11・12民集24巻115頁：公定価格を超える代金を準消費貸借とした事案；最判昭31・5・18民集10巻5号532頁：農地の売買契約において臨時農地価格統制令の定めた最高価格を

超えた事案)。この見解は，生活物資の公定価格は，その価格で供給されることを価格統制法は要求するという理由によって，公定超過価格による売買を公定価格による売買として効力を認めようとするのである。これに対して，物資統制違反については，所定の集荷機関，荷受機関，登録小売店舗等の機構を通じない取引の効力を認めず，臨時物資需給調整法に違反して無資格者が取引するのは無効であるとする(最判昭30・9・30民集9巻10号1498頁：煮乾いわしの無資格者による売買；最判昭40・12・21民集19巻9号2187頁)。

(3) 脱 法 行 為
(イ) 意 義

強行法規が禁止している事項を，強行法規の定めるところには違反しないようにして，他の方法によって達成しようとする法律行為を脱法行為という。脱法行為を明文で禁止する場合もある。例えば，利息制限法は，利息の天引の場合に，天引額が利息制限法の制限を超えるときは，その超過部分は元本の支払に充てたものとみなし(2条)，債権者が受ける元本以外の金銭は，礼金，割引金，手数料，調査料などの名目で支払わせた場合にも利息とみなすことにしている(3条)。また，農地法は，「小作料は，金銭以外のもので支払い，又は受領してはならない」(22条1項本文)とし，「どのような名目によるのであっても，前項の規定による制限を免れる行為をしてはならない」(22条2項)と規定する。

(ロ) 恩 給 担 保

恩給法11条は恩給を担保に入れることを許さず，民法が認める質権を設定できないだけでなく，他の手段を用いて担保とすることも許されないとしていた。(現在では，同法11条1項但書が置かれ，国民生活金融公庫および別に法律を以て定める金融機関に担保に供することを認めている)。そこで，恩給権者が債権者に恩給証書を渡して恩給の取立を委任し，その受領した恩給を債務に充当させ，その委任契約を債務の完済に至るまでは解除しないという方法によって，恩給権を担保に入れるのと同じ目的を達成できる。しかし，これは脱法行為であって無効であり，債務者(恩給権者)はいつでも債権者に対して，契約を解除して恩給証書の返還を請求することができる(大判大6・12・12民録23輯2079頁，大判昭

16・8・26民集20巻1108頁〔恩給受領復委任無効判決〕，最判昭30・10・27民集9巻11号1720頁）。昭和13年に恩給金庫法が制定され，現在では特定の金融機関，例えば，国民金融公庫から金を借り，その担保に恩給受給権を質に入れることが認められている（昭和29年に「国民金融公庫が行う恩給担保金融に関する法律」が制定された）。

(ハ) 譲渡担保

債権を担保するために，目的動産の所有権を債権者に譲渡し，債務者がこれを借りて引続き使用する形式をとる担保形態を譲渡担保という。交換価値を債権者が把握し，使用価値を債務者が利用するという担保物権としては抵当権があるが，抵当権の目的物は不動産に限られており，動産については利用できない。また，質権の場合には，動産質の設定要件として，占有改定することが禁じられており（民345条），その効力として流質契約も禁じられている（民349条）。物権編のこれらの規定は強行法規であるから，譲渡担保は脱法行為であるとする説が主張された。判例は，早くから譲渡担保を有効と認めてきた（大判大5・9・20民録22輯1821頁，大判大8・7・9民録25輯1373頁）。問題は，質権の2つの強行規定が，これを回避する結果を生じさせる担保方法をすべて否定する意味を有するか否かの判断によるというべきである。現在までの取引界の合理的な需要と，これに対する民法の質権制度の不完全さを考慮すれば，質権の規定は，担保の手段として質権を設定する場合にだけ適用され，その他の手段による場合には適用されないと解釈し，譲渡担保の有効性を認めるべきである。

譲渡担保が脱法行為でないとする根拠は，次のようなものである。すなわち，① 質権の設定について占有改定を禁ずることは，所有権の譲渡についてこれを許すことと調和しない。② 流質契約を禁ずることは，債務者を保護する方法としては形式的にすぎるというべきであり，譲渡担保を認めても債権者に清算義務を課すことによって債務者を保護することもできる。③ 譲渡担保において目的物を債務者にとどめて，使用価値を債務者に委ねておくことは，取引社会において重要な経済的機能を果している。

5 内容の社会的妥当性

(1) 公序良俗の意義

　法律行為の内容が強行法規に違反しない場合でも,「公の秩序又は善良の風俗に反する事項を目的とする」場合には,無効である (民 90 条)。法律行為の制度は,個人の意思行為によって各々の私法関係を規律させることが最も妥当であるという理想の下に成立するのであるから,法律行為の内容が個々の強行法規に違反しなくても,その社会の一般的秩序または一般的道徳観念に違反するものは無効である。善良の風俗に反する行為は無効であるというのは,ローマ法以来,すべての法制が認めており,法律上も明規している。法律において保護すべき事項は千差万別であり,その時代の社会状態の変化によっても不断に変化するものであるから,各々の具体的な行為について個別的に条文化することは不可能である。そこで,立法者は,抽象的標準を示すことによって,その適用については,裁判官の認定に委ねているのである。このように一般条項として規定することによってのみ,社会的事情の変化に即応した解決ができるのである。

　わが民法が,「公の秩序又は善良の風俗」と規定したのは,フランス民法に倣ったものである。フランス民法 1133 条は,「法律によって禁じられ,または善良の風俗もしくは公の秩序 (bonnes mœurs ou à l'ordre public) に反する原因は不法である」とし,1131 条は,不法の原因に基づく債務は無効であるとしている。ドイツ民法は,その編纂過程において,第 1 草案では法律行為の内容が公序良俗に反するときとされていたが,第 2 委員会が,「善良の風俗に反する法律行為は無効である」と改めて,民法 138 条 1 項となったのである。スイス債務法 19 条 2 項および 20 条 1 項も,ドイツ民法と同じく,「善良の風俗」(die guten Sitten) とするだけで公の秩序という用語を加えていない。また,英米法では"public policy"という。わが国の通説は,「公の秩序」とは,社会の一般的道徳観念を指すが,善良の風俗を維持することは国家社会の一般的利益に適し,また,国家社会の一般的利益はこれを尊重することが時代の道徳的観念に適するようになるので,両者を統一的に行為の社会的妥当性を意味するものと解釈している (我妻『新訂民法総則』271 頁)。法律行為の内容は,道徳に反すること

があるだけでなく，国家一般の利益に反することがあることから，公序良俗という観念を用いているのである。しかし，これに対して，柚木博士は，国家社会の一般的利益や社会的妥当性は取締規定によっても保障されるところであるにもかかわらず，このような取締規定に反する法律行為は無効とならず，逆に，このような規定のない場合における一般的利益や社会的妥当性に違反する行為は無効となるとするのは権衡を失するとする。そして，強行規定の違反がない場合にその法律行為が無効となるのは，単に国家社会の一般的利害が害され，もしくは社会的妥当性に反したというだけの理由では足りず，人間の社会生活の基調である社会的道徳観念に違反したという理由に基づくというのでなければ首尾一貫しないとする。また，判例において民法90条が問題となった事例のすべてが，道徳観念ないし倫理則に関するものであって，単純に国家社会の一般的利益に反するという理由で法律行為を無効とした事例を見ることができないという事実からもこの間の消息を知ることができるとする。したがって，「公の秩序又は善良の風俗」とは，単にフランス民法上の文字に倣ったものに止まり，その真義は一般的倫理観念を意味するものであるとする（柚木『判例民法総論（下巻）』49頁）。一般的倫理観念というのは，国民の中に事実上行なわれている平均的な倫理的要請を意味する。裁判官は，その個人的な思想や道徳観念によって判断すべきではなく，また一党一派の観念に従って決定すべきでもないのであって，社会の中に事実上支配している平均的道徳観念に従って判断しなければならない。ドイツの判例は，「支配的な国民意識」(das herrschende Volksbewusstsein) ないし「衡平かつ適正に考えるあらゆる人々の礼儀感情」(das Anstandsgefühl aller billig und gerecht Denkenden) を一般的な標準とすべきものとしている（ドイツ民法826条は，「善良の風俗に反する方法で他人に対し故意に損害を加えた者は，その他人に対し損害を賠償する義務を負う」とする。138条1項とは，法律効果を良俗違反と結合している点で共通であり，良俗違反の概念も同一であるが，両者は，要件，効果および目的を異にしている。詳細については，齋藤修「ドイツ不法行為法」判タ389号35頁参照）。

(2) **公序良俗に反する事項を目的とする法律行為の意義**

公序良俗に反する事項を直接の内容とする法律行為だけでなく，その法律行

為に条件や対価が付けられることによって公序良俗に反する場合も含む。また，動機が公序良俗に反する場合にも，それが表示されるか，相手方が知っている場合には，法律行為の内容が公序良俗に反するとするのが従来の多数説である（柚木『判例民法総論（下巻）』51頁，我妻『新訂民法総則』284頁，松坂『民法提要総則』206頁など）。

　法律行為の動機ないし目的に違法性がある場合を動機の不法という。そのような行為によって違法な結果が生ずる場合には，行為全体が反社会性を帯びることになり，そのような行為について国家がその実現に助力すべきではない。しかし，他方において，違法な動機が当事者の一方の内心にあるにとどまり，相手方が違法な動機を知りえない場合にまで法律行為を無効とすることは，取引の安全を害することになる。この2つの法の要求をいかに調整するのかが問題となるが，「動機の違法性の程度と相手方の関与ないし認識の程度との相関関係」（四宮『民法総則』204頁，四宮・能見『民法総則』235頁）に基づいて個別的事情を斟酌して決定するのが妥当である。

　判例は，不法な動機が存在する場合について，相手方が不法な動機を認識していたときには，法律行為を無効としている。例えば，① 当事者が動機を法律行為の内容とした場合（大判大9・5・28民録26輯773頁：有配偶者の婚姻予約維持のための扶養料支払契約），② 当事者双方が通謀して，第三者を害しようとした場合（最判昭36・4・27民集15巻4号901頁：XがY₁から買った山林が未登記であることを奇貨として，他の山林のことでXに恨みを抱いていたY₂がY₁を説得し，横領を企ててこれを買い受ける行為），③ 一方当事者の不法な動機を相手方が知っていた場合（大判昭13・3・30民集17巻578頁〔賭博債務弁済資金貸借無効判決〕：賭博によって生じた債務の弁済のための金銭消費貸借契約）などは，無効としている。これに対して，不法な動機を相手方が知らない場合には，有効としている。例えば，賭金債務の弁済のためであることを相手方が知らないでなされた金銭消費貸借契約は有効である（東京控判大元・11・21新聞844号23頁）。

(3) 公序良俗に関する判例の分類

　公序良俗に反する行為の具体的内容を列挙することは，不可能である。社会の秩序も道徳観念もその具体的な内容は社会的状況の変化に伴って変遷するも

のであるから，民法90条の規定は抽象的な規定にせざるをえない。しかし，法律の適用には法的安定性を確保することも要請され，従来の判例に現われた主要な行為類型を整理することは，価値判断の適正化に役立つのである。

(イ) 内容上当然に公序良俗に反する行為

(a) 正義の観念に反する行為

犯罪その他の不正行為をなすこと，またはこれらの行為を教唆し幇助することを内容とする契約は無効である。贓物売却の委託に関する契約(大判大8・11・19刑録25輯1133頁)，競売や入札に際しての談合(大判大5・6・29民録22輯1294頁〔入札〕，大判大6・4・27民録23輯706頁〔競売〕)などは無効である。談合の示談金を準消費貸借とする契約も無効であるが(大判昭14・11・6民集18巻1224頁)，競買申出や競落そのものは公法行為であり，当然には無効とはならない(大判昭16・2・25新聞4673号7頁)。このほか，団体の規則に刑法上の脅迫罪に該当する団体的絶交(村八分)の制裁を設けるのも無効である(大判昭3・8・3刑集7巻533頁)。賭博によって生じた債務を本人に代って弁済することを和解契約によって債権者に約束する行為(最判昭46・4・9民集25巻3号264頁)，および資金の提供を約束する行為(最判昭61・9・4判時1215号47頁)は無効である。賭博によって生じた債権が譲渡された場合には，債務者が異議をとどめずに債権譲渡を承諾したときでも債務者は債権の譲受人に対して，無効を主張できる(最判平9・11・11民集51巻10号4077頁)。刑法上の犯罪ではないが強行法規に違反する場合にも公序良俗に反することがある。例えば，アラレ菓子の製造販売業者が硼砂が有毒物質であり，これを混入して製造したアラレ菓子の販売を食品衛生法が禁止していることを知りながらこれを製造し，その販売業者に継続的に売り渡す契約は，無効である(最判昭39・1・23民集18巻1号37頁〔有毒アラレ事件〕)。

株式の売買で損失が出たときは穴埋めをするという損失保証契約は，平成3年の証券取引法の改正前で刑罰規定がなかった平成2年当時に締結されたものも公序に反し無効である(最判平9・9・4民集51巻8号3619頁は，損失保証は，証券市場における価格形成機能をゆがめるとともに，証券取引の公正および証券市場に対する信頼を損なうものであって，反社会性の強い行為であるとする)。

憲法が保障する法の下の平等の原則(14条)や民法解釈の原則である個人の尊

厳と両性の本質的平等の原則に反する場合も公序良俗に反する。例えば，企業経営上の観点から定年年齢において女子を差別しなければならない合理的理由がないのに女子の定年年齢を55歳として男子の60歳より低く定めた就業規則（最判昭56・3・24民集35巻2号300頁）が，これにあたる。また，会社が女子の採用にあたり結婚により退職したり（東京地判昭41・12・20判時467号26頁），結婚後の出産により退職する（大阪地判昭46・12・10判時654号29頁）旨の念書を提出させることも公序良俗に反する。なお，犯罪を犯すことを条件として金員を贈与する契約のように，不法の条件を附した法律行為は無効である（民132条前段）。

(b) 人倫に反する行為

① 親子間の道徳に反する行為は無効である。例えば，成年の子が父と離婚した母を同居させた場合には父に対しては違約金を支払うことを約束した父と子の間の和解契約は無効である（大判明32・3・25民録5輯3巻37頁）。

② 婚姻秩序および性道徳に反する行為

婚姻の純潔を冒し，一夫一婦制を乱す関係を内容とする行為は無効である。例えば，(i)妻のある者が，他の女性に対して，妻と離婚した場合には婚姻する旨を約束し，婚姻をなし入籍するまで扶養料を支払う旨を約束する行為（大判大9・5・28民録26輯773頁），(ii)私通関係が存続するかぎり貸主は返還を請求しないが，解消すれば直ちに返還を請求するという不倫な関係の維持を目的とする金銭消費貸借契約（大判昭9・10・23新聞3784号8頁），(iii) A女と私通関係にあったXに対して，Aの祖父YがAとの私通を絶つ対価として金員を贈与した契約は無効である（大判大12・12・12民集2巻668頁：このような行為を有効とすれば私通を奨励する結果を生ずることになるとする）。これに対して，判例は，不倫な関係を止める際に手切金ないし慰謝料として金銭を贈与する契約は有効であるとする（大判大4・5・15新聞1031号27頁；大判昭12・4・20新聞4133号12頁など）。学説は，この区別は困難であり，前者も無効とするほど不当ではないとするのが多数説である（我妻『新訂民法総則』272頁，松坂『民法提要総則』208頁，四宮『民法総則』200頁，四宮・能見『民法総則』231頁など）。しかし，不倫な関係を止めることは人としてなすべき当然の人倫であり，人倫の遂行を対価と結合させることは，違法な関係を適法に戻すために金銭を与えることになり，善良の風

俗に反するというべきである（柚木『判例民法総論（下巻）』82頁は，「全体の合意に非倫の色彩を与える」とする）。また，最高裁判所は，不倫な関係にある女性に対する遺産の3分の1の包括遺贈が，不倫な関係の維持継続を目的とするものでなく，もっぱら女性の生活を保全するためのものであり，相続人の生活の基盤を脅かすものでないときは，公序良俗に反しないとする（最判昭61・11・20民集40巻7号1167頁）。判例は，一般論としては，不倫な関係の維持を目的とするかどうかによって区別するとともに，具体的な当事者の諸事情，すなわち，夫婦の関係，女性との交際状況，贈与時期，贈与目的，贈与額，妻および子に対する影響などを総合的に考慮して反公序良俗性の判断をしている。なお，一部の国において，女性に報酬を払って代理母を引受けさせるのを仲介する業者があるが，このような契約も反倫理的であり公序良俗に反する。

③ 著しく射倖的な行為　射倖契約は，その程度が著しくなると公序良俗に反する。賭博，富くじ，馬券などはこれにあたる。一部の者だけが偶然の全面的な利益を得て，他の者は完全に損失のみを被るという場合は，公序良俗に反する（大判大5・8・12民録22輯1646頁〔講契約〕）。これに対して，基本的には全員の受ける利益に大差がなく，付随的な点についてのみ利益と損失とが分属する場合には，公序良俗に反しない（大判明36・6・30民録9輯818頁）。著しい射倖行為でも，法律が特別に公認するときは，反公序良俗性を阻却する。

④ 詐欺的商法　ネズミ講（無限連鎖講：長野地判昭52・3・30判時849号33頁，広島高判昭61・10・23判時1218号83頁，名古屋高金沢支判昭62・8・31高民集40巻3号53頁），マルチ商法（連鎖販売取引：大阪地判昭55・2・29下民集32巻5～8号588頁），金地金の先物取引（最判昭61・5・29判時1196号102頁），原野商法（名古屋地判昭63・7・22判時1303号103頁）などは，いずれも不公正な取引方法による取引行為であり無効である。これらの詐欺的商法では，顧客のリスクに関する説明がなされず，誇大な説明や宣伝を行ない，強引または巧妙な勧誘方法が用いられる点で共通の特徴がある。

(ロ)　自由を極度に制限する行為

個人が自由意思に基づいて契約を締結し，これによって債務を負担することは，常に自由を拘束されることになるが，一定限度においては禁止すべきではない。しかし，その程度が甚しく個人の向上発展を妨げるようになれば，その

契約は公序良俗に反し無効である。

① 芸娼妓契約

　芸娼妓契約とは，酒宴の席などで客をもてなし，娼妓として働かせることを目的とする契約である。娘の親が抱え主から前借金をし，娘が稼働して得る所得を前借金債務の弁済に充てるという形式をとるのが通例であり，実質的には人身売買である。判例は，大審院時代には，当初は契約を全部無効とするものもあったが，その後，芸娼妓契約は，金銭の貸借とその弁済方法として芸娼妓をすることとの2つの部分から構成されるとし，両者が不可分であれば金銭の消費貸借についても無効であるが，不可分でなければ，金銭消費貸借契約は有効であるとしていた。このように解釈したのは，前借金を踏み倒して娘を食い物にする悪徳な親を保護することを防ぎ（大判大10・9・29民録27輯1774頁），芸妓を誘拐したり逃走させたりした第三者が抱え主の債権を侵害したことにならないのは不当であるからである（大判大7・10・12民録24輯1954頁，大判昭3・2・6刑集7巻83頁）。これに対して，最高裁判所は，16歳に達しない娘の親が，妻名義で料理屋業を経営している者から4万円を借り，その弁済方法として娘を酌婦として住み込ませ，その報酬の半分を弁済に充てると約した場合は，その酌婦として働く契約の部分は公序良俗に反して無効であり，消費貸借と酌婦としての稼働とは密接に関連して互いに不可分の関係にあるから，契約の一部たる稼働契約の無効は，契約全部の無効を来すとする。したがって，消費貸借は無効であり，かつ不法の原因が受益者についてのみ存したものをいうことはできないから，民法708条本文により，交付された金員の返還請求は許されないとした（最判昭30・10・7民集9巻11号1616頁〔前借金無効判決〕）。芸娼妓契約に関する取締が徹底し，社会一般のこれを排斥する思想も強くなった現在においては，それに関連してなされる金銭の授受に対して法的保護を一切与えないことが妥当であり，多数説も最高裁判所の見解を支持している。近時においては，芸娼妓契約という従前の形式の契約に代って，ホテトル（東京地判昭62・12・18判時1275号41頁）やデートクラブなどの巧妙な形式を用いて公序良俗に反する契約が行なわれている。

② 営業または労働の自由の制限

　判例は，競業をしない旨の契約は，制限が時期，場所または営業の種類のい

ずれかについて限定されておれば有効であるとする（大判明32・5・2民録5輯5巻4頁）。使用者と被用者との間の被用者が退職後一定期間一定区域内で使用者と同一業種の牛乳販売業をしないという**競業停止義務契約**も，その制限が，地域，営業の種類，時期のいずれかについて限定されておれば公序良俗に反しないとする（大判昭7・10・29民集11巻1947頁）。また，2年間，同一町内で，同一業種のパチンコ店の営業をしない契約も，期間および区域を限定し，かつ営業の種類を特定して競業を禁止するものであるから，合理的な制限の範囲内にあり公序良俗に反しないとする（最判昭44・10・7判時575号35頁）。

営業譲渡の場合には，譲渡人が譲受人に対して譲渡した営業を妨害しない旨の特約は当然のことを定めたものであり，商法25条の制限を受けるほか，その妨害行為禁止の地域および期間を制限しなくても有効である（大判大7・5・10民録24輯830頁）。

企業者が労働者を雇い入れるにあたり，特定の思想，信条を有する者をそのゆえをもって雇い入れることを拒んでも，それを当然に違法とすることはできない。企業者は，経済活動の一環としてする契約締結の自由を有し，自己の営業のために労働者を雇傭するにあたり，いかなる者を雇い入れるか，いかなる条件でこれを雇うかについて，法律その他による制限がない限り，原則として自由にこれを決定できるからである（最判昭48・12・20民集27巻11号1536頁）。

③　財産権の行使の制限

直接には物の流通の自由を制限することによって，間接には人の自由を制限することとなり，両者相まって無効原因となる場合がある。所有物の譲渡を永久に禁止する旨の合意が無効なことは，早くから判例が確立している。大審院は，当初，受贈者が土地所有権を絶対永久に他に譲渡しないことを約諾して土地の贈与を受けることは，物の融通を阻害し土地の改善を妨害し，その生産力を減少し国家の公益を害することが大きいから，公の秩序に反する事項を目的とする法律行為であるとして，その贈与を無効としていた（大判明32・3・15民録3巻20頁）。その後，これを負担付贈与として捉え，負担の内容が永久に所有物の処分を禁止するものであるときは，その負担契約は無効であるが，贈与契約は無効にならないとした（大判明45・5・9民録18輯475頁）。これに対して，物を譲渡しない旨の合意が，親族関係を有する者の間において，一方より，他方に

対しその終身間について物の使用収益の権利を確保するためになされる場合には有効であるとする（大判大6・10・10民録23輯1564頁）。なお，判例は，借地人が団結して，地主から単独で地所を買取り，または，地代値上げに応じないことを協定し，これに違反して買取った者は違約金を支払うべき旨の契約は無効であるとする（大判昭9・4・12民集13巻596頁）。しかし，学説には，(i)借地人がその土地買取の自由を自ら制限することは，借地人の自由を過度に奪うものではないこと，(ii)特定範囲の人である借地人が不買を約してもその土地の融通性を極度に害するものでないこと，(iii)家屋を所有し相当の生活を営める借地人間で不買の約定に500円の違約罰を付することは，約定を違法にさせるものではないこと（有泉『判例民事法』昭和9年度52事件評釈，柚木『判例民法総論（下巻）』75頁），(iv)経済的弱者が強者に対抗するために団結し，加盟者の経済活動の自由を制限することは，原則として合理的な制限として有効であると解すべきこと（石田穣『民法総則』306頁）などを理由として，批判するものが多い（川島『民法総則』241頁は，かりに結論は別としても本件判決の理由づけは，論理的に論証不十分であるとする）。

(ハ) 対価と結合することによって公序良俗に反する行為

契約によってある容態を反対利益と結合した場合に，倫理的感情がこの結合を許すべからざるものとして排斥するときは，その契約は公序良俗に反して無効である。その容態自体は公序良俗に反しないが，これと対価とが結合することによって，法律行為が反公序良俗性を帯びることになる。例えば，寺院の住職および檀家総代が，Aを後任の住職に推挙することを約束した報酬として，Aが寺院の負債を整理することを約束することは公序良俗に反し，その契約全体が無効である（大判大4・10・19民録21輯1661頁：寺院の住職は，社会上清高たるべき職であり，住職に推挙する報酬として寺院の財政整理をすることは，公益上および社会の風教上有害視すべき事項であるとする）。公務員の職務行為について報酬を与える契約も無効である。真実の証言をすることの対価として金員を支払う旨を約束するのも無効である（最判昭45・4・21判時593号32頁）。また，当然してはならない行為をしないことを条件とする契約も無効である。例えば，名誉毀損の行為をしないことを条件として金員を贈与する契約は無効である（大判明45・3・14刑録18輯337頁）。

㈡ 暴利行為

　他人の無思慮，窮迫，無経験などに乗じて不当な利益を得る行為を暴利行為という。ドイツ民法138条2項は，「他人の強制状態，無経験，判断能力の欠如または著しい意思薄弱に乗じて，自己または第三者に給付の対価として給付と著しく不均衡な財産的利益を約束または供与させる法律行為は無効である」と規定している。また，スイス債務法21条1項は，「当事者の一方によって相手方の窮迫，未熟または軽率に乗じてなされた契約の締結によって，給付と反対給付の間に明らかな不均衡が生じるときは，被害者は1年以内に，その契約を遵守せず，かつ，すでに給付したものの返還を請求する旨を宣言することができる」と規定する。暴利行為は，公正な自由競争の精神に反し，経済的強者が弱者の犠牲によって法外な利益を得ることを目的とするものであるから，公序良俗に反して無効である。

　① 高利の契約　　金銭消費貸借上の高利については利息制限法に規定があり，制限を超過する限度で無効である（1条1項）。したがって，原則として，高利の消費貸借契約が全体として無効となることはない（最判昭28・12・18民集7巻12号1470頁）。しかし，著しく高利である場合には，事情によっては，消費貸借契約自体を無効とすべきである。

　② 賠償額の予定　　民法420条は，債務不履行について賠償額の予定ないし違約金を認め，当事者の自由に委ねている。利息制限法は，賠償額の予定について，利息の最高限の2倍を超えるときは，その超過部分を無効とするが（4条1項），それ以外の債務不履行による賠償額の予定については，暴利行為になる場合には，賠償額の予定自体を無効とすべきである。

　③ 代物弁済予約　　かつて金銭消費貸借契約において，貸主が借主の窮迫に乗じて短期間の弁済期を定め，期限に弁済しないときは貸金額の数倍の価値のある不動産を代物弁済することを約束させるという形式の契約が用いられた（最判昭27・11・20民集6巻10号1015頁：貸付期間1か月で5,000円を貸し，時価3万円の不動産を代物弁済予約した。；最判昭32・2・15民集11巻2号286頁：貸付期間1か月で35万円を貸し，時価306万円の不動産を代物弁済予約した）。しかし，その後，判例は，代物弁済予約の担保的機能を直視し，契約時における不動産の価額と弁済期までの元利金額とが合理的均衡を失するようなときには，目的不

動産を換価処分して債権の優先弁済を受け，残額は債務者に返還すべきものとした（最判昭 42・11・16 民集 21 巻 9 号 2430 頁）。さらに，判例は，目的不動産の換価額が被担保債権額を超えるときは，常に清算すべきものとした（最大判昭 49・10・23 民集 28 巻 7 号 1473 頁）。そして，仮登記担保契約において，予約完結権を行使した仮登記担保権者が清算義務を負担し，換価処分の時までは債務者に目的不動産の取戻権が認められる結果，原則として清算金支払義務の現実の履行が確保されるので，特段の事情のない限り，仮登記担保契約が暴利行為に当たるとして民法 90 条に違反すると解することは相当でないとした（最判昭 50・4・10 判時 782 号 40 頁）。この問題については，昭和 53 年に「仮登記担保契約に関する法律」が制定され，これによって清算義務を明記し（同法 3 条），判例理論を立法化している。

　④　ホステスの債務保証契約　　クラブやバーのホステスが，顧客の債務について経営者に連帯保証や債務引受をする契約を締結する場合に，公序良俗に反して無効かどうかが問題となる。裁判例は，契約を無効とするもの（東京高判昭 52・6・29 判時 863 号 51 頁，大阪高判昭 54・3・29 判時 937 号 49 頁，大阪高判昭 55・11・19 判タ 444 号 127 頁，大阪高判昭 56・5・13 判タ 454 号 97 頁など）と，有効とするもの（福岡高判昭 45・5・25 高民集 23 巻 3 号 311 頁）に分かれているが，無効説に立つものが多い。最高裁判所は，なじみ客の特定債務についてクラブから支給される報酬以外の特別の利益を得るため，任意に保証契約を締結したという特殊の事情を重視して，公序良俗に反するものとはいえないとした（最判昭 61・11・20 判時 1220 号 61 頁）。無効説は，①経営者の優越的地位の利用による危険の転嫁，②強制労働，および，③退職の自由の制限，などを根拠としている。これに対して，有効説は，①ホステスの給料が一般有職女子の給与水準に比べて高いこと，②ホステスの連帯保証は一般に行なわれており，これを承知で働いていること，③なじみ客の身元や支払能力については，その指名を受けて接客にあたったホステスの識別に依存するほかなく，支払能力があることを前提として経営者に掛売を求めたこと，④掛売をして保証した場合には，固定給のほかにバックマージンを支給されたこと，などを根拠としている。経営者の優越的地位によって保証を一方的に強制することになる場合には，原則として公序良俗に反し無効となるが，ホステスに掛売のリスクを負担させることが不合理

ではないような特段の事情がある場合には，必ずしも公序良俗に反するものではないと考えられる。例えば，経営者が顧客を信用していないのにホステスが掛売を求めたとか，顧客との特別の関係に基づいてホステスが任意に債務保証することに無理からぬ事情があるような場合である。

〔4〕 意思表示

1 意義

(1) 意思表示の成立

　意思表示は，法律行為の不可欠の構成要素であり，一定の法律効果の発生を意欲する意思を示すために外部に表示する行為である。意思表示は，意思主義の立場から心理的成立過程にそくして分析されてきた。すなわち，AがBの所有する土地を買おうとする意思表示をする場合には，まず，Aが何らかの理由によって土地を買おうという意思を形成する。例えば，土地の上に家屋を建築して居宅にするためとか，賃貸マンションを建築して家賃を得るためとか，将来の地価の上昇を待って売却益を得るためとかいった理由があり，これらはいずれも土地を買うという効果意思の形成にあたって動機として作用している。換言すれば，一定の動機によって，買いたいという内心的効果意思が形成されているのである。但し，法律上は効果意思が形成されて存在することが要求されているだけであり，原則として効果意思を形成するための動機については評価しない。次に，Aは土地を買いたいという内心的効果意思をBに対して表示しようとする表示意思を有する。表示意思は，内心的効果意思と表示行為とを心理的に媒介する意識作用である。表示意思を意思表示の要素とすべきか否かについては見解が分かれており，多数説は，不要説に立っている（我妻『新訂民法総則』241頁，四宮『民法総則』157頁など）。すなわち，行為者が推断された効果意思をもたないときは，その理由のいかんを問わず，これを同一に取り扱うべきものと考えるからである。例えば，友人にあいさつをするつもりで手を挙げたところ，タクシーの運転手が乗客であると思って停車したような場合には，タクシーに乗るという内心的効果意思自体が存在しないのであるから，表示上

の効果意思に対応する内心的効果意思を欠缺しており，錯誤として捉えて無効とすれば足りる。確かに，物を買うという場合には，心理的過程としては，買う意思を決定し，次に売主に対して電話をしたり手紙を書いたりする意思によって表示行為をなすのが通常の経過であるから，表示意思は実際上も存在していると考えられる。しかし，内心の要素を意思表示の要件とすることは，取引の安全を保護すべき要請の強い領域においてはできるだけ回避することが妥当であるだけでなく，表示意思の欠如は，意思の欠缺として処理することが可能であるので，意思表示の要素としては，効果意思と表示行為のみで足りると解すべきである。効果意思を表示するのにふさわしい行為をなそうとする行為意思によって，具体的な表示行為として外部に発表する行為を行なうことになる。このような自己の効果意思を外部に発表する行為が表示行為である。実際上は，例えば，電話をして買うと言ったり，その旨を手紙に書く行為をなすことになる。表示行為に示された意思表示から，その表示行為によって一定の法律効果の発生を欲する意思があることを認識できる。このような表示行為によって外部から推断される効果意思を表示上の効果意思という。

　意思表示は，私的自治を実現するための法律上の手段である法律行為の不可欠の要素であり，法律効果の内容は，原則として効果意思の内容によって決定される。法律行為の効力の源泉に内心的効果意思があり，表意者の主観からも内心的効果意思が最も重要な要素である。しかし，社会生活においては，個人の外形的行為によって取引がなされ，相手方も行為を信頼して活動するのであり，個人の内面的な精神的作用は，行為として表われない限り，原則として行為を規律することを目的とする法の世界の対象となりえない。すなわち，内面的な精神的作用は，外部に表示されて初めて法的意義を有し，外部に表示された行為が一定の効果意思を表示するものとして価値を認められるときに，その行為に法律効果を認めるのである。意思表示の成立要素としての効果意思は，表示上の効果意思であり，内心的効果意思の存在は意思表示の有効要件と見るべきである。表示行為が意思表示の中心的要素であり，意思表示は個人間の生活関係を適切に規律するための規範を形成するためのものであるから，表示行為を中心として，その客観的な意味を確定することが重要である。

(2) 意思表示の効力

意思表示の構成要素の中で，効果意思が法律効果を発生させる源泉であるが，表示上の効果意思に対応する内心的効果意思がない場合に，その意思表示の効力が生ずるか否かについてはドイツ普通法以来議論のあるところである。意思主義は，意思を重視して，内心的効果意思がない場合は，意思表示を無効とする。これに対して，表示主義は，表示を重視して，取引の安全のために表意者は表示上の効果意思に拘束されるべきであり，内心的効果意思の有無を問わずに意思表示通りの効果を認めるべきものとする。また，折衷主義は，一般的には真意と表示との一致を必要とするが，相手方を保護すべき場合には，表意者は表示された効果意思に拘束されるものとする。すなわち，表意者の真意と符合しない意思表示であっても，その外形が存在する以上，相手方は，この外形から判断して真意が表示されたものと信頼して意思表示をするのである。したがって，このような場合には，過失なくして外形を信頼した相手方を保護して取引の安全を図ることが必要である。

わが民法は，ドイツ民法第1草案を通じてドイツ普通法上の意思主義を基本的に受け入れた結果，取引の安全保護に対する考慮は少なく，当事者の意思を尊重しようとする思想が強く表われている。例えば，民法95条は，錯誤を無効としており，詐欺や強迫を取消しうるとしていることからも基本的には意思主義に立っているといえる。しかし，心裡留保（民93条）については表示主義を採用し，詐欺による取消については表示主義の立場から制限を加えており，全体としては折衷説に立っている。いずれの立場によるかは立法政策の問題であるが，近時の通説および判例は，取引の安全を保護するために表示主義を重視しようとする傾向を示している。但し，身分上の法律関係においては，表意者の真意を尊重することが必要であり，原則として意思主義によるべきである。

2 意思の欠缺

意思表示において，表意者の表示上の効果意思に対応する内心的効果意思が存在しない場合を意思の欠缺という。表意者がその不一致を知っている場合として，単独に表示する心裡留保（単独虚偽表示）と相手方と通謀してなす虚偽表示（通謀虚偽表示）がある。また，表意者がその不一致を知らない場合として，

錯誤がある。

(1) 心裡留保

(イ) **心裡留保の意義および成立要件**

表意者が表示に対応する真意のないことを知って意思表示をなすことを心裡留保という(民93条)。表意者が表示されたことを欲しない旨を内心に留保することから，この名称がある。心裡留保が成立するためには，① 意思表示があったこと，② 表示上の効果意思と内心的効果意思とが符合しないこと，③ 表意者が表示と真意の不一致を知っていること，である。

(ロ) **効 果**

心裡留保は，原則としてその意思表示の効果に影響を及ぼさない（民93条本文）。表意者が内心の留保を援用することは信義に反することであり，相手方に不測の損害を与えないために表示されたとおりの効力を生ずることとした。心裡留保による意思表示をした者は，内心の意思と異なる表示を意識的にしたのであるから，それから生ずる結果については責任を負わせるべきだからである。但し，例外として，相手方が表意者の真意を知りまたは知ることを得べかりしときは，その意思表示は無効とされる（民93条但書）。この場合には，相手方を保護する必要がないので，表意者の内心の意思がないことから意思表示を無効とするのである。相手方の悪意および過失の立証責任は，無効を主張する表意者にある。心裡留保が例外として無効とされる場合に，この無効をもって善意の第三者に対抗することができるかについては，対抗力を認めることは取引の安全を害するので，虚偽表示における民法94条2項の趣旨を類推して善意の第三者を保護すべきである。

(ハ) **適 用 範 囲**

(a) **相手方のない意思表示** 心裡留保の場合には通謀を要しないので，相手方のない意思表示についても適用される。認知のような単独行為(大阪控判明42・7・8新聞592号13頁)や会社の設立行為である定款の作成のような合同行為(大判昭7・4・19民集11巻837頁)にも適用され，93条但書が適用されることはないので本文の原則通り常に有効となる。株式の申込については，商法に規定がある（商法175条5項）。

(b) 身分行為　婚姻や縁組のような当事者の真意を絶対的に必要とする身分上の行為には，適用されない。判例は，養子縁組が効果意思を欠く場合は，旧法851条1号（現民法802条1号）によって絶対的に無効であり，93条但書を適用する必要はないとする（最判昭23・12・23民集2巻14号493頁）。

(c) 代理人と相手方の通謀虚偽表示　虚偽表示の場合には，心裡留保に必要な要件のほかに相手方との通謀を必要とするところから，表意者が相手方の代理人と通謀した場合には，相手方本人が善意無過失であるときは，表意者の心裡留保として捉えて有効であるとするのが判例および多数説の立場である。この問題については，虚偽表示の箇所（211頁）で論述する。

(d) 代理人の権限濫用　代理人や法人の代表機関が自己または第三者の利益を図る意思で権限を濫用して相手方と法律行為をなした場合の効果が問題となる。判例は，相手方がその濫用を知り，または知りうべきものであったときは，民法93条但書の規定を類推して，相手方は本人に対して代理の効力を主張することはできず，本人は代理行為の無効を主張することができるとする（最判昭38・9・5民集17巻8号909頁；株式会社の代表取締役が，自己の利益のために会社の代表者として法律行為をなした；最判昭42・4・20民集21巻3号697頁：製菓原料店の主任が，仕入商品である練乳を他に転売してその差額を得る目的で，主任の権限を濫用して買い入れた）。通説も判例と同様に解するが（我妻『新訂民法総則』345頁は，このような場合にも行為の法律効果を本人に帰属させようとする意思は存在するというべきであり，代理行為の成立には影響がないはずであるが，このような背任的意図をもっていることを相手方が知りまたは知りうべかりしときは，本人の利益をはかることが適当であるとする。松坂『民法提要総則』261頁，幾代『民法総則』311頁），学説は分かれている（詳細については，代理権の濫用の箇所（271頁）で論述する）。

(2) 虚偽表示

(イ) 虚偽表示の意義

虚偽表示は，相手方と通謀して真意でないことを知ってなした意思表示である（民94条1項）。通謀虚偽表示ともいう。例えば，債権者からの差押を免れるために，売買の意思がないのに売買を仮装して名義を移転する場合であり，刑

法上の強制執行免脱罪（刑法 96 条の 2）となり，民法上は債権侵害による不法行為（民 709 条）となることがある（大判大 5・11・21 民録 22 輯 2250 頁）。

(ロ)　虚偽表示の成立要件

①　意思表示が存在すること　　証書の作成や登記などによって，第三者からみて意思表示としての価値のある外形が作られることが必要である。消費貸借や質権設定契約などのような要物契約の場合でも，金銭の授受や目的物の引渡などが外形的に行なわれることを要件としないとするのが，通説および判例である（大決大 15・9・4 新聞 2613 号 16 頁：金銭の授受を伴わない仮装の公正証書による消費貸借上の債権を善意で譲り受けた事案；大判昭 6・6・9 民集 10 巻 470 頁：仮装の消費貸借に伴なう目的物を引渡さず，単に登記をしただけの不動産質権について，その債権と質権を善意で譲り受けた事案）。要物契約が成立したような外形が作られ，第三者がこれを信頼するのが正当な場合には，第三者の信頼を保護すべきだからである。

②　表示上の効果意思と内心的効果意思とが符合しないこと　　意思表示の法律的効果と当事者が達成しようとする経済的目的とが一致しなくても虚偽表示ではない。譲渡担保については，債務者が弁済しない場合に債権者が容易に処分できるようにするために所有権移転の効果を生じさせる意思で売買をするときは，債権担保という経済的目的を所有権譲渡という法律的手段によって達成しようとするものであり，所有権譲渡の意思表示は真意を伴っており，信託的法律行為として有効である。但し，抵当権設定の意思があるだけで売買を仮装したり，抵当権設定の意思もなく債務者が処分できないようにする目的で債権者所有名義とするにすぎない場合には，虚偽表示となる。債権取立のための債権譲渡についても，制度上不可能であるために他の法形式を利用することによって類似の法的効果の発生を意欲するものであり，相互に移転の効果を生じさせる意思を有しているので虚偽表示とすべきではない。また，入会権における総有関係を登記する方法がないため，単に登記の便宜から登記簿上一部の者の共有名義にした場合にも，仮装の売買があったとはいえない（最判昭 43・11・15 判時 544 号 33 頁）。

③　相手方との通謀があること　　虚偽表示が成立するためには，相手方との通謀が必要であり，この点で心裡留保と異なる。必ずしも契約であることは

必要ではなく，例えば，取消や債務の免除のような相手方のある単独行為であってもよいが，相手方のあることおよびこの相手方との間に通謀があることが必要である。判例は，解除に虚偽表示の規定が適用されるとする（最判昭31・12・28民集10巻12号1613頁）。これに対して，合資会社の設立行為である定款の作成は，相手方のない合同行為であるから心裡留保になりうるに止まり，虚偽表示となることはないとする（大判昭7・4・19民集11巻837頁）。但し，財団法人を設立するためにされる寄附行為は，相手方を必要としない単独行為であるが，その一環をなす財産出捐行為が財団法人設立関係者の通謀に基づいてなされた仮装のものであるときは，当該寄附行為について民法94条の規定を類推適用して無効とする（最判昭56・4・28民集35巻3号696頁）。このほか，借地上の建物を目的物とする仮装の売買契約が締結された場合には，特別の事情のない限り，借地権の仮装譲渡を伴なうものとみられる（最判昭39・12・11民集18巻10号2127頁）。

　判例は，代理人が本人を欺すつもりで相手方と通謀して，相手方を債務者とし本人を債権者とする仮装の借用証書を作成し，これを本人に交付したような場合についても，民法94条は適用されず，民法93条本文が適用されるとする。すなわち，いかなる代理人も相手方と通謀して本人を欺罔する権限を有せず，相手方は代理人を本人に対する伝達機関として真意でない意思表示をしたことになるので，本人が相手方の真意を知りまたは知りうべき場合でない限り，相手方の意思表示は有効であるとする（大判昭14・12・6民集18巻1490頁；大判昭14・9・22新聞4481号7頁も同旨）。学説は，判例がその代理人は意思表示の伝達手段にすぎないということを根拠とすることに対して否定的である（我妻『新訂民法総則』349頁，柚木『判例民法総論(下巻)』120頁）。また，判例のように代理人と相手方の通謀虚偽表示を相手方のみの心裡留保と捉えることは，実態に適合しないだけでなく，代理人には相手方と通謀して本人を欺す権限がないとすることは，代理人の権限濫用の場合にも，常に本人に責任がないという結論になりかねないので妥当ではないとする見解が主張されている（四宮『民法総則』162頁）。学説は，分かれており，第1説は，表意者が相手方の代理人と通謀しても，相手方自身が善意無過失であるときは虚偽表示にならず，心裡留保（民93条本文）の規定が適用されるとし，表意者は相手方に対して効果意思の存在を仮

装していることについては，代理人が媒介せずに直接相手方に意思表示をなした場合と異ならないのであるから，表意者はその行為の仮装性を援用できず，その行為の効力に拘束されなければならないとする（柚木『判例民法総論（下巻）』120頁）。第2説は，意思の欠缺は代理人について定めるべきであるから，代理人が相手方と通謀して虚偽の行為をしても効力を生ぜず，善意の本人も第三者の地位を取得しないとする（我妻『新訂民法総則』349頁）。第3説は，代理人の虚偽表示は，民法101条1項により，本人に無効行為として帰属するが，代理人が本人を欺すとか害するつもりで相手方と通謀して虚偽表示をし，本人がそのことについて善意無過失である場合には，相手方は信義則上，虚偽表示の無効を本人に対抗しえないとする（四宮『民法総則』162頁）。

(ハ) 効　果

(a) 当事者間における効果　　虚偽表示は，当事者間においては無効である（94条1項）。当事者は相互に内心的効果意思を有していないので，法的拘束力を認める必要はないからである。したがって，当事者は，無効の確認を求め，虚偽表示の外部的表象の廃棄を請求することができる。しかし，虚偽表示には，他の行為をすることについて真意を伴なうことがある。例えば，贈与税を免れる目的で，贈与の意思を隠して売買を仮装した場合には，売買の効果は生じないが贈与の効果は生ずる。このような隠れた行為を隠匿行為という。隠匿行為については，当事者間に内心的効果意思の合致があるので法律効果を生ずるが，その有効を主張することは，虚偽表示の無効を主張することになり，民法94条2項の制限を受ける。

(b) 第三者に対する効果　　虚偽表示の無効は，善意の第三者に対抗することができない(94条2項)。民法94条2項は，虚偽の意思表示を真実であると信じ，これを信頼してその意思表示の効果について利害関係のある当事者となった第三者を保護することを目的とする規定である（大判昭20・11・26民集24巻120頁）。また，真実でない外観を作り出した権利者が，その権利を失うことになってもやむをえないと考えられ，外観法理ないし表見法理に基づく規定でもある。したがって，通謀による虚偽の登記名義を真正なものに回復するための所有権移転登記手続請求訴訟を提起し，原告が勝訴の確定判決を得た場合にも，口頭弁論終結後に被告から善意で当該不動産を譲り受けた第三者に対して，そ

の所有権を対抗することはできない（最判昭 48・6・21 民集 27 巻 6 号 712 頁）。この結果，虚偽表示の場合には，登記に公信力が与えられたのと同様の結果になる。

(c) 第三者の範囲　第三者とは，虚偽表示の当事者またはその包括承継人以外の者で，これを信頼してその表示の目的について法律上の利害関係を有するに至った者である（大判大 9・7・23 民録 26 輯 1171 頁；大判昭 20・11・26 民集 24 巻 120 頁；最判昭 42・6・29 判時 491 号 52 頁）。判例は，① 不動産の仮装譲受人から，その登記を信頼して取得した者（最判昭 28・10・1 民集 7 巻 10 号 1019 頁），② 仮装の譲受人の不動産に対して抵当権の設定を受けた者（大判大 4・12・17 民録 21 輯 2124 頁，大判昭 6・10・24 新聞 3334 号 4 頁），③ 仮装の消費貸借上の債権を被担保債権として，目的物の引渡しを伴わない不動産質権を設定していた者の債権を質権とともに譲り受けた者（大判昭 6・6・9 民集 10 巻 470 頁），④ 仮装の債権者から債権を譲り受けた者（大判明 40・6・1 民録 13 輯 619 頁；大判昭 13・12・17 民集 17 巻 2651 頁），⑤ 仮装譲受人が破産した場合の破産管財人（大判昭 8・12・19 民集 12 巻 2882 頁；最判昭 37・12・13 判タ 140 号 124 頁），⑥ 銀行と債務者が通謀して債務者が虚偽の当座振込みにより入金通知を受けた債権者（大判昭 9・5・25 民集 13 巻 829 頁），⑦ 仮装の抵当権者から転抵当権の設定を受けた者（最判昭 55・9・11 民集 34 巻 5 号 683 頁）などは，第三者であるとする。

これに対して，判例は，① 代理人や法人の代表機関が虚偽表示をした場合の本人や法人（大判大 3・3・16 民録 20 輯 210 頁：村長の仮装行為に対する村；大判昭 16・8・30 新聞 4747 号 15 頁〔代理人〕），② 債権の仮装譲受人から取り立てのために債権を譲り受けた者（大決大 9・10・18 民録 26 輯 1551 頁），③ 自己の金銭債権を保全するために，それと直接に関係のない仮装売買から生ずる債務者の登記請求権を代位行使する債権者（大判昭 18・12・22 民集 22 巻 1263 頁），④ 債権の仮装譲渡の場合に，弁済その他債務の消滅に関する行為をしないで，単に債務者たる地位にあるにすぎない者（大判昭 8・6・16 民集 12 巻 1506 頁），⑤ 土地賃借人が自己所有建物を仮装譲渡した場合の土地賃貸人（最判昭 38・11・28 民集 17 巻 11 号 1446 頁），⑥ 土地の仮装譲受人が建てた建物の賃借人（最判昭 57・6・8 判時 1049 号 36 頁：建物賃借人は，仮装譲渡された土地については法律上の利害関係を有するものとは認められないとする。多数説は，本判決に対して，利害関係は法律上のもの

であり，仮装譲渡人は外観を作り出したのであるから不利益を受けてもやむをえないとして批判する。四宮『民法総則』165頁，四宮・能見『民法総則』179頁），⑦株式の仮装譲渡の譲渡人が株式会社に対して株券および株主名簿の名義書換を請求した場合の会社（大判昭20・11・26民集24巻120頁）などは，第三者に該当しないとする。

　(d)　善意の第三者　　民法94条2項の保護を受けるためには，第三者が善意でなければならない。善意とは，利害関係を生ずる時点において虚偽表示であることを知らないことである。無過失であることを必要としないとするのが通説および判例（大判昭12・8・10新聞4181号9頁）である。外観法理または表見法理の制度によって外形を信頼した者を保護する場合には，無過失を要件とするのが原則であるが，虚偽表示の場合には真実に反する外形を故意に作り出した者が外形どおりの責任を負うべき場合であるから第三者の無過失を必要としないとする（我妻『新訂民法総則』292頁）。虚偽表示をした本人よりも善意の第三者を厚く保護することが衡平であり，無過失不要説が妥当である。これに対して，①表見法理による第三者の保護については，善意・無過失を必要とすること，②虚偽表示をした際の事情は具体的には様々であること，③仮装譲渡人の債権者のように虚偽表示の無効を主張することによって自己の利益が保全される者は，必ずしも虚偽表示を行なった当事者とは限らないこと，などを理由として，無過失を要求する見解（四宮『民法総則』166頁，幾代『民法総則』257頁）がある。また，虚偽表示であることが一見して明白であるのに重過失によって信じた場合までも保護する必要はないとする見解（米倉明『債権譲渡』201頁，藤原『民法注解財産法1』393頁）もある。

　善意の第三者から悪意の転得者が目的物を譲り受けた場合に，通説および判例（大判大3・7・9刑録20輯1475頁，大判昭6・10・24新聞3334号4頁）は，一旦善意の第三者が介在すれば，その後の転得者が悪意であっても，転得者は無効を対抗されない善意の第三者の地位を承継して保護されるとする。このように解釈せずに，善意者に対する関係でのみ無効であるとすれば，法律関係を長期にわたって不安定にするだけでなく，第三者と転得者との間の法律関係を複雑にすることになるからである（川島『民法総則』281頁は，疑問とする）。また，判例は，第三者が悪意であっても，転得者が善意であるときは，転得者は善意の

第三者にあたるとする(最判昭45・7・24民集24巻7号1116頁,最判昭50・4・25判時781号67頁)。

　善意か否かの判定時期は，第三者が法律上の利害関係をもつに至った時点と解すべきである。判例は，第三者が虚偽表示の当事者の一方と売買予約を締結した場合，その目的物の物権取得の法律関係について，その売買予約の成立の時ではなく，予約完結権の行使により売買契約が成立する時を基準とすべきであるとする(最判昭38・6・7民集17巻5号728頁)。また，原抵当権が虚偽表示によって設定された場合において，転抵当権を設定した事案では，対象となる法律関係ごとに第三者が利害関係をもつに至った時期を基準として決定すべきであるとし，転抵当権を行使するのではなく，貸金債権について得た差押命令により取立権を行使する場合には，金を貸して転抵当権の設定を受けた時ではなく，差押命令を受けた時であるとする（最判昭55・9・11民集34巻5号683頁)。

　(e)　善意の主張・立証責任　　善意の主張・立証責任は，ともに第三者にあるとするのが,通説および判例である(最判昭35・2・2民集14巻1号36頁〔主張・立証責任〕；最判昭41・12・22民集20巻10号2168頁〔立証責任〕)。これに対して，94条の趣旨や表見代理，即時取得などのような外観を信頼した者の保護に関する他の制度における立証責任についての解釈との権衡などから，無効を主張する側が，第三者の悪意を立証すべきであるとする有力説がある(我妻『新訂民法総則』292頁，幾代『民法総則』258頁)。しかし，94条2項は，同条1項による無効の主張に対して，第三者が自分に対して対抗できないとして争う場合に問題となる法条であり，立証責任の原則によれば，第三者が善意であるという事実は障害規定の要件事実であるから，第三者が立証すべき事項である。

　虚偽表示の無効を「対抗することを得ず」(94条2項)というのは，善意の第三者に対して無効を主張することができないということである。善意の第三者がその無効を主張することは認められる。また，虚偽表示の当事者およびその包括承継人以外の者が無効を主張することはさしつかえない。例えば，財産の仮装譲渡人に対する債権者が，当該財産が仮装譲渡人の責任財産に属するものとして，仮装譲受人に対して引渡を請求することはできる。しかし，この場合にも善意の第三者に対する関係においては，無効を主張することはできず，仮装譲受人から善意で転得した者に対して無効を主張できない。

（f）**第三者の権利についての登記の要否**　善意の第三者として保護を受けるためには，その取得した権利について対抗要件を具備することを要しない（大判大 9・7・23 民録 26 輯 1171 頁，最判昭 44・5・27 民集 23 巻 6 号 998 頁）。真正権利者と第三者との関係は，転々譲渡があった当事者としての関係であり，権利者であるか否かが問題になるだけであって本来の意味での対抗問題ではない。また，民法 192 条とは異なり，法律上の要件として規定されておらず，真正権利者が第三者を誤らせるような外観を故意に作り出したものであるから，その帰責性は重大であり，対抗要件を具備しない第三者を保護すべきである。したがって，AとBの虚偽表示による売買に基づいて土地の移転登記がなされ，この登記を信頼して第三者Cが土地を譲り受けた場合には，Cが登記を得る前にAがBから登記名義を回復したとしても，CはAに対して移転登記を請求することができる。しかし，AがBに不動産を仮装譲渡し，BがさらにCに転売した後に，Aが同一不動産をDに譲渡したときは，Cがその所有権の取得をDに対抗するためには登記を具備しなければならない（最判昭 42・10・31 民集 21 巻 8 号 2232 頁）。Cが登記を具備せずにAに対抗できるのは，Aとの関係においてだけであって，虚偽表示と関係のないDとの関係は対抗関係に立つからである。

（g）**虚偽表示の撤回**　虚偽表示の当事者は虚偽表示を撤回することができるが，第三者に主張するためには撤回を合意するだけでは足りず，虚偽表示の外形を除去しなければならないとするのが通説である。判例は，大審院時代には当事者が虚偽表示の撤回を合意すれば外形を除去しなくても第三者は保護されないとしていた（大判大 8・6・19 民録 25 輯 1063 頁：虚偽表示により債務引受証書を作成した後に，協議の上撤回したが，証書を善意の第三者に譲渡した事案。；大判昭 13・3・8 民集 17 巻 367 頁）。しかし，最高裁判所は，虚偽表示の外形を除去しない限り，虚偽表示の外形を信じその撤回を知らずに取引した善意の第三者には対抗しえないとするに至った（最判昭 44・5・27 民集 23 巻 6 号 998 頁）。不動産の所有者Aが，B名義を使用して不実の登記を経由した場合には，AはBから登記名義を取り戻さない限り，さらにBの意思に基づいてCのために経由された所有権移転登記を信頼した善意無過失の第三者に対し，Cの所有権取得登記の無効をもって対抗することができないとするのが判例となっている（最判昭 45・6・2 民集 24 巻 6 号 465 頁，最判昭 52・12・8 判時 879 号 70 頁）。

(二) 民法94条2項の類推適用

虚偽表示が成立するためには，①意思表示が存在すること，②表示上の効果意思と内心的効果意思とが符合しないこと，③相手方との通謀があること，が必要である。しかし，判例は，虚偽表示の成立要件を充足していないために本条2項を適用できない場合にも，これを類推適用することによって登記を信頼した善意の第三者を保護している。これによって，一定の範囲で事実上登記に公信力が認められたのと同様の結果が生ずる。すなわち，仮装の法律行為に基づく登記を信頼して法律上の利害関係を有するに至った者は，登記の無効を主張されない場合には，登記上に表示された権利が真実のものとして保護されるのと同様の結果になるのである。

(a) 仮装行為が権利者の意思に基づく場合　判例は，真実の権利者が自ら仮装行為をしたのではないが，その意思に基づいている場合には，民法94条2項を類推して，その外形を信頼した善意の第三者に対してその無効を主張することはできないとする。最高裁判所は，Aから家屋を買受けたBが，Cにその所有権を移転する意思がないのに，Aから直接C名義に所有権移転登記をなすことを承認したときは，実質においては，BがAから一旦所有権移転登記を受けた後，所有権移転の意思がないにも拘らずCと通謀して虚偽仮装の所有権移転登記をした場合と同様であるから，BはCが所有権を取得しなかったことを善意の第三者Dに対抗できないとする（最判昭29・8・20民集8巻8号1505頁）。Aの先代から代理人Cによって土地を買い受け，C名義の所有権移転登記を許したところ，Cが勝訴判決に基づいて自己名義で登記をしてDに売却した場合（最判昭37・9・14民集16巻9号1935頁），未登記建物所有者Aが，Bの承諾を得てB名義の保存登記をしたところ，Bが建物を善意のCに売却した場合（最判昭41・3・18民集20巻3号451頁），AがBの承諾を得てB名義で土地を競落したところ，Bが土地を善意のCに売却した場合（最判昭44・5・27民集23巻6号998頁）に，善意の第三者に対して無効を主張できないとした。さらに，最高裁判所は，土地所有者Aが一たん弟名義にしていた登記をBの承諾なしにBに移転したところ，BがCに売却し，Cがさらに善意のDに売却した場合にも，登記名義人の承諾の有無により真実の所有者の意思に基づいて表示された所有権帰属の外形に信頼した第三者の保護の程度に差等を設けるべき理由はないとして，

登記名義人の承諾のない場合にも，94条2項を類推適用すべきものとする（最判昭45・7・24民集24巻7号1116頁）。

　(b)　仮装行為が権利者の意思に基づかない場合　　以上の判例の事案では，真実の権利者の意思に基づいて仮装行為がなされているが，判例は，所有者が知らない間に他人の専断によって不実の所有権移転登記がなされた場合にも，所有者がこれを知りながら放置していたときには，94条2項を類推適用することを認めている。最高裁判所は，Aが所有する土地についてBが無断でBへの所有権移転登記をし，Aはその事実を知りながら4年余り登記名義を回復せずにB名義のまま根抵当権設定登記を行なっていたところ，Bが土地をCに売却した事案において，不実の登記が真実の所有者の承認のもとに存続されている以上，承認が登記経由の事前に与えられたか事後に与えられたかによって，登記による所有権帰属の外形を信頼した第三者の保護に差等を設けるべき理由はないとする（最判昭45・9・22民集24巻10号1424頁）。また，AもBも関与しない事例であるが，Aが自己所有建物が固定資産税台帳上B名義に登録されていることを知りながらこれを放置し，8年にわたってB名義で固定資産税を納めていたところ，Bの債権者である善意のCが強制執行した場合にも，94条2項の類推適用を認めている（最判昭48・6・28民集27巻6号724頁）。さらに，判例は，真実の所有者の意思に基づいて仮装行為がなされた後に，名義人の背信行為によって所有者の意思に反して外形が作り出された場合にも，94条2項および110条を併用して，善意無過失の第三者は保護されるとする。このほか，AがBの信用を外観上増大させるために，自己所有の不動産についてAからBへの売買の予約を仮装し，所有権移転請求権保全の仮登記をしたところ，Bがこれを奇貨として本登記に改めてCに売却した場合に，「仮登記の外観を仮装した者が，その外観に基づいてされた本登記を信頼した善意無過失の第三者に対して責に任ずべきことは，民法94条2項，同法110条の法意に照らし，外観尊重および取引保護の要請というべき」であるとして外観上の仮登記義務者は，その本登記の無効をもって善意無過失の第三者に対抗できないとする（最判昭43・10・17民集22巻10号2188頁；最判昭45・6・2民集24巻6号465頁は，AがBと通謀して，A所有の土地を担保として融資を受けるため，仮装譲渡してBへの移転登記をしたが，Bがさらに Cに対して融資の斡旋方を依頼して登記用書類を預けたとこ

ろ，CがBからCへの移転登記をして，土地をDに売却した事案で，AはCの所有権移転登記の無効をもって善意無過失の第三者に対抗できないとした）。

また，Aが自己の所有地を他人に喝取されないようBと相談し，A所有の土地について，B名義の仮装の所有権移転請求権保全の仮登記手続をする意思でBが提示した所有権移転登記手続に必要な書類に署名押印したところ，Bがその書類を冒用して自己名義の本登記をしてCに売却した場合にも，AはBの所有権取得の無効をもって善意無過失の第三者に対抗することはできないとする（最判昭47・11・28民集26巻9号1715頁）。

以上の判例理論によれば，真実の権利者が虚偽表示を積極的に行なった場合だけでなく，不実の権利関係が登記されたことを認識しながらこれを放置した場合にも，外観を信頼した善意の第三者を保護すべきことが取引の安全を確保するために必要であり，真実の権利者が自己の帰責原因に基づいて権利を失うことになるのはやむをえないということになる。わが国の登記制度では，登記が物権変動についての効力要件ではなく対抗要件（民177条）にすぎないこと，および登記官には実質的審査権がないことから，登記に公信力を認めることはできない。しかし，真実の権利者に何らかの帰責原因があり，その結果として不実の登記が存在する場合には，登記を信頼して取引をした善意の第三者を保護することが妥当である。このように解釈することによって，登記に公信力を認めていないわが国の法制の下において，登記を信頼した善意の第三者を保護することが正当と考えられる場合にも保護できないという不当な結果を回避することができる。但し，真実の権利関係とは異なる不実の登記が存在する場合にも，その原因，理由および過程等には種々の事情があり，真実の権利者に一律にその不利益を負担させることは妥当ではない。権利者の帰責性の程度と善意の第三者の信頼保護の必要性とを比較衡量して，具体的妥当性のある解決をなさなければならない。この意味において，不実の登記について権利者の関与がなく，単に放置しただけの場合には，信義則上権利者に不利益を負担させるべきときを除き，第三者を保護する必要はないと解すべきである。

(c) 取消による無効と民法94条2項の類推適用　　以上の判例理論をさらに進めて，無能力，詐欺または強迫などを理由にして取消した場合に，取消権者が取消しうべき行為の外形である登記を除去できる状態にあるにもかかわら

ず，これを放置するときは，虚偽表示に準ずる容態があると捉えて，民法94条2項を類推して，法律行為の取消を善意無過失の第三者に対抗できないとする学説がある（幾代「法律行為の取消と登記」『不動産物権変動と登記』32頁）。通説および判例が，取消前の第三者と取消後の第三者とを区別して取扱うことに対する批判説として主張された見解であり，詐欺の箇所（239頁以下）で論述する。

(3) 錯　誤
(イ) 錯誤の意義

　錯誤とは，表示上の効果意思と内心的効果意思とが一致しない意思表示であって，その不一致を表意者自身が知らないものとするのが従来の通説および判例の見解であった。この見解は，表示から推断される意思が存在しないという観点から，心裡留保，虚偽表示および錯誤を意思の欠缺として統一的に理解しようとするものである。これによれば，錯誤によって内心的効果意思と異なる表示がなされた場合には，意思表示の要素を欠如する結果として無効となる。しかし，動機の錯誤の場合には，表示上の効果意思に対する内心的効果意思は存在しており，原則として法律行為の効力に影響を及ぼさないが，相手方に不測の損害を被らせない限り表意者を保護すべきことが主張され，動機が表示されている場合には，法律行為の内容の錯誤と捉える考え方が通説となった。そこで，動機の錯誤も含めて錯誤を定義するようになり，錯誤とは，表示から推断される意思と表意者の真に意図するところ（単に効果意思として決定されたことだけでなく，その法律行為によって達成しようとした経済的社会的目的のすべてを含む）とに不一致があり，表意者がそれを知らないこととされるようになった（我妻『新訂民法総則』296頁）。現在では，このように定義して，動機の錯誤についても民法第95条を適用するのが多数説となっている。

(ロ) 錯誤の態様

　錯誤は，意思表示のいかなる成立過程において生じたかによって，動機の錯誤と表示に関する錯誤とに分かれ，後者は，表示上の錯誤と内容の錯誤とに分かれる。

　(a) 表示上の錯誤　　表示を誤る場合であり，言い違い，書き違いがこれである。例えば，明後日と言うべきところを明日と言ったり，1,000円と書くべき

ところを 10,000 円と書いた場合である。

　(b) 内容の錯誤　　表示行為の意義に関する錯誤ともいう。ドルとポンドとを同価値であると誤解して，ポンドで支払っても同じだと思って 10 ドルと書くところを 10 ポンドと書いた場合のように，表示行為の意義に錯誤があるものである。事実上の表示行為については正しく認識しているが，その内容的意義について思い違いをしている点で，表示上の錯誤と異なる。

　(c) 動機の錯誤　　動機とは，法律行為をなす意思を決定するに至った理由である。法律行為をなすのは，一定の目的を実現するためであり，例えば，物を売却し，または金銭を借入れる目的は，事業を始めたり，債務を弁済したり，何らかの出費に充てるためである。当事者は通常これらの動機に促されて法律行為をなすものであるが，動機は千差万別であり，しかも当事者の内心に潜在することが多く，法律行為の性質からこれを判定することができない。したがって，動機に錯誤があっても，動機を条件としていた場合および詐欺によって動機に錯誤を生じた場合のほかは，法律行為の成立に影響を及ぼさないと考えられていた（富井『民法原論総則』408 頁，437 頁）。動機に錯誤があっても，表示上の効果意思に対応する内心的効果意思が存在する以上，表意者は拘束されるとするのが，立法者および初期の学説であった（法典調査会『民法主査会議事速記録』6 巻 112 頁）。

　通説は，動機が動機として内心に留まることなく，明示ないし黙示に表示され相手方がこれを知って法律行為の内容になった場合には，95 条の錯誤に該当するとする。動機が表示された場合に限って無効とすることによって相手方も不測の損害を被る虞れがなく，表意者も保護されるので，表意者本人の保護と取引の安全とを調和させることになるとする（我妻『新訂民法総則』297～298 頁）。これに対して，動機はいかに表示しても意思決定を左右するものに留まり，その錯誤は表示と意思との不一致を来すものではないから，動機の錯誤を理論上当然に意思表示の錯誤に包含させることは不当であるとする見解がある。但し，この見解も意思表示の錯誤と同様に取扱うべき実質的理由があり，ドイツ民法のように取引上重要と認められる人または物の性質に関する錯誤を意思表示の内容に関する錯誤とみなす規定（119 条 2 項）がない以上，ドイツにおけるのと同様に解することも取引の安全の見地より不当であるから，動機が表示

された限り，取引安全保護の問題は解決されるから，動機の錯誤を意思表示の錯誤に準じて，その規定を類推すべきであるとして，動機の錯誤による無効を認めている（柚木『判例民法総論（下巻）』143頁）。

　判例は，動機に錯誤があるにすぎないときは，95条の錯誤の問題を生じないとする。しかし，意思表示の動機に属すべき事実であっても表意者がこれをもって意思表示の内容に加える意思を明示または黙示したときは，意思表示の内容を組成するものであって，目的物の価額もまた意思表示の内容をなすとする（大判大3・12・15民録20輯1101頁：Aが価格700円のBの家屋を1,500円の価格があると誤信して，極度額1,500円の根抵当権を設定し，清酒の送荷契約を締結した；大判大6・2・24民録23輯284頁［受胎馬錯誤事件］は，Aが，Bの言により年齢13歳の受胎した良馬であると信じてBと売買契約を締結したが事実に反していた事案。大審院は，物の性状は通常法律行為の縁由にすぎないが，表意者がこれをもって意思表示の内容を構成せしめ，しかも意思表示の主要部分となす程度のものと認められるときは，法律行為の要素を成すとする）。また，意思表示の動機に錯誤があっても，その動機が相手方に表示されなかったときは，法律行為の要素に錯誤があったものとはいえないとする（最判昭29・11・26民集8巻11号2089頁：AはB所有の家屋を買い受け手付金1万円を交付した。その際，当該家屋の賃借人Cと同居することをCが承諾したのでAは買い受けたが，後でCが同居を拒否した。Cの同居の承諾を得るということは，買主が意思表示をなすについての動機にすぎないとする）。但し，判例には，動機が表示されていない場合に関して，当事者の予期した品質と実際の品質とに甚だしい差等があるときは，取引の目的物自体に関して錯誤がある場合に準じて，その意思表示を無効とするのが妥当であるとするものもある（大判昭10・1・29民集14巻183頁：鉱区採掘権の買主の期待と実際の品質とが異った）。もっとも，判例は，土地売買契約を解除し，土地交換契約を締結するのに伴い，一方が清算金を支払うために定期貯金を解約し，その払戻金を他方に支払う旨を金融機関に委任した場合に，売買契約の解除と土地交換契約が要素の錯誤により無効であって清算金支払義務がないときであっても，その支払を委任するに至った動機のごときは，表示されたとしても，定期貯金契約の合意解約および支払委任という法律行為の要素となるものではないとする（最判昭47・5・19民集26巻4号723頁）。これに対して、協議離婚の条件として

建物およびその敷地を財産分与として譲渡した場合に，分与者が自己に譲渡所得税が課税されることを知らず，そのような理解を当然の前提とし，かつその旨を黙示的に表示していたときは，分与者は課税に関して錯誤があったものとして財産分与の意思表示の無効を主張できる（最判平元・9・14 判時 1336 号 93 頁）。

　表示の存在を錯誤の成立要件とする見解に対して，錯誤は真意と表示との不一致であり，動機の錯誤も表示に対応する真意の欠缺を生ずる点において，一般の錯誤と異なることがなく，動機の表示を必要としないとする見解が有力となっている。これによれば，①動機を表示することによって相手方の保護をはかるのであれば，表示上の錯誤や内容の錯誤についても何らかの表示を要求しなければ首尾一貫しないはずであるが，これらの場合に表示を要求することは不可能であり，錯誤の成立の余地がなくなる。②実際上，錯誤の問題とされる事案の多くのものは動機の錯誤であり，これを区別して取り扱えば，第 95 条の適用範囲は著しく制限される。③動機の錯誤が取引の安全を害する点では他の錯誤も同じであり，両者を統一して表意者の保護と取引の安全との調和をはかるための要件を考えるべきである。④動機の錯誤とその他の錯誤との実際上の区別は明確ではない。特に，表示行為の錯誤に属する「同一性の錯誤」と動機の錯誤にすぎないとされる「性状の錯誤」との区別は，極めて微妙である。⑤錯誤はその性質上，表示することと相容れないものであるから，表示を要求することによってこの調和をはかることは適当ではなく，「要素」の解釈ないし無効を主張するためには相手方の悪意または過失を必要とすることによって実現すべきであるとする（舟橋『民法総則』107～108 頁，幾代『民法総則』268 頁，四宮『民法総則』176 頁，四宮・能見『民法総則』は，「要素の錯誤」の問題とするのか適当であるとする 187 頁，190 頁。星野『民法概論Ⅰ』200 頁）。

　動機の錯誤とその他の錯誤とを区別しないで取り扱うべきであるとする見解においても，95 条の錯誤による無効を主張する場合の要件については一致していない。(i)表意者が錯誤に陥っていたことにつき，相手方が知り，または知ることができたはずであったこと（錯誤についての認識可能性）を必要とする見解（川島『民法総則』289 頁），および(ii)錯誤自体の認識可能性ではなく，表意者の錯誤に陥った事項が表意者にとって重要であることを相手方が認識しうる場合に

錯誤による無効を認める見解（野村「意思表示の錯誤（7・完）」法協93巻6号84頁）などがある。

以上の見解に対して，民法95条の錯誤は意思の不一致の場合に限られ，動機の錯誤は含まれないとする見解がある。すなわち，動機は表示されただけでは意思表示の内容とはならず，動機が条件，前提，保証，特約などの形で合意された場合にのみ法的に保護されるとする。この視角から判例をみると，「受胎馬錯誤事件」（大判大6・2・24民録23輯284頁）は，「受胎している良馬」という「売主の言明を信頼して」買った買主の錯誤を保護した事案であり（条件か保証），「いちごジャム事件」（最判昭33・6・14民集12巻9号1492頁）は，良質のいちごジャムであることを当事者双方が「前提」としていたのに，リンゴなどの粗悪品であった受領者の錯誤の事案（前提合意）であり，「山林売買錯誤事件」（最判昭37・11・27判時321号17頁）は，道路が開通しているという「売主の説明を信じて」当初の希望額を大幅に上廻る代金をもって買い受けた買主の錯誤（道路の存在を条件とした）の事案であり，「相殺特約事件」（最判昭40・10・8民集19巻7号1731頁）は，代金の一部で債務を相殺する解約をした不動産の売主の錯誤で，買主が貸金債権を有することが「売買契約の不可欠の要件」であった（条件か前提）事案などであるから，判例は民法95条の要素の錯誤といっているが，動機の錯誤は，動機が条件，前提，保証，特約などの形で合意された場合のみに顧慮される旨を判示してきたのではないかと評価できるとする。そして，要素の錯誤は，意思の欠缺をもたらす錯誤のみに限定すべきであるとする（髙森『法律行為論の研究』243〜244頁）。

近時の有力説が，動機の錯誤とその他の錯誤とを区別すべきでないと主張することについては上述した。しかし，両者はこれを区別して考えるべきである。なぜなら，第1に，意思表示の錯誤は意思決定および意思の内容自体に作用するものではなく，意思と異なった表示行為をなすものであるのに対して，動機の錯誤は意思決定自体に作用するものであって，表意者の決意と表示との間に不一致はなく，意思の欠缺ではない。第2に，表示上の錯誤および内容の錯誤の場合には，意思表示の中に表意者の内心の意思が表われており，相手方は表意者が錯誤に陥っていることについて比較的容易に認識することができるのに対して，動機の錯誤の場合には認識することが容易でない点で両者は異なる。

すなわち，例えば，表意者が明後日と言うべきところを明日と言ったり，1,000円と表示すべきところを10,000円と表示した場合には，相手方が表示行為の内容を認識した時点で，契約締結までの経過や表意者の言動から判断して，取引上必要な注意をすれば，表意者が錯誤に陥っていることを認識できるのが通常であり，表意者を保護しても取引の安全を脅かすことにはならない。これに対して，動機の錯誤の場合には，売主および買主の両当事者は，意思表示をする前提として意思決定をする時点に作用した動機を相互に明示しない限り認識できない。第3に，たとえ動機について認識可能性があったとしても，契約当事者の内心の思惑や期待は，内心の領域に留まる限り法的保護の対象とすべきではない。当事者の一方にとって有利なことは，相手方には不利であることが通例である。したがって，表意者は契約を有利に締結するために，相手方には「動機」ないし「動機を形成させた前提事実」を認識させないように配慮するのが通例であり，表意者の思惑が外れたり見込み違いが生じた場合に，そのリスクを相手方に負担させることは衡平ではない。物の品質，数量または価格などは，当事者自らの責任で鑑定すべきものである。また，時計を紛失したと思って買った場合のようにその物の購入の必要性があるか否かについては，買主の判断に委ねられるとともに買主の責任において決定すべき内容である。すなわち，契約を締結しようとする者は，原則として自己の責任とリスクにおいて意思決定すべきであり，動機と表示とのくい違いについては，取引の安全の見地からも，意思表示を無効とすべきではない。但し，動機の錯誤であっても，当事者または目的の重要な性質に関する錯誤は，経済的観点から評価すれば，当事者または目的の同一性に関する錯誤と同等あるいはそれ以上に重要性を有することがあるからこれを保護すべきである。この点について，多数説は，動機が表示されたときは意思表示の内容になるとして，表示された動機の錯誤は，意思表示の錯誤となるとするが，たとえ動機が表示されたとしても動機は意思決定に作用するに留まり，その錯誤は表示と意思との不一致を生じさせるものではない。したがって，表示された動機の錯誤を理論上当然に意思表示の錯誤と捉えることは妥当でなく，当事者または目的の重要な性質に関する錯誤の場合には，意思表示の錯誤に準じて民法95条を類推適用して保護すべきである（柚木『判例民法総論(下巻)』143頁）。

(ハ) 要素の錯誤

(a) 意　義　　民法は,「法律行為の要素」に錯誤がある場合に無効とする (95条本文)。要素の錯誤とは, 法律行為の内容の重要な部分について, 表意者の真に意図したところとくい違いがあることであり, その錯誤がなかったならば本人はその意思表示をしなかったであろうと考えられるだけでなく, 普通一般人も, その意思表示はしなかったであろうと考えられるほどに重要なものである (我妻『新訂民法総則』300頁, 判例として, 大判大3・12・15民録20輯1101頁, 大判大5・7・5民録22輯1325頁, 大判大7・10・3民録24輯1852頁など)。

(b) 要素の錯誤の態様　　要素の錯誤であるかどうかは, 具体的な法律行為について表意者の意思表示の内容と取引上の通念によって決定すべきものであって, 実質的に判断しなければならない。従来の判例において現われた主要な例には, 以下のようなものがある。

(i) 法律行為の性質についての錯誤　　例えば, 賃貸借を使用貸借と誤り, 連帯債務を保証債務と誤るような場合には, 通常要素の錯誤となる。AB間に金員の貸借契約が成立し, AがBに対して抵当権設定登記をしたが, Aは新規に現金を借りる意思であったのにBは旧貸借関係の振替勘定をなす意思であったときは, Bの意思は契約の目的について錯誤があったものとして貸借契約は無効であり, Aは抵当登記の取消を請求することができる (大判明35・3・26民録8輯3巻73頁)。

(ii) 人についての錯誤　　取引の相手方についての同一性の錯誤 (いわゆる人違い) は, 贈与, 信用売買, 貸借, 委任などのように個人の信用および人格に重きをおく法律行為では, 要素の錯誤となりうる。例えば, 保証をする場合の主たる債務者が誰かについての錯誤 (大判昭9・5・4民集13巻633頁), 手形割引の相手方についての錯誤 (大判昭12・4・17判決全集4輯8巻3頁) などである。これに対し, 売買においては, 売主および買主の意思は通常相手方が誰であるかを問わず単に権利を移転しまたは自己に取得し金銭を与えまたはこれを得ようと欲するにすぎないものであるから, 当事者が誰であるかはその要素とならないのが原則である (大判明40・2・25民録13輯167頁：不動産売買において, 金銭の授受も移転登記も終った後に, 買主が氏名を詐称した別人であることが判明した)。但し, 現実売買における買主についての錯誤も要素の錯誤となる場合がある (最

判昭29・2・12民集8巻2号465頁〔小倉陸軍造兵廠事件〕：戦時中に防風林・保安林を軍事上の必要があるためやむをえないと思って林野を売ったが，買主は国ではなく財団法人であることが判明した）。要素の錯誤になるかどうかは，当事者の人的信頼関係や特定の人格の個性に着目してなされた法律行為か否かを具体的に判断して決定しなければならない。また，判例は，連帯債務者が，債権者は市役所吏員であると思って連帯債務を負担したが別人であった場合には，連帯債務を負担するうえで債権者が誰であるかは法律行為の要素であると主張する者が，この事実を立証しなければならないとする（大判大7・7・3民録24輯1338頁）。

人の属性についての錯誤，すなわち，人の身分，財産状態などについての錯誤も，それが重要とされる法律行為においては要素の錯誤となりうる。例えば，土地の売買において，代金全額を現金で支払う意思も資力もない買主が，登記と引換えに全額支払うと欺いたのでこれを信じて売主が売った場合（大判大11・3・22民集1巻115頁），支払不能の状態の銀行を支払能力があると考えて債務の付替えをした場合（大判昭5・10・30新聞3203号8頁），株式取引委託契約において，未成年者である委託者を成年者と思って受任した場合（大判昭13・11・11判決全集5輯22号5頁），兄の債権者Aに不動産を売却し，この代金と兄がAに対して負担する債務とを相殺することにしたが，Aは他に債権を譲渡していたので債権者ではなかった場合（最判昭40・10・8民集19巻7号1731頁）などは要素の錯誤になる。

(iii) 物についての錯誤　目的物の同一性についての錯誤は，一般に内容の錯誤となる。A地を買う意図でB地を買う契約をするような場合である。判例は，A地をB地と誤認して代物弁済の予約をした場合に要素の錯誤になるとする（最判昭40・9・10民集19巻6号1512頁：宅地が代物弁済によってXの所有となったが，前主からの借地人Yが，Xの所有後に建物の保存登記をしたのでXに借地権を対抗できず，Yは，Xと前主とが代物弁済の予約したのは，宅地を他の土地と誤認したものであるから要素の錯誤であると主張した）。

物の性状・品質についての錯誤は，それが重要とされる法律行為においては要素の錯誤となりうる。但し，その多くは動機の錯誤となる。古材木商が解体するつもりで中古家屋を買ったところ，抵当権がついていたため解体できない場合（大判大2・5・27新聞869号27頁），馬の売買で買主が受胎していない馬を

受胎していると誤信して買った場合（大判大6・2・24民録23輯284頁〔受胎馬錯誤事件〕），買主が130馬力の中古電動機であると思って買ったものが，30ないし70馬力のものにすぎなかった場合（大判大10・12・15民録27輯2160頁〔中古電動機売買事件〕），炭鉱の売買において，掘り荒された粗悪鉱を良質の処女鉱と誤信して買った場合（大判昭10・1・29民集14巻183頁），仮差押の目的となっているジャムが特選のいちごジャムであることを前提として和解契約をし代物弁済の目的物にしたところジャムが粗悪品であった場合（最判昭33・6・14民集12巻9号1492頁〔いちごジャム事件〕），山林を造林事業のために買った者が，その山林の北側山麓に道路が開通し，造林事業上極めて有利であるという売主の説明を信じ，当初の買受希望価額を大幅に上回る代金で買ったところ，道路が存在しなかった場合（最判昭37・11・27判時321号17頁）などは，要素の錯誤になる。

贋作の絵画を真筆と誤信して購入した場合には，買主が自己の評価および判断により真筆であると考えたときは，真筆でなくても自己が鑑定を誤ったものであるから要素の錯誤ではない（大判大2・3・8新聞853号27頁：観覧した画幅の中から買主の鑑識により選択して買い受けた）。これに対して，売主が真筆であることを保証した場合には，真筆であることは意思表示の内容となっており，要素の錯誤となる（最判昭45・3・26民集24巻3号151頁：Bは有名画家の真筆であることを確認してAから油絵を買い受け，それを真筆と信じたCに転売したが贋作であった。CがBに対する代金返還請求権保全のため，BのAに対する代金返還請求権を代位行使した）。

物の数量・価格などについての錯誤は一般には要素の錯誤とならないが，その程度が法律行為の性質上特に重要である場合には，要素の錯誤となる。抵当家屋の評価を誤って多額の根抵当権を設定した場合（大判大3・12・15民録20輯1101頁：債権者が債務者所有の価格700円の家屋を1,500円であると誤信して，極度額1,500円の根抵当権の設定に同意した），土地を賃借したところその大部分が他人の所有に属しており，他人所有部分も賃貸人の所有であることが当事者の意思表示の内容となっていた場合（大判大7・3・27民録24輯599頁）などは，要素の錯誤となる。

(iv) その他の錯誤　　法律状態についての錯誤，すなわち，一定の法律状態を前提として法律行為をしたところ，法律状態の存否や性質などに錯誤があっ

た場合も物の性状の錯誤に類似する。訴訟上の争いが有利な判決で確定しているのを知らずに譲歩した和解契約（大判大7・10・3民録24輯1852頁）や勝訴判決が確定していることを知らずにその額よりかなり低い額で債務者と和解した場合（大判昭10・2・4裁判例9民15頁），あるいは所有者でない者を所有者と誤信して売買・賃貸借をした場合にも，売買・賃貸借は契約として効力を生ずるから，目的物が売主または賃貸人の所有に属することを契約の前提内容としない限り，一般には要素の錯誤にならないが，他人の物の売買・賃貸借の効果として問題となる。

　保証人が債権者に対し保証契約をなすに至った縁由に錯誤があった場合には，保証人が債権者に対して特に縁由の実在を保証契約の要素としない限り，要素に錯誤があるとはいえず（大判大7・6・1民録24輯1159頁：連帯債務者となると信じた人が連帯債務者とならなかった。），他に連帯保証人がいると誤信して保証したところ連帯保証人がいなかった場合（最判昭32・12・19民集11巻13号2299頁）も動機の錯誤にすぎず要素の錯誤にはならない。

　保険契約において，自己の払込保険料が元本割れを生ずるような保険契約であるか否かという事項は，意思表示の重要な部分であり，この点に関する錯誤は要素の錯誤となる。変額保険契約の締結に際し変額保険が株式市況等により解約返戻金の額が変動し，元本割れする危険があるのに，そのような危険性のない保険だと誤信して契約を締結したときは要素の錯誤がある（東京地判平6・5・30判時1493号49頁）。

　以上のほか，判例は，遺言の存在を知らずに遺言の趣旨と異なる遺産分割協議の意思表示がなされた場合，遺言を知っていれば同様の意思表示をしなかった蓋然性が極めて高いときには要素の錯誤がなかったとはいえないとする（最判平5・12・16判時1489号114頁）。

　㈢　相手方の事情

　従来の通説・判例は，相手方の事情を考慮せず，表意者の意思の欠缺という観点からのみ錯誤の成立を判断している。法律要件として相手方の事情は明規されておらず，要素の錯誤を具体的事情を評価して認定することによって，また，動機の錯誤については動機の表示を要求することによって相手方の保護を図ることができるので，相手方の事情を特別に考慮する必要はないというべき

である。これに対して，近時の有力説は，動機の錯誤を一般の錯誤と同じように取り扱う反面，すべての錯誤について，相手方が善意無過失の場合には，表意者に錯誤の主張を許すべきでないとする。相手方の悪意・過失に関しては，① 相手方が表意者の錯誤について悪意または過失ある場合にのみ錯誤の主張を許すべきであるとする説（川島『民法総則』289頁），および ② 錯誤に陥っている事項が錯誤者にとって重要であることを相手方が知りまたは知りうべきであったことを基準とする説（野村「意思表示の錯誤（7・完）」法協93巻6号84頁）がある。

　㈥　錯誤の効果

　(a)　原　則　　意思表示は，法律行為の要素に錯誤があれば無効である（民95条本文）。ドイツ民法は，表示主義に従って，表示行為がある以上，相手方および第三者との関係において無効とすべき理由はないとして，表意者に錯誤がある場合には取消権を与えるとともに(119条1項)，その相手方に意思表示を有効と信じたために被った信頼利益の賠償請求権を認めている(122条)。フランス民法は，錯誤は，合意の対象である物の本質自体に関するものでない限り合意の無効原因とはならないとする(1110条)。スイス債務法は，契約締結にさいし要素の錯誤の状態にあった者については，その契約は拘束力を有しないとし(23条)，要素の錯誤となる場合を列挙するとともに(24条1項)，動機の錯誤は要素の錯誤ではないとする(24条2項)。また，錯誤の援用は，信義誠実に反するときは許されないとし(25条1項)，自己の過失による錯誤の場合には，契約の失効によって生じた損害について賠償義務を負わせ(26条1項)，さらに裁判官が衡平に適うと判断した場合には，その他の損害についても賠償を命ずることができるとする（26条2項）。

　(b)　表意者の重大な過失　　表意者に重大な過失があるときは，自ら無効を主張することができない(民95条但書)。民法は，表意者の利益を取引の安全を害しない範囲で保護しようとしており，表意者に重大な過失がある場合にまで相手方の犠牲において表意者を保護する必要はないからである。重大な過失とは，表意者の地位・職業・行為の種類・目的などに応じ，普通人の用いる注意を著しく欠くために錯誤に陥ることをいう。単に普通人の注意を欠如する場合は軽過失であり，損害賠償の原因となりうるにすぎない。株式の売買を業とす

る者が，株式の譲渡を制限していた会社の定款を調査しない場合(大判大6・11・8民録23輯1758頁)，無尽会社の監査役の経歴のある者が，株主総会の免責決議があれば自己の取締役就任前の無尽債務に関しては取締役の責任を免れることができると誤信した場合(大判昭13・2・21民集17巻232頁)などは重大な過失がある。重大な過失についての立証責任は相手方にある(大判大7・12・3民録24輯2284頁)。

　錯誤について重大な過失がある表意者は錯誤を主張できないが，相手方が表意者の錯誤を知っていた場合には，表意者に重大な過失があっても錯誤による無効を主張することができる。民法95条但書は，善意を要件としていないが，相手方および第三者の不測の損害を予防することを目的とする規定であり，悪意の場合を保護する必要性がないからである（鳩山『法律行為乃至時効』155頁）。

　(c)　相手方・第三者による無効の主張　　錯誤による法律行為は無効であり，無効は誰からでも主張できるのが原則であるが，錯誤による無効の制度は表意者を保護するためのものであるから，表意者が無効を主張する意思がない場合には相手方や第三者は無効を主張することができない(最判昭40・9・10民集19巻6号1512頁)。ことに，相手方を欺罔して要素に錯誤のある意思表示をさせた者は，自ら無効を主張することはできない。これを認めれば，民法95条および96条の立法精神に反するだけでなく，自己の不法を利用して相手方に不利益を生じさせることになるからである(大判昭7・3・5新聞3387号14頁)。また，表意者に重大な過失があって無効を主張することが許されない以上，相手方も第三者も無効を主張することができない(最判昭40・6・4民集19巻4号924頁)。但し，表意者に対する債権保全の必要性がある場合には，表意者自らは当該意思表示の無効を主張する意思がなくても，第三者たる債権者は表意者の意思表示の錯誤による無効を主張することが許される(最判昭45・3・26民集24巻3号151頁)。

　表意者は錯誤による無効を第三者にも対抗できる結果として，相手方の詐欺によって錯誤に陥った場合に，詐欺を理由に意思表示を取消したのでは，その効果を善意の第三者に対抗しえないときでも(96条3項)，錯誤を理由に無効を主張すると，第三者は保護されないことになる（大判大11・3・22民集1巻115

頁：代金支払の意思も能力もないAが，売主代金の全部を売買登記と同時に支払うとXを欺いて土地を買い，その土地にYのために抵当権を設定した。XはYの抵当権の無効を主張するために錯誤を理由とした）。この結果を不当であるとして，詐欺に関する第三者保護の規定の趣旨によって錯誤の主張を制限すべきであるとする見解がある（我妻『新訂民法総則』303頁以下）。

(ハ) 錯誤の規定の適用範囲

(a) 適用範囲　錯誤の規定は，原則としてすべての法律行為に適用されるが，婚姻や養子縁組のような表意者の真意を尊重する身分上の法律行為には民法95条但書は適用されず表意者の重大な過失があっても無効である。人違いによる婚姻および養子縁組については，特別の規定により無効とされている（民741条1号，802条1号）。株式引受については，商法191条の適用があり，錯誤の規定は適用されない。また，上訴の取下げや上訴権の放棄のような訴訟行為にも適用されない。

(b) 表示機関の錯誤　意思表示を仲介者によって行なう場合，例えば，使者に口上を伝えさせたり，電信技師に打電させる場合に，仲介者が誤って伝達したときの法律関係が問題となる。ドイツ民法は，不正の伝達の場合には，不正に伝達された意思表示を表意者自身の意思表示とみて，表意者が事情を知り，かつ，その場合を合理的に判断したとすれば，そのような意思表示をしなかったであろうと客観的に考えられるときは，その意思表示を取消すことができるとするが（119条，120条），わが民法には規定がない。

仲介者を表示機関とする場合は，仲介者によって本人の意思が表示されることで意思表示が完成する。したがって，表意者自らその表示を誤った場合に準じて95条を準用すべきである。使者が勝手に表示内容を変更して，本人の意思と異なる表示をした場合には，本人の錯誤となるが（大判昭9・5・4民集13巻633頁：保証契約で，使者が本人作成の借用証書を変造し，債務者名を勝手に変えて債権者に差し入れた。），実際上は民法110条の表見代理の規定の適用が問題とされる場合が多い。但し，仲介者が使者ではなく代理人であるときは，代理人の意思表示のみが効果を生ずるので，錯誤の有無は代理人について考えられ，代理人の表示と本人の意思とが異なっても錯誤の問題を生じない。

仲介者を完成した意思表示の伝達機関とする場合には，意思表示の到達がな

く相手方に伝わっていないのであるから，意思表示の効力は発生しない（民97条1項。大判大12・4・26民集2巻272頁は，傍論であるが，当事者の意思が相手方に正当に伝達されないときは，その法律行為は不成立であって，法律行為の要素に錯誤がある場合ではないとする）。

(c) 錯誤と詐欺　動機の錯誤にも95条が適用されるとする立場（通説・判例）によれば，相手方の欺罔行為によって動機の錯誤が生じることが少なくなく，96条の適用も問題となる。錯誤による無効も詐欺による取消もともに表意者を保護する制度であり，各々の要件を充足すれば，いずれの主張もなしうる。無効というのは法律的評価であり，無効の法律行為は無であって取り消しうる余地がないと考えるのは正当ではない。判例は，表意者の内心的効果意思が表示上の効果意思と不慮に一致しない場合に，その不一致が法律行為の要素に関するときは，その錯誤の生じた原因が表意者の過失によるものであるか他人の詐欺に基づくものであるかを問わず，意思表示は民法95条により無効であり，錯誤が「意思表示の内容」に関せず単に「意思決定の原因」にのみ存する場合には，その錯誤が詐欺に基づくときに限り，民法96条により取消の対象になるとする（大判大5・7・5民録22輯1325頁）。

(d) 錯誤と瑕疵担保責任　特定している目的物に瑕疵があって買主がそれを知らずに契約をしたときは，錯誤があり，その瑕疵が重要であるときは法律行為の要素に錯誤があるので，錯誤（民95条）と瑕疵担保責任（民570条）がどのような関係に立つのかが問題となる。判例は，当事者が一定の品質を具有することを重要なものとして意思表示したのに，その品質に瑕疵があり，もしくは一定の品質を欠缺するため契約をなした目的を達成することができないときは，法律行為の要素に錯誤があるものとして，民法95条により無効であるが，当事者が一定の品質を具有することを重要なものとして意思を表示せず，売買の目的物に品質上の瑕疵があるため契約をなした目的を達成することができないときは，瑕疵担保責任の規定が適用されるとする（大判大10・12・15民録27輯2160頁〔中古電動機売買事件〕）。また，契約の要素に錯誤があって無効であるときは，瑕疵担保の規定は排除される（最判昭33・6・14民集12巻9号1492頁〔いちごジャム事件〕）。

通説は，瑕疵担保責任の規定が適用される場合には，錯誤の規定の適用は排

除されるとする。その根拠は，次の通りである。すなわち，① 錯誤無効の主張には期間の制限がなく，この主張を認めると法律紛争の早期解決を意図する瑕疵担保責任における短期の除斥期間（民566条3項，570条）の趣旨が損なわれる。② 瑕疵担保によって契約解除権を生ずる場合は，法律行為の要素に錯誤があるにもかかわらず，これを当然に無効とせず解除権を認めているのであり，これは売買の有償性に基づいて，錯誤があったとしても売買契約を一応有効であることを前提として，当事者の財産的不均衡を是正しようとする趣旨であるから，担保責任の要件を具備する範囲においては錯誤に関する規定を排斥する。換言すれば，瑕疵担保の規定は錯誤の規定の特則であり，一般的規定である95条の規定に優先すると捉える。

　(e)　錯誤と和解　　和解契約の場合に当事者に錯誤があったときは，和解も法律行為であるから，95条が適用されて無効となるのかが問題となる。判例および通説は，和解によって止めることを約した争いの目的である事項に錯誤があるときは，696条が適用されるが，争いの目的とならない事項であって和解の要素をなすものについて錯誤がある場合には95条の適用があるとする（大判大6・9・18民録23輯1342頁：転付命令を得た債権者と第三債務者とが訴訟上の和解をしたが，債権は差押前に他に譲渡されて転付命令が無効であった。；最判昭36・5・26民集15巻5号1336頁）。

　和解は当事者が互いに譲歩をなしてその間に存在する争いを止めることを約する契約である（民695条）。したがって，和解の内容が真実の法律関係と一致しないことが判明しても，争いの目的である事項についてはそれ以上争うことができない（民696条）とすることが当事者の合理的意思に適うだけでなく，和解の制度としても必要である。これに対して，争いの対象とならなかった事項，例えば，和解契約で決定した事項の前提ないし基礎となっていた事項や和解における譲歩のための手段とされた事項について当事者に錯誤がある場合には，和解契約による権利創造的効力が及ばず95条が適用される。

3 瑕疵ある意思表示

(1) 意　義

　他人から詐欺または強迫を受けてなした意思表示を瑕疵ある意思表示という。瑕疵ある意思表示の場合は意思と表示との不一致（意思の欠缺）の場合と異なり，内心的効果意思と表示との間に食い違いはなく，意思決定が不当な干渉を受けてなされたために自由な意思決定が行なわれなかったにすぎない。しかし，このような意思表示を絶対に有効とするときは，表意者に損害を生じさせることになり，その反面として違法行為をなした者が利益を得るのは不当であるから，民法はこれを取り消すことができるものとして，その効力を制限した。

　詐欺および強迫は，民法上だけでなく刑法上も効果を生ずる。刑法上は，犯罪行為として処罰される（刑法222条［脅迫罪］；223条［強要罪］，246条［詐欺罪］；249条［恐喝罪］）。民法上は，不法行為（民709条）として被害者に損害賠償請求権を認めるとともに，詐欺または強迫による意思表示を取り消しうるものとした（民96条）。

(2) 詐欺による意思表示

㈠ 意義および要件

　詐欺とは，故意に人を欺罔して錯誤に陥らせる行為である。詐欺による意思表示が成立するためには，次の要件を必要とする。

　① 詐欺者に故意があること　　(i)相手方を欺罔して錯誤に陥らせようとする故意と，(ii)その錯誤によって意思表示をさせようとする二段の故意が必要である。この点は，特に，保険契約の締結にさいしてなされる詐欺について問題とされている。判例は，保険契約者が既往症がない旨の虚偽の告知をしたため，保険者はこれを信じて保険契約締結の意思を表示したとしても，保険契約者が保険者に錯誤によって契約締結の意思決定をさせる意思をもってその告知をなしたのでない限りは，詐欺を行なったとはいえないとする（大判大6・9・6民録23輯1319頁；同旨のものとして，大判大11・2・6民集1巻13頁：被保険者がその既往症に関し虚偽の陳述をなすことと，その陳述により保険者を誤信させて保険契約を締結させることは別異の事項であるから，特別の事由がない限り，その虚偽の

陳述をもって直ちに保険契約の締結を惹起させた詐欺行為であるとはいえないとする）。これに反し，会社の取締役が資産状態について誇張宣伝して新株の引受を募集する行為は，詐欺となる（大判昭 6・10・19 新聞 3336 号 11 頁）。

② 違法な欺罔行為があること　欺罔行為とは，相手を欺いて，真実でない事実を真実であるとして表示して法律行為をさせる行為である。虚偽の事実を陳述することと，真実の事実を隠蔽することを含む。沈黙も欺罔行為となることがあるが，違法性がないために詐欺とならない場合が多い。法律上または信義則上真実を告げる義務（告知義務）がある場合には，欺罔行為は違法なものとなる。詐欺になるか否かは，欺罔行為が社会の取引通念上許容される限度を超えているか否かによって判断すべきである。例えば，買主が物の重要な性質について錯誤に陥っていることを売主が知りながらこれを告げなかったときは，売主の詐欺となるが，目的物の価格に有利な事情を知らない売主より廉価で買受けることは買主の詐欺とはならない（柚木『判例民法総論（下巻）』165 頁。大阪控判大 7・10・14 新聞 1467 号 21 頁は，ある土地が遊郭免許地に指定されたが，土地所有者がこれを知らないのに乗じて，その事実を黙秘して買い受けた事案である。大審院は，売買取引においては当事者は利害相反する地位にあり，別段の事情なき限りは自己に不利な事情を相手方に告知する義務はなく，地所価格の暴騰を来す一原因となる事実を黙秘しても，相手方の決意に不法の干渉を施すものではないので，詐欺行為により売買を締結したものということはできないとする）。

③ 表意者が錯誤によって意思表示をしたこと　錯誤と意思表示との間に因果関係が存することが必要である。すなわち，欺罔行為によって表意者が錯誤に陥り，その錯誤によって意思決定および意思表示をしたことが必要である。その錯誤がなかったとしてもその意思表示をしたであろうと認められる場合は，錯誤と意思表示との間に因果関係がないので詐欺による意思表示として取消を認めるべきではない。しかし，その因果関係は表意者の主観に存すれば足り，また，他の事実がその意思表示の共同原因になった場合でもよい。

㈡　詐欺による意思表示の効果

詐欺による意思表示は，法定期間内（民 126 条）に限り，いつでも取り消すことができる（民 96 条 1 項。商法 191 条は，株式の引受，詐欺を理由として取り消すことができないとする）。

(a) 相手方のある意思表示について，第三者が詐欺を行なった場合，例えば，債務者が保証人を欺いて保証契約を締結させた場合は，相手方がその事実を知ったときに限り取り消すことができる（民96条2項）。相手方が善意であるときは，表意者（被詐欺者）よりも相手方を保護するのが衡平であるからである。外観を信頼した者を保護する制度においては，外観を信頼した者が無過失であることを要件とするのが原則であり，表意者本人に帰責性がある心裡留保の場合でさえ表意者が過失のある相手方に対して無効の主張ができること（民93条但書）との権衡から考えて，帰責性の小さい被詐欺者については，相手方が過失によって知らなかった場合も取消は認められると解すべきである。ドイツ民法は，第三者が詐欺を行なったときは，相手方が詐欺を知りまたは知りうべかりし場合に限り，意思表示を取り消すことができると規定している（123条2項前段）。相手方のない意思表示については，相手方の保護という問題が生じないので，常に取り消すことができる。

　消費者契約法は，事業者が消費者契約の締結について媒介する委託をした第三者が消費者に対して詐欺を行なったために消費者が消費者契約の申込みまたは承諾の意思表示を行なった場合に，事業主が詐欺の事実を知らなかったときも，消費者は申込みまたは承諾の意思表示を取り消すことができるとしている（4条，5条）。

　(b) 詐欺による意思表示の取消は，遡及的に無効となるが（民121条），その効果は善意の第三者に対抗することができない（民96条3項）。善意の第三者とは，詐欺の事実を知らないで，詐欺による意思表示によって生じた法律関係を信頼して，新たに利害関係を有するに至った者である。例えば，売主Aを欺して不動産を買った買主Bから転得したり，抵当権の設定を受けたCがこれに該当する。AはA・B間の売買を取り消すことはできるが，Cを無権利者としてCから不動産を取り戻すことはできない。自己の行為を介しないで，詐欺による意思表示によって反射的に利益を取得した者は含まれない。例えば，一番抵当権が詐欺によって放棄された場合の二番抵当権者（大判明33・5・7民録6輯5巻15頁：一番抵当権と二番抵当権の登記が詐欺により抹消されたため三番抵当権者が一番抵当の順位を得た），連帯債務者の1人が詐欺によって代物弁済をした場合の他の連帯債務者（大判昭7・8・9民集11巻1879頁）などは，第三者に該当しな

い。

　第三者の無過失を要するか否かについては，議論がある。94条2項の第三者について善意・無過失を要求する見解によれば，被詐欺者には故意がなく帰責性が小さいので，詐欺の場合にはなおさら第三者の無過失を要求してよいことになる（幾代『民法総則』284頁）。96条3項は，192条などと同様に，取引の安全を保護するための外観法理の一つであり，無過失を要件とするのが原則であることと，詐欺の場合には被詐欺者の帰責性が小さく，第三者との利益を調整する必要があることから，無過失を要件とすべきである。

　(c)　第三者の登記の要否

　第三者が保護されるためには，その取得した権利につき対抗要件を必要とするか否かは，見解が分かれる。判例は，「必ずしも第三者は所有権その他の物権の転得者で，かつ，これにつき対抗要件を備えた者に限定しなければならない理由は，見出し難い」（最判昭49・9・26民集28巻6号1213頁：Aを欺罔して農地を買受けたBが，農地法5条の知事の許可を条件とする所有権移転の仮登記を得たうえ，売渡担保のため善意のCに譲渡し，Cが仮登記移転の付記登記を行なった場合にはCは第三者にあたる。）とする。本件事案では，Cは仮登記を備えているため，対抗要件を備えた者に準ずる地位にある者と評価したと捉える学説もあるが，第三者の対抗要件を不要とする見解をとったものと解すべきである。学説は分かれており，①96条3項は，善意の第三者に対する関係では被詐欺者の意思表示は取り消されず，詐欺による取得者は有効に権利を取得したものとみなす趣旨であり，被詐欺者と第三者との関係は対抗関係ではないこと，②第三者を保護することによって取引の安全を図ることを目的とするものであるから，登記の有無は問題とならず，権利保護要件としての登記も不要と解するのが多数説である（これに対して，登記を必要とする見解として，我妻『新訂民法総則』312頁。なお，我妻『新訂物権法』102頁は，Cに対して96条3項の保護を全く登記から切り離して考えると，AがBから登記を回復した場合にも，さらに，遡ってBの詐欺を媒介としてA→B→Cと転売されたが登記は終始Aにある場合にも常にCが勝ち，Aに対して登記請求権を認められることになり妥当ではないとする）。

　(d)　第三者はいつまでに利害関係に入ることを要するか　　通説・判例は，第三者の登場が被詐欺者の取消前か取消後かによって，法律関係を決定してい

る。すなわち，取消前に登場した第三者の場合には，被詐欺者は96条3項により第三者に対抗できないが，取消後に登場した第三者の場合には，取消を一種の復帰的な物権変動とみて（BからA，BからCへと二重譲渡があったのと同様の関係とみる。），被詐欺者と第三者とは177条によって対抗関係になるとする。通説・判例は，96条3項の第三者は，取消前に利害関係を取得した第三者をいい，取消後に利害関係を取得した第三者を含まないとする。96条3項は詐欺による意思表示を取り消すことによって遡及的に無効となるのを制限するための規定であり，取消後に利害関係を取得した第三者は，遡及的無効によって損害を被る虞れはないからである。

　取消後は被詐欺者は登記を自分の所に戻すことができたのにそれをしないでいる間に第三者に売られたのであるから，被詐欺者に怠慢があり，詐欺者が二重譲渡したのと同様の関係にあるものとして捉えられる。これに対して，取消前に第三者が登場した場合には，被詐欺者としては登記を戻すことができない間に売られているのであるから怠慢はなく，登記がなければ第三者に負けるとはいえない。この場合には，取消の第三者に対する効力が問題となり，詐欺の場合は96条3項によって善意の第三者に対抗できないことになる（星野『民法概論II』52頁）。判例は，詐欺による取消後に登場した第三者は，96条3項にいう第三者に該当せず，詐欺による取消後，登記を復帰させていないうちに登場した第三者と被詐欺者との優劣は登記によって決定するとしている（大判昭17・9・30民集21巻911頁）。

　通説・判例に対しては，次のような批判がなされている。① 通説・判例が取消の意思表示の前後によって区別し，取消前に登場した第三者Cは取消の遡及効によって，たとえ登記を得ていても無権利者Bからの譲り受けであって無効であるとしながら，取消後に登場した第三者Cは，Bから有効に所有権を取得し，取消権者Aとの間では先に対抗要件を備えた者が勝つとすることは不合理である（舟橋『物権法』162頁；川島『民法総則』301頁は，取消主張者と両立しない法律関係に立つに至ったのが，取消以前であったか以後であったかを問わず善意の第三者は96条3項によって保護されるとする）。② 詐欺のような第三者保護の規定がない場合，例えば強迫の場合には，取消前の転得者は善意でも保護されず，取消後の転得者は逆に悪意でも保護される場合があることになり不合理である

(四宮『民法総則』187頁）。そこで、取り消された行為は、第三者の登場が取消の前であるか後であるかに関係なく無効であるとする説（無権利説）が主張され、「取消し得べき行為の外形たる登記を有効に除去しうる状態になりながら、なおそれを除去せずに放置することは、虚偽表示に準ずる容態である」とし、「取消権者が自分の行為を取り消しうるものであることを知り、その追認を有効になしうる状態に入った」後に登場し、かつ、登記を備えた第三者は、94条2項の類推適用によって保護すべきであるとして、詐欺の場合にも、取り消して有効に登記を除去しうる状態の到来した時点以後は、94条2項の類推適用によって第三者は保護され、それより前については、96条3項によって保護されるとする見解（幾代『法律行為の取消と登記』『民法学の基礎的課題(上)』61頁以下）が、主張された。これに対して、詐欺による取消の場合は、少くとも取消の意思表示がなされるまでは、善意の第三者が救済されることについては問題がないのであるから、取消の前と後とを区別して、取消前に関しては96条3項により、取消後に関しては94条2項の類推適用によるとする見解（下森「民96条3項にいう第三者にあたる場合」判タ322号94頁）や、詐欺の場合のみならず取消の場合一般について、取消前と取消後とを区別し、取消前の第三者保護は、96条3項により、取消後の第三者保護は94条2項の類推によるべきであるとする見解（四宮『民法総則』172頁）などが主張された。その理由として、(i)取り消すか否かは取消権者の自由であるから、登記除去の放置といっても、取消前におけるそれと取消後におけるそれとは懈怠の程度に顕著な差があり、94条2項の類推のためには、本人側に帰責事由が必要であるから、取消前の登記除去放置については94条2項を類推するのに適さないこと、(ii)登記除去＝追認可能状態時という基準はあいまいであること、を挙げている（四宮『民法総則』173頁、四宮・能見『民法総則』208頁）。

　以上のほか、対抗要件主義の根本精神から、対抗要件を備えうる状態にあるのにそれを放置している場合には不利益を受けても仕方がないとして、一貫して対抗問題として処理する立場がある。これには、取消権発生の原因が止み、かつ、取消権者が取消の理由のあることを知ったとき以降に登場した第三者との関係では、取消による物権復帰を対抗するためには登記を必要とする見解（鈴木『物権法講義（二訂版）』93頁）、および、第三者の登場が取消の前後のいず

れかを問わず，第三者と取消権者との関係は対抗問題として処理すべきであるとする見解（広中俊雄「法律行為の取消と不動産取引における第三者の保護」法時49巻6号48頁）がある。

(ハ)　詐欺が同時に不法行為の要件（民709条）を具備する場合には，表意者は，その行為を取り消して損害賠償を請求することもでき，または，取消をなさずに損害賠償のみを請求することもできる。詐欺行為の違法性が高い場合には，被害者の被った精神的苦痛に対する賠償として，慰謝料請求も認められると解すべきである。

(3)　強迫による意思表示
(イ)　意義および要件

強迫とは，違法に害悪を表示して，恐怖心を生じさせる行為である。強迫による意思表示が成立するためには，次の要件を必要とする。

①　強迫者に故意があること　　(i)相手方に畏怖を生じさせ，かつ，(ii)その畏怖によって意思表示をさせようとする二段の故意が必要であることは，詐欺の場合と同様である。不正行為をした者を告訴または告発する場合に，告訴または告発によって民事上の問題を有利に解決しようとする目的でないときは，強迫の故意がないことになる（大判大5・5・8民録22輯931頁は，不正の売買に関連して告訴され，検事の勧告によって和解契約を締結した事案である）。また，AがBに対して告訴するといって脅したところ，それと取引上密接な関係のあるCが畏怖を生じて契約をした場合にも，AにはCを脅かそうとする故意がないので強迫にならない（大判昭11・11・21民集15巻2072頁：架空の土地を担保に借金したことを難詰し，告訴する旨を告知し，これに畏怖した第三者が手形を裏書きした）。

②　違法な強迫行為があること　　害悪を表示して相手方に畏怖を生じさせる行為を必要とするが，強迫行為が違法なものでなければならない。沈黙も，場合により強迫行為となる。一般的には，強迫によって不正な利益を得ることを目的とするときや正当な利益を得る目的であってもその手段が不当なときは違法性があるといえる。例えば，取締役に対してその不正行為を告発すると通知して，無価値の株式を高く買わせた場合（大判大6・9・20民録23輯1360頁），

警察官がA・Bを警察署に引致し，夜を徹して端座させて訊問し，Cの損害賠償請求に応ずべき旨を強要し，これを目的としてA・BとCの間に準消費貸借契約を締結させた場合（大判大14・11・9民集4巻545頁〔橋本警察署事件〕）などは，違法な強迫行為になる。これに対して，被用者が横領したので，身元保証人に借用証を入れなければ告訴するといって損害賠償債務を認めさせて準消費貸借証書を差し入れさせた場合（大判昭4・1・23新聞2495号14頁）などは，不正な利益を得ようとするものではないので，違法性がない。強迫の手段と目的とを相関的に考察して，行為全体としての違法性の有無を判定すべきである（我妻『新訂民法総則』315頁）。

　③　強迫と意思表示との因果関係があること　　強迫が成立するためには，強迫者による強迫行為があるほかに，表意者が強迫行為によって意思表示をしたことが必要である。すなわち，強迫行為と表意者の意思表示との間に因果関係がなければならない。判例は，畏怖の程度は，表意者が完全に選択の自由を失ったことを必要とせず，完全に意思の自由を奪われた場合はその意思表示は当然に無効であり，民法96条の適用の余地はないとする（大判明39・12・13刑録12輯1360頁；最判昭33・7・1民集12巻11号1601頁〔労組員強迫暴行事件〕：解雇された労働組合員が，会社所有の住宅を自分たちに売却させるため，会社代表者と多人数で面会し，他の者が代表者に暴行を加えたりしたため，会社側が止むなく売却に応じた）。

　㈡　強迫による意思表示の効果

　強迫による意思表示は，表意者においてこれを取り消すことができる（民96条1項）。詐欺の場合と異なり，(i)第三者による強迫の場合でも相手方がそれを知っていると否とにかかわらず常に取り消すことができ（民96条2項の反対解釈），また，(ii)取消は善意の第三者にも対抗できる（民96条3項の反対解釈。大判明39・12・13刑録12輯1360頁：AらはBがAらの委託した米を費消したとして，告訴するぞと脅かし，BをしてAに1,500円の支払を約束させ，その弁済としてCの不動産をAに移転させ，AからDに移転したところ，Bが取り消した。；同旨の判例として，大判昭4・2・20民集8巻59頁）。このような取扱いの差異は，強迫の場合は詐欺の場合より瑕疵の程度が大きいので，より一層表意者を保護する必要があるとすることに基づいている。詐欺と強迫とに差異を設け，強迫の被害者をよ

り以上に保護する点はローマ法の影響と見られるが（原田『日本民法典の史的素描』55頁），意思主義に偏するとして批判する見解もある（我妻『新訂民法総則』215頁，柚木『判例民法総論（下）』172頁）。

　通説は，表意者が取り消した後に登記などの対抗要件を回復しないで放置している間に登場した第三者と取消者との関係についても，詐欺による場合と同じく対抗要件の問題として，二重譲渡の原則によって解決すべきものとする（我妻『新訂民法総則』316頁）。判例は，第三者が取消前に登場した場合について，取消の遡及効の絶対性を認め，取消権者は登記なくして第三者に対抗しうるとする（大判昭4・2・20民集8巻59頁：AがBの強迫によってBに対する債権および抵当権を放棄して，抵当権の登記を抹消した後，Cがその目的物上にBから抵当権の設定を受けて登記を経たが，その後，Aが強迫を理由として放棄行為を適法に取り消した）。

　これに対して，「強迫による意思表示の取消は，その取消前の第三者のみならず取消後の第三者にも対抗し得，且つ不動産上の権利については後者に対しても登記の有無を問題とすべきではない」とする見解（川島『民法総則』305頁）がある。また，第三者は取消によって遡及的に無権利者となるとする構成を採ったうえで，詐欺による取消の場合と同じく，94条2項の類推適用によって，第三者を保護しようとする見解がある。これによると，「被強迫者が被強迫状態から脱して自由になり，相手方のもとに存する登記その他の不実の外形を有効に除去しうる状態になりながら，なおそれを除去せずに放置するときは，その時点以降は虚偽表示に準ずる容態に入ったものと考え，したがって，その後に当該の不実の外形に信頼して新たに取引関係に入った第三者は，94条2項の要件のもとで（善意・無過失を要件に）保護を受けられる」とする（幾代「強迫による取消しと無効」『新版民法演習1総則』159頁，同・「法律行為の取消と登記」『民法学の基礎的課題(上)』62頁）。

(ハ)　強迫による取消と無効の選択的主張の可否

　強迫によって全く意思決定の自由を奪われた場合には，その強迫による意思表示は内心的効果意思を欠如しており無効である。この場合には，表意者は，意思決定の自由を完全に失っていたことを立証して無効を主張することも，強迫による意思表示の取消を主張することも自由に選択できると解すべきである。

(4) 消費者契約法による保護

　消費者契約法は，消費者と事業者との間に情報の量および質，交渉力等に格段の差があることを前提に，事業者が消費者を誤認させたり困惑させるような不適切な勧誘行為をした場合には，消費者に意思表示の取消を認めることによって，契約締結過程の適正化を図っている。

　(イ) 事業者が消費者契約の締結について勧誘をするに際し，消費者に対して以下の行為をしたことにより消費者が誤認し，それによって契約の申込みまたはその承諾の意思表示をしたときは，これを取り消すことができる（4条1項）。

　① 不実告知（1項1号）

　事業者が，重要事項について事実と異なることを告げたため，告げられた内容が真実であると誤認した場合である。

　② 断定的判断の提供（1項2号）

　物品，権利，役務その他の消費者契約の目的となるものに関し，将来におけるその価額，将来において当該消費者が受け取るべき金額その他の将来における変動が不確実な事項につき断定的判断を提供したため，消費者が断定的判断の内容が確実であると誤認した場合である。

　③ 不利益事実の不告知（2項）

　事業者が消費者契約の締結について勧誘をする際に，消費者に対してある重要事項または当該重要事項に関する事項について消費者の利益となる旨を告げ，かつ，当該重要事項について消費者の不利益となる事実を故意に告げなかったことによって，消費者が当該事実が存在しないとの誤認をし，それによって消費者契約の申込みまたはその承諾の意思表示事をした場合である。

　(ロ) 消費者は，事業者が消費者契約の締結について勧誘をするに際し，消費者に以下の行為をしたことにより困惑し，それによって契約の申込みまたはその承諾の意思表示をしたときは，これを取り消すことができる（4条3項）。

　① 不退去（3項1号）

　事業者に対して，消費者が，その住所またはその義務を行なっている場所から退去すべき旨の意思を示したにもかかわらず，それらの場所から退去しない場合である。

　② 退去妨害（3項2号）

事業者が消費者契約の締結について勧誘している場所から，消費者が退去する旨の意思を示したにもかかわらず，その場所から退去させない場合である。

4　意思表示の効力発生時期と受領能力

(1)　意思表示の効力発生時期

意思表示は，すべての効力発生要件の備わった時に効力を生ずる。意思表示には，特定の相手方に対してなされることを要するもの（売買，賃貸借など）と，特定の相手方に対してなされることを要しないもの（寄附行為，懸賞広告など）とがある。民法は，相手方のない意思表示については一般的規定を置いていない。この場合には，意思表示を了解すべき地位にある特定の相手がいないのであるから，効力発生時期について特別の考慮を必要とせず，原則として，成立と同時に効力も発生すると解してよい。但し，民法は特別規定を置いている。法人設立行為が主務官庁の許可があった時に効力を生じ（民34条），相続の放棄が家庭裁判所に申述する手続をとった時に効力を生じ（民938条），停止条件付遺言が遺言者の死亡後条件が成就した時から効力を生ずる（民985条2項）などがその例である。これに対して，相手方のある意思表示については，相手方との関係で意思表示の効力発生の時期が問題となるので，民法は一般的規定を設けた。

隔地者間の意思表示の効力発生時期については，発信のために表白された時（例えば，書面を作成した時）とする表白主義，意思表示が発信された時（例えば，投函した時）とする発信主義，意思表示が相手方に到達した時（例えば，配達された時）とする到達主義，および，意思表示が相手方に了知された時（例えば，相手方が書面を読んだ時）とする了知主義がある。民法は，意思表示の原則として到達主義を採用し（97条1項），取引の迅速性の要請がある特別の場合に発信主義を採用した（526条1項は，隔地者間の契約は承諾の通知を発した時に成立すると規定する）。また，商法は，多数の者に同一の通知をなすべき場合に，多数の中の1人に到達しなくても全部が無効とならないようにすべきときも発信主義を採用している（232条1項は，株主総会の招集の通知に発信主義を採っている）。到達主義が取引の需要と衡平に適合するものとして原則とされるのは，表白主義と了知主義は，当事者の一方の利益に偏しすぎるとともに，発信主義によれば，

相手方が了知できる状態がないにもかかわらずこれに対して効力を生じさせることになるが，相手方に到達していない段階で表意者を絶対的に拘束する必要はないからである（発信主義によると，書き終った信書を発送した後に撤回することや派遣した使者を呼戻すことは，効力を生じた意思表示の取消となる）。

(2) 到達主義
(イ) 隔地者に対する意思表示

隔地者に対する意思表示は，相手方に到達した時からその効力を生ずる（民97条1項）。隔地者とは，離隔する場所にいる者という意味ではなく，表意者の意思表示を直接に了知することができる状態にない者をいう。すなわち，郵便，電信のような伝達手段によって意思表示を行なう場合である。これに対して，これらの通信機関によらずに直接に意思表示を了知しうる状態にある相手方に対して行なう意思表示を対話者間の意思表示という。例えば，対談，電話による場合などがこれに該当する。

到達とは，意思表示または通知を記載した書面が，一般の取引通念上了知できるように相手方の支配圏内に入ることであり，相手方が現実に了知することは必要でない（最判昭43・12・17民集22巻13号2998頁）。手紙が郵便受に投入され，また，本人の住所で同居の親族（大判明45・3・13民録18輯193頁），家族・雇人などに交付され，同居する内縁の妻（大判昭17・11・28新聞4819号7頁）が受領してもよい。同居の内縁の妻が，本人の不在を理由に郵便物の受領を拒んだが，本人は不在がちで往々外泊したことがあるにすぎない場合には到達となる（大判昭11・2・14民集15巻158頁〔内縁の妻郵便受領拒絶事件〕）。これに対して，債権譲渡通知の内容証明郵便の受領を，まず妻が本人不在を理由として拒絶し，翌日娘が拒絶したために，さらにその翌日に配達を終えたときは，配達を終えた日に到達がある（大判昭9・10・24新聞3773号17頁）。会社に対する延滞賃料支払催告書がたまたま会社事務室に居合わせた代表取締役の娘に交付され，代表取締役の机の上の印を押して受け取り，机の引き出しに入れた場合には，娘に催告書を受領する権限もなく，その内容も知らず，かつ，社員にこのことを告げなかったとしても，催告書は代表取締役の勢力範囲に入ったもの，すなわち，同人の了知可能の状態におかれたものと認められるので到達があったとされる

（最判昭 36・4・20 民集 15 巻 4 号 774 頁）。また，必ずしも相手方の住所または営業所に送達されなくても，相手方がこれを了知しうべき場所に送達されたときは，到達がある（大判昭 9・11・26 新聞 3790 号 12 頁：A 宛の解除の通知を B が受領した事案。A は以前に B と同居し，その後時々 B を来訪した事実，および 2，3 の通知が B 方宛で A に到達している事実があった）。これに対して，所在不明の代表社員の実母が受領し，社印および代表者印をもっていても，実母に受領権限がなく，かつ，代表社員が意思表示を了知しえない状況にあったと認められるときは，会社へ到達したとは認められない（最判昭 42・7・20 民集 21 巻 6 号 1583 頁）。

　(ロ)　対話者間の意思表示

　対話者間については明文の規定がない。対話者間においては，表白・発信・到達・了知が同時に生ずるのが通常であるから，民法は特別の規定を設けていない。しかし，例外的にそれらが時を異にする場合には，隔地者間におけるのとその原理を異にすべき理由がないので，97 条を類推して，到達主義の原則によるべきである。したがって，例えば，相手方が耳を閉ざして故意に了知しない場合には，了知がなくてもその意思表示は効力を生ずるものと解すべきである。

　(ハ)　到達主義の結果

　到達主義によれば，意思表示は，相手方に到達した時に効力を生ずる。この結果，① 意思表示の不着または延着は，表意者の不利に帰する。例えば，催告期間の計算は，到達の時から起算すべきであるから，延着すれば期間が不足になることがある（大判昭 2・1・25 新聞 2666 号 14 頁：隔地者に対し民法第 541 条による契約解除の場合においても，解除の前提としてなす一定の期間を定めてなす履行の催告が，相手方に到達した時より計算し，その期間の満了した後でなければその不履行を理由とする契約解除の意思表示はその効力を生じないとする）。

　② 発信後であっても到達前であれば，発信者は意思表示を撤回することができる。但し，撤回の意思表示は，遅くとも前の意思表示と同時に到達することが必要である（ドイツ民法 130 条 1 項後段は，この旨を規定している）。

　③ 表意者が意思表示を発信した後に死亡し，または行為能力を失っても，意思表示の効力に影響を及ぼさない（民 97 条 2 項）。意思表示はすでに成立しており，その効力の発生が到達にかかっているにすぎないからである。但し，本条

の規定に対しては、契約の申込について特則がある。すなわち、申込者が反対の意思を表示し、または相手方が死亡または能力喪失の事実を知ったときは、申込が到達しても死亡の場合は効力を生じないし、能力喪失の場合は制限能力者の意思表示として取り消しうる（民525条）。

(3) 公示の方法による意思表示

表意者が意思表示をなすべき相手方が誰かを知ることができないとき、または相手方はわかっているがその所在が不明であるときは、公示の方法によって意思表示をなすことができる（民97条の2第1項）。公示方法による意思表示は、公示送達に関する民事訴訟法の規定に従い裁判所の掲示場に掲示し、かつ、その掲示のがあったことを官報および新聞紙に少くとも1回掲載してこれを行なう。但し、裁判所が相当と認めるときは、官報および新聞紙の掲載に代えて、市役所、町村役場またはこれに準ずべき施設の掲示場に掲示すべきことを命ずることができる（民97条の2第2項）。公示に関する手続は、相手方を知ることができない場合には表意者の住所地の簡易裁判所の管轄に属し、相手方の所在を知ることができない場合には相手方の最後の住所地の簡易裁判所の管轄に属する（民97条の2第4項）。裁判所は、表意者に公示に関する費用を予納させなければならない（民97条の2第5項）。公示による意思表示は、最後に官報もしくは新聞紙に掲載した日またはその掲載に代わる掲示を始めた日より2週間を経過した時に相手方に到達したものとみなされる（民97条の2第3項本文）。但し、表意者が相手方を知らず、または所在を知らないことについて過失があるときは、到達の効力を生じない（民97条2項、第3項但書）。表意者の過失の主張立証責任は、公示による意思表示到達の無効を主張する者にある（最判昭37・4・26民集16巻4号992頁）。

(4) 意思表示の受領能力

到達は了知しうべき客観的状態が成立することであるから、意思表示の受領者にその内容を了知しうるだけの能力がなければ、到達とはならない。この意思表示を了知しうるだけの能力を、意思表示の受領能力という。受領能力は、他人の意思表示を理解しうる能力であるから、自ら積極的に意思表示をなしう

る能力である行為能力よりも低い程度の能力で足りる。そこで，民法は，未成年者および成年被後見人だけを受領無能力者とし，被保佐人は完全な受領能力者とした。意思表示の相手方が受領無能力者であるときは，表意者は効力が発したことを主張することができない（民98条本文）。但し，受領無能力者の法定代理人が到達したことを知った後は，表意者はその効力の発生を主張することができる（民98条但書）。未成年者が例外として行為能力を認められる範囲（民4条1項但書，5条，6条）では，受領能力もまた当然にこれを有すると解すべきである。受領能力は，行為能力より能力の程度が低くてもよいからである。

〔5〕 代 理

1 総 説

(1) 代理制度の意義

代理は，本人と一定の関係にある他人（代理人）が，本人のためにすることを示して相手方に意思表示をし，または，相手方からの意思表示を受けることによって，本人が直接にその法律効果を取得する制度である。代理人が本人を代理して相手方と契約を締結した場合には，契約関係は直接に本人と相手方の間に生じることになる。

近代法において，代理制度は，私的自治の範囲の拡張と私的自治の補充という2つの機能を果たしている。第1に，代理は，他人の能力や専門的知識を利用することによって，本人の社会的活動の範囲を拡大することに用いられる。個人は各人の自由意思に基づいて社会的活動を行なうことが近代法の理想に適う。しかし，個人の活動能力には限度があり，ことに今日のような高度に発達した複雑な経済組織の下においては取引関係は技術化かつ専門化しており，個人がすべての取引関係において単独でこれに対応し処理することは極めて困難になっている。そこで，代理人を用いることによって，代理人の意思や判断力に基づいて直接に自己の法律関係を処理させることができ，個人の活動をその能力の限界のみならず時間的場所的範囲の制限を超えて，著しく拡大することができるのである。現代社会において巨大な資本を有する者が，多数の企業経

営に関与し，世界的規模で取引をなしうるのは，専ら代理制度の賜物である。第2に，近代法はすべての自然人に権利能力を認めるが，幼児，未成年者，成年被後見人および被保佐人などは，自分で完全な法律行為をすることができない。そこで，意思無能力者や制限能力者を保護し，不完全な能力を補充するために代理制度が有効に機能することになる。これらの制限能力者が権利義務を取得することができるのは，代理制度が認められているからであり，この場合には，制限能力者に対して能力を補充する機能を果たしているのである。

(2) 代理の本質

代理は，他人が本人のために意思表示をなし，または意思表示を受領することによって直接本人にその法律効果を生じさせる行為であるが，本人以外の者の行為によって何故に本人に法律効果が帰属するのかが問題となる。この問題は，ドイツ普通法上争われたが，代理人を法律行為の当事者とみる**代理人行為説が通説**となり，ドイツ民法の代理規定の基礎となった。

本人行為説（本人説Geschäftsherrntheorie）によれば，法的意義において行為をなす者が本来の当事者であり，代理人は単なる機関にすぎず，それ故，法律効果だけでなく法律要件（例えば，意思の瑕疵に基づく取消）についても本人自身について決定されるとする（サヴィニーがその代表者）。この見解に対しては，法定代理人の場合に説明できないだけでなく，代理による意思の欠缺や瑕疵の問題を代理人について決定しないことになり結果において不当であると批判されている（鳩山『法律行為乃至時効』216頁）。共同行為説（媒介説Vermittlungstheorie）によれば，法律効果は法律行為を行なうさいの代理人と本人との協力に基づくものであり，それ故，その要件は両者の関与の程度に応じて，一部は代理人自身に，一部は本人自身について決定されるとする（ミッタイスおよびデルンブルヒがその代表者）。この見解に対しては，任意代理の場合に委任者の意思が代理行為に基礎を与えるものであることは明らかであるが，この意思は代理によって成立する法律行為を組成する意思ではなく，代理権を成立させるにすぎないものであるので，代理権さえあればこの意思がなくても代理行為の成立を妨げず，本人の授権行為を代理における意思表示の組成部分とすることは誤りであると批判されている（鳩山『法律行為乃至時効』217頁）。また，代理人と本人とが協力

するという考え方は，無能力者の代理の場合に採用されないとされている（柚木『判例民法総論（下巻）』188頁）。代理人行為説（代表説Repräsentationstheorie）によれば，代理人が法律行為をなすものとし，その効果は法律上の規定によって本人自身に生ずるものであり，それ故，法律行為の要件（例えば，行為能力，意思の瑕疵の影響など）は，代理人自身について決定されることになる（ヴィントシャイト，イェーリングがその代表者）。ドイツでは，法定代理における代理行為の効果の発生根拠を容易に説明できることから，代理人行為説が通説となった。代理の特質は，行為は純粋に代理人の行為であり，意思表示の瑕疵や意思決定の不自由などの効果はすべて代理人だけについて決定するが，その効果は本人に帰属すること，すなわち，動的な行為と静的な法律効果との分離という点にあるが，この理論を本人が行為をなすという擬制を用いて説明する必要はないのである。

　わが民法は，ドイツ民法と同じく代理人行為説の立場から規定し，法律行為をなす者は代理人であるから，その要件は原則として代理人について決定される（民99条，101条）。判例もこの理を認め，「わが民法はいわゆる代表説を採り代理における意思表示は代理人の意思表示にして本人はただその意思表示の効力を受けるにすぎずとなすものなることは，99条及び101条に徴し極めて明白なるが故に，意思表示の成立に関する事項はすべて代理人につきこれを定むべきものとする。代理人が権限内においてなした法律行為において代理人につき意思表示の成立要件が具わる以上は，その効力は直ちに本人に帰するものであって，本人につきあえて意思表示の成立要件が具わることを要しない。したがって，代理人が権限内において相手方と契約をなしたる以上は，本人がその相手方が誰であるかを知らなくても契約の成立に影響を及ぼすの理なきは当然である」とする（大判大2・4・19民録19輯255頁）。

(3)　代理における三面関係

　代理においては，㈠本人と代理人との関係，㈡代理人と相手方との関係，㈢相手方と本人との関係の三面関係が成立する。㈠では代理権の存在が，㈡では代理行為が，㈢では代理行為による法律効果の帰属が問題となる。しかし，代理関係の本体は，代理人の本人に対する地位，すなわち，代理人の行為によっ

て本人に法律効果を帰属させうる地位にあるとみるべきである。代理人・相手方間は，この地位の実現の過程であり，相手方・本人間はその結果である（我妻『新訂民法総則』325頁）。

(4) 代理と委任

　代理は，代理人の行為の効果を直接本人に帰属せしめる制度であるから，この代理人の地位は代理人が本人に対して一定の法律行為をなす義務を負担し，その履行の手段として与えられることが多い。このため，以前には，代理の関係と，本人と代理人との内部関係（委任，雇用，請負，組合など）が混同され，代理は内部関係の対外的効果にすぎないと考えられていた。民法は，「委任に因る代理人」（104条），「委任に因る代理権」（111条2項）と規定しているが，これは，民法典起草者がフランス民法の構成にならって，代理権の背後にある内部関係は常に委任であり，委任契約からのみ代理権が発生すると考えていたためである。すなわち，本人のために法律行為をなすことを委託するという意思表示の中には，本人を代理して法律行為をすることが含まれていると解し，委任契約以外に代理権の発生しうることを認めず，雇用または組合などの法律関係と代理関係が併立する場合にも暗黙に委任契約が成立するものと解したのである（梅『民法要義（総則編）』253頁以下，富井『民法原論（総論）』499頁）。しかし，今日の通説は，代理は，本人と代理人との間の対内関係とは観念上関係のない独立の制度であり，代理権は，対内関係における権利義務と関係のない独立の地位であるとする。第1に，委任は必ずしも代理権を伴なうものではなく，代理権の背後にある対内関係は，必ずしも委任とは限らないからである。前者の例として，問屋は，自己の名をもって他人のために物品の販売または買入れを行ない（商法551条），後者の例として，雇用，組合，請負などにおいても代理を伴ないうることが挙げられる。判例も，委任は代理権を伴うことも伴わないこともあるとし，代理権を伴わない場合においては，受任者は委任者の計算において受任行為をなすに止まり，委任者を代理して受任行為をなすべきものではないとする（大判大4・4・7民録21輯464頁）。第2に，代理権の本体は，代理人の行為によって本人に権利義務の変動を生じさせることにあるから，この観念の中には，委任などのような本人のために行為をなすべき義務は含まれないか

らである（我妻『新訂民法総則』326頁）。

(5) 代理と類似の制度
　代理は，他人（本人）の名において意思表示をなし，または意思表示を受領し，その者に直接に権利義務を取得させることを特色とする。代理と類似の制度として，次のようなものがある。
　(イ)　間　接　代　理
　問屋（商法551条）の行為のように，他人の計算において自己の名でなされる法律行為を間接代理という。法律効果は，すべて行為者に帰属するから代理と呼ばれるが，代理の一種ではない。この場合には，法律行為の効力は，まず当事者たる代理人について発生し，改めて所有権の移転，債権の譲渡または債務の引受などの法律行為をなすことによって本人にその効果が移転されることになる。もっとも，行為の効果を本人に移転するための意思表示は，その効果が間接代理人に帰属した後にしなければならないものではなく，本人との間の契約で間接代理人が権利を取得すると直ちに本人に移転する旨を予め定めておくこともできる（大判大7・4・29民録24輯785頁）。しかし，この場合にも，権利はまず間接代理人に帰属してから本人に帰属することになる。
　民法は，ドイツ民法と同様に直接代理のみを代理として規定することとした。歴史的には，最古の代理の種類は間接代理であった。ローマ法は，直接代理を例外的場合に承認したにすぎないし，古ドイツ法においても本人に直接に効果を生じさせる意思での代理としての直接代理は知られていなかった。直接代理に部分的に代わるものとして，自己の名で自己の権利に基づいて行為をなす受託者が役割を果たしたが，同時に信託者のために，かつ，その指図に従ってのみ信託者より譲渡された権利を処分すべき義務を負っていた。ドイツにおいては，直接代理が原則的に承認されたのは，18世紀以来のことであり，プロイセン一般ラント法，フランス民法，ザクセン民法，スイス債務法ならびにドイツ民法といった新しい法典編纂によっても規定が設けられることになったのである（Lehmann/Hübner, Allgemeiner Teil des Bürgerlichen Gesetzbuches 15. Aufl. S. 301）。

㈡ 使　者

　使者には，本人の完成した意思表示を相手方にそのまま伝達するもの（伝達機関としての使者，例えば，書状を持参する者）と，本人の決定した効果意思を相手方に表示してその意思表示を完成させるもの（表示機関としての使者，例えば，口頭で伝える者）とがある。使者の場合には，意思決定の自由が与えられておらず，指図通りに執行すべきことが予定されており，代理の場合において代理人が意思表示の内容，相手方の選択または取引すべき目的物などについて意思決定の自由を与えられているのと異なる（通説）。この見解に対して，取引の安全を保護するという観点から，本人が意思決定したかどうかという意思主義的基準によって区別すべきでなく，表示者が本人の決定した効果意思であるとして表示したのか，それとも表示者自身が決定した効果意思であるとして表示したのかという表示主義的基準によって区別すべきであるとする見解がある（川島『民法総則』311頁，幾代『民法総則』301頁）。この見解は，意思主義的基準による見解が本人側の事情を問題するのに対して，相手方に対して，どのように表示したかを問題とするのである。

　代理人の意思表示は代理人が行なうものであり，代理行為は代理人の意思決定に基づく独立の行為であるが，使者の意思表示は使者を用いる本人の意思表示である。したがって，相手方に伝達された意思表示の内容と，内心的効果意思との間に，意思の欠缺，詐欺・強迫などの事実があるかどうかについて，代理人の場合には行為者たる代理人を基準として判断されるのに対して，使者の場合には本人を基準として判断される。伝達された意思表示に齟齬がある場合には，伝達機関としての使者については意思表示が到達するか否かが問題となるだけであるが，表示機関としての使者については到達の有無だけでなく，本人の効果意思と異なる表示がなされたときは，錯誤の問題を生ずる。この結果，表見代理の場合とは異なり，相手方の善意・無過失は問題とならず，その使者を用いたことを含めての本人の重過失の有無が，意思表示の有効か無効かを決定することになる（民95条但書。ドイツ民法120条は，意思表示が伝達機関によって不正に伝達された場合には，錯誤によってなされた意思表示と同一の要件により取消すことができると規定する）。

　判例は，保証契約において，使者が本人作成の借用証書を変造し，債務者名

を勝手に変更して債権者に差し出した場合に，保証人の意思と表示との間に不一致があり，主債務者の人違いは要素の錯誤となるとする（大判昭9・5・4民集13巻633頁）。これに対して，連帯保証人が主たる債務者の依頼を受け，金額の記載のない借用証書に署名捺印して主たる債務者に交付したところ，主たる債務者が連帯保証人の承認しない金額を記入して貸主に交付した場合に，連帯保証人は主たる債務者に債務負担の代理権を与えるとともに証書に金額を記入し貸主に交付すべきことを一任したものと解し，代理人が権限外の行為をした場合として民法110条の適用を認めた判例がある（大判昭2・3・23新聞2677号7頁）。

能力については，代理人による意思表示の場合には，本人の能力の有無は代理権授与行為について以外は問題とならないが，使者による場合には，本人に意思能力および行為能力を必要とする。また，代理人は行為能力者であることを要しないが（民102条），意思能力は必要であるのに対して，使者は意思能力も必要でない。

(ハ) 代　表

法人の機関は法人を代表する。法人は代表機関の行為によって直接に権利義務を取得する点で，代表は代理に類似する。しかし，代表機関の行為そのものが法人の行為とみなされる点で，本人とは別個の人格者の行為の効果だけが本人に帰属する代理と異なる。さらに，代表は，法律行為に限らず準法律行為（行為者が欲するか否かにかかわらず法律により効力を生ずるもの）や不法行為についても認められるが，代理は意思表示または法律行為に限られる。

(ニ) 授　権（Ermächtigung）

自己の名において法律行為をするが，法律効果は本人に帰属し，法律行為の当事者の地位は行為者自身に保留する制度である。行為者が自己の名において行為する点で代理と異なり，法律効果が直接本人に帰属する点で間接代理と異なる。ドイツ民法185条は，「非権利者が権利者の同意を得て目的につきなした処分は有効とする」（1項），「非権利者がなした処分は，権利者がこれを追認したとき，処分をなした者がこれを取得したとき，または，権利者が非権利者を相続しかつ遺産債務につき無限責任を負うときは，有効とする」（2項1文）と規定している。授権という理論構成は，ドイツにおいて本条を根拠として学説

によって提唱されたものである。

　わが民法には授権に関する明文規定はないが，判例は，AのものをBが無断でCに売却した場合に，Aが後日その処分を追認したときは，処分はAのために効力を生ずるとする（大判昭10・9・10民集14巻1717頁〔上岡村山林処分事件〕）。また，BがAの不動産を無断で自己に移転登記をし，Cのために抵当権を設定した場合に，Aが後日この行為を追認したときは，無権代理の追認に関する民法116の類推適用により行為の時に遡って効力を生ずるとする（最判昭37・8・10民集16巻8号1700頁）。AがBの処分をあらかじめ承諾しているときも，その処分行為は有効であるとする（最判昭29・8・24裁判集民15号439頁）。学説は，これらの場合について処分授権と捉えて一般に承認している（四宮『民法総則』226頁）。

(6) 代理の適用範囲

　代理は，本人のためにする代理人の効果意思の効力を法が承認するものであるから，意思表示についてのみ存する。すなわち，本人に代わって積極的に意思表示をなすこと（民99条1項〔能動代理〕），または本人に代わって意思表示を受けとること（民法99条2項〔受動代理〕）に限られる。したがって，不法行為（大判大9・6・24民録26輯1083頁；同判昭15・10・10新聞4627号12頁）および事実行為については，代理は成立しない。加工（民246条）のような事実行為について第三者が協力する場合も，単なる補助行為にすぎず代理ではない。占有についても，他人が所持をなし，その効果である占有権が本人に帰属する関係を代理占有というが（民183条，184条，204条），占有は意思表示ではないから，代理とはその本質を異にする。これに対して，代理は意思表示についてのみ適用されるが，準法律行為のうち，観念の通知（例えば，社員総会招集の通知：民62条；代理権を与えた旨の通知：109条；承諾延着の通知：522条などのような，一定の事実の通知）と意思の通知（例えば，制限無能力者の相手方のする催告：民19条；債務の履行を要求する催告：153条，412条3項，541条などのような，一定の意思の通知）とについては，特定の意思の表現であり，行為者は法定の効果を意欲してなすものであるから，代理制度を拡張して認めるべきであり（我妻『新訂民法総則』330頁），これを類推適用すべきである。判例は，債務の承認は法律行為では

ないが，性質の許す限り法律行為に関する規定を準用すべく，民法99条2項の規定も債権者の代理人に対する債務の承認に準用すべきものと解するのを相当とするとして，債権者の代理人に対してなした債務の承認は債権者本人に到達することを要せずして直ちにその効力を生ずるとする（大判大10・3・4民録27輯407頁）。しかし，意思表示であっても，本人の意思決定を絶対的に必要とするものであるときは，代理は許されない（代理に親しまない行為）。特に，婚姻，縁組，認知，遺言などの身分行為の多くはこれに属する。

(7) **代理の分類**
(イ) **法定代理と任意代理**
　本人の意思に基づいて代理権を発生させるものが任意代理であり，本人の意思に基づかないで代理権を発生させるものが法定代理である。法定代理人には，親権者（民818条，819条），後見人（民839条，840条，841条），相続財産管理人（民918条，952条），不在者財産管理人（民25条，26条）などがある。法定代理の場合の代理権の範囲は，法律によって規定されているが，任意代理の場合には本人と代理人との合意によって決定される。法定代理と任意代理との差異は，復代理人の選任の要件（民104条，106条），選任の責任（民105条，106条），および代理権の消滅事由（民111条2項）などに関して生ずる。

(ロ) **能動代理と受動代理**
　代理人が相手方に意思表示をなす場合を能動代理（民99条1項），相手方から意思表示を受ける場合を受動代理という（民99条2項）。受動代理の場合にも，使者と代理は区別すべきである。すなわち，意思表示の到達に際して単に事実上の協力をなすにすぎない者（手紙を受け取る場合）は使者とみるべきであり，口頭による意思表示の受領においては，受領者がその口上について理解したか否かを問わずに客観的にあるがままを伝達すべき場合は使者であるが，その意味内容を理解してその理解した意思表示を伝達すべき場合は代理である（柚木『判例民法総論（下巻）』187頁）。これに対して，受動代理においては，代理人は何らの意思決定をするものではないので，本来の意味における代理ではなく，意思表示の到達の問題であるとする見解もある（舟橋『民法総則』125頁，川島『民法総則』311頁以下，星野『民法概論Ⅰ』212頁など）。

2 代理権

(1) 代理権の発生原因

　代理人の代理行為によってその効果が本人に帰属するためには，代理人が代理権を有し，かつ代理行為が代理権の範囲内において行なわれたことが必要である。代理権とは，自己の意思表示または相手方から受領する意思表示によって生ずる法律効果を直接本人に帰属させることができる代理人の地位または資格である。

　法定代理権の発生原因には，次の3つの場合がある。

　①本人に対して一定の身分上の地位にある者に，法律上当然に発生する場合。例えば，父母が未成年者の親権者となり（民818条，819条3項本文），家庭裁判所の選任によって未成年後見人となる場合（民840条）。②本人以外の私人の協議または指定によって発生する場合。例えば，父母の協議によって一方が親権者となり（民819条1項，同条3項但書，同条4項），未成年後見人が親権者によって指定される場合（民839条）。③裁判所の選任によって発生する場合。例えば，家庭裁判所が不在者の財産管理人（民25条，26条），親権者（民819条2項），未成年後見人（民840条），成年後見人（民843条）を選任する場合である。これに対して，任意代理の場合には，本人と代理人との間の代理権授与行為（授権行為）によって発生する。

(2) 代理権授与行為（授権行為）

(イ) 代理権授与行為の法的性質

　代理権を授与する法律行為を代理権授与行為または授権行為といい，任意代理における代理権の発生原因である。代理権授与行為の法的性質については，19世紀以来ドイツにおいて論争された問題であり，わが国の議論もこれに由来している。ドイツ民法は，「代理権の授与は，代理人または行為の相手方となるべき第三者に対する意思表示によってこれをなす」（167条1項）と規定した。代理権授与行為は，委任などの原因行為とは別個の行為であり，単独行為であることを明記したのである。スイス債務法は，「他人の代理権を与えられた者が，その他人の名において契約を締結するときは，代理人ではなく本人が権利を取

得し義務を負う」（32条1項）と規定するのみであるが，学説は単独行為と解している（Oser, Kommentar zum schweizerischen Zivilgesetzbuch Bd. V, Art. 32, Nr. 19）。わが国においても，代理権は代理人自身に何らの利益および不利益を生じさせるものではなく，本人に対して一定の法律効果を生じさせるものであるから，本人の意思表示だけで代理権が発生すると構成する単独行為説も有力に主張されている（岡松『註釈民法理由総則編』219頁，舟橋『民法総則』128頁，川島『民法総則』322頁。五十嵐他『民法講義1』225頁。柚木『判例民法総論（下巻）』204頁は，委任類似の一種の無名契約とする見解に対して，代理人が制限無能力者であるときは，授権契約が後になって取り消されて代理権が遡って存在しないこととなり，代理人は能力者たることを要せずとした民法102条が実効を奪われることになると批判する）。これに対して，多数説は，代理権授与行為は，委任に類似した無名契約であるとする無名契約説に立っている（鳩山『増訂改版日本民法総論』420頁以下，石本『民法総則』287頁，296頁，我妻『新訂民法総則』334頁）。その根拠は，①民法は「委任に因る代理」（104条，111条2項）という表現を用いており，委任と代理とを明確に区別していない以上，授権行為を単独行為とみるのは困難であること，および，②本人の一方的な意思表示だけで，代理人の承諾がないのに代理権が発生すると考えるのは，一般の法感情にそぐわないことである。

　このほか，代理権は委任その他の内部的な契約関係によって直接発生するとする融合契約説がある（吾妻『民法総則』167頁，森島「委任と代理」『契約法大系IV』297頁以下，幾代『民法総則』326頁以下。四宮『民法総則』232頁は，代理権は，委任・雇用・請負・組合などの事務処理契約によって発生するとし，「事務処理契約説」と名付ける。四宮・能見『民法総則』267頁）。この見解は，単独行為説および無名契約説と異なり，代理関係の内部関係に対する独自性を認めず，代理権は事務処理契約に基づいて発生すると考えるので，事務処理契約とは別個独立の代理権授与行為というものを考えないのである。民法典起草者の見解に最も近いものであるが，現在においては少数説である。

　現実には代理権を授与する場合には，本人と代理人との間に一定の基礎的法律関係が存在しており，法律行為の委任の場合には代理権授与行為と合体していることが多い。しかし，代理権授与行為は，理論上は委任契約とは別個の法

律行為であり，実際上も委任や雇用などの内部関係設定契約とは独立して存在することも可能である。本人と代理人との間に基礎的法律関係が存在しない場合にも，本人の一方的な代理権授与の意思表示のみで代理人となることを認める単独行為説は，一般の法感情にそぐわないというべきである。融合契約説は，代理権は内部的な契約関係から直接発生するとしている（幾代『民法総則』327頁）が，代理権授与の意思表示がないにもかかわらず内部的な契約関係から常に代理権が発生するものでなく，また，委任・雇用・請負・組合などの契約においても代理権を常に伴うものでない以上，代理権を発生させるためには内部的な契約関係において代理権授与の内容が特別に合意されなければならないのであるから，代理権授与行為に独自性を認める無名契約説が妥当である。

　代理権を発生させる原因である内部関係設定契約が取り消された場合に，代理権授与行為にどのような影響を与えるかが問題となる。すなわち，委任契約が取消されることによって，委任契約は遡及的に無効となる（民121条本文）が，この結果，代理権授与行為は効力を失うのか否かという問題である。通説は，有因説に立ち，内部関係設定契約と授権契約とは，目的および手段の関係で結ばれており，当事者が特に両者を無関係のものとしないときは，内部関係設定契約の取消によって授権契約も効力を失うとする（我妻『新訂民法総則』335頁，360頁）。これに対して，無因説は，代理権授与行為がその原因である本人・代理人間の契約関係とは別個の単独行為である結果として，当然に無因性を帯びるとする（柚木『判例民法総論(下巻)』205頁）。しかし，無因説に立っても，原因関係の消滅は代理権の消滅を導くものとせざるをえないので（民111条2項），受任者側の事由によって委任が取消されても代理権は遡及的に消滅しないという実益があるにとどまる（森島「委任と代理」『契約法大系Ⅳ』311頁）。

　判例は，代理権の授与は外部に対する行為であり，その基本として本人と代理人との間に存する内部関係とは区別すべきものであるとする（大判大14・10・3民集4巻481頁：未成年者が養親から離縁の訴を提起されたので応訴するため弁護士を訴訟代理人に選任した事案。契約は限定無能力者として取り消されうるとしても，訴訟代理権の授与は有効になしうることがあるとする）。また，代理権授与の行為とこれに基づき代理人のなした法律行為とは，一体の法律行為をなすものではなく各々独立の法律行為であるから，前者の瑕疵は後者の瑕疵とはならない

とする（大判大8・8・1民録25輯1413頁）。

(ロ) 代理権授与行為の認定

代理権授与行為は特別の方式を必要とせず，明示または黙示の意思表示で行なうことができる。判例は，代理権授与行為が明確でない場合にも，一定の事実関係から代理権の授与を認定している。契約当事者間において一定の意思表示がなされた場合に，代理権授与の事実を認定したものがある。例えば，主たる債務者の依頼を受けて金額の記載のない借用証書に署名捺印し，これを主たる債務者に交付したときは，債務負担の代理権を与えたものと解し（大判昭2・3・23評論16巻民568頁），特定の取引行為に関連して印鑑を交付した場合には，特段の事情のない限り，代理権を授与したものと認めるべきものとする（最判昭44・10・17判時573号56頁，最判昭46・4・20判時628号42頁）。また，訴訟代理人は，特別の委任がないときでも，攻撃または防禦の方法として，相手方に対し契約を解除する権限を有するものと解している（最判昭36・4・7民集15巻4号716頁；同旨の判例として，大判昭8・12・2民集12巻2804頁）。

さらに，判例は，当事者に一定の意思表示がない場合にも，家族関係の存在を前提として代理権の授与を認めている。夫婦が同居し，共同生活を営みつつ妻の営業を手伝っている夫が，妻の営業の部類に属する行為をしたときは，夫は妻の代理人として関与したものと認定し（大判昭6・2・9評論20巻民訴141頁），酒類の小売商が不在その他の支障のある場合には，妻に営業に関する事項を委ねたものと推測できるとする（大判昭10・10・10判決全集23輯4頁）。また，子の事故死による慰謝料について夫が加害者と折衝したときは，夫は夫婦共通の不幸に関し両人のために示談をなしたものと推定し，夫は妻の代理人としての資格において行動したものとする（大判昭16・2・4新聞4674号8頁）。このほか，定期米の売買をなす者が旅行・疾病等によって取引員に対して指図できない場合には，何人かにこれを委託したものと認め，平常，代理人としてその委託者との取引に関与していた娘婿に代理権を認めたもの（大判昭6・4・21評論20巻商381頁）などがある。なお，証券業者の外務員は，顧客との間に特別の個人的信頼関係が存し，顧客が自己のために行為することを求め，外務員がこれに応じたものと認められる特別の事情がない限り，証券業者の代理人と解される（最判昭38・12・3民集17巻12号1596頁；商品取引業者の外務員について同旨の

判例として，最判昭50・10・3集民116号179頁，判時799号37頁)。

(イ) 代理権授与行為と委任状

代理権が委任に伴って授与される場合には，その証拠として委任状を代理人に交付することが通例である。しかし，委任状は代理権存在の証拠にすぎず，正当な代理人であることが証明されれば足り，その書式に不備の点がありまたは書式が存在しなくてもかまわない（大判明33・3・5民録6輯3巻19頁は，委任行為をなした日時と委任状の日付とが異なるという一事をもって，その行為を無効とすることはできないとする）。

委任状の特殊な形式のものとして白紙委任状がある。代理権授与を証する書面で代理人の氏名または代理権の内容（委任事項）の一方または双方を白紙にしておいて，後日，正当な代理人が補充することを予期して交付するものである。代理人の氏名を白紙にするものにも種々の態様があり，① 委任状が転々流通した後に，最後に取得した者が白紙のところに受任者として自分の氏名を記載するもの（転々予定型），と② 委任状が転々流通することを予期せず，代理人も宛先も限定する趣旨で交付されるもの（非転々予定型）がある。前者の例としては，記名株式譲渡の場合における名義書換のための白紙委任状（大判明38・6・27民録11輯1047頁），貸金債権の弁済方法として年金証書および年金を受領させるために交付された白紙委任状（大判大7・10・30民録24輯2087頁は，この場合の白紙委任状は順次に転々されるべきことを予想し，その所持人に自己の代理人として年金を受理させる意思であったと解した）などがある。これらの場合には，委任状を交付した者と，最後にその交付を受けた者との間に直接委任契約が成立する。しかし，白紙委任状を交付する者は，一般的には転々流通することを予期せず，白紙委任状の受取人に代理人を選定させ委任状を補充させる意思を有していたものと解すべきである。判例も消費貸借およびその保証をなす場合において，主債務者または保証人が代理人の氏名を記入しない委任状を授受することがあっても，これを他に転々させる意思はなく，白紙のまま債権者に交付し債権者に代理人を選定させる趣旨ではないとする（大判大3・4・6民録20輯265頁）。

委任事項が白地の白紙委任状を交付した場合には，その趣旨に反する補充は代理権の範囲外となる。この場合には，取引の相手方の保護および本人の責任は，民法110条の表見代理の法理に従って決定される。代理人の氏名および代

理権の内容がともに白紙の委任状が交付され，さらにその委任状の交付を受けた第三者が権限を濫用して代理行為をした場合は，本人は109条および110条により責任を負うことになる（最判昭45・7・28民集24巻7号1203頁）。

(3) 代理権の範囲

　法定代理権の範囲は，法定代理人に関する規定によって定めるべきである（民28条，824条以下，859条以下など）。任意代理権の範囲は，代理権授与行為によって定まる。代理権は，一定の事項を限り，または一定の相手方を限って与えることができる。代理権授与行為によっていかなる範囲の代理権が与えられたかは，代理権授与行為の解釈によって決定される。代理権の範囲を逸脱する行為は代理行為とはならず，代理権授与行為の当事者ではない相手方に対する利害に大きな影響を与えるものであるから，解釈にあたっては，委任状に記載された文言，代理人の地位，代理される事項の性質，その他取引慣行などを考慮して慎重になされなければならない。

　判例に現われた主要な例としては，次のようなものがある。売買契約を締結する代理権を授与された者は，特別の事情のない限り，売買不成立の場合の内金・手付の返還を受ける権限（大判昭16・3・15民集20巻491頁）や，相手方から売買契約取消の意思表示を受ける権限を有する（最判昭34・2・13民集13巻2号105頁）。また，売買契約が比較的大きな取引であっても，代理人に登記手続をさせる権限を含む（大判大14・10・29民集4巻522頁）。売買につき周旋人に交渉する委任をした場合は，周旋人は報酬を得てその業務に従事するのを通常とする者であるから，反証のない限り，報酬契約の権限も授与したものと推定すべきである（大判大6・12・26新聞1380号34頁）。売買代金取立てを委任された代理人は，売買契約を解除する権限を有しない（大判大14・10・5民集4巻489頁）。

　消費貸借契約締結の代理権には，契約の相手方を選定する権限がある（大判大2・4・19民録19輯255頁）。貸金請求の権限を有する代理人は，債務承認の意思表示を受ける権限を有する（大判大10・2・14民録27輯285頁）が，債権の一部免除の権限はない（大判昭5・12・23評論20巻民31頁）。債権取立ての代理権を有する者は，債務者に履行を請求し，その履行を受領する権限を有するが，代物弁済を受ける権限はない（大判大6・2・7民録23輯210頁）。金員受取りの代理権

は，債務者に対して訴訟をなす権限を含まないが（大判明29・10・1民録2輯9巻5頁），訴訟行為を弁護士に委任することを委託された者は，報酬契約を締結する権限を有する（大判明45・7・1民録18輯679頁）。貸金請求事件において和解の権限を有する被告の訴訟代理人は，貸金債権を担保するため被告の不動産に抵当権を設定する権限を有する（最判昭38・2・21民集17巻1号182頁）。

(4) 権限の定めのない代理人の権限

民法は，代理権の存在することは明らかであるが，その範囲が不明である場合について補充規定を設けている。民法103条によれば，権限の定めがない代理人は以下の管理行為をなす権限のみを有する。

① 保存行為（民103条1号）

保存行為とは，財産の現状を維持する行為である。財産を構成する個々の物または権利の性質を変えずにその保全を目的とする行為だけでなく，その財産全体から見て，その現状を維持する行為を含む。例えば，家屋の修繕のために労務契約をなし，未登記の不動産物権の登記をし，時効中断をなす行為のほか，腐敗し易い物を売却して金銭に替えることも，財産の現状を維持する行為であり保存行為である。但し，物の性質上滅失または毀損のおそれがあるのではなく，戦災で焼失するおそれがあるとして家屋を売却処分することは，管理財産の現状維持を目的とする行為の範囲を逸脱するものであり保存行為に入らない（最判昭28・12・28民集7巻13号1683頁）。債務の弁済は，フランス民法の解釈としては一般に管理行為とされている。弁済の目的については処分行為であるが，同時に債務を消滅させるのであり，弁済期以後の弁済は財産全体について現状を維持して不履行による不利益を免れさせるので保存行為と解すべきである。これに対して，代物弁済および更改については，弁済と同じく債務を消滅させる行為ではあるが，新たな利益の交換をなすものであるから，単に現状を維持する行為とはいえない（鳩山『法律行為乃至時効』291頁）。

家庭裁判所が選任する相続財産管理人は，相続財産に関して提起された訴に対して相続人の代理人として，家庭裁判所の許可なくして応訴できる（最判昭47・7・6民集26巻6号1133頁）。また，不在者財産管理人は，民法28条所定の家庭裁判所の許可なしに，不在者を被告とする建物収去・土地明渡請求事件の判

決について控訴し，上告を提起する権限を有する(最判昭 47・9・1 民集 26 巻 7 号 1289 頁)。

② 利用行為および改良行為（民 103 条 2 号）

利用行為とは，収益をはかる行為である。積極的行為である点で保存行為と異なり，目的物そのものに変更を加えない点で改良行為と異なる。例えば，金銭を銀行に預入れ，家屋を賃貸するなどがこれである。改良行為とは，物または権利の使用価値または交換価値を増加させる行為である。例えば，家屋に造作を施したり，無利息債権を利息付のものにする行為がこれである。これらの行為は，物または権利の性質を変えない範囲で認められるが，性質を変えるか否かは取引観念に従って決定する。また，具体的に問題となる行為が管理行為に該当するか否かは，客観的抽象的に行為の性質から判断すべきである。したがって，管理行為の範囲内であれば，実際上本人の不利益になっても代理権の範囲内であり，代理人が内部関係に基づいて本人に対して責任を負うことになるにすぎない。逆に，管理行為の範囲外の行為であれば，本人の利益になっても無権代理である。

(5) **共 同 代 理**

㈹ 共同代理の意義

共同代理とは，数人の代理人が共同してのみ代理することができるものをいう。例えば，父母が未成年の子に対して共同して親権を行なう場合である（民 818 条 3 項）。1 人の代理人が単独で完全な代理行為をなしえないのであるから，各代理人の代理権の制限となる。その趣旨は，代理人相互のコントロールによって代理権の濫用を防止し，本人の保護を図ろうとするものである。同一事項について数人の代理人が選任された場合に，共同代理か単独代理かは，法律の規定または代理権授与行為の解釈によって定まるが，一般には単独代理と解すべきである。判例も，数人の者が他人の委託を受けてその者のため自己の名においてその法律行為または事務を行なうべき場合においては，本人の別段の表意のない限り，その 1 人または数人において専行できるとする（大判大 6・2・13 新聞 1253 号 26 頁)。

(ロ) 共同代理の方法

共同代理の場合に意思決定と表示行為が共同してなされなければならないのか，意思決定のみが共同してなされればよいのかが問題となる。一般には前説の意味に解されているが（鳩山『法律行為乃至時効』295頁），代理人相互のコントロールという共同代理の趣旨と実際上の要求を考慮して，後説をとる見解もある（浜上『注釈民法(4)』29〜30頁）。

受動代理については，共同代理の場合にも共同を要しないと解すべきである。なぜなら，単に意思表示を受領するにすぎないときは，代理権の濫用をなす危険性は少なく，相手方が意思表示をすることが極度に不便となるからである。商法は，共同支配人について単独受領を規定しており（39条2項），民法の解釈としても類推適用を認めるべきである。

(ハ) 一部の代理人による代理行為の効果

共同代理とされる場合に，それに違反して一部の代理人が代理行為をしたときは，権限踰越の代理行為となる。但し，判例は，父母共同親権について無効とする（最判昭42・9・29判時497号59頁）。この場合には，相手方は，表見代理の規定（民110条）の適用によって保護されることが多い。

(6) 自己契約と双方代理の禁止

(イ) 108条の趣旨

代理人が同一の法律行為について自ら相手方となり（自己契約），または，当事者双方の代理人となること（双方代理）は，原則として禁止される（民108条）。この問題はドイツにおいて議論され，多数説は積極説に立ち法律行為の成立を認めたが，ドイツ民法は消極説を採った（ドイツ民法181条は「代理人は，別段の許可なきときは本人の名において自己と法律行為をなし，または本人の名において第三者の代理として法律行為をなすことをえず。但し，法律行為が単に債務の履行であるときはこの限りでない」と規定する）。わが民法108条は，主としてドイツ民法に従って規定されたものである。

自己代理および双方代理は，理論的に不可能なことではなく，公序良俗に反することでもないので，これを無効とすることは妥当でないが，本人の利益が不当に害される虞があるために，本人の利益保護のために代理人の代理権を

制限したのである。したがって，本人の利益が害される虞れのない場合には制限する必要がなく，本人の承諾があるときは代理行為は有効となる（大判大 8・12・26 民録 25 輯 2429 頁；大判大 12・11・26 民集 2 巻 634 頁は，当事者双方が予めその者に相手方の代理人となることを許容していた場合は，その法律行為は有効であるとする）。民法が債務の履行を除外したのは（108 条但書），この場合には，代理によって新たな利害関係が創造されるのではなく，すでに成立している法律関係を決済するのに留まるからである（大判大 11・6・6 民集 1 巻 295 頁）。

㈻　108 条の要件

代理行為が自己契約または双方代理として禁止されるためには，次の要件を具備しなければならない。

①　代理行為があること　　民法 108 条は，任意代理および法定代理の双方に適用される（大判明 37・5・12 民録 10 輯 662 頁，大判明 43・2・10 民録 16 輯 76 頁）。法定代理の場合には，法定代理人の利益相反行為について法律上代理権を制限されている。すなわち，法人の理事の利益相反行為（民 57 条は，理事は代理権を有せず，特別代理人の選任を必要とする。），親権者の利益相反行為（民 826 条は，その子のために特別代理人の選任を家庭裁判所に請求しなければならないとする。），保佐人の利益相反行為（民 876 条の 2 第 3 項は，保佐人は臨時保佐人の選任を家庭裁判所に請求しなければならないとする。），および後見人の利益相反行為（民 851 条 4 号は，後見監督人が被後見人を代表するとし，民法 860 条は，民 826 条を後見人に準用する。）については，代理権を有しないことを明記している。

代理の問題であるから法律行為に適用されるが，それ以外の行為に類推すべきか否かについては具体的に決定するほかない。判例は，債務者が公正証書に債務不履行の場合に直ちに強制執行を受けても異議がない旨の執行約款を認諾する行為は訴訟行為であって，これに対して当然には民法 108 条の適用はないが，同条の法意はこの場合にも適用がないとはいえないとする（最判昭 26・6・1 民集 5 巻 7 号 367 頁：X 会社と Y 会社間に消費貸借が成立し，X が Y に公正証書作成の目的で白紙委任状を交付したところ，Y 会社の支配人 A が，B を X 会社の代理人に選任して公正証書を作成した。同旨の判例として，最判昭 43・6・7 集民 91 号 241 頁，最判昭 45・3・24 集民 98 号 455 頁など）。また，判例は，登記申請に関して双方代理がなされても，登記申請行為は法律行為ではなく，しかも登記義務者にとっ

ては義務の履行にすぎず，それによって新たな利害関係が創造されるものではないことを理由として，民法108条の適用を否定する（大判昭19・2・4民集23巻42頁；最判昭43・3・8民集22巻3号540頁）。

　消費貸借の目的である金銭の授受について，本文または但書のいずれを適用するかが問題となる。判例は，物の授受の代理は消費貸借なる法律行為を代理するものに外ならず，また，物の授受があった後に消費貸借が成立し債務の範囲が定まるので債務の履行と同一に論じられないとして，本文を適用する（大判大11・6・6民集1巻295頁〔水俣銀行事件〕。但し，本判決では，本人が相手方の代理たることを認容する場合にはその代理人は相手方の行為を代理する権限を有するとして代理行為を有効とする）。これに対して，学説は，債務の範囲は当事者間の合意によって決定し，その後に金銭の授受が行なわれるのであり，新たな利害関係を創設するものではないとして批判的である（中川善之助『判民大正11年度』42事件，我妻『新訂民法総則』343頁，柚木『判例民法総論（下巻）』220頁）。

　② 同一の法律行為について相手方または当事者双方の代理人となること
　対立する利害関係を前提とする同一の法律行為であることが必要である。問屋が委託者のために第三者と売買をなす場合に，第三者より同一売買の委託を受けることは，民法108条に違反するが（大判大4・9・30民録21輯1536頁），競売の場合には，売主は競売の目的物を所有する債務者であるから，債権者の代理人は競落人となることができる（大判大2・6・4民録19輯401頁）。また，指名債権の譲渡人が，債務者の代理人として譲受人に対して譲渡の承諾をなすことは，自ら一方の当事者となり同時にその相手方たる債務者の代理人として承諾したのでも，また，一面債務者の代理人として承諾をなすとともに他面その相手方たる譲受人の代理人としてこれを受けたのではないので，民法108条に反しない（大判昭4・2・23民集8巻337頁）。

　③ 新たな利害関係を創設すること　　108条但書は，債務の履行については，自己契約および双方代理を禁止しない旨を規定する。債務の履行は，その履行が債務者もしくはその代理人のなすものであると第三者のなすものであるとを問わない（大判大4・4・7民録21輯451頁）。記名株券の買主が，売主より交付された白紙委任状を利用して自己に名義書換をなすこと（大判明38・9・30民録11輯1262頁），受託会社が，社債償還について債務者の代理人であると同時に

債権者の代理人となること（大判昭6・11・14民集10巻1060頁）などは，債務の履行である。しかし，債務の履行であっても，代物弁済（民482条），期限未到来の債務などは，本人を害するような新たな利害関係を生ずることになるので許されない。逆に，債務の履行でなくても，新たな利害関係を生じさせない行為については，禁止すべき必要はない。

(ハ) 相手方に対する代理人選任の委任

　A・B間に将来交渉を行なう必要が予想される場合に，Aが予めBに自己の代理人の選任を白紙委任状をもって委任（授権）しておくことがある。例えば，債務の弁済がない場合に公正証書を作成する目的で債権者が予め債務者から白紙委任状をとっておく場合や，家主および借家人間に将来紛争が生じた場合に和解するための借家人側の代理人を選任する権限を予め家主に与えておく場合などがこれである。これらの場合には，形式的には自己契約に該当しないが，本来Aの利益のためにBと交渉すべき代理人がBの恣意によって選任されることになり，実質的にはBがAの代理人になるのとその本質に差異はない。判例は，当初，この問題について，相手方と交渉して契約事項を商議協定させるような場合に相手方に代理人の選任を委任することは，民法108条の趣旨に準拠して無効であるとした（大判昭7・6・6民集11巻1115頁：契約当事者の一方が相手方に自己の代理人の選任を委任し，選任された代理人と相手方との間で裁判上の和解がなされた）。しかし，その後の判例は，「委任者が予め代理させるべき事項を了解した場合」を広く認定することによって，民法108条による禁止を回避しようとしている。すなわち，AがすでにBに対して負担する債務の弁済に関し，Aが当然その責に任ずべき限度において単に履行の方法を定めるものにすぎないとする（大判昭7・6・30民集11巻1464頁：手形債務を負担したAが，Bに白紙委任状を交付し，Bが任意の者をAの代理人として，定められた最高限度内で損害金の率を定め，執行認諾の公正証書を作成できる旨を約諾した）。また，代理権限の範囲が委任の当初より特定内容の契約締結に局限された結果，これと異なる内容の契約を締結することができないことを理由として，民法108条の法意に反しないとしており（大判昭17・4・13民集21巻362頁），最高裁判所も，この解釈を踏襲している（前掲268頁：最判昭26・6・1民集5巻7号367頁；最判昭33・3・13集民30号889頁）。

しかし，自己契約および双方代理は，本人双方の許諾がある場合には禁止されないとすることが判例および学説の採る立場であるから，民法108条を類推適用する限りにおいては，代理人に相手方と交渉して契約事項を商議協定させるような場合にも，その委任を無効とすべき理由はないというべきである。白紙委任状の内容から判断して，相手方によって選任される代理人の裁量の余地が広く，しかも相手方が本人の窮迫に乗じて本人に不利な白紙委任状を交付させたような場合には，民法90条によって委任を無効とすべきである（我妻『新訂民法総則』344頁，柚木『判例民法総論（下巻）』229頁）。

(二) 108条違反の法律行為の効力

自己契約または双方代理の禁止に違反する行為は，無効ではなく無権代理となる。判例は，当初，108条は公益のための規定であり，違反した行為は完全に無効で追認の余地はないものであると解したが（大判明43・2・10民録16輯76頁），後には，無権代理行為であるに止まり，絶対的無効ではなく本人の追認によって有効になると解するようになった（大判大7・5・23民録24輯1027頁；大判大12・5・24 2巻323頁）。108条は，本人の利益を保護するために代理権を制限したものであり，これを無権代理として，本人に追認または追認拒絶を認めることで本人の利益は保護されるので，学説も一般にこの解釈を認めている。また，判例は，双方代理の禁止に違反して約束手形が振出された場合でも，本人は，相手方から右手形の裏書譲渡を受けた第三者に対しては，その手形が双方代理によって振出されたものであることについて第三者が悪意であったことを主張立証しなければ，振出人としての責任を免れないとする（最判昭47・4・4民集26巻3号373頁）。

3 代理行為

(1) 代理意思の表示

(イ) 代理人の真意

代理人が代理行為をなす場合には，代理人が本人のためにすることを示して意思表示をなし，または本人のためにすることを示してなされた意思表示を受領することを必要とする（民99条）。これを顕名主義という。本人のためにするというのは，法律効果を本人に帰属せしめようとする意思を示すことを意味し，

ドイツ民法 164 条 1 項の「本人の名において」(im Namen des Vertretenen)、およびスイス債務法 32 条 1 項の「その他人（本人）の名において」(in dessen Namen) というのと同義である。本人の利益を図るという意味ではないので、代理人が自己の利益を図る意思をもってその代理権を濫用した場合でも、それが代理権の範囲内の行為であり、しかも本人の名においてなされたものであれば、有効な代理行為として、その効果は直接本人について発生する。例えば、Yの支配人AがYの代理名義で手形をXに裏書譲渡し、これによってXより金員を取得して費消した場合（大判明 38・6・10 民録 11 輯 919 頁）、あるいは、AがXから金員を騙取するため、Yを欺いてXから金員借入の申込をなすことをAに委任させ、Aがこの委任状によってXから金員を受取り費消した場合（大判大 6・7・21 民録 23 輯 1168 頁）においても、その法律効果は、直接Yについて発生する。しかし、代理人が背信的意図をもっていることを相手方が知り、または知りうべかりし場合には、民法 93 条但書（心裡留保）の規定を類推して、本人は代理行為の無効を主張できるとするのが通説（我妻『新訂民法総則』345 頁）および判例（大判大 4・6・16 民録 21 輯 953 頁、最判昭 38・9・5 民集 17 巻 8 号 909 頁、最判昭 42・4・20 民集 21 巻 3 号 697 頁。最判平 4・12・10 民集 46 巻 9 号 2727 頁は、親権者が子を代理する権限を濫用して法律行為をした場合に、その行為の相手方が濫用の事実を知り又は知りうべかりしときは、その行為の効果は子に及ばないとする。）である。その理由は、① 代理人の権限濫用の場合には、代理人の真意（横領または背任の意図）と外観との間に不一致があり、心裡留保と類似した構造があること（星野『民法概論 I』136 頁は、「民法 93 条の予定する事態とは関係ないが、同条と同じ結果になるのが妥当だからこれをあてはめるというだけのことである」とする。）、② 相手方に悪意および過失のある場合以外は相手方を保護し、その立証責任を本人に負担させるので、取引の安全の要請にも適うこと、などである。

　以上の見解のほかに、(i) 代理人の権限濫用の場合にも相手方の主観的事情にかかわらず有効であるが、悪意または重過失のある相手方が代理行為の有効なことを主張することが信義則に反する場合には、その有効なことを本人に対抗できないとする説（山中『民法総則講義』286 頁）、(ii) 任意代理の場合は、悪意または重過失の第三者に対し、法定代理の場合は悪意または軽過失のある第三者に対して、本人は無効を主張しうるとする説（四宮『民法総則』241 頁）、およ

び，(iii)代理権の濫用はその濫用となる範囲において無権代理となり，相手方がそのような実質的側面を知らず，かつ，知らないことが「正当の理由」を有するときは，民法110条によって保護されるとする説（舟橋『民法総則』132頁，川島『民法総則』380頁）などがある。

(ロ)　顕名の方法

本人のためにすることを示すというのは，その旨を表示することを意味し，必ずしもこれを明示することを要せず，諸般の事情から判断して，法律効果を代理人ではなく本人に帰属させる意思が推断されるもので足りる。ドイツ民法は，「明瞭に本人の名においてなされると，当該事情からその名においてすることが推断されるとを区別せず」，代理意思の表示となるとし(164条1項後段)，スイス債務法は，代理人であることを示さない場合において，「相手方が当該事情から代理関係を推断すべかりしとき」は，代理となると規定する（32条2項前段）。わが民法100条但書が，「相手方がその本人のためにすることを知りまたはこれを知ることを得べかりしとき」は，99条1項を準用すると規定しているのも，この趣旨を明示したものと解すべきである。知りまたは知ることができたことは，代理の効果の発生を主張する者が，立証しなければならない（大判大9・12・9民録26輯1895頁）。

本人のためにすることを示す方法としては，「A代理人B」とするのが通常であるが，代理人Bが代理人であることを示さずに，直接本人Aであるとして法律行為をした場合にも（代行方式による代理），代理人に直接本人の署名をし，またはこれに代わる記名捺印をする代理権がある限り，有効な代理形式と認められる（大判大9・4・27民録26輯606頁）。また，判例は，代理人が本人の名において権限外の行為をした場合に，相手方がその行為を本人自身の行為と信じたときは，本人自身の行為であると信じたことについて正当な理由がある限り，民法110条を類推適用して，本人はその責に任ずるものとする（最判昭44・12・19民集23巻12号2539頁）。

他人の氏名を使用して自己の行為として行なう場合には，(i)自己の行為としてなすもの，(ii)本人の意思表示を完成するための使者（伝達機関または表示機関）としてなすもの，または(iii)代理人が代理意思を有しその表示としてなすもの，がある。(i)の場合は代理意思はないので代理の問題は生じない。その行為は，

自己の名前における有効な行為として行為者自身に効力を生ずる（大判大10・7・13民録27輯1318頁，最判昭43・12・12民集22巻13号2963頁）。(ii)の場合も代理の問題は生じない。通説は，代理人に代理意思がある限り，有効な顕名の手段として認める（我妻『新訂民法総則』346頁）。判例は，さらに進んで，意思無能力者の名義をもってなした法律行為は，反証のない限り適法の代表者においてなしたものと推定すべきであるとする（大判大9・6・5民録26輯812頁）。最高裁判所もこの理論を踏襲し，代理人がその権限を踰越して署名代理の方法で本人名義で約束手形を振り出した場合において，相手方が，本人が真正にこれを振り出したものと信ずるにつき正当な理由があるときは，本人は民法110条の類推適用により，振出人としての責に任ずるとする（最判昭39・9・15民集18巻7号1435頁）。

　代理人が本人のためにすることを示さずに意思表示をなした場合には，自己のためになしたものとみなされる（民100条本文）。代理人が代理意思を有していながら相手方に表示しなかった場合には，意思表示の解釈の一般原則によれば，代理人自身を当事者とする意思表示が成立する。しかし，代理人が代理意思を有している場合には，表示との不一致があり，代理人が錯誤による無効の主張をなしうることになり，相手方の利益が害されるので，錯誤の主張を禁止して取引の安全を確保することにしたのである。但し，商法は，本人のための商行為の代理については，商行為の相手方が何人であるかを重視しないので（商事取引の非個人的性格），代理人が代理意思をもってなした行為であれば，代理意思が表示されない場合でも本人に対して効力を生ずるとして，顕名主義に対する例外を認めている（商法504条本文。最大判昭43・4・24民集22巻4号1043頁は，いちいち本人の名を示すことは煩雑であり，取引の敏活を害する虞れがある一方，相手方においてもその取引が営業主のためにされたものであることが多い等の事由により，簡易，迅速を期する便宜のために，とくに商行為の代理について認められた例外であると解している）。

(2) 代理行為の瑕疵

　代理行為の当事者は，代理人自身であって，本人はその法律効果の帰属を受けるにすぎないので，意思表示の効力が意思の欠缺，瑕疵ある意思表示または

善意・悪意についての過失の有無などのような意思表示に関連する心理的な事項が問題となるときは，代理人について決定される（民101条1項）。

意思の欠缺は代理人について定められるので，代理人が心裡留保をしても原則として効果に影響はない（民93条）。また，代理人が相手方と通謀して虚偽の法律行為をなしても本人が虚偽表示をしたものとみられることになりその法律行為の効力を生ぜず，本人との関係では当然無効であり，善意の本人も民法94条2項の第三者ではない（大判昭16・8・30新聞4747号15頁）。代理人が本人を欺く目的で相手方と通謀し虚偽表示をした場合も心裡留保の問題となる（大判昭14・12・6民集18巻1490頁）。

代理人が詐欺されまたは強迫を受ければ，その意思表示は取り消すことができるが，これを取り消す権利を有する者は本人であり，代理人が取消権を行使できるかどうかは代理権の範囲の問題である。代理人が詐欺または強迫を行なう場合は，民法101条の規定するところではない。しかし，代理人は法律行為をなすものであるが，その結果発生する法律効果は本人に生ずるものであり，本人がその当事者であるから，代理人の詐欺は相手方にとって民法96条2項の第三者の詐欺というべきではなく，民法96条1項が適用されるべきであり，相手方は本人が知っていると否とに関係なく取り消すことができる。判例は，この場合についても，民法101条1項を適用して代理人の詐欺を本人の詐欺と同視して，同一の結論に達しているが（大判明39・3・31民録12輯492頁，大判昭7・3・5新聞3387号14頁），通説は，理論的には妥当でないとする（我妻『新訂民法総則』349頁）。

意思表示の効力が，ある事情を知るかどうかによって影響を受ける（民101条1項）というのは，例えば，民法561条は，他人の物を売った者は，所有者からその物の権利を譲り受けて買主に移転しなければならず，それができないときは買主に契約解除権と損害賠償請求権を認めているが，買主が契約当時その権利が売主に属しないことを知っていたときは損害賠償請求はできないと規定している（同条但書）。このように，ある事情を知っているかどうかで法律効果が異なる場合には，その事情の知・不知は代理人について判定するのである。

代理人が特定の行為をなすことを委託され，本人の指図に従ってなした場合には，本人自身が知っていたかまたは過失によって知らなかった事情について

は，代理人の不知を主張することができない（民101条2項）。このような場合に本人が代理人の不知を主張することを認めることは衡平に反するからである。例えば，特定の家屋を購入する代理権を授与した場合に，本人がその家屋に瑕疵があることを知っていたときは，代理人が知らなくても，本人は相手方に対して瑕疵担保責任（民570条）を追及することはできない。「本人の指図」とは，その行為が本人の意思によって決定されたものであれば足り，本人が特別の指図をしたことは必要でないとするのが通説（我妻『新訂民法総則』350頁）および判例（大判明41・6・10民録14輯665頁）である。

(3) 代理人の能力

　代理人は，能力者であることを必要としない（民102条）。代理行為の法律効果はすべて本人に帰属し代理人に及ぶものではないので，代理人は代理行為によって損害を被ることはない。したがって，代理人に意思能力があれば代理人が制限能力者であっても代理行為は相手方との関係では完全に有効である。制限能力者を代理人にすることは，判断能力が不十分なために本人に損害を被らせる虞がある。しかし，任意代理の場合には，本人の意思に基づいて制限能力者を代理人に選んだのであるから，これを顧慮する必要はない。これに対して，法定代理の場合には，本人の意思に基づくものでないから，民法は必要に応じて本人の利益を保護するために，制限能力者が法定代理人になることを禁止することが多い（民833条，846条，867条など）。このような特別の規定がない場合には，制限能力者も法定代理人となることを妨げないとするのが通説である（我妻『新訂民法総則』351頁。但し，法定代理人は個々の行為についてだけでなく，包括的に，かつ職務権限として与えられるものであるから，別段の規定がなくとも，能力者であることを要するとする見解がある。於保『民法総則講義』221頁。川島『民法総則』366頁は，法定代理については民法102条は適用なく，それぞれの法定代理の制度の趣旨にかんがみて決定すべきであるとする）。しかし，判例は，無能力者に他の無能力者を代理させることができるとすることは，本人の保護を全うできず，法定代理人の立法目的に反するので能力者であることが必要であるとする（大判明39・4・2民録12輯553頁：禁治産者または準禁治産者である父または母は，親権者たりえないとする）。

代理人が能力者でなくてもよいということ（民102条）は，代理人の制限能力を理由としてその代理行為を取り消すことができないという意味である。しかし，このことは，本人と代理人との対内的関係において制限能力による取消を認めるか否かとは別問題である。例えば，未成年者が授権行為の基礎としての委任契約を締結することについては法定代理人の同意を必要とし（民4条1項本文），その同意なしになされた委任契約は取り消すことができ（民4条2項，120条），委任契約が取消されると（民121条），特約のない限り授権行為自体も効力を失うことになる。しかし，その結果，代理権が遡及的に消滅し，すでになされた代理行為は無権代理行為となり，相手方に不測の損害を被らせるだけでなく，民法102条の趣旨を没却することになる。そこで，通説は，対内関係の取消は，代理関係を将来に向って終了させるだけで，すでになされた代理行為の効力には影響を及ぼさないとする（我妻『新訂民法総則』352頁）。

(4) 代理行為の効果

代理人の意思表示の効果は，ことごとく直接本人に帰属する（民99条）。代理人に一度帰属して，さらに本人に移転するのではない。当該法律行為の法律行為上の効果（例えば，売主としての権利および義務）に限らず，法律が意思表示制度を維持するために認めた非法律行為的効果（例えば，詐欺や強迫を受けてなした意思表示の取消権）もすべて本人に帰属する。これに対して，代理人が相手方になした不法行為についての責任は，意思表示制度の効果ではないので，本人は代理人に対する本人という関係にあるだけの理由で賠償責任を負わない。本人は，代理人を使用する者として，民法715条の責任を負うことがある。

4 復 代 理

(1) 復代理の意義

代理人が自己の名義でさらに代理人を選任して，その権限内の行為を行なわせることを復代理といい，その選任された代理人を復代理人という。復代理人は，代理人が自己の名において選任した本人の代理人である（民107条1項）。

(2) 復 任 権
(イ) 意 義
　代理人が復代理人を選任する権限を復任権という。民法は，任意代理人と法定代理人とによって，復任権の有無および代理人の責任について異なる取扱いをする。
(ロ) 任意代理人の復任権
　任意代理人は本人との信頼関係に基づいて代理権を有するものであり，いつでも辞任することができるので，原則として復任権を有しないが，例外として，本人の許諾を得たとき，またはやむをえない事由があるときは復任権を有する（民104条）。やむをえない事由とは，例えば，代理人が病気になって代理行為をなすことができない場合や，本人の所在が不明のため本人の許諾を得られず，または辞任できないような事情がある場合を意味する。任意代理人が復代理人を選任したときは，復代理人の選任および監督について，本人に対してその責任を負わなければならない（民105条1項）。但し，本人の指名に従って復代理人を選任したときは，その不適任または不誠実なることを知ってこれを本人に通知し，またはこれを解任することを怠ったのでない限り，その責任を負わない（民105条2項）。
(ハ) 法定代理人の復任権
　法定代理人は，いつでも自由に復代理人を選任することができる（民106条本文）。法定代理人の権限は広範囲であり，その辞任も容易ではなく，ことに本人の信任を受けて代理人となった者ではないからである。法定代理人は常に復任権を有するが，その代わりに選任および監督上の過失の有無を問わず，復代理人の行為について損害賠償責任を負い，やむをえない事由があった場合にのみ，選任および監督について責任を負えば足りる（民106条但書）。なお，法人の理事は，定款，寄附行為または総会の決議によって禁止されないときに限り（民55条），また，遺言執行者については，やむをえない事由があるときに限り（民1016条），復代理人を選任することができる。

(3) 復代理人の地位
　復代理人は直接本人の代理人となり，その権限内の行為について本人を代理

する権限を有する（民107条1項）。代理人は復代理人に代理権を譲渡するのではないので，復代理人の選任後も代理権を有する。したがって，代理人と復代理人とは，各自独立して本人を代理することになる（大判明44・4・28民録17輯243頁，大判大10・12・6民録27輯2121頁）。復代理人は，代理人の選任および監督に服する。復代理人の代理権は，代理人の代理権授与行為によって定まるが，復代理人の代理権は代理人の代理権に基づくものであるので，代理人の権限の範囲を越えることができない。代理人の代理権が消滅したときは，復代理人の代理権も消滅するが，訴訟代理人が選任した復代理人は，本代理人の資格消滅と同時に当然にその代理資格を失うものではない（大判大14・12・14民集4巻590頁）。

　復代理人は，第三者に対しては代理人と同一の権利義務を有する（民107条2項）。すなわち，復代理人が代理行為をなすにあたり代理人が誰であるかを表示する必要はなく，手形についても復代理人の署名の肩書に本人の代理人であることを表示した限り，復代理人に委任をなした代理人の氏名を表示することを要しない（大判明38・10・5民録11輯1287頁）。また，民法110条の規定は，復代理人がその権限外の行為をなした場合にも適用される（大判大8・4・30民録25輯709頁）。

　復代理人は，本人の代理人であること以外には理論上本人との内部関係を生じない。すなわち，代理人が本人に対して，代理人であると同時に受任者や被用者などの関係に立っていても，復代理人と本人とがこのような関係に立つ理由はない。しかし，本人が復代理人の代理行為によって直接の効果を受けることは代理人による場合と同様であるから，本人と代理人との内部関係と同様の関係を本人と復代理との間にも成立させることが，本人にとっても代理人にとっても便宜である。そこで，民法は，復代理人は，本人に対して代理人と同一の権利義務を有することとした（民107条2項）。したがって，代理人が本人の受任者である場合には，復代理人も受任者としての地位に立ち，本人に対して善管注意義務（民644条），受領した金銭等の引渡義務（民646条）を負い，費用償還請求権（民650条）および報酬請求権（民648条）を有する。例えば，復代理人が委任事務を処理するにあたり相手方から金銭その他の物を受領した場合には，復代理人は，特別の事情のない限り，代理人に対して引渡義務を負うほか，

民法107条2項によって，本人に対しても引渡義務を負う。本人は復代理人の選任および監督について代理人に過失があって本人に損害が生じても，復代理人が受任者として受取った金銭その他のものについて，復代理人に対してのみ返還請求することができる（大判昭10・8・10新聞3882号13頁）。しかし，復代理人において代理人にこれを引渡したときは，代理人に対する受領物引渡義務は消滅し，本人に対する受領物引渡義務も消滅する（最判昭51・4・9民集30巻3号208頁）。

5 代理権の消滅

(1) 代理権の消滅原因

代理権の消滅原因には，法定代理と任意代理に共通の消滅原因と，それぞれに特有の消滅原因とがある。法定代理に特有の消滅原因は，それぞれの場合について規定されている（民25条2項，26条，834条，835条，837条，844条，845条，846条，956条，1009条，1019条など）。

(2) 共通の消滅原因（民111条1項）

① 本人の死亡（民111条1項1号）

本人が死亡するときは，相続人の法定代理人となるのではなく，代理権は消滅する。法定代理の場合は，本人の死亡によって代理の必要性がなくなることが多く，そうでない場合にも，法定代理人を必要とする相続人のために別個の措置を講ずるのが適当だからである。また，任意代理の場合は，代理人に対する本人の信任に基礎が置かれており，本人が信任する代理人を相続人の代理人と認めることは不適当だからである。しかし，例外として，本人が死亡しても代理権が消滅しない場合がある。(i)本人の任意代理人との間で，本人の死亡によって代理権が消滅しない旨の合意をした場合には，その合意は有効である（最判昭28・4・23民集7巻4号396頁，最判昭31・6・1民集10巻6号612頁）。(ii)任意代理に伴なう内部関係が，本人の死亡にもかかわらず，相続人が自ら委任事務を処理することができない急迫の事情があるために，代理人が必要な措置を講ずべき義務がある場合（民654条）。その範囲において，代理権も存続すると解さなければ，対内関係の存続を認める趣旨が没却されるからである。(iii)委任者

が死亡した場合に，受任者に通知または受任者が知らなければ委任の終了を受任者に対抗できず（民655条），この限度において代理権も存続する。(iv) 商行為の委任による代理権は本人の死亡によって消滅しない（商法506条）。商行為の代理は，本人と代理人間の個人的信任関係というより企業中心の信任関係であって，本人の企業を承継する相続人のために代理権を存続させることが適当だからである（我妻『新訂民法総則』359頁）。(v) 訴訟代理権は本人の死亡により消滅しない（新民事訴訟法58条）。訴訟手続の進行を迅速かつ円滑になす訴訟委任においては，その必要性があることと，通常弁護士が受任者であるので委任者またはその承継人の信頼が裏切られる虞が少ないことを考慮したものである。判例は，未成年者の法定代理人が選任した訴訟代理人の代理権は，訴訟進行中に未成年者が成年となっても消滅しないとする（大判大13・2・9民集3巻8頁）。

② 代理人の死亡（民111条1項2号）

代理人が死亡した場合には，法定代理においても任意代理においても，代理人の個性が重視され，本人との間に信任関係が必要とされる代理人資格をその相続人に認めることは不適当であるからである。

③ 代理人の破産または代理人が後見開始の審判を受けたこと（民111条1項2号）

新たに代理権を授与する場合には，代理人として成年被後見人を選任してもよく（民102条），破産者は，自己の財産管理権および処分権を有しないが（破産法7条），意思無能力者ではないので代理人となることはできる。しかし，代理人となった後に破産者または成年被後見人となった場合には，代理人の財産管理能力に対する信頼が喪失するものと考えられるので，代理権の消滅原因とされる。

(3) **任意代理に特有の消滅原因**（民111条2項）

代理権は独立の地位であるが，その基礎である対内関係が消滅するときは，原則として代理権も消滅する。代理権授与行為は，常に対内関係を実現させるための手段としての地位にあるものだからである。民法111条2項は，「委任に因る代理権」と規定しているが，任意代理の場合の意味である。委任という形

式で代理権授与の基礎となる対内関係を特定しているが，代理権は，雇用，組合などの法律関係に基づいて発生するので，必ずしも委任による場合に限定されない。任意代理権は，その発生原因となった対内関係が消滅するときに消滅するという趣旨である。但し，当事者が代理権授与行為と対内関係とを切り離した場合には，対内関係の消滅によって当然には代理権授与行為は効力を失わない。

(4) 復代理権の消滅原因

復代理権は，次の原因によって消滅する。

(イ) 代理人と復代理人間の授権契約関係の消滅

(ロ) 代理人の有する代理権の消滅

(ハ) 代理権消滅の一般的事由，すなわち，本人または復代理人の死亡，代理人の破産または代理人が後見開始の審判を受けたこと。

6 無権代理

(1) 無権代理の意義

代理権を伴わない代理行為を無権代理という。代理行為に関する要件は具備しているが，代理権を欠如する場合には，本来その効果は本人に帰属せず，また，本人の名において行為がなされているので代理人について効果が発生すべき理由もない。したがって，相手方は，無権代理人に対して不法行為に基づく損害賠償請求権を行使するほかない。しかし，それでは本人との間に法律関係が成立することを期待した相手方は不測の損害を被る虞れがある。しかも，代理権の有無は，相手方に必ずしも容易に知りうることではないので，代理制度の信用を維持して取引の安全を保護するためには，相手方の信頼を保護する必要がある。これが無権代理の制度である。無権代理には，代理人と本人との間に一定の緊密な関係がある場合とない場合とがある。前者が表見代理であり，後者が狭義の無権代理である。無権代理人と本人との間に一定の関係があるために，相手方が代理権が存在するものと信ずることが当然と考えられる場合には，本人に対して有権代理と同様の効果を生ぜしめようとするのが，表見代理の制度である。民法は，狭義の無権代理の場合には，本人の追認によって代理

の効果を生ぜしめる余地を残すとともに，追認がない場合には，無権代理人に特別の責任を負わせることとした。

(2) **無権代理の効果**
(イ) 本人に対する効果

代理は，代理権の存在を前提とするので，代理権がないにもかかわらず代理行為がなされた場合には，代理行為としては無効であり，本人に対して何らの法律効果を生じさせない。しかし，無権代理行為であっても，必ずしも本人に不利益なものとは限らないし，相手方としても所期の効果を認めることが利益でもあるから，民法は，本人がその効果を欲する場合には，無権代理行為を追認して正当な代理行為と同様の効果を生じさせることができるとした（民113条1項）。

追認は，無効な行為を有効にする相手方のある単独行為である。取り消しうべき行為の追認の場合は，本来有効な行為を有効なものとして確定するものであるが，無権代理行為の追認の場合は，本来無効な行為を有効なものにする点で異なる。無権代理行為による無効は，取り消しうる行為の効果と，浮動的効果の点で本質的に差異がないから，法定追認に関する民法125条は無権代理行為の追認にも類推適用してよいとする見解もあるが（五十嵐ほか『民法講義Ⅰ』268頁（川井健）』，石田穣『民法総則』449頁は，本人が無権代理行為であることを知った後には類推適用を認めてよいとする），無権代理行為は本来無効な行為であり，類推適用を否定すべきである。無権代理行為の追認は，代理権の欠缺を補充し，無権代理人のなした法律行為に代理人のなした法律行為と同様の効果を生じさせるためのものであり，代理行為の瑕疵を治癒する効力を有しない。追認権を有するのは通常は本人であるが，本人が死亡したときは，追認される代理行為の効果が本人の一身専属的なものでない限り，その相続人も追認権を行使できる（最判昭33・6・5民集12巻9号1296頁）。

追認の相手方は，相手方または無権代理人である。相手方に対してなす追認は，完全な追認としての効力を生ずる。これに反して，無権代理人に対してなす追認は，相手方がこれを知るまでは，本人と無権代理人との間においては追認の効力を生ずるが，相手方に対しては，追認の効果を主張することはできな

い（民113条2項）。したがって，相手方はその時まで取り消すことができる（民115条）。但し，相手方から追認のあったことを主張することは認められる（大判大14・12・24民集4巻765頁：BがAの代理人と称してCから物品を買い入れ，Aはこれに対して承認を与えた。Cからの代金請求に対しては，追認していないとして争ったが敗訴した）。本人が追認するときは，無権代理行為は原則として契約の時まで遡って有効となる（民116条）。本人はすでになされた代理行為を有効なものとして追認し，相手方も有効なものとして契約しており，遡及効を認めることは，当事者の意思に合致するからである。但し，これには2つの例外がある。すなわち，第1に，相手方の同意があれば，遡及効を制限して追認の時から有効な代理行為とすることができる（民116条本文）。追認の制度は本人の利益を保護するためのものであるが，相手方の意思を考慮せず遡及させないとすることは，最初から契約が有効であると考えていた相手方に不測の損害を被らせる虞れがあるので，本人の単独の意思表示では足りず，相手方の同意を必要とすると解すべきである。第2に，追認によって第三者の権利を害することはできない（民116条但書）。無権代理行為がなされた後，追認されるまでの間になされた行為の効果が，追認の遡及効の結果として無効となることを防ぐ趣旨である。しかし，民法116条但書は，対抗要件の先後で問題が処理される場合には適用されない。例えば，Aの無権代理人Bが，Aの土地をCに売ったが，Cが未登記の間にAがDに売った場合，AがBの行為を追認すれば二重譲渡となり，CとDとは先に登記を具備した方が優先することになる。したがって，民法116条但書は，AがCに対して有する債権について，無権代理人BがCから弁済を代理受領した後に，Aの債権者Dがその債権を差し押えて転付命令を受けた後で，AがBの受領行為（無権代理行為）を追認する場合（この場合には，Dに対しては弁済が有効であったことにはならない。：大判昭5・3・4民集9巻299頁）のように，相手方の権利と第三者の権利がともに排他的効力を有していない場合に適用されるにすぎない。

　本人は，無権代理行為の追認を拒絶することもできる（民113条）。追認を拒絶すれば，無権代理人がした契約は，無効なものとして確定させ，それ以後，本人は追認することができなくなる。追認拒絶の相手方は，無権代理人の相手方，または無権代理人である。

(ロ) **相手方に対する効果**

　無権代理行為によって契約を締結した相手方は，本人の追認があれば契約は本人に対して効力を生じるが，本人の追認がなければその効力を生じないという不確定な状態に置かれる。そこで，民法は，相手方に催告権と取消権とを与えた。

　催告は，本人に対して，無権代理行為を追認するか否かを確答すべき旨を促す意思の通知である。相手方は，本人に対し，相当の期間を定めてその期間内に追認をなすか否かを確答するように催告することができる（民114条前段）。本人がその期間内に確答すれば，確答の内容に従って，無権代理契約は，有効または無効として効果が確定する。催告に示された期間を徒過したときは，追認を拒絶したものとみなされる（民114条後段）ので，無効として効果が確定する。

　相手方が契約締結当時に代理権のないことを知らなかったときは，本人が追認をしない間は，無権代理行為を取り消して，これを確定的に無効とすることができる（民115条）。これによって，本人は追認権を失うことになる。ここでの取消は，取り消しうべき行為の取消の場合には，一応有効な行為について，その効力を消滅させるのに対して，一応無効な行為について，その無効を確定させるものである。取消の意思表示は，本人または代理人のいずれに対してなしてもよい。また，相手方の悪意についての主張責任および立証責任は，本人にある。

(3) **無権代理人の責任**（民117条）

　無権代理行為がなされ，本人にその効果が帰属しない場合には，代理権の存在を信じて法律行為をした相手方は不測の損害を被ることになる。そこで，民法は，取引の安全を図り代理制度の信用を維持するために，無権代理人に善意無過失の相手方に対して無過失責任を課したのである（民117条）。この責任の性質は特殊の法律上の責任であり，代理権があると主張し，または少なくとも代理権があると信じさせる行為をなした者に，その行為の効果に対して責任を負わせるものである。

(イ) 責任の要件

　無権代理人の責任を生ずるためには，以下の要件を具備しなければならない。

　①　代理人として契約をなすこと　　「他人の代理人として」というのは，民法99条の「他人の為めにすることを示して」と同意義である。他人の代理人として契約をなすというのは，代理権があると信じさせる行為をなすということであり，換言すれば，代理権があるかのように装うことである。これが民法117条に規定する責任の根拠である。

　②　代理人が代理権を証明することができないこと　　相手方は，無権代理人に対して責任を追及するために，代理権がないことを証明する必要はない。代理人が，代理権のあったことを証明できなければ，責任を負わなければならない。

　③　本人が追認をなさないこと　　本人が追認すれば，相手方としては本人と取引することを本来期待したはずであり，その期待した結果を得られるので，それ以上の利益を受けるべきではないからである。このほか，通説は，「表見代理ともならないこと」を要件にするが（鳩山『法律行為乃至時効』369頁，我妻『新訂民法総則』381頁），相手方は，表見代理と民法117条の責任の追及とを選択的に主張できるとする見解も有力である（於保『民法総則講義』240頁，幾代『民法総則』404頁，星野『民法概論Ⅰ』221頁）。相手方が表見代理による本人の責任と無権代理人の責任とを選択的に主張できるとする根拠は，⒤表見代理が成立しても無権代理である面は残るのであり，民法117条1項は，「その代理権を証明すること能わず」としているのみであること，ⅱ本人が無資力で無権代理人に資力がある場合には，無権代理人の責任を認める実益があること，ⅲ無権代理人の責任を追及することを認めても，本人および無権代理人に不当な犠牲を強いることにはならないこと，ⅳ無権代理であることの立証や認定は比較的容易であるが，表見代理の立証は一般に困難であること，などである。相手方は，表見代理による本人の責任と無権代理による無権代理人の責任とを選択的に主張することができるが，表見代理の成立が認められ，代理行為の法律効果が本人に及ぶことが裁判上確定された場合には，無権代理の効果は主張できないと解すべきである（四宮『民法総則』270頁）。判例は，表見代理は善意の相手方を保護する制度であるから，表見代理が成立すると認められる場合であっても，

表見代理の主張をしないで無権代理人の責任を追及することもできるとする（最判昭33・6・17民集12巻10号1532頁は，手形所持人は，表見代理を主張して本人の責任を問うことも，無権代理人に対して手形法第8条の責任を問うこともできるとする。また，最判昭62・7・7民集41巻5号1133頁も同旨であり，表見代理は本来相手方保護のための制度であるから，無権代理人が表見代理の成立要件を主張立証して自己の責任を免れることは，制度本来の趣旨に反するとして，無権代理人は，表見代理が成立することを抗弁として主張することはできないとする）。

④　相手方が代理権のないことを知らず，かつ，知らないことについて過失がないこと　　無権代理人の責任を免責する事由としての過失は，通常の過失を意味し，重過失であることは必要でない（最判昭62・7・7民集41巻5号1133頁）。なお，相手方の悪意および過失の立証責任は，無権代理人に課せられる。

⑤　無権代理人が行為能力者であること（民117条2項）　　無能力者に対して重い責任を課することは不当であるからである。ドイツ民法179条3項は，無能力者が法定代理人の同意を得て無権代理行為をなした場合には責任があると規定する。わが民法には明文の規定はないが，無能力者が法定代理人または保佐人の同意を得て無権代理行為をしたときは，無能力者を保護すべき理由がないので，責任があると解すべきである（通説。我妻『新訂民法総則』381頁）。

⑥　無権代理人の過失を必要としない
⑦　相手方が民法115条による取消権を行使しないこと

㈡　責任の内容

　無権代理人は，相手方の選択に従って，履行または損害賠償の責任を負う（民117条1項）。履行の責に任ずるとは，その法律行為が有効に成立した場合に本人に帰属すべき義務と同一の義務を無権代理人が負担するということである（大判昭8・1・28民集12巻10頁は，本人と相手方とがともに商人である場合には，無権代理人が商人でなくても，相手方は商事売買の効果を主張できるとする）。

　この場合の損害賠償は，代理行為が有効であったとすれば相手方が受けたであろうすべての利益，すなわち，いわゆる履行利益であって，代理権があると信じたことによって被った損害，すなわち，いわゆる信頼利益の賠償ではない（大判大4・10・2民録21輯1560頁）。これらの両責任は，相手方の選択に従っていずれかが生ずるが，その選択に関する問題については，選択債権に関する規定

(民407条以下）に従って決定される（但し，大判昭2・4・21民集6巻166頁は，民法117条1項に基づき相手方が有する権利は，選択によって債務の性質または給付の目的が確定するものではないので，民法に規定する選択債権ではないとする）。

　(ハ)　**単独行為の無権代理**（民118条）

　単独行為については，無権代理人がなしたものも，無権代理人に対してなされるものも，原則として無効である（民118条）。本人の追認によって双方間にその効力を生ずるものとすることは，本人のためには便宜であるが，相手方を不確定な地位に立たせるので，民法は無権代理人がなした相手方のある単独行為を原則として無効とした。単独行為にも財団法人の設立における寄附行為や相続放棄などのように相手方のない単独行為と，契約の解除や債務の免除などのように相手方のある単独行為がある。相手方のない単独行為の無権代理行為は，絶対的に無効であり，本人の追認は効力がなく無権代理人の責任も生じない。これに対し，相手方のある単独行為については，例外的に契約における無権代理と同様に未確定無効とされ，本人の追認権，相手方の催告権または取消権，および無権代理人の責任に関する民法113条から117条までが準用される。すなわち，①能動代理については，相手方が無権代理人が代理権なくして行為することに同意し，または代理権を争わなかった場合に限り，契約の場合と同様の効果を生ずる。例えば，BがAの代理人としてA・C間の契約を解除する意思表示をCに対してなした場合に，CがBのこのような行為に同意したり争わないときは，Aは追認権を有し，Cは催告権および取消権を行使することができ，Bに対しては無権代理人の責任を追及できる。②受動代理については，無権代理人に対して，その同意を得て行為をした場合に限り，契約の場合と同様の効果を生ずる。例えば，相手方Cが無権代理人Bに，A・C間の契約の解除の意思表示をした場合に，CがBの同意を得てこの行為をなしたときは，その行為は未確定無効となり，本人の追認を得られなければ，CはBに対し無権代理人の責任を追及できる。

(4)　**無権代理人と本人の地位の融合**

　無権代理人と本人の地位が同一人に帰属することになった場合には，本人は無権代理行為を追認するか否かの自由を有し，無権代理人は民法117条の責任

を負うことになるので，本人と相手方との利益をどのように調整すべきかが問題となる。

(イ) 無権代理人が本人を相続した場合（無権代理人相続型）

無権代理人が本人を相続した場合について，当初，大審院は，本人と無権代理人との資格が同一人に帰するに至った以上，本人が自ら法律行為をなしたのと同様の法律上の地位を生じたものと解した。そして，無権代理人が本人としての資格に基づいて追認を拒絶でき，したがって，無権代理人としての資格において損害賠償の責任を負担すべきであるとすることは，相手方を不利益な地位に陥れる結果を生ずるので許されないとした（大判昭2・3・22民集6巻106頁）。その後も判例は，この趣旨に従った（大判昭9・9・10民集13巻1777頁，大判昭13・11・16民集17巻2216頁）。また，無権代理人の家督を相続した者が隠居のうえさらに本人の家督を相続した事案において，追認を拒絶して代理行為の効果が自己に帰属することを回避しようとするようなことは信義則上許されるべきではないとするものもある（大判昭17・2・25民集21巻164頁）。

最高裁判所の判例には，無権代理人が本人を相続し本人と代理人との資格が同一人に帰するに至った場合においては，本人が自ら法律行為をしたのと同様の法律上の地位を生じたものと解するもの（最判昭40・6・18民集19巻4号986頁は，前掲大判昭2・3・22を引用する。）と，自らなした無権代理行為について本人の資格において追認を拒絶するのは信義則に反するから，無権代理行為は相続とともに当然に有効となるとするもの（最判昭37・4・20民集16巻4号955頁）とがある。また，判例は，無権代理人が本人を他の共同相続人と共に共同相続した場合には，共同相続人全員が共同して追認しない限り，無権代理行為が有効となるものではないとする（最判平5・1・21民集47巻1号265頁）。

学説は，この問題について①相続によって無権代理行為は当然に有効な行為になるとする説（当然有効説）と②相続によって当然には有効とならず，無権代理人は，本人の地位（追認権と追認拒絶権）と無権代理人の地位とを有するとする説（非当然有効説）に分かれる。当然有効説は，以下の見解に分かれている。(i) 人格承継説（穂積『判例民事法昭和2年度』88頁。相続は，個々の権利義務の承継ではなく，人格すなわち法律上の地位の承継であり，被相続人と相続人は法律上同一人となるから，無権代理行為は当然に有効となる。），(ii) 代理権追完説（於保「無

権代理人が本人を相続したる場合と無権代理行為の主張」民商法雑誌 1 巻 4 号 157 頁，川島『民法総則』400 頁。無権代理人は本人を相続することにより，相続財産の処分権を取得し，その結果，代理権の欠缺が追完され有効となる。），(iii) 資格融合説（四宮『判例民事法』昭和 17 年度 46 頁。相続により本人としての資格と無権代理人としての資格とが同一人に融合し，その結果，本人と代理人とはもはや他人でなくなる。したがって，代理権の媒介を必要とせずに理論上当然に有効となる。），(iv) 信義則説（杉之原「無権代理行為と代理人の相続」民商法雑誌 9 巻 5 号 107 頁，柚木『判例民法総論（下巻）』268 頁。本人を相続した無権代理人が本人の資格で追認を拒絶することは，信義則に反し，相続と同時に当然に有効となる）。

　当然有効説に対しては，次のような批判がなされている。第 1 に，相手方が取消権を行使する余地がなくなり，無権代理人が責任を負わない場合（民 117 条 2 項），すなわち，相手方が悪意または有過失である場合および無権代理人が無能力者である場合があることを結果的に無視することになり，また，相手方が損害賠償請求をする途を選択できなくなる。第 2 に，単独相続または他の相続人が相続放棄をした共同相続の場合には結果が簡明であるが，共同相続の場合には簡明ではない。第 3 に，共同相続の場合には，相続開始と同時に無権代理行為が当然に有効となるとすると，他の共同相続人の追認拒絶権を奪う結果になり不当である。

　非当然有効説は，相続によって当然有効となることを認めず，無権代理人には，本人より相続した追認権，追認拒絶権および無権代理人の責任（民 117 条）が帰属し，相手方との関連において，信義則などの解釈によって妥当な結論を導こうとするとともに，相手方が取消権（民 115 条）または損害賠償請求権（民 117 条）を選択することを認めるものである（谷口「本人がした相続と無権代理の効力」民商法雑誌 47 巻 6 号 114 頁，幾代『民法総則』365 頁）。

　思うに，無権代理人は，自己の責任において無権代理行為をしたものであり，相手方に対して代理行為が成立することを期待させたのであるから，本人の地位を相続して追認拒絶権を取得した場合にこれを行使することは信義則に反するというべきである。Aの財産を無権代理人B_1がCに売却し，B_1とB_2がAを共同相続した場合には，B_1は追認権を行使しなければならない。追認権と追認拒絶権は形成権であり，B_1とB_2の準共有（民 264 条）となるので，B_2が追認を拒絶

すれば，CとB₂の共有になる。B₁は自己の持分を処分することができるが，B₂の持分についてはB₂から譲り受けてCに移転する義務を負っており，履行不能になるときは損害賠償義務を負うと解すべきである。

なお，無権代理人の行為は，本人が追認しなければ本人に対して効力を生ぜず（民113条1項），本人が追認を拒絶すれば無権代理行為の効力が本人に及ばないことに確定し，追認拒絶後は本人であっても追認によって無権代理行為を有効にすることができず，追認拒絶後に無権代理人が本人を相続したとしても追認拒絶の効果に影響を及ぼすものでないので，追認拒絶後に本人を相続しても無権代理行為が有効となるものではない（最判平10・7・17民集52巻5号1296頁）。

(ロ)　本人が無権代理人を相続した場合（本人相続型）

大審院の判例はないが，最高裁判所は，無権代理人が本人を相続した場合とは異なり，相続人である本人が被相続人の無権代理行為の追認を拒絶しても，何ら信義に反することはないから，被相続人の無権代理行為は本人の相続により当然有効となるものではないとする（最判昭37・4・20民集16巻4号955頁）。しかし，無権代理人を相続した本人は，民法117条による無権代理人の債務も承継し，本人として無権代理行為の追認を拒絶しうる地位にあったからといってその債務を免れることはできず，追認を拒絶したときは，善意・無過失の相手方は，本人に対して履行または損害賠償の請求をすることができるとする（最判昭48・7・3民集27巻7号751頁）。

本人が無権代理人を相続した場合は，本人は無権代理行為に関与していないので，相続という事実が発生しても追認拒絶権を行使することは認められなければならない。しかし，追認を拒絶した場合は，本人は民法117条の無権代理人の責任も相続によって承継しているので，善意・無過失の相手方が履行の請求をしたときは，本人は履行義務を負うことになる。

(ハ)　本人とともに無権代理人を相続した後その本人を相続した場合（双方相続型）

判例は，無権代理人を本人とともに相続した者が，その後さらに本人を相続した場合（無権代理人相続先行型）には，本人の資格で無権代理行為の追認を拒絶する余地はなく，本人が自ら法律行為をしたのと同様の法律上の地位ないし

効果を生ずるとする（最判昭63・3・1判時1312号92頁：本人の妻が無権代理行為の後に死亡し，本人と子が共同相続をしたが，さらに本人が死亡して子が相続した事案）。無権代理人相続型の場合に無権代理人が追認を拒絶することを認めないのは，代理権を有するものとして相手方を信頼させておきながら，これに反する行為をなすことが信義則に反するからである。したがって，相続人が相手方に対して，相手方の信頼を惹起させるような行為をしていない場合には，相続人が追認を拒絶することは認められるというべきである（原審は，特定物の給付義務について，相続人に本人の追認拒絶権と無権代理人の履行義務についての拒絶権を共に認めるべきであるとする。名古屋高判昭58・8・10下民集34巻5～8号606頁）。

　㈡　無権代理人が後見人に就任した場合（後見人就任型）
　判例は，未成年者のために事実上後見人として財産の管理をしていた者が未成年者の財産を第三者に売却し，その後正式に未成年者の後見人となった場合に，追認されるべき行為をなした者とその行為を追認すべき者とが同一人となったものであり，しかも本人と後見人との間に利益相反の事実が認められない場合には，後見人に就任した無権代理人が追認を拒絶することは，信義則上許されず，後見人に就任するとともに無権代理行為は有効になるとする（最判昭47・2・18民集26巻1号46頁。川井健『民法概論1〔第2版〕』322頁は，この判例について，「これは，事実上の後見人が法律上の後見人に就職することによって当然に無効な行為が有効になるとしたものではなく，未成年者の利益を考慮したうえで判断したものであり支持してよい」とする）。また，最高裁判所は，成年被後見人の後見人が，その就職前に成年被後見人の無権代理人によって締結された契約の追認を，信義則に反しない限り，拒絶することができるとする（最判平6・9・13民集48巻6号1263頁）。
　学説は，相手方の保護を図る必要からこれを認める見解（四宮『民法総則』253頁，四宮・能見『民法総則』298頁）と，未成年者に効力が生じることにより不利益を受けるのは後見人ではなく未成年者であり，後見人が追認を拒絶している場合にまで未成年者に効力が生じるとするのは妥当でないとする見解（石田穣『民法総則』463頁）とに分かれている。後見人の制度は未成年者の利益を擁護するためのものであり，後見人が未成年者の利益に反すると考える場合には，

後見人として追認を拒絶することが認められるべきである。

(ホ) **無権代理人が本人から権利を譲り受けた場合（無権代理人権利取得型）**

無権代理人が本人から権利を譲り受けた場合には、本人と相手方との間に有効な契約が成立したのと同様の効力を生じる。判例は、賃貸した土地（最判昭34・6・18民集13巻6号737頁：無権代理人が本人の土地を相手方に賃貸した後、本人からその土地の譲渡を受けて所有権を取得したときは、その賃貸借は、無権代理人と相手方の間において、遡及的に効力を生ずるとする。）、および売却した土地（最判昭41・4・26民集20巻4号826頁：無権代理人が代理行為の目的物を本人から取得した場合には、相手方が民法117条の履行を選択したときは、売買契約は無権代理人と相手方との間に成立したのと同様の効果を生じるとする。）について、本人から所有権を譲り受けた場合にこの効力を認めている。

7 表見代理

(1) 表見代理制度の基礎

表見代理は、本人と無権代理人との間に代理権の存在を推測させるような客観的事情があり、本人としても何らかの理由で責任を負わされてもやむをえないような事情がある場合に相手方がこれを信頼して取引関係に入ったときには、無権代理行為を正当な代理行為と同様に扱い、本人に対してその効力を生じさせ責任を負わせることにする制度である。民法は、表見代理として3種のものを認めた。すなわち、①本人がある人に代理権を授与した旨を表示したにもかかわらず、代理権を授与していない場合（民109条〔代理権授与の表示による表見代理〕）、②代理権の範囲を踰越した場合（民110条〔代理権限踰越による表見代理〕）、③以前に存在した代理権が消滅した場合（民112条〔代理権消滅後の表見代理〕）である。表見代理制度の理論的根拠は、禁反言の原則（民109条）ないし権利外観理論（民110条、112条）にある。表見代理制度は、無権代理であるにもかかわらず、有権代理と同様に取り扱って本人に責任を負わせるものであるから、相手方を保護すべき事情と本人に責任を負わせることがやむをえないと考えられる事情がなければならない。

(2) 代理権授与の表示による表見代理（民109条）
(イ) 109条の意義
　本人が第三者に対して，他人に代理権を授与した旨を表示した場合には，本人が実際には代理権を授与していなかったとしても，その表示を受けた第三者は代理権の授与があるものと誤信して，その他人と行為をすることがある。このような場合には，代理権が授与されていない限り無権代理行為となるので，本人の授権の表示を信頼した第三者を保護するために，民法109条の表見代理の制度を置いたのである。
(ロ) 109条の要件
　① 本人が第三者に対して，ある者に代理権を与えた旨を表示したこと（代理権授与の表示）。
　代理権授与の表示は，代理権授与行為があった旨の観念の通知である。意思表示ではないがこの表示の存在が表見代理の成立要件となっており，意思表示と同様の効力を認められるので，行為能力および意思表示の規定を類推適用すべきである。
　本人が直接に取引の相手方に表示する場合（直接授与の表示）と白紙委任状などを特定の者に交付し，これを相手方に呈示することによって間接的に相手方に代理権授与の表示をする場合（間接授与の表示）とがある。表示の方法は，書面でも口頭でもよい。また，表示の相手方は，特定人に対する表示でも，新聞広告または標識のように，不特定多数の第三者に対する表示でもよい。通知を撤回する場合は，相手方が撤回されたことを知ることができるようにしなければならず，代理権授与の表示という事実上の状態をなくさなければ，その表示を過失なくして信頼した善意の第三者に対抗できない（大判昭6・10・28民集10巻975頁）。
　直接授与の表示に関する裁判例は少ないが，本人が直接第三者に対し，他人を取引の代行者にする旨の通知をすること（東京地判昭25・10・6下民集1巻10号1596頁），自己所有の不動産売買に関する一切の代理権を授与してある旨を言明するとともに，無権代理人の代筆により名刺の裏面に一任する旨を記載して署名捺印したうえ交付すること（京都地判昭45・8・3判時621号70頁）などは，代理権授与の表示となる。

間接授与の表示の場合には，(i)本人から白紙委任状などの交付を受けた者が，直接に取引の相手方に呈示して代理人と称する場合（非転々予定型の間接授与の表示）と，(ii)本人から交付を受けた白紙委任状などをさらに第三者（転得者）に交付し，この第三者が本人の代理人と称する場合（転々予定型の間接授与の表示）とがある。転々予定型の白紙委任状は，本人がこれを取得する者に代理権を授与するという趣旨で交付するものであり，正当な取得者であれば代理人として氏名を記載することによって代理人としての権限を有するので，有権代理となる。これに対して，非転々予定型の白紙委任状は，本人と代理人との信頼関係を前提として交付されており，本人が予定していない者がこれを取得した場合には，本人にはこの者に代理権を授与する意思がないので，無権代理となる。この場合に，表見代理の成否が問題となり，具体的には白紙委任状を交付したことが民法109条の代理権授与の表示に該当するか否かということが問題となる。

判例は，当初，他人に代理権を与えた旨を表示した者は，その表意の相手方のみに対して，その者と代理人間で代理権の範囲内でなした行為について責任を負うとし（大判明38・2・21民録11輯196頁），消費貸借およびその保証をなすにあたり，主債務者または保証人が代理人の氏名を記入しない委任状を授受するのは，他に輾転させる意思がなく，その受取人として代理人を選定させ委任状を補充させる意思であることが普通であるとした（大判大3・4・6民録20輯265頁）。その後，売主の印章だけを押した売渡証書と白紙委任状を交付した場合に，買主に対し，交付を受けた者を売買および登記の代理人とする旨を表示したものと認めた（大判昭6・11・24裁判例5民249頁）。戦後の下級審の裁判例には，白紙委任状の転得者が白地を補充して委任状発行者の代理人として行為をした場合について，本人が相手方に対して代理権授与の表示をなしたと認めたものが現われた（例えば，東京地判昭26・10・16下民集2巻10号34頁，大阪地判昭27・10・31下民集3巻10号1536頁）。しかし，最高裁判所は，不動産登記手続に要する権利証，白紙委任状および印鑑証明書などの書類は，これを交付した者よりさらに第三者に交付され，輾転流通することを常態とするものではないから，不動産所有者は，前記の書類を(i)「直接交付を受けた者において濫用した場合」や，(ii)「何人において行使しても差し支えない趣旨で交付した場合」は格別，委任

状の委任者名義が白地であるからといって当然に転得した第三者がこれを濫用した場合にまで民法109条に該当するものではないとする（最判昭39・5・23民集18巻4号621頁：XがAから金融を得るために，X所有の土地建物に抵当権を設定する目的で権利証，白紙委任状および印鑑証明書をAに交付したところ，AがBに交付し，BはさらにYとの継続的商品取引契約を締結するについて，上記書類をYに示して，Xの承諾を得ていると偽り根抵当権を設定し，かつ，Bの債務不履行を停止条件とする代物弁済契約を結び登記および仮登記をした事案）。但し，最高裁判所は，保証契約締結のために交付された白紙委任状などの転得者が，本人の代理人と称して相手方と連帯保証契約を締結した事案において，民法109条の適用を肯定した（最判昭42・11・10民集21巻9号2417頁：AがBを通じて融資を受けるについて，XがAから依頼されて保証を引受け，XはBまたはBが委任する第三者に代理権を与える目的で白紙委任状および印鑑証明書などをBに交付したが，Bを介しての融資を受けることができなくなり，Bは同書類をXに返してもらうためAに交付したところ，AはYに対し，Xの代理人として連帯保証契約を締結した）。また，判例は，CがXに対し，Xら所有の不動産に抵当権を設定してA会社から金銭の貸与を受けられるようになったと称し，Xらから権利証，印鑑証明書および実印の交付を受け，Xら名義の白紙委任状を作成してA会社の代表取締役であるBに交付し，BがYにXらから委任されたと告げて根抵当権設定契約を締結した場合に，契約締結の代理権を授与した旨を表示したものと認めたが，YがBの代理権の有無を確めずに代理権があると信じたことに過失があり，民法109条所定の表見代理は成立しないと判示した（最判昭41・4・22民集20巻4号752頁）。さらに，Yがその山林をAに売却し，Aの代理人Bを介して，白紙委任状，名宛人白地の売渡証書など登記関係書類を交付したところ，Aは再びBを代理人として，それらの書類を交付して，取得した山林とX所有の山林を交換することを委任したが，Bが書類を冒用し自らYの代理人と称してXとの間で交換契約を締結した場合に，XにおいてBにその権限があると信じたことに正当の理由がある限り，YはXに対して民法109条および110条によりXとの間の交換契約上の責任を負うとした（最判昭45・7・28民集24巻7号1203頁）。

　学説は，白紙委任状の所持人が，本人の委託しなかった事項を代理権内容として補充して第三者に呈示した場合は，本人から第三者に対する代理権授与の

表示と認める見解と認めない見解とに分かれている。肯定説は，①「白紙委任状を交付することは，一般に，その所持者に代理権を与えた旨を表示することになる」とする見解（我妻『新訂民法総則』364頁），②白地部分が代理権内容に関する事項の場合には，白紙委任状を交付することは，被交付者を表示機関たる使者として，代理権授与の旨の観念の通知をなすものとみて，本人についての錯誤の問題として扱い，代理人欄が補充された場合には白紙委任状の被交付者が代理権事項を偽った場合と比較すると，本人と自称代理人間のつながりは相対的には稀薄であるので，前者と同じ処理をすることに躊躇を感じさせるが，動的安全の保護と静的安全の保護の調和点としては，原則として民法109条は適用されないとする見解（幾代『民法総則』373頁）などがある。

　以上の学説に対して，否定説も主張されている。すなわち，①「委任状が代理権内容を白地としたものである場合において，代理人が本人の委託しなかった事項を代理権内容として補充したときは，その委任状はその部分においては偽造であって正当な委任状ではなく，したがって，109条の適用はない。しかし，白紙委任状の白地補充権者（その正当な所持人）は，本来一定範囲の代理権を与えられているのであるから，右の白地補充権濫用による代理行為は一種の代理権限踰越であり，110条の表見代理が成立し得る」とする見解（川島『民法総則』329頁），および②代理行為者が白地部分をそのままにして相手方に呈示する場合は，「相手方が受任者名白地であれば所持人に，委任事項白地であれば所持人の自称する範囲で，代理権があると信じたとしても，代理権授与の表示は最終まで未完成であるから，109条の適用はない」とし，補充済の委任状を呈示する場合には，「白紙委任状の補充が，代理人の氏名や代理行為の目的・性質・相手方に関し，委任に反するときは，委任状の表示はこれに対応する本人の意思を欠缺するため無効であり（95条），109条の適用がない」とする見解などがある（三宅正男「白紙委任状と表見代理」別冊ジュリ『不動産取引判例百選（増補版）』21頁）。

　②　表見代理人が表示に示された代理権の範囲内の行為をしたこと　　但し，この範囲を踰越するときは，民法110条の適用がある（最判昭45・7・28民集24巻7号1203頁）。

　③　相手方が善意・無過失であること　　民法109条は，「正当の理由」（民

110条）および無過失（民112条）を要件として規定していないが，表見代理制度の趣旨からみて，悪意または過失のある相手を保護する必要はないので，本条においてもこの要件を必要と解すべきである（通説）。相手方が悪意または有過失であることの立証責任は，代理権授与の表示をした本人にある（最判昭41・4・22民集20巻4号752頁）。

④　本条の適用は，任意代理に限る　　本条は，本人が第三者に対して他人に代理権を与えた旨を表示した場合を規定したものである。また，法定代理人は本人が選任するものではないので，本人がある者に法定代理権を授与した旨を通知することは法的意味をもたないからである（大判明39・5・17民録12輯758頁）。

(ハ)　109条の効果

本人は，その表見代理行為が正当の代理行為であるのと同様の効果を受ける。しかし，無権代理行為であることを失うものではない（有権代理になるわけではない）ので，相手方は取消権を有し（民115条），本人は追認して相手方の取消権を消滅させることができる（民113条，115条）。

(二)　109条の適用範囲

判例は，本条の趣旨を拡張して適用を認めている。学説も取引の安全の理想から，一般に支持している。代理権授与の表示は，本人が代理権を推測させるような名称の使用を許諾した場合にも認められる。例えば，Aが工事を請負うに当り，資格がなかったのでY名義を借り，土木事務所にYを請負人として届け出た場合には，YはYの名義を用いて取引をなすことをAに許容したものと解される（大判昭5・5・6新聞3126号14頁〔函館土木事務所請負名義人事件〕）。また，会社の支店名義を用いることを許諾したときは，支店の業務に属するすべての行為を会社に代わってなす権限を有する旨を表示したものとされる（大判昭4・5・3民集8巻447頁：AがY運送会社の許諾を得てその支店名義を用いて営業中，貨物引換証と引換えでなく貨物を引渡したために，引換証の所持人に損害を与えた事案）。また，Yが自己の支店の営業全部を支店の営業主任であったAに譲渡し，その際Aが引続き同所で同一の営業を従来使用してきた名称を使用してなすことを承諾した場合は，民法109条の代理権授与の表示がある（大判昭15・4・24民集19巻749頁）。大審院は，取引の安全を保護するために，民法109

条の文言に拘泥せず，その精神を探ってこれを広く類推しようとしたのである（柚木『判例民法総論(下巻)』237頁）。最高裁判所は，東京地方裁判所が，庁舎内に一室を与えて，「厚生部」の表示を許し，現職の職員が事務を執り，その事業の継続を認めた場合には，代理権授与の表示があったものとした（最判昭 35・10・21 民集 14 巻 12 号 2661 頁〔東京地方裁判所厚生部事件〕）。しかし，日本電信電話公社近畿電信局内の施設内に「近畿地方生活必需品販売部」等の名称を用いて販売業務を行っていても，公社が「日本電信電話公社」の名称の使用を許していない限り，その業者に代理権を授与することを表示したものといえないとする（最判昭 40・2・19 判時 405 号 38 頁）。

(3) **代理権限踰越による表見代理**（民 110 条）
(イ) 110 条の意義

代理人が，代理権限外の行為をなしたときは代理権がないので無権代理行為となる。しかし，一定の法律行為について代理権を授与されて代理人となった者は，第三者からみて，代理権の範囲外にある行為についても代理権があると誤信されることがある。このような場合に，第三者が誤信したことについて「正当の理由」があることを要件として，第三者を保護することによって，取引の安全を確保するために民法 110 条の表見代理の制度を置いたのである。

(ロ) 110 条の要件
① 代理人が権限踰越の行為をなしたこと
(a) 基本代理権の存在

本条の表見代理は，代理人がその権限外の行為をなしたことを前提としており，代理人に何らかの代理権があることを必要とする。これを基本代理権という。代理権のない者の行為については，たとえ第三者が代理権があると信ずる正当の理由があっても本条の適用はない（大判大 2・5・1 民録 19 輯 303 頁，最判昭 34・7・24 民集 13 巻 8 号 1176 頁）。この場合に無権代理行為の効果を本人に帰属させることは酷であり，本人の静的安全のための最小限度の要件として，このように解すべきことは理論として明らかであるとするのが通説である（我妻『新訂民法総則』368 頁。これに対して，近藤『民法大綱』374 頁は，「本条は之を拡張的に解釈して，自称代理人に全然代理権がない場合にも，之を適用すべきもの」とす

る）。民法110条の適用要件として基本代理権の存在を要求する以上，事実行為についての授権までも基本代理権があるのと同様に扱うことは，110条の適用範囲が広がりすぎる危険がある（川井健「基本代理権の存否と110条の表見代理」『判例演習〔民法総則〕』181頁）。表見代理制度は，代理制度の信用を維持するために認められたものであり，取引の安全の保護のためにのみ認められたものではないので，本人の利益との調和を図る必要があり，単なる事実行為をなす権限では基本代理権として不十分である。本人が代理権を授与する意思を有していた場合と，単に何らかの行為をなす権限を与える意思を有していたにすぎない場合を同一に評価することは，本人を犠牲にして，取引の安全を重視し過ぎるというべきである。基本代理権の存否は，具体的な諸般の事情を考慮して判定しなければならない。例えば，判例は，父の所有する桑や牛を売却したり，父のために数年にわたって日用品を購入してきた長男が，父の不動産を売却した場合（大判昭15・12・11法学10巻539頁）や，薪炭製造販売業者から雇われ，遠隔の現場での製造人夫の雇入れ，資材物資の購入等を一任されていた者が，薪の売買をした場合（大判昭16・6・26新聞4716号11頁）などのように何らかの法律行為について一定の代理権がある場合には，基本代理権を認めている。

　本人が何らかの法律行為を委託して印鑑を交付した場合（大判昭13・12・10判決全集5輯24巻31頁）には，基本代理権が認められる。しかし，保管されている印鑑を盗んで使用した場合（大判大3・1・20民録20輯12頁）とか，死亡届を提出するために印鑑を交付した場合（大判昭7・11・25新聞3499号8頁）のように代理権を全く有しない者が代理人として行為をしたときは，基本代理権は認められない。判例は，会社の経理担当者が，会社取締役から同人名義のゴム印および取締役として使用するため届け出てあった印章を預り会社のためその職務を行なうことを認められていても，同取締役個人に法律効果の及ぶような行為について代理権を与えられていなかったときは，同取締役に対する関係では本条にいう代理人ではないとする（最判昭34・7・24民集13巻8号1176頁）。また，勧誘外交員を使用して一般人を勧誘し，金員の借入をしていた会社の勧誘員が，事実上長男をして一切の勧誘行為に当らせてきたというだけでは，長男を勧誘員の代理人として本条を適用できないとする（最判昭35・2・19民集14巻2号250頁）。

通説も基本代理権が存在することを必要とし，この点に代理権があると信じた第三者の保護と本人の利益の保護との調和を求めようとするのである。基本代理権の授与の証明がなされない限り，基本代理権はなかったと判断しなければならず，積極的にその存在が証明されない限り，正当理由の存否を判定するまでもなく表見代理にはならないのである。但し，民法109条と110条との重畳的適用または110条と112条の重畳的適用を認める通説・判例の立場では，代理権のない場合に110条を適用することになり，基本代理権を必要とする原則を修正することになる。これに対して，学説の中には，基本代理権の意義を広く解し，Aが対外的な関係を予定しつつある行為をなすことをBに委託したという事実があれば，本条にいう基本権限としての要件を充足するというべきで，Bの権限が厳格な意味での「法律行為をなしうる代理権」であることは必ずしも必要ではないとする有力説がある（椿寿夫『註釈民法(4)』140頁，幾代『民法総則』381頁，四宮『民法総則』262頁，四宮・能見『民法総則』305頁，石田喜久夫編『民法総則』225頁〔高森八四郎〕など）。この見解によれば，「基本代理権」を「基本権限」として本人への帰責事由という観点から捉えるので，本人の関与が重要であって，法律行為についての代理権がなくても，事実行為をするにすぎない権限（代行権限）があれば，帰責性が認められることになる（幾代『民法総則』381頁は，本人の意思表示の伝達を委託された使者が越権して代理人として他の法律行為をした場合も同様であるとする）。

（b）基本代理権の内容

（i）代理権の内容は，代理権踰越行為と同種のものであることを要しない。代理権を有する者のなした権限外の行為がその代理権と何らの関連性を有しない場合にも，相手方が代理人に権限があると信ずる正当な理由があれば，本条の適用がある（大判昭5・2・12民集9巻143頁：AはXから委託を受けて家事上ならびに個々の事情について処理をなすべき権限を与えられていた。XがAを代理人としてYから金銭を借り受け，X所有の土地を売渡担保としてYに所有権移転登記をなし，弁済をしたときにその返還を受ける旨を約した。AはYより対価を得て土地の返還請求権の放棄を承諾し，Yが土地をBに売却し移転登記をしたが，Aには返還請求権の放棄について代理権がなかった）。

（ii）私法上の法律行為に関する代理権でなければならないかどうかについて，

判例は，死亡届の届出（前掲大判昭7・11・25新聞3499号8頁）や印鑑証明書の交付申請を委託された者が，預った印鑑を冒用して無権代理行為をなした場合には，基本代理権となりえないとする（最判昭39・4・2民集18巻4号497頁，最判昭41・11・15集民85号97頁）。これに対して，登記申請行為は公法上の行為であるが，その行為が特定の私法上の取引行為の一環として，契約による義務履行のためになされたものであるときは，登記申請行為を委任してその権限を与えることは，基本代理権になるとする（最判昭46・6・3民集25巻4号455頁：YがAに対して土地を贈与し，その所有権移転の登記申請をAに委託したところ，Aは交付された実印，印鑑証明書および権利証を利用して，自己がXに対して負う債務について，Yを連帯保証人とする契約をYを代理して締結した）。

　学説は，「印鑑証明の下付を申請する代理を委託して印を交付するのは，公法上の代理権の授与だから本条適用の基礎とならないというのは——印鑑証明書の私法上の取引における作用を考慮するとき——賛成することはできない」（我妻『新訂民法総則』368頁）として，公法上の行為であっても基本代理権としての適格を失うことはないとする（通説）。

　本条の表見代理が成立するために必要な基本代理権が私法上の行為についての代理権でなければならないとするのは，(i)表見代理制度が取引の安全を図ることを目的とするものであり，また，(ii)本人が私法上の権利・義務関係を発生させる意思で代理権を授与したのでないにもかかわらず，無権代理人の行為によって本人に私法上の権利・義務が帰属させられることになるのは妥当でないからである。したがって，公法上の行為である登記申請行為であっても，私法上の権利・義務関係に直接的に効果を生じさせるような場合には，例外的に基本代理権と認めることが妥当である。

(c)　基本代理権を越える代理行為

　実際上は，基本代理権を行使するために本人から預った印鑑や権利証を冒用したり，印鑑や文書の偽造などの手段を用いて無権代理行為がなされる場合が多い。

　法人の代表機関または商業使用人は，法定の範囲内の代理権を有するのを原則とするが，数人が共同して代理権を行使しなければならないというような内部的制限が加えられることがある。この制限に反して代理行為がなされた場合

には，理論上は表見代理の問題となるが，この場合については，民法および特別法に規定されている（民 54 条，私立学校法 49 条，商法 38 条 3 項，43 条 2 項，78 条 2 項，147 条，261 条 3 項など）。

民法 110 条は代理人として行為をなした者に代理権があると相手方が誤信した場合だけでなく，代理人であることを明示しなかったために，相手方が代理人を本人であると誤信した場合にも，類推適用される。相手方がその行為を本人自身の行為と誤信したときは，代理人の代理権を信じたものではないが，その信頼が取引上保護に値する点においては，代理人の代理権限を信頼した場合と異なるところはないから，本人自身の行為であると信じたことについて正当な理由がある場合には，民法 110 条を類推適用して，本人がその責任を負うと解すべきだからである（最判昭 44・12・19 民集 23 巻 12 号 2539 頁）。

本条は，代理権を授与したと表示された範囲を踰越する場合（民 109 条の表見代理の成立する範囲を踰越する場合）や，以前に存在した代理権の範囲を踰越する場合（112 条の表見代理の成立する範囲を踰越する場合）にも，取引の安全を図るために類推適用すべきである。判例は，かつて反対に解釈したが（大判大 7・6・13 民録 24 輯 1263 頁），その後，大審院連合部判決（大連判昭 19・12・22 民集 23 巻 626 頁〔代理権消滅後越権行為連合部判決〕）で，本条と民法 112 条との重畳的適用が肯定されるに至った。それ以後，最高裁判所もこの理論を踏襲している（最判昭 32・11・29 民集 11 巻 12 号 1994 頁，最判昭 35・12・27 民集 14 巻 14 号 3234 頁）。したがって，代理権消滅後の表見代理行為については，代理権の範囲内であれば民法 112 条を適用し，権限外の行為であれば，権限があると信ずべき正当の理由がある限り，本条を類推適用すべきことになる。なお，無権代理行為をした者が本人の追認を受け，その後再び無権代理行為をした場合も，民法 110 条および 112 条を類推適用して表見代理の成立が認められる（最判昭 45・12・24 民集 24 巻 13 号 2230 頁）。

② 相手方が代理権踰越行為を権限内の行為であると信じたこと

民法 110 条の第三者とは，無権代理人と取引した直接の相手方の意味である（大判昭 7・12・24 新聞 3518 号 17 頁）。相手方からその取得した権利を転得した者は含まれない（最判昭 36・12・12 民集 15 巻 11 号 2756 頁：約束手形が代理人によりその権限を踰越して振出された場合，受取人が代理人に振出の権限があるもの

と信ずべき正当の理由があるときに限り本条により有効とし，かかる事由のないときは，たとえその後の手形所持人が代理人に権限があるものと信ずべき正当の理由を有していても，振出人に手形上の責任を負担させることはできないとする）。例えば，代理人が権限を越えて不動産を処分した場合に，相手方が善意無過失でなければ，それ以後の転得者は，たとえ善意無過失であっても本条の適用を受けない（我妻『新訂民法総則』370頁）。但し，通説は，白紙委任状は，これを正当に取得するすべての人に対する申込としての意義を有するとみれば，すべての転得者は代理人の相手方となり，手形行為の場合には流通証券としての性質上，取引の相手方だけでなく，手形のその後の取得者も含めるべきであるとする。相手方は善意であることを必要とするが，相手方が代理権のないことを知っていたこと（悪意）の立証責任は，本人が負担する。

③　相手方が信ずるのに正当な理由があること

（a）「正当の理由」があること

正当の理由があるとは，代理権が存在しないことについて，相手方が善意かつ無過失であることである。すなわち，権限踰越行為がなされた際の諸般の事情に照らして，普通の注意力を有する者であれば，代理権があるものと信ずるのがもっともであると思われることが必要である。

正当理由の有無は，権限踰越行為がなされた時点の事情によって決定する（大判大8・11・3民録25輯1955頁）。但し，債務者が代理人として本人所有の不動産を自己の債務の弁済に代えて債権者に譲渡する場合には，債務者が所有権移転登記手続をした時または登記に必要な書類を債権者に交付してその義務の履行を終了した時を基準として，正当理由の有無を判断すべきである（最判昭50・6・24判時784号63頁）。正当理由の有無の判断にさいしては，(i)代理人が代理権の存在を推認させる資料（実印，印鑑証明書，委任状，権利証など）を所持していたか否か，(ii)代理人が一定の代理権を有する職業上の地位にあるか否か，(iii)代理人と本人との間に夫婦や親子などの親族関係が存するか否か，(iv)取引の種類および内容などの諸事情が斟酌される。

本人から特定の法律行為をする代理権を与えられて実印の交付を受けた者が，権限踰越の代理行為をした場合には，特別の事情のない限り，代理権ありと信ずべき正当の理由がある（大判大8・2・24民録25輯340頁は，わが国においては印

影を貴びかえって署名よりこれを重んずる慣習があり，実印は日常の取引において最も重要視されるとする。最判昭31・9・18民集10巻9号1148頁，最判昭35・10・18民集14巻12号2764頁）。判例は，本人に対して真実の使途を隠して実印および印鑑証明書の交付を受けた場合，すなわち，代理人の欺罔に基づいて本人が交付した場合にも，単に騙取したのでなく，印鑑および印鑑証明書が何らかの法律行為に利用されることを許容したうえで交付したとみられるときは，これを使用することを前提とした何らかの代理権を与えたものとする（最判昭46・3・16集民102号249頁，判時626号48頁）。

代理人が本人の実印を所持している場合には，当事者間の人間関係や具体的事情を考慮して，正当の理由の存否を判断することになる（最判昭31・9・18民集10巻9号1148頁）。また，本人が代理人に白紙委任状を交付した場合には，白紙委任状の交付を受けた代理人が本人より委任された権限を踰越して委任事項が記載されたときにも，その相手方は代理人が本人より権限を授与されたものと判断するのは当然であるから，正当の理由がある（大判大14・12・21民集4巻743頁：XはAの債務の担保として手形を差し入れることになり，Aを代理人として担保契約を締結し，公正証書を作成させるための白紙委任状，印鑑証明書などをBを通じてAに交付した。Aはこれを冒用して手形をYに譲渡し，手形債務を準消費貸借に改める契約を締結した）。

正当の理由の存在は相手方において，代理権のないことを知っていたことは本人において立証すべきである。

（b）　特別の事情（疑念性）

本人が表見代理人に実印や白紙委任状を交付した場合には，その冒用について正当理由が認められることが多い。しかし，諸般の事情から，正当理由が認められない場合がある。判例に現われた重要な意義を有する要素としては，次のようなものがある。

（i）　本人と代理人との間に親族関係のある場合　　この場合には，無権代理人は実印などを本人に無断で使用し易い立場にあり，冒用の危険性が高いので，実印を所持している事実だけから代理権があると信じても正当理由は認められない（最判昭27・1・29民集6巻1号49頁〔スマトラ陸軍司政官夫人事件〕：妻が保管していた夫の実印を使用して，夫所有の不動産を売却した。最判昭39・12・11民集18

巻10号2160頁：長男が，実父の実印を使用し，その代理人として手形を振り出した）。

　(ⅱ)　重要な財産の取引　　高価な財産または重要な財産の取引は，本人に重大な影響を与えるので，それらの取引を代理人に任せることは慎重を要することから，相手方としても代理権の存否および範囲について確認すべき注意義務を負う。判例が，不動産取引について正当理由を肯定しない傾向を示しているのは，この理由による。

　(ⅲ)　本人に不利な取引　　保証期間も保証制限額も定められていない根保証契約から生ずる債務の連帯保証人となる場合（最判昭45・12・15民集24巻13号2081頁は，相手方が金融機関であることも考慮している。；最判昭51・6・25民集30巻6号665頁）のように，本人に過大な債務負担の可能性があるときは，正当理由は認められにくい。また，代理人と本人の利益とが利益相反関係に立つ取引，すなわち，代理人に利益が生じる反面本人には不利益となるような場合も，相手方は，自称代理人の権限の有無について直接本人に問い合わせるなどの調査義務を負う（最判昭42・11・30民集21巻9号2497頁）。

　（ｃ）　正当理由と本人の過失

　相手方が表見代理人に代理権があると信じたことについて，本人の過失や行為（作為または不作為）が原因となったこと，すなわち，本人の帰責事由を必要とするか否かが問題となる。通説は，これを不要と解している（我妻『新訂民法総則』372頁，柚木『判例民法総論（下巻）』257頁）。判例は，当初，本人の過失を要すると解し（大判明36・7・7民録9輯888頁），ついで，本人の作為もしくは不作為を要するとした（大判大3・10・29民録20輯846頁）。しかし，その後，判例も本人の帰責事由に関係なく，客観的事情によって決定すべきものとするようになり，最高裁判所は，正当理由は必ずしも常に本人の作為または不作為に基づくものであることを要しないとし（最判昭28・12・3民集7巻12号1311頁），さらに，民法110条による本人の責任は本人の過失あることを要件とするものではないから，無過失であったからといってその責を免れることはできないとする（最判昭34・2・5民集13巻1号67頁）。

　(ハ)　110条の効果

　民法109条の場合と同じく，本人は権限踰越の代理行為について責任を負う。

代理人が権限を踰越するときは，犯罪となることも少なくない。

㈡　110条の適用範囲

①　法定代理に適用されるか

本条は，任意代理だけでなく法定代理にも適用されるとするのが，通説である（我妻『新訂民法総則』372頁，柚木『判例民法総論（下巻）』242頁）。判例は，当初，肯定するもの（大判昭10・3・25民集14巻389頁）と否定するもの（大判昭8・12・9民集12巻2827頁）に分かれたが，その後，大審院連合部判決（大連判昭17・5・20民集21巻571頁）によって肯定された。旧親族法においては，母の代理権の制限，妻の日常家事代理権および夫の財産管理権などの制度があり，第三者保護とこれらの制度が衝突することがあった。しかし，現行民法では，母の代理権は無制限となり，親族会は廃止され，妻の日常家事代理権も夫の財産管理権も消滅したので，民法110条が法定代理に関して適用される場合は，後見監督人が選任された場合の後見人の行為（民864条，865条）および配偶者の一方が日常家事行為をなす場合（民761条）に限定されることになる。民法110条は，本人の帰責事由を要件とせず，また，取引の安全を保護する必要があることから，法定代理についても適用されると解すべきである。これに対して，民法110条の基礎は禁反言の原則ではなく権利外観理論に存するから法定代理にも適用すべきであるように見えるが，権利外観理論でも，本人側の何らかの関与を必要とするので，法定代理には原則として本条の適用はないとする見解もある（四宮『民法総則』263頁，四宮・能見『民法総則』は，「法定代理にもいろいろなタイプがあり，法定代理という理由だけで表見代理を否定するのは適当でない」とする。307〜308頁）。

②　法人の機関の代表行為と本条

法人の代表機関が権限を濫用してその代表権限を踰越した場合に，代表行為として法人に法律効果を帰属させることができるかが問題となる。法人の機関の代表関係と代理関係とは理論上は性質の異なるものであるが，私法人の代表者の権限踰越の場合には，本条の類推適用が一般に認められている。市町村長などの公法人の代表機関が，法令によって制限されている権限を踰越して行為をなした場合にも，取引の安全を保護する必要性から，本条の類推適用を認めるのが通説（我妻『新訂民法総則』165頁，柚木『判例民法総論（下巻）』242頁）お

よび判例（最判昭 34・7・14 民集 13 巻 7 号 960 頁：収入役がおかれているために現金出納の権限のない村長が，村の名で他から金員を借入れて受領した場合にも，110 条の類推適用を認めるべきであるとしたが，村の上席書記を帯同し貸主に決議書抄本を呈示した事実だけでは正当理由が認められないとした。）である。判例は，市町村長の権限が地方自治法により限定されているため，正当理由の有無を厳格に判断する傾向にある。例えば，(i) 村議会の議決を要する村長の手形振出行為（地方自治法 96 条 1 項 8 号）について，作成名義人の調印のない議事録謄本を示され，不審を抱きながら議決の有無を調査しなかった場合（最判昭 35・7・1 民集 14 巻 9 号 1615 頁），(ii) 市長の手形振出（地方自治法 239 条の 2）の事情を調査せずに手形割引を行なう場合（最判昭 41・9・16 判時 459 号 45 頁）などは，正当理由があるとはいえないとする。

③ 日常家事代理と本条

夫婦の一方が民法 761 条で認められた日常家事の範囲を越えて法律行為をしたときに，民法 110 条の表見代理の規定が適用されるかが問題となる。旧規定は，日常家事については妻は夫の代理人とみなしていた（804 条）が，現行民法では，日常家事に関して生じた債務について夫婦の連帯責任を規定する（761 条）に留まる。そこで，(i) 夫婦相互間に，日常家事に関して代理権があるか否か，(ii) 日常家事代理権が認められる場合に，これを基本代理権として民法 110 条を適用できるか否か，が問題となる。

日常家事代理権の有無について，学説は，旧法のように夫婦相互の日常家事代理権の規定がなく，夫婦の財産的独立を保護する民法の夫婦財産制の原則（民 762 条 1 項）に反するとして，日常家事代理権を否定する見解もあるが（谷口「民法 761 条と夫婦相互の法定代理権」民商法雑誌 28 巻 4 号 74 頁，國府「民法第 761 条と表見代理」同志社法学 82 号 417 頁），通説は肯定している（我妻『親族法』108 頁は，日常の家事に関しては，夫婦はともに管理権を有することを前提とするものと解しなければ，夫婦共同生活を夫婦の分業と協力によって運営しようとする民法の趣旨も通らないことになるとする）。民法 761 条は，日常家事債務について夫婦の連帯責任を規定しているだけであるが，その連帯責任の前提として，他方の債務負担を基礎づけるためには代理権が必要である。夫婦は，各自平等に日常家事を管理する権限を有し，それに必要な限りにおいて，相互に一種の法定代理権

を有するものと解すべきである。婚姻共同生活の維持のために認められた代理権として捉えることが実体に適合するとともに（スイス民法166条1項（1984年改正法）は，「夫婦は，共同生活を行なう間は，家族の日常家事について婚姻共同体を相互に代理する。」と規定する），取引の安全を図るためにも，夫婦間に代理権を認めることが妥当である。

判例は，民法761条は，「明文上は，単に夫婦の日常の家事に関する法律行為の効果，とくにその責任のみについて規定しているにすぎないけれども，同条は，その実質においては，さらに，右のような効果の生じる前提として，夫婦は相互に日常の家事に関する法律行為につき他方を代理する権限を有することをも規定している」（最判昭44・12・18民集23巻12号2476頁）として，日常家事に関して夫婦相互の代理権を認めている。

日常家事代理権を基本代理権として，日常の家事の範囲を越えた行為が行なわれた場合に民法110条の表見代理の成立を認めることができるかについて，多数説は，相手方において，その行為が当該夫婦の日常家事の範囲内に属すると信ずるについて正当の理由があるときに限り，110条の趣旨を類推すべきであるとする（我妻『親族法』108頁）。第三者が日常家事の範囲を正確に判断することは困難であるから，その範囲を越えた行為がなされた場合にも，一定の第三者を保護する必要がある。しかし，日常家事代理権を基本代理権として110条を直接適用すれば，日常家事の範囲を越えて広範に表見代理が成立することになり，夫婦の財産的独立を害する虞がある。そこで，取引の安全の保護と夫婦の財産的独立の調和という見地から，相手方が日常家事の範囲内に属すると信ずるについて正当の理由があるときに限り，110条の趣旨を類推適用するのが妥当であるとするのである。これに対して，110条を直接に適用すべきであるとする見解も主張されている（中川善之助『新訂親族法』244頁，椿『注釈民法(4)』164頁，幾代『民法総則』392頁は，この見解を多数説とする）。その理由として，(i) 民法761条による権限は一種の法定代理権だとすると，法定代理権を基本権限としての，任意代理行為における表見代理と捉えることができ，(ii) 取引の安全を強く保護するために必要であり，(iii) 夫婦財産の独立は，相手方の正当理由によって調整できるので，それを害する虞は少ないとする。

判例は，日常家事代理権を基本代理権として110条の表見代理が成立するか

について，これを肯定することは，「夫婦の財産的独立をそこなうおそれがあって，相当でない」とし，「当該越権行為の相手方である第三者においてその行為が当該夫婦の日常の家事に関する法律行為の範囲内に属すると信ずるにつき正当の理由のあるときにかぎり，民法110条の趣旨を類推適用して，その第三者の保護をはかれば足りる」としている（前掲最判昭44・12・18民集23巻12号2476頁）。

④　公法上の行為と本条

（a）　偽造文書による登記

代理人が権限を逸脱して登記した場合に，その登記の効力が問題となる。判例は，かつて，登記が実体的な権利関係に符合していても，その申請が全然当事者の意思に基づかないで偽造文書によってなされた場合は無効であるとした（大判明45・2・12民録18輯97頁）。しかし，判例は，Bへの所有権移転登記の抹消のために預ったB名義の書類を，Aが冒用してAからの譲受人Cに対してBから直接の移転登記をした場合に，その登記は，Bが抹消登記をする限度においては，Aに登記申請の代理権を与えたことに基づくものであり，しかもCに対する所有権の移転登記をしたことは，実体上の権利関係と一致するのであるから，かかる登記をもって偽造の申請書による登記と同視し，これを無効とすることはできないとする（最判昭29・6・25民集8巻6号1321頁）。さらに，Aの代理人Bが，その権限を越えて，Cとの間でA所有の不動産につきCのために根抵当権設定契約を締結し，A名義の偽造登記申請委任状によってその登記をした場合でも，CにおいてBに根抵当権設定契約および登記申請の代理権ありと信ずべき正当の理由があるときは，民法110条の適用があり，AはCに対し，登記の無効を主張して，その抹消登記手続を請求することはできないとする（最判昭37・5・24民集16巻7号1251頁。なお，最判昭41・11・18民集20巻9号1827頁は，公法上の行為である登記申請行為自体には，表見代理に関する民法の規定の適用はないとした上で，偽造文書による登記申請が受理されて登記を経由した場合でも，(i)その登記の記載が実体的法律関係に符合し，かつ，(ii)登記義務者においてその登記を拒みうる特段の事情がなく，(iii)登記権利者において当該登記申請が適法であると信ずるにつき正当の事由があるときは，登記義務者は右登記の無効を主張することができないものとする）。

(b) 公正証書の作成

　何らかの基本代理権を有する代理人が，その権限を越えて，本人の代理人として執行認諾文言付公正証書を作成した場合には，これに記載された私法上の意思表示については表見代理の成立する余地があるが，執行認諾の意思表示は公証人に対してなされる訴訟行為であり，表見代理も成立しないとするのが民事訴訟法学者の多数説である。判例は，当初，執行認諾文言付公正証書作成行為への表見代理規定の適用を肯定した（大判大 14・12・21 民集 4 巻 743 頁）。しかし，その後，判例は，強制執行を受けるべき旨の合意を公正証書に記載するのは，訴訟上の法律行為であるから，私法上の原則として表見代理につき認められた民法 110 条の規定は適用がないとし（大判昭 11・10・3 民集 15 巻 2035 頁），これ以後，判例は，この立場に立っている（最判昭 32・6・6 民集 11 巻 7 号 1177 頁，最判昭 33・5・23 民集 12 巻 8 号 1105 頁，最判昭 44・10・31 集民 97 号 159 頁，判時 576 号 53 頁など）。これに対し，民法学者の中には，表見代理を肯定する見解もある（川島『判例民事法』昭和 11 年度 138 事件評釈は，「債権者債務者は（その間に公証人が介在するとは云へ）謂はば取引当事者として相対立するものであり，その取引の保護といふ見地からは寧ろ表見代理規定の準用を認むるを可とするのではあるまいか」とする。同旨のものとして，柚木『判例民法総論（下巻）』250 頁）。

(4) 代理権消滅による表見代理（民 112 条）

(イ) 112 条の意義

　代理権が消滅して代理人でなくなっている者が代理行為をした場合に，代理権消滅について善意・無過失の相手方を保護するために，民法 112 条の表見代理の制度を置いたのである。

(ロ) 112 条の要件

　① 代理権が消滅したこと　　無権代理人がかって代理権をもっていたことを要する。一度も代理権を有したことがない場合には，本条の適用はない。代理権の範囲を越えて代理行為をした場合は，民法 110 条との重畳的適用がある。

　② 第三者が代理権の消滅について善意無過失であること　　第三者とは，代理人の相手方のことである（大判昭 2・12・24 民集 6 巻 754 頁）。無権代理人の相手方が善意・無過失でないときは，この相手方と取引をする第三者について本

条を適用して保護すべきではない。本条の表見代理が成立するためには，相手方が代理権の消滅する前に代理人と取引をしたことを要するかが問題となる。判例は，当該第三者が代理人の代理権が消滅する前に，その者と取引をなしたことがあるなど，元と代理権を有した者に依然代理権があるとしてこれと取引をなすべき事情が存する場合に限り適用されるとしていた（大判昭8・11・22民集12巻2756頁）。しかし，最高裁判所は，相手方が代理権の消滅する前に代理人と取引をしたことがある事実は，相手方の善意無過失に関する認定資料となるにとどまると解している（最判昭44・7・25判時574号26頁）。善意・無過失というのは，相手方が，代理権の消滅を知らず，当該行為が代理権を有する者によってなされたものと信じており，信ずるのがもっともであると考えられる事情があることである。相手方の善意・無過失についての立証責任は本人にあり，本人は相手方の悪意・過失を立証しない限り責任を負うとするのが，通説および判例（大判明38・12・26民録11輯1877頁）である。反証のない限り，代理権が消滅したことを知らないと推定すべきものであり，本人がその代理人の代理権の消滅を第三者に対抗しようとすれば，その代理権が消滅したことを相手方が知っていた事実または相手方の過失によりこれを知らなかった事実を立証しなければならないからである。

(ハ) 112条の効果

本人は代理権の消滅をもって，その相手方に対抗することができない。前の2つの表見代理と異なる表現をしているが，その意味は同一である。

(二) 112条の適用範囲

本条は，法定代理にも適用されるとするのが通説（我妻『新訂民法総則』375頁。これに対して，四宮『民法総則』269頁は，本人の帰責性を必要とする立場から反対する。）および判例（前掲大判昭2・12・24民集6巻754頁は，未成年者の子が成年となった後の親権者の代理行為について本条を適用した。）である。

〔6〕 無効と取消

1 序　論

　一定の法律行為が無効とされたり，取り消されるものがある。両者とも法律行為の効力を否定する点で共通している。法律行為ないし意思表示が無効または取り消しうるというのは，その効果が完全に発生しないことである。無効と取消の根本的な差異は，取消の場合には，法律行為の効力が一応生じ取消権者が取消権を行使することによって効力を失わせるのに対して，無効の場合には，何人の主張もまたずに，最初から効力が生じないとされる点にある。法が法律行為を無効とするか，取り消しうるものとするかは，法が当該の行為にどのような価値判断を与えるかという立法政策の問題である。一般的には，法秩序全体の維持を目的とする場合は無効とし，当事者の個人的利益の保護を目的とする場合は取り消しうるものとしているといえよう。

　無効と取消は，概念的には明確に区別できるが，実際上は両者の相違は相対的なものである。例えば，無効は，本来誰に対しても主張できるのが原則であるが（絶対的無効），虚偽表示による無効は善意の第三者に対抗できないとされ（民94条2項），特定の人に対しては主張できず，重大な過失のある表意者は錯誤による無効を主張できないとされる（民95条但書）。これを相対的無効という。無効の効果は通常確定的である（確定無効）が，無権代理行為のように（民116条），追認によって最初から遡って有効となる場合もある（未確定無効）。また，無効は法律上当然に効力を有しないのであるから，原則として何らの手続や行為を必要としないが，会社の設立無効（商法136条）や株主総会決議無効（商法252条）のように，訴訟によってのみ無効を主張することができるものもある（裁判上の無効）。

　特定の具体的な法律行為が，無効と取消の双方の要件を充たす場合（例えば，詐欺によって要素の錯誤に陥った場合）には，当事者は無効を主張することも，取消を主張することもできる。これを二重効という。無効と取消とは，法律行為の自然科学的な属性ではなく法律行為の効力を否定するという法的評価をなす

場合の論理構成のための概念であることから，救済方法を自由に選択できるとすることは，現在では通説となっている（幾代『民法総則』449頁）。

2 無 効

(1) 無効の意義

無効とは，法律行為が，特定の行為を必要とせず，初めから当然に当事者が意図した法律効果を生じないことである。民法は，意思表示が無効となる場合として，① 心裡留保の場合において相手方が表意者の真意を知りまたは知ることができたとき（93条但書），② 虚偽表示（94条1項），③ 錯誤（95条）などを規定している。意思無能力者の意思表示は規定はないが当然に無効である。また，法律行為が無効となる場合として，① 実現不能の法律行為，② 公序良俗に反する法律行為（90条），③ 強行規定に反する法律行為（91条），④ 意思表示が無効または取り消された場合，⑤ 既成条件付法律行為の場合において，その条件が停止条件のとき（131条2項）などがある。

(2) 無効の効果

無効は，行為の当初から，当然に確定的かつ絶対的に法律効果を生じないものである。したがって，有効であればその法律行為から生じるべき未履行の債務は履行義務がなく，既に履行したものは相手方の不当利得となり（民703条，704条），その返還を請求できる。引渡した物が，第三者によって占有されている場合にも，第三者が別個の原因（例えば，民192条の即時取得）によってその所有権を取得していない限り，第三者に対して返還請求することができる。無効な契約によって両当事者が相互に利得返還義務を負う場合には，両者の義務は，同時履行の関係（民533条）に立つものと解すべきである（最判昭28・6・16民集7巻629頁）。原則として無効は，すべての人に対して主張しうるが，民法は，取引の安全をはかるために，一定の第三者に対して主張できないとする場合がある。94条2項がその適例である。

(3) 無効行為の追認（無効の確定性）

追認とは，無効な法律行為を有効にする意思表示である。無効な行為は，初

めから法律効果を生じさせないのであるから，追認しても原則として有効とはならない（民119条本文）。但し，違法行為ないし反社会的行為でない限り，当事者の意思によって，追認の時から将来に向って法律効果を生じさせることはさしつかえない。そこで，民法は，当事者が無効なことを知って追認したときは，新たな行為をしたものとみなした（119条但書）。

　法律効果の生じないことが確定している場合を確定無効といい，無効の原則的なものである。これに対し，法律効果の発生しないことが未確定で，その無効が後日において治癒され，法律効果が遡及的に発生する可能性のある場合を未確定無効という。例えば，無権代理行為を本人が追認すれば，契約の時に遡って効力を生じるとする民法116条の場合がこれである。

　非権利者の処分行為，例えば，BがAの所有物を無断でCに売却した場合に，Aがその売買契約を追認したときは，処分はその行為時に遡って有効となるとする学説が唱えられた（田島「非権利者の処分と其追完」法学論叢32巻2号275頁。於保「追完（Konvaleszenz）に就て」法学論叢33巻1号45頁）。次いで，大審院は，この場合には，無権代理行為の追認の場合と同じく，B・C間の処分の時に遡って有効な物権変動があったものとして，Cは，目的物の侵害者Dに対して，所有権侵害に基づく損害賠償を請求できることを認め（大判昭10・9・10民集14巻1717頁〔上岡村山林処分事件〕），最高裁判所もこの理論を踏襲した（最判昭37・8・10民集16巻8号1700頁は，真実の権利者が後日これを追認したときは，民法116条の類推適用により処分の時に遡って効力を生ずるとする）。通説も真正権利者が追認した場合に遡及的に権利が移転することを認めており，無権代理行為は代理権が欠如しているため未確定無効とされており，非権利者の処分行為は処分権を欠如しているという意味において，無権代理行為の場合と本質的に異なるのではないとする（我妻『新訂民法総則』389頁参照）。そして，無権代理行為以外の無効行為の遡及的追認については，民法116条を類推適用して，処分の時に遡って有効となるとする。但し，遡及的に有効となっても，所有権の帰属についての優劣は，対抗要件の具備の先後によって決定されるのであって，遡及効そのものによって決定されるのではない（例えば，Aの土地をBが無断でCに売却し，Aがこれを追認してCが所有者となったとしても，Aからその土地を買う契約をしていた第三者Dとの関係においては，CとDとは民法177条により先に登記

を備えた方が優先する)。

(4) 一部無効

　法律行為の内容の一部について無効の原因があるときには，全体との関係において，その効果をいかに捉えるかが問題となる。すなわち，全部を無効とするのか，当該部分のみを無効とするのかである。民法に明文規定がある場合(例えば，民法278条，360条，580条，利息制限法2条など)はこれに従うが，明文規定のない場合に問題となる。ドイツ民法139条は，「法律行為の一部が無効なときは，全法律行為は無効である。但し，その無効な部分がなくても法律行為をなしたものと認められるときはこの限りでない。」として，原則として全体を無効とする。これに対して，スイス債務法20条2項は，「その瑕疵が単に契約の一部分に関するものであるときは，無効の部分がなかったならば契約は締結されなかったであろうことが推定されない限り，その部分のみ無効である。」として，原則として一部無効とする。わが民法には明文がないが，「まず，無効な部分を法律の規定・慣習・条理などによって補充して合理的な内容に改造し，しかる後に，この合理的な内容を強制することが当事者の目的に明らかに反する場合にだけ，全部を無効とすべきもの」(我妻『新訂民法総則』258頁)とする見解が有力である。無効な部分をできるだけ合理的に修正することによって，全体として有効な方向で解釈し，スイス債務法と同様に，無効な部分を除いてはその行為をしなかったであろうと認められる場合に限り，行為の全部が無効となると解すべきである。

　判例は，契約全部の根幹をなしている条項が無効である以上，全契約は無効に帰するとする(大判大14・5・9新聞2430号12頁)。しかし，判例は，無効部分があっても，他の部分を有効とすることが当事者の意思に適う場合には，全体としての効力を認めることが妥当であるとの見解に立っているものと見られる。例えば，譲渡担保契約において，期限に債務の弁済のないときは，担保物件を債務の代物弁済に供する旨の約定を含む場合，被担保物件の価額が著しく高額であって，債務者の経済的困窮に乗じて，右の約定をなしたものとして，右約定部分を公序良俗に反し無効と解すべきときでも，必ずしも譲渡担保契約全部が無効となるとは限らないとする(最判昭38・1・18民集17巻1号25頁)。また，

第三者からの定期預金がなされればそれを見返りとして行なわれるべき再建融資のみを被担保債権とする根抵当権設定の合意がなされた場合において，右定期預金の実現が不明の間になされたつなぎ融資をも被担保債権に加える旨に設定者が同意して根抵当権を設定したときは，第三者が定期預金をしないことを決定しても，つなぎ融資を担保する部分をも含めて右設定契約が錯誤を理由として当然に全部無効と解すべきではないとする（最判昭47・12・19民集26巻10号1969頁）。

(5) 無効行為の転換

無効な法律行為であっても，別の法律行為として法律効果の発生を認めることを無効行為の転換という。ドイツ民法140条は，「無効な法律行為が他の法律行為の要件に相当するときは，もし当事者がその無効を知ったならば他の法律行為の効果を欲したであろうと認められる限り，他の法律行為はその効力を有する」と規定する。わが民法は，このような一般的規定を置いていないが，秘密証書による遺言がその方式を欠いている場合でも，自筆証書の方式を具備しているときは，自筆証書による遺言としてその効力を認めている（民971条）。判例も妾との間に生まれた子を嫡出子として出生届をした場合には，その届出中に自分の子であることを認める意思表示を含むから，私生子認知の効力を生ずるものとした（大判大15・10・11民集5巻703頁）。但し，妾との間の子を他人の嫡出子として届け出て，その他人の代諾によって養子としても，その縁組届は無効であって，それによって養親の内心に潜在する認知の希望に基づいて，認知の効力を生ずるものとすべきでないとする（大判昭4・7・4民集8巻686頁）。また，判例は，養子縁組は法定の要式行為であり，かつそれは強行法規であるから，養子とする意図で他人の子を嫡出子として届け出ても，それによって養子縁組が成立することはないとする（最判昭25・12・28民集4巻13号701頁）。さらに，認知の届出が事実に反するため無効である場合には，認知者が被認知者を自己の養子とすることを意図し，その後，被認知者の法定代理人と婚姻した事実があるとしても，認知届をもって養子縁組届とみなすことはできないとする（最判昭54・11・2判時955号56頁）。

両法律行為の効果が，社会的ないし経済的目的を同じくしており，当事者が

当該法律行為が無効であることを知っていれば他の法律行為としての効果を欲したであろうことが認められる場合には、一般に無効行為の転換を認めるべきである（我妻『新訂民法総則』391～392頁、柚木『判例民法総論（下巻）』287頁、四宮『民法総則』212頁）。但し、身分関係はできる限り明確化することが必要であり、そのために要式行為としているのであるから、当事者の意思（主観的要件）と要式行為（客観的要件）とを充足しなければその法的効果は発生しないと考えるべきである。学説では、無効な縁組届を認知に転換させるべきであるとする立場が有力であるが（柚木『判例民法総論（下巻）』288頁、我妻『親族法』280頁など）、身分行為についてはできる限り厳格に解釈すべきである。

3 取 消

(1) 取消の意義

取消とは、特定人（取消権者）の意思表示によって、法律効果を初めから失わしめることである。取消があって初めて無効とされ、それまでは一応有効とされる。取消権の放棄（追認）または消滅によって有効に確定する。

民法は120条以下に取消に関する一般規定を置いたが、これらは当事者の能力の制限および意思表示の瑕疵（詐欺・強迫）に基づく取消に限られ、法律行為以外のものの取消には適用されない。例えば、後見開始の審判および保佐開始の審判の取消（民10条、13条）、失踪宣告の取消（民32条）、法人設立許可の取消（民71条）などには、その宣告または許可が裁判所または行政官庁の意思表示によるものであるから適用されない。法律行為の取消でも制限能力または意思表示の瑕疵以外の原因によるもの、例えば、無権代理行為の取消（民115条）、詐害行為の取消（民424条）、書面によらない贈与の取消（民550条。大判大8・6・3民録25輯955頁）などにも適用されない。また、婚姻の取消（民743条以下）および縁組の取消（民803条以下。大連判大12・7・7民集2巻438頁）のような身分行為の取消についても適用されない。但し、身分上の行為であっても、主として財産的な行為については適用される（民865条、866条、919条2項）。

判例は、当初、取消権が消滅しない限り、いつでも取り消すことができ（大判明35・11・6民録8輯10巻54頁）、法律行為の取消権は、確定判決を受けた後でも行使できるとしていた（大判明42・5・28民録15輯528頁）。しかし、最高裁判所

は、書面によらない贈与の取消について、口頭弁論終結までに取消権を行使しないため、贈与による権利の移転を認める判決が確定した後は、既判力の効果として民法550条による取消権を行使することは許されないとした（最判昭36・12・12民集15巻11号2778頁）。また、売買契約による所有権移転を請求原因とする所有権確認訴訟で、当事者が詐欺を理由とする契約の取消権を行使することができたのに、これを行使しないまま口頭弁論が終結し、請求認容判決が確定した場合、後訴において取消権を行使して所有権の存否を争うことは許されないとする（最判昭55・10・23民集34巻5号747頁）。

(2) 取消権者

能力の制限により取り消しうべき行為は、制限能力者またはその代理人、承継人もしくは同意をなすことができる者に限り、取り消すことができる（120条1項）。詐欺または強迫により取り消しうべき行為は、詐欺または強迫されたことによって意思表示をした者またはその代理人もしくは承継人に限って取り消すことができる（同条2項）。

制限能力者は意思能力がある限り、単独で取り消すことができ、完全にその効力を生ずる。法定代理人や保佐人の同意を要しない。取り消しうべき取消というものを認めると法律関係を複雑にし、相手方を不安定な地位に陥れることになるからである。成年被後見人は、意思能力があるときでも自ら法律行為ができないので、後見人の同意を得ても取り消すことができないとする見解（川井『民法概論1』345頁）もあるが、成年被後見人が自ら行った法律行為は、本人または成年後見人においてこれを取り消すことができると解すべきである。（民9条本文）。また、自己決定の尊重およびノーマライゼーションの理念に基づき、日用品の購入その他日常生活に関する行為については、本人の判断に委ねており、取消権の対象から除外される（民9条但書）。

代理人には、法定代理人と任意代理人の双方を含む。親権者はもちろん、後見人も法定代理人として取り消すことができる（最判昭29・7・16民集8巻7号1359頁）。判例は、保佐人は法定代理人ではないので、被保佐人の行為を取り消すことができるのは、保佐人ではなく被保佐人であるとする（大判大11・6・2民集1巻267頁）。学説では、保佐人に取消権を認める見解（我妻『新訂民法総則』

88頁）が有力であるが，取消権は同意権の実効性を確保するために同意権から生ずると解すべきことについてはすでに述べたところである（第2章75頁参照）。

　民法120条の承継人には，包括承継人と特定承継人の両方が含まれる。包括承継人とは，前主に属する権利および義務を一括して承継する者をいい，相続人または包括受遺者などである。このような承継人は，前主の法律上の地位と同一の地位に立つので，被承継人の一身に専属する場合以外は，取消権についても承継する。特定承継人とは，前主に属する一定の権利を譲り受けた者をいうが，どのような権利の承継人をいうのかについては議論がある。取り消しうべき行為によって取得した権利の承継人と解する見解（富井『民法原論（総論）』543頁），および取消権を譲り受けた者とする見解（梅『訂正増補民法要義（総則）』309頁）もある。しかし，現在の通説は，法律が取消権を与える理由は，その権利義務を有する者を保護するというより，この法律上の地位にある者を保護することにあるとして，特定承継人というのは，法律が特定の行為を取り消しうるものとなすことによって保護しようとする地位の特定承継人をいうものと解している（鳩山『法律行為乃至時効』405頁，我妻『新訂民法総則』395頁）。そして，この地位は，取消しうべき行為によって取得した権利の移転に随伴するのを常とするが，所有者が詐欺されて地上権を設定した後に，その土地をこの者から譲り受けた者なども承継人となるとする。

　保証人が主たる債務者の取消権を行使しうるかどうかについて，判例（大判昭20・5・21民集24巻9頁）は，(i)保証人は民法120条の承継人に該当しないこと，(ii)その他に保証人に取消権を行使することを認めた規定がないこと，(iii)保証人に取消権を与えないことは保証債務の従属性に反しないこと，を理由に否定する。通説はこのほかに，(iv)保証人に債権者と主たる債務者との間の関係に干渉する権限を与えるべきでないことを理由とする（我妻『新訂民法総則』483頁）。判例が債権者の請求に対して保証人は履行拒絶もできないとするのか否かは不明である。学説には，債権者と保証人との間でのみ主債務を取消すことができるとする見解および保証人に履行拒絶権を認める見解とがある。通説は，保証人の保護と保証債務の附従性から，主たる債務者が追認しない間だけ取り消して弁済を拒絶することができるとする（我妻『新訂債権総論』483頁）。主債

務者が取り消すかもわからない間に保証人に無条件に履行をなさしめることは保証人に酷であり，保証債務の附従性に反する（柚木『判例民法総論（下巻）』292頁）ことから，通説が妥当である。

(3) 取消の方法

取り消しうべき行為の相手方が確定している場合には，取消は相手方に対する意思表示によって行なう（民123条）。取消権は形成権の一種であり，その行使は取消権者が相手方に対する意思表示によってなし，訴をもってする必要はない（大判明33・12・5民録6輯11巻28頁）。法律行為の取消の意思表示は，明示であると黙示であると，また直接であると間接であるとを問わない（大判明39・12・24刑録12輯1417頁）。取消の意思表示は，係争法律行為を取り消す旨を明言しなくても，これを存続させないことを黙示すれば足りる（大判明39・11・26民録12輯1579頁）。

取消の意思表示は，取り消しうべき法律行為の相手方が確定していればその相手方に対して行なう。相手方が確定している場合とは，契約や相手方のある単独行為の場合をいう。相手方がその権利を第三者に譲渡した場合にも，取消の意思表示は，第三者ではなく相手方に対してなさなければならない（大判昭6・6・22民集10巻440頁は，未成年者が法定代理人の同意を得ずに金銭を借入れた場合に，借入金取消の意思表示をなすべき相手方は貸主であり，これを債権譲受人にしても効力を生じないとする）。例えば，AがBの詐欺によってBに土地を売る契約をした場合には，AはBに対して取消の意思表示を行ない，BがCにこの土地を譲渡した場合にも，AはBに対して取り消さなければならない。

(4) 取消の効果

(イ) 取消の遡及効

取り消した行為は，初めより無効であったものとみなされる（民121条本文）。取消によって，一旦効力を生じた法律効果は，初めに遡って無効であったことに確定する（取消の遡及効）。したがって，その法律行為によって一旦生じた債権および債務は初めより発生しなかったこととなり，当事者はこれを履行することを要しない。当事者が既にその履行をしていたときは不当利得となり，善意

の受益者は民法703条により，また，悪意の受益者は民法704条により，その利益を返還すべきことになる。

　(ロ)　不当利得返還請求権の発生

　通説は，返還義務の性質について，不当利得説をとっている（我妻『新訂民法総則』397頁）。判例は，法律行為の取消の効力として，(i) 取り消された行為によって利益を取得したものはこれを相手方に返還しなければならず，法律行為によって給付をなした者は，相手方に対して利益の返還を請求することができ，(ii) 財産上の給付を受けた者は，法律上の原因なくして他人の財産により利益を受け，このために他人に損失を及ぼした者となるので，財産上の給付をなした者は，これを受けた相手方に対し不当利得の原則に基づいて利益の返還を請求することができるとする。そして，財産上の給付をなした者は，その行為の取消後，自己の選択に従い取消の効力として利益の返還を請求し，または不当利得の原則に基づいて利益の返還を請求することができるとする判例もある（大判明45・2・3民録18輯54頁）。しかし，これに対しては，契約の解除におけるような明文の規定（民545条1項）のない取消に，原状回復義務という特殊の効果を認めるべき法文上の根拠も実質上の理由もないとの批判があり（柚木『判例民法総論(下巻)』297頁），学説は，判例（大判大3・5・16刑録20輯903頁，大判昭3・8・1民集7巻687頁）は不当利得説をとっているとみている（幾代『民法総則』433頁）。

　取消によって法律行為が無効となった場合には，不当利得返還義務を生ずる。民法は，制限能力者を保護するためにその返還義務の範囲を限定し，たとえ悪意であっても，すなわち取消原因を知っていたとしても，常にその返還義務を「現に利益を受くる限度」の利益（現存利益）を返還すれば足りるとした（民121条但書）。利益を受ける限度とは，民法703条の「利益の存する限度」と同じ意味である。取り消しうべき行為によって受領した利益のうち原形のまま，あるいはその形を変じて残っているものをいう（大判大5・6・10民録22輯1149頁）。受領した金銭を浪費したときは，利益は残存しないので返還しなくてもよいが（大判昭14・10・26民集18巻1157頁は，浪費者である被保佐人がなした貸借によってその者に交付された金員は，一応無益なことに消費し，その相続人が現存の利益を受けないと推測するのが条理に適し，返還を請求する者が現存利益を証明すべきであ

るとする。)、生活費その他必要な出費にあてたときは、それによって自己の他の財産の減少を免れるから、利益は残存することになり返還しなければならない（大判昭7・10・26民集11巻1920頁）。なお、現存利益がないことの立証責任は、被告である制限能力者側にあるとするが通説である（柚木『判例民法総論（下巻）』304頁は、制限能力者の保護は実体法上その償還義務の範囲を限局するをもって足り、訴訟法上その立証責任を原告に転嫁する程の利益を与えるべきではないとする。我妻『新訂民法総則』398頁）。

(ハ) 返還請求権と同時履行

双務契約が取消され、各当事者が相互に返還義務を負う場合には、双方の義務は同時履行の関係に立つ（幾代『民法総則』434頁、四宮『民法総則』219頁、松坂『民法提要（総則）』301頁。最判昭28・6・16民集7巻6号629頁：未成年者の親権者である母が親族会の同意を得ないで建物を売却した後、これを取り消したことによる原状回復義務。；最判昭47・9・7民集26巻7号1327頁は、不動産の売買契約が詐欺を理由として取り消された場合には、原状回復のため、買主は登記手続をする義務を負い、売主は代金を返還する義務を負うとする）。

行為の相手方に対して取消をすれば、原則として第三者に対しても無効を主張することができる。但し、詐欺による取消の効果は、善意の第三者に対して主張することができない（民96条3項）。

(5) 取り消しうべき行為の追認

追認とは、取消権者が取消権を放棄して、一応初めから有効な行為を確定的に有効にさせる行為である。取消権者が取り消しうべき行為を追認したときは、その行為は確定的に有効となり、取り消しえないものとなる（民122条本文）。追認をなすには、法律行為が取り消しうべきものであることを知り、かつ取消権を放棄する意思があることを要する。したがって、取り消しうべき行為によって生じた債務を承認し、またはその債務について示談を申し込んでも、これによって当然には追認したものとはならない（大判大5・12・28民録22輯2529頁）。

追認することができる時期については、法定代理人または制限能力者の保佐人もしくは補助人の場合には制限はないが（民124条3項）、成年被後見人または詐欺もしくは強迫によって意思表示をした者の場合には、取消の原因である情

況がなくなってからでなければ、追認はその効力を生じない(民124条1項)。すなわち、成年被後見人の場合は、能力を回復した後その行為を了知した後(民124条2項)、未成年者の場合には、成年に達した後である（大判大正5・9・20民録22輯1721頁）。未成年者の場合は、法定代理人の同意があれば追認できる。詐欺または強迫によって意思表示をした場合は、詐欺または強迫の状態から脱した後である。

被保佐人または16条により補助人の同意を要する旨の審判を受けた被補助人は、保佐人または補助人の追認を得なければその行為を取り消したものとみなされる(民19条4項)。成年被後見人は法定代理人の同意を得ても完全な行為をなしえないが、未成年者は同意を得れば完全な行為をなしうるので、有効な追認をなしうる。

(6) 法 定 追 認

　法定追認とは、取り消しうべき行為について、追認をなしうる時期より以後に、一般に追認と認められるような事実がある場合に、取消権者の意思を問うことなく追認と同様の効果を認めることをいう。民法は、次のような行為が異議を留めずになされたときは、追認をなしたものとみなした(125条)。これらの事実が一般に追認があったと認められ易いことと、不確定な法律関係をなるべく早く安定させて取引の安全を図る趣旨である。

　① 全部または一部の履行 (民125条1号)　取消権者が債務者として履行した場合と相手方の履行を受領した場合とを問わない (大判昭8・4・28民集12巻1040頁)。

　② 履行の請求 (民125条2号)　取消権者が債権者として履行の請求をなす場合である (大判明39・5・17民録12輯837頁)。取消権者が相殺の意思表示をなすことも履行の請求にあたる。

　③ 更改 (民125条3号)　取り消しうべき行為によって成立した債権または債務を消滅させ、その代わりに他の債権または債務を成立させる契約をいう(民513条)。取消権者が債権者としてなす場合でも債務者としてなす場合でもよい。

　④ 担保の供与 (民125条4号)　取消権者が、債務者として物的または人的担保を供与する場合だけでなく、債権者としてその供与を受ける場合を含む。

⑤　取り消しうべき行為によって取得した権利の全部または一部の譲渡（民125条5号）　取消権者がなした処分行為である場合に限られる。譲渡がなされた後，それを合意解除しても法定追認の効果に影響はない。

⑥　強制執行（民125条6号）　取消権者が債権者として強制執行をなした場合だけでなく，債務者として強制執行を受けた場合も含まれるとするのが通説である（我妻『新訂民法総則』402頁）。債務者として取消を理由として訴訟上異議の主張をなしうるのにかかわらずこれをしないのは法定追認とみてよいからである。但し，判例は，反対の見解をとる（大判昭4・11・22新聞3060号16頁）。

以上の行為が民法124条の規定によって，追認をなすことができる時より後になされたことが必要である（民125条本文）。無能力者が能力者となった後に，これらの行為をなす場合には，取り消しうべき行為であることを知ってなすことを要しない。但し，成年被後見人の場合には，民法が追認の要件として特に能力を回復した後にその行為が取り消しうるものであることを知ったことを必要としていることから（124条2項），取り消しうべき行為であることを知った後でなければならないと解すべきである（我妻『新訂民法総則』402頁以下）。

未成年者または被保佐人が法定代理人または保佐人の同意を得てこれらの行為をしたとき，または法定代理人自身がこれらの行為をしたときは，以上の要件にかかわらず，法定追認としての効力を生ずる。但し，本条の規定は，無権代理行為の追認には類推適用されない。無権代理の場合には，追認のない限り本来無効な行為だからである。判例も類推適用を否定している（最判昭54・12・14判時953号56頁）。

取消権者が以上の行為をなす際に，異議を留めなかったことが必要である（民125条但書）。例えば，取り消しうべき行為によって負担した債務について強制執行を受けた場合に，これを免れるために追認ではないことを明示して一応弁済するようなときには，法定追認としての効果は生じない。

(7)　取消権の短期消滅

取り消しうべき行為を長い間不確定な状態に置くことは，相手方や第三者の立場を不利にし，法律関係の安定を害することになるので，民法は取消権について，短期の存続期間を定めた（126条）。すなわち，取消権は，追認をすること

ができる時から5年間，または行為の時から20年取消権を行使しないときは，この期間の経過とともに消滅する。民法は，「時効に因りて」消滅すると規定しているので，いずれの期間も時効期間と解するのが多数説であったが，現在では，取消権のような形成権については時効の中断は考えられないだけでなく，短期の存続期間を定めたのは法律関係の不安定をできるだけ短い期間内に留めようとする趣旨であることから，両方とも除斥期間と解するのが多数説である（我妻『新訂民法総則』404頁，幾代『民法総則』443頁，松坂『民法概要（総則）』305頁）。追認をなすことをうる時とは，取消の原因である情況の止んだ時を意味する（大判大5・9・20民録22輯1721頁は，未成年者が未成年中になした法律行為の取消権については，成年に達した時から5年の経過によって時効が完成するものとする）。なお，取り消しうべき行為であることを了知したことを要しない（大判昭15・6・1民集19巻944頁）。

　5年以内に取消権を行使した場合は，不当利得返還請求権が生ずるが，この請求権は取得の時からさらに10年の消滅時効にかかる（民167条1項）と解する（取消期間制限説）ことは，取り消しうべき行為の効果を早く確定しようとする趣旨に反するから，請求権の行使もまた右の期間の制限を受けるとする見解（請求期間制限説）が現在では多数説となっている（我妻『新訂民法総則』405頁，松坂『民法提要（総則）』305頁）。これに対し，判例は，民法126条所定の期間内に取消権の行使があればそこで発生した不当利得返還請求権は，民法167条1項により10年間の消滅時効にかかるとする（大判昭10・11・9民集14巻1899頁）。しかし，法律関係の早期確定という民法126条の趣旨と，形成権である取消権は行為を取消して既履行給付および利得の返還を請求する前提として意義を有するものであることから，取り消してその効果の実現を図ることを一体として捉え，この全体に対して民法126条の制限が加えられるとみる方が合理的であるというべきである。

〔7〕 条件および期限

1 序論

　法律行為の当事者が，その意思表示をなすに際して，当該法律行為の効力の発生または消滅を直ちに生じさせないで，一定の事実の発生，または一定の時期の到来にかからしめることを欲する場合がある。このような場合には，それらの意思もまた効果意思の内容をなすものであり，法律がその意思を認めて，その意思通りの法律効果の達成に助力すべきことは，私的自治の原則からいって当然のことである。これが，条件および期限の付着した法律行為が認められる理由である（我妻『新訂民法総則』406頁）。

　条件は，法律行為の当事者が，その意思表示によって，当該法律行為の効力の発生または消滅を将来の不確定な事実の成否にかからしめる法律行為の附款である。附款とは，法律行為から通常生ずる効果を制限するために表意者が特に付加した制限である。期限は，法律行為の効力の発生もしくは消滅，または債務の履行を将来到来することの確実な事実の発生にかからしめる法律行為の附款である。

　条件および期限は，効果意思の内容を構成するものであるから，法律行為の附款が条件であるか期限であるか，いかなる内容の条件や期限であるかを明らかにするのは，法律行為の解釈の問題である。

2 条件

(1) 条件の意義

　条件は，法律行為の当事者が，その意思表示によって法律行為の効力の発生または消滅を将来の不確定な事実の成否にかからしめる法律行為の附款である。条件には，その事実が成就するまで法律行為の効力の発生を停止する停止条件と，その事実が成就することによって法律行為の効力を消滅させる解除条件とがある。例えば，「大学に入学すれば時計をあげよう」というのは前者であり，「落第すれば奨学金の支給を止める」というのは後者である。

条件は成否未定の将来の事実に関するものでなければならない。過去の事実は，当事者が行為時に知らない場合でも，客観的には既定の事実であるから，いわゆる既成条件であって，本来の条件ではない。条件となしうる事実は，発生するか否か不明なものでなければならない。この点が，発生が確実な事実に関する期限と条件との本質的な差異である。但し，到来することは確実であるがその時期の確定しない不確定期限（例えば，自分が死亡した時）は，理論上は条件ではなく期限であることが明らかであるが，例えば，出世払債務のように具体的な場合において，条件と期限との区別が困難な場合がある。

出世払債務の場合，例えば，「立身出世すれば返済する」という旨の特約を付けた場合には，出世しなければ返済する必要がないという趣旨であれば条件であり，出世する可能性がある間は出世するまで返済を猶予するが，成功の時または出世の見込みがなくなった時には返済するという趣旨であれば期限である。判例には出世払の特約つき消費貸借を期限付と解釈したものが多い（大判明43・10・31民録16輯739頁，大判大4・3・24民録21輯439頁）。

判例は，広義の出世払債務について，原則として不確定期限付と解釈している。すなわち，その事実の発生の見込みのある間だけ返済を猶予し，見込みがなくなったら返済の請求をするという趣旨に解釈するのである。例えば，出京の際に弁済するという特約（大判明32・2・9民録5輯2巻24頁），婚姻または分家の時に弁済するという特約（大判大4・2・19民録21輯163頁），家屋を売却して弁済するという特約（大判大4・12・1民録21輯1935頁），山林の特売権を取得したら2か月以内に弁済するという特約（大判大10・5・23民録27輯957頁）などは，不確定期限であるとされている。これに対して，債務者が債務の弁済を免れると解すべき事情がある場合には，条件とみるべきである。例えば，判例は，会社の取締役が，会社の銀行に対する債務について免責的引受をし，同債務は5年間据置き，資力ができ次第できる限り誠意をもって随時に弁済する旨を約した場合に，資力の回復が不可能であることが確定したことによって期限が到来したとする原判決を破棄差戻している（大判昭16・9・26新聞4743号15頁）。

(2) **条件に親しまない行為**

条件という附款を付けることは一般に有効であるが，条件付法律行為におい

ては，法律効果の発生や存続が不確定となり，このような不確定が社会的に許容されない法律行為には条件を付けることができない。このような法律行為を「条件に親しまない行為」という。

(イ) 公益上の不許可

条件を付けることが強行法規または公序良俗に反する結果となる場合には，条件を付けることは許されない。例えば，婚姻，縁組，認知，相続の承認または放棄のような家族法上の行為に条件を付ける場合には，家族秩序を不安定にし，公序良俗に反するので許されない。判例は，配偶者のある者との間に，将来その婚姻を解消する場合に，自分と婚姻する旨の予約をしても無効であるとする（大判大9・5・28民録26輯773頁）。

(ロ) 私益上の不許可

単独行為に条件を付けることは，相手方の地位を著しく不安定なものとする虞れがあるので，原則として許されない。相殺については規定がある（民506条1項但書）。解除（民540条以下），取消，追認，買戻（民579条），選択債権の選択（民407条）などもこれに属する。但し，単独行為であっても相手方の同意があるか，または条件を付けても相手方に著しい不利益を生じさせない場合には許される。例えば，1週間以内に履行すべき旨の催告をすると同時に，期間内に履行がなければ改めて解除の意思表示をすることなしに当然に解除の効果を生ずるという趣旨の意思表示をするような場合は許される（通説）。なお，条件に親しまない行為に条件を付けた場合は，法の規定があるときは，それに従うが（手形法12条1号，77条1項1号，小切手法15条1項など），規定がないときは，法律行為全体の無効をもたらすと解される（幾代『民法総則』454頁）。

(3) 条件付法律行為の効力

条件付法律行為の効力も法律行為の一般原則に従うが，民法は条件付であることを理由とする特別の問題について注意規定を設けた。

(イ) 不 法 条 件

不法な内容の条件を付けた法律行為は無効である。不法行為をなさないことを条件とした場合も同様である（民132条）。判例は，連帯債務者の1人に対し一定の金額を支払わせて債務を免除し，そのことを他の債務者に通知したり援

用させたりした場合は免除は効力を失う旨の契約（大判明40・3・18民録13輯302頁），債権者が抵当権設定登記を抹消したときに限り供託物を受領することができることを条件とする供託（大判昭18・9・29民集22巻983頁）などは，不法条件を付けたものとして無効であるとする。また，不法行為をしない対価として金銭を授受する行為は，不法条件を付けたことになる（大判明45・3・14刑録18輯337頁：名誉毀損の犯行をなさないことに対して金員を交付させた事案）。これに対し，判例は，相手方の名誉を毀損したときは財産上の不利益を受ける旨の契約（大判大6・5・28民録23輯846頁），譲受人の帰郷を条件とする不動産譲渡契約（最判昭23・9・18民集2巻10号231頁）などは，不法条件を付けたものではないとする。

(ロ) 不能条件

将来実現することが不能な事実を停止条件としたときは，その法律行為は無効であり（民133条1項），解除条件としたときは無条件の法律行為となる（民133条2項）。不能であるか否かは，単に物理的だけでなく，社会通念上，実現が不能なことをいう。

(ハ) 純粋随意条件

停止条件付法律行為は，その条件が単に債務者の意思のみに係るときは，無効である（民134条）。債務者の気が向けば弁済するという約束などがその例であるが，当事者に法律上の拘束力を生じさせようとする効果意思が欠如しているからである。このような条件を純粋随意条件という。判例は，鉱業権の売買契約において，買主が排水探鉱の結果品質良好と認めたときは代金を支払い，品質不良と認めたときは代金を支払わない旨を約しても，純粋随意条件付法律行為とはいえないとする（最判昭31・4・6民集10巻4号342頁）。解除条件が純粋随意条件である場合（最判昭35・5・19民集14巻7号1145頁）や，停止条件の成就が債権者の意思のみに係る場合（大判大7・2・14民録24輯221頁）は，有効である（民134条の反対解釈）。

(ニ) 既成条件

法律行為の当時既に客観的に確定していた事実を条件とした場合を既成条件という。たとえ当事者がそのことを知らなくても，条件ではない。条件が既に成就している場合に，それが停止条件であればその法律行為は有効に確定してい

るので無条件であり,解除条件であれば無効である(民131条1項)。また,条件が既に不成就に確定している場合に,それが停止条件であれば無効であり,解除条件であれば無条件である(民131条2項)。

(4) 条件の成否確定後の効力
(イ) 意　義

条件の成就とは,条件とされている事実が発生することをいう。条件とされている事実が発生しないことに確定することを条件の不成就という。条件とされている事実が発生したとみるべきか否かは,法律行為の解釈の問題である。ことに法律行為の当時において条件となっている事実を支えていた社会的基盤が大きく変化し,事情の変更によって条件とされた事実が当初予定されたとおりには実現しえなくなるような場合に問題となる。例えば,判例は,戦時中に土地と温泉使用権とを傷病兵療養所に利用する目的で寄付するにあたり,陸軍省で右の用途を廃止したときは無償で返還を受けるという条件が付けられた場合,戦後陸軍省が廃止され,厚生省に移管されたときは,たとえ国立病院のために使用されていても,特約にいう陸軍の用途廃止という解除条件は成就したというべきであるとする(最判昭35・10・4民集14巻12号2395頁)。

(ロ) 効　力

停止条件付法律行為は,条件が成就すれば法律行為の効力が発生し(民127条1項),不成就に確定すれば無効となる。解除条件付法律行為は,条件が成就すれば法律行為の効力が消滅し(民127条2項),不成就に確定すれば,効力が消滅しないことに確定する。条件成就の効力は,原則として条件成就の時に生じるが,当事者の特約によって,条件成就以前に法律行為の成立の時までであれば遡及させることができる(民127条3項)。遡及効は第三者に対しても発生するが,物権の移転については,対抗要件の有無によって決められる。

(5) 条件の成否確定前の効力
(イ) 期待権としての保護

条件の成否が未定の段階では条件付法律行為の効果は発生しないが,条件の成就によって利益を受ける者としては,将来条件が成就すれば,それに伴う効

果によって一定の利益を受けられると期待することになる。そこで，民法は，これを一種の期待権，すなわち条件付権利として次のような限度で保護することとした。

(ロ) 条件付権利の侵害の禁止

条件付法律行為の当事者は，条件の成否未定の段階において，条件の成就によってその法律行為から生ずべき相手方の利益を害してはならない（民128条）。これに反する行為は不法行為（民709条）となり（幾代『民法総則』461頁は，相手方が侵害した場合は債務不履行責任であるとする），その効果は条件の成就に伴って確定的に生ずる。判例も受任者の有する期待権を故意に侵害した不法行為の責を免れないとする（最判昭39・1・23民集18巻1号99頁：山林売却の委任者が受任者を介しないで他に売却した）。

AがBに停止条件付で不動産の所有権を移転した後，同一の不動産をAがCに二重譲渡して登記を移転した後に条件が成就した場合は，Bの条件付権利を侵害するAのなしたCへの処分行為は，民法128条により無効であるとするのが通説である（我妻『新訂民法総則』417頁，於保『民法総則講義』258頁。ドイツ民法161条は，条件付法律行為が処分行為であるときは，条件付権利を侵害する処分行為は無効とする）。しかし，衝突する処分行為における譲受人などとの間の優劣は，もっぱら対抗問題として処理すべきである（幾代『民法総則』461頁，松坂『民法提要（総則）』311頁）。条件付権利は仮登記することができるので（不動産登記法2条2号），条件成就後に本登記をすれば仮登記の当時に遡及して第三者に対抗できる（大判昭11・8・4民集15巻1616頁）。

(ハ) 条件付権利の処分など

条件の成就によって発生すべき権利や義務は，通常の権利義務と同様に，処分，相続，保存または担保を設定することができる（民129条）。

(6) 条件成就の妨害

条件の成就によって不利益を受ける者が，故意に条件の成就を妨げた場合には，その相手方は，条件が成就したものとみなして法律効果を受けることができる（民130条）。例えば，山林売却の斡旋を依頼し，成功すれば報酬を支払う停止条件付契約がなされた場合に，委任者が受任者を介しないで他に売却した

ときは，故意に停止条件の成就を妨げたことになる（最判昭39・1・23民集18巻1号99頁）。また，土地の買受人が宅地建物取引業者に仲介を依頼し，売買契約の成立を停止条件として報酬を支払う契約をしたのに，買受人が業者を排除して直接売渡人との間に契約を成立させた場合も，契約成立という停止条件の成就を妨げたことになる（最判昭45・10・22民集24巻11号1599頁）。

条件成就の妨害は，条件付権利の侵害ともなり，妨害者に対する損害賠償請求権を生ずるが，相手方は条件を成就したものとみなす権利と選択的に行使することができる（我妻『新訂民法総則』412頁）。

なお，ドイツ民法162条は，「条件の成就によって不利益を受ける当事者が信義誠実に反して条件の成就を妨げたときは，条件は成就したものとみなす」（1項）とし，「条件の成就によって利益を受ける当事者が信義誠実に反して条件を成就させたときは，条件は成就しなかったものとみなす」（2項）と規定する。わが民法には規定がないが，「条件を不成就にしたことが信義則に反すること」は，条件成就の妨害の要件とされており，また，不正手段を用いて故意に条件を成就した場合には，相手方は条件が成就しなかったものとみなすことができると解されている（我妻『新訂民法総則』412頁）。最高裁判所も，条件の成就によって利益を受ける当事者が故意に条件を成就させた場合は，130条を類推適用して，条件が成就していないものとみなすことができるとする（最判平6・5・31民集48巻4号1029頁：一方が和解条項に違反した場合に違約金を支払う旨の条項があるときに，他方が違反行為を誘引した）。

3 期　限

(1) 期限の意義

期限とは，法律行為の発生，消滅または債務の履行を将来到来することの確実な事実の発生にかからしめる法律行為の附款である。また，そのような事実も期限という。条件が成否の不確実な事実にかからしめるのに対して，期限となる事実は，将来到来することが確実な点で条件と異なる。

期限には，始期と終期とがある。始期とは，法律行為の効力の発生または法律行為の効果として生ずる債務の履行に関する期限をいう（民135条1項）。終期とは，法律行為の効力の消滅に関する期限である（民135条2項）。到来する時

期が確定しているものを確定期限といい(例えば,来年4月1日),到来することは確実であるがその時期が不確定なものを不確定期限という(例えば,自分が死亡した時)。

　法律行為に期限を付けることは,一般には私的自治の原則上有効であるが,法律行為の性質からみて許されない場合がある。これを期限に親しまない行為といい,その範囲は,条件の場合とほぼ同様である。行為の性質上その効果が直ちに発生することを必要とするものは,期限に親しまない。例えば,婚姻,養子縁組,認知などのような親族法上の行為がこれである。遡及効のある行為についても,始期を付けるのは無意味であるから許されない。民法506条2項は,相殺の意思表示は,「双方の債務が互に相殺をなすに適したる始に」遡ってその効力を生ずるとする。

(2) 期限付法律行為の効力
(イ) 期限到来前の効力
　期限の到来によって利益を受ける者の保護については,民法に規定がないが,債務の履行が期限付のときは,期限前でも既に債権は成立しているから,弁済期前でも譲渡でき,相続,保存の対象となり,抵当権などのための被担保債権となる。また,相手方や第三者によって侵害されないように一般の権利としての保護を受ける。これに対し,法律行為の効力について期限が付いている場合には,それによって利益を受ける者は条件成就前の期待権者の地位よりもさらに確実な期限付法律行為によって利益を受ける者であるから,民法128条および129条を類推適用すべきである。

(ロ) 期限到来後の効力
　債務の履行についての始期が到来すれば,債務の履行を請求することができるようになり(民135条1項),法律行為の効力の発生について始期が到来すれば効力が生じ,終期が到来すれば効力が消滅する(民135条2項)。期限の到来の効果には遡及効はなく,これを認めることは期限を付けたことが無意味になるので,たとえ当事者がそのような特約をしたとしても無効である。

(3) 期限の利益

(イ) 意　義

　期限が未だ到来しないことによって当事者の受ける利益をいう。期限の利益は，債権者がこれを有することがあり（例えば，無償寄託の場合には，預けた者が期限まで預かってもらう利益を有する。：民法662条，663条2項），また債権者および債務者双方がこれを有することもある（例えば，定期預金の場合：大判昭9・9・15民集13巻1839頁）。しかし，期限は，債務者の利益のために定められるのが通例であるから，民法は，債務者の利益のために定めたものと推定した（136条1項）。

(ロ) 期限の利益の放棄

　期限の利益は，その利益を有する者が放棄するのは自由である。但し，それによって第三者の利益を害してはならない（民136条2項）。例えば，無利息の借主は，いつでも返済することができる。また，無償寄託者は，いつでも返還請求することができる。利息が生ずる場合でも，債務者だけの利益のための期限であれば弁済の時までの利息を支払えばよい（大判大7・3・20民録24輯623頁）。但し，この場合にも，相手方が損害を被れば，これを賠償すべきである（我妻『新訂民法総則』422頁）。定期預金の場合には，銀行は，期限までの利息を支払えば期限前でも返還することができる（前掲大判昭9・9・15民集13巻1839頁）。

(ハ) 期限の利益の喪失

　債務者が期限の利益を有するのは，債権者が債務者を信用して履行の猶予を与えているからであるが，債務者に信用を失うような事情が生じた場合にも債権者に期限の到来まで請求を猶予させることは，債権者に酷である。そこで，民法は，以下のいずれかの事由が発生したときは，債務者は「期限の利益を主張することを得ず」として期限の利益を喪失することととした（137条）。

　債務者が期限の利益を喪失するのは，①債務者が破産宣告を受けたとき（137条1号。但し，破産法17条によって，当然弁済期が到来したものとみなされるので，本号は適用されなくなった。），②債務者が担保を毀損または減少したとき（137条

2号），および③債務者が担保供与義務を負うのに履行しないとき（137条3号，大判大9・6・24民録26輯923頁）である。

　期限の利益を喪失したときは，債権者は期限の到来を主張して直ちに履行を請求することができる。

　契約当事者間で期限の利益を喪失する旨の特約をすること（例えば，銀行取引約定書や割賦販売契約の場合）があり，このような特約を期限の利益喪失約款という。期限の利益喪失約款には，特約で定めた事由が生じれば債権者は債務者の期限の利益を喪失させることができるとするものと，特約で定めた事由が生じれば当然に期限が到来するものとがある。

第5章 期　　間

〔1〕　期間の意義

　期間とは，ある時点からある時点までの継続した時間の長さをいう。時間の長さに着目する点で，一定の時点に着目する期日と異なる。期間は，民法においては，失踪期間，時効期間，賃貸借や雇傭の場合の契約期間などの算定の場合に重要な意義を有する。期間の算定方法は，法令，裁判上の命令または法律行為に別段の定めがある場合を除いて，民法139条以下の規定に従う（民138条）。民法139条以下の規定は，私法関係だけでなく，公法関係にも適用される。判例は，衆議院が解散された場合の総選挙期日は，解散の翌日から起算して定めるものとする（大判昭5・5・24民集9巻468頁）。

〔2〕　期間の計算方法

(1)　期間の計算方法
　期間の計算方法には，瞬間から瞬間まで計算する方法（例えば，何時間）と暦に従って計算する方法（例えば，何日，何年）がある。前者を自然的計算法，後者を暦法的計算法という。前者は正確であるが不便であるので，短期間の計算に用いられ，後者は不正確であるが便宜であるので長い期間に用いている。

(2)　時・分・秒を単位とする期間の計算法
　期間を定めるのに時を単位としたときは，即時より起算する（民139条）。例えば，今から24時間という場合には，その瞬間を起算点として，24時間の経過した時が期間の満了点となる。民法は，時を単位とする場合のみを規定しているが，分・秒を単位とする場合にも同様である。

(3) 日・週・月・年を単位とする期間の計算法

　期間を定めるのに日，週，月または年を単位としたときは，期間が午前零時から始まる場合を除いて，起算点としては初日は算入しないで，翌日から起算するのを原則とする（民140条）。これを「初日不算入の原則」という。例えば，4月1日に「今日から1か月」という場合には，1日の端数は切り捨てその翌日である4月2日より起算する。但し，初日を算入する法令が多くある。年齢計算に関する法律は，「年齢は出生の日より之を起算す」る（1項）とし，戸籍法は，「届出期間は，届出事件発生の日からこれを起算する」（43条1項）とする。また，衆議院解散後の総選挙は，40日以内に行なわなければならないが（憲法54条1項），国会法は「この法律及び各議院の規則による期間の計算は，当日から起算する」（133条）と規定している。これについて憲法学者は，少しでも早く総選挙を行うのが望ましいとして，当日から起算するとしている（宮沢『日本国憲法』54条〔3〕）。

(4) 期間の満了点

　期間の満了点は，期間の末日が終了した時である（民141条）。期間の末日は，日を単位に期間を定めたときは，日数を計算しその最後の日である。月または年を単位に期間を定めたときは，暦に従って計算する（民143条1項）。暦に従うとは，日に換算せずに暦によって計算することであるから，法文に週を加えているのは無意味である。週，月，または年の始めより期間を起算しないときは，その期間は最後の週，月または年においてその起算日に応当する日の前日が末日となる（民143条2項本文。大判大11・3・13民集1巻102頁）。但し，月または年を単位に期間を定めた場合に，最後の月に応当日がないときは，その月の末日が期間の末日となる（民143条2項但書）。例えば，4月10日に4月11日から3か月と定めた場合には，期間は7月10日の終了をもって満了する。また，1月30日に1月31日から1か月と定めた場合には，2月28日（うるう年であれば2月29日）が期間の末日となる。末日が大祭日，日曜日その他の休日に当たるときは，その日に取引をしない慣習がある場合に限り，その翌日が末日となる（民142条）。大祭日は，「休日ニ関スル件」（昭和2年勅令25号）で定められたが，「国民の祝日に関する法律」（昭和23年法律178号）の定める「国民の

祝日」とされる日をいう。その他の休日とは，法令上の休日に限らず，一般国民が慣行上休日としている日も含まれる。最高裁判所は，1月3日は，2日とともに国民一般慣行に基づく休日として，民事訴訟法95条3項（旧民事訴訟法156条2項）の一般の休日にあたるとする（最大判昭33・6・2民集12巻9号1281頁。但し，旧民事訴訟法156条2項は，平成4年に改正され，「1月2日，1月3日又は12月29日乃至12月31日に当たるときは期間は其の翌日を以て満了す」るとした。民事訴訟法95条3項）。

　毎月1回の分割払によって返済する約定の消費貸借において，返済期日を「毎月X日」と定めるのみでX日が日曜日その他の一般の休日に当たるときの取扱いが明定されなかった場合には，契約当事者間にX日が休日であるときはその翌営業日を返済期日とする旨の黙示の合意があったと推認される（最判平11・3・11民集53巻3号451頁）。

　起算日から過去に遡って計算される期間の計算方法については，民法に規定はないが，民法の規定を準用すべきである（大判昭6・5・2民集10巻232頁）。例えば，公益法人の総会の招集は，少なくとも5日前に通知されなければならないから（民62条），5月1日に開く場合には，4月30日を起算日として，逆算して26日が末日であり，25日中に発せられなければならない（通説）。

第6章 時　　効

〔1〕 時効制度の意義

(1) 時効の意義

　時効とは，一定の事実状態が一定の期間継続した場合に，真実の法律関係を問わず，その事実状態に適応する法律効果を生じさせる制度である。例えば，物を一定期間所有の意思で占有する者に所有権を与えたり，債務者であるのに債務を負わないような事実状態が長期間継続するときにその債務を免れさせる制度が時効である。ある事実状態が真実の法律関係と不一致をきたすときは，前者を後者に符合させるのが法律制度の原則であるが，時効制度においては逆に，前者を後者に優先させ，現在の事実状態を法律関係にまで高めるのである。

　時効には，取得時効と消滅時効とがある。取得時効とは，他人の物を一定期間継続して占有する者にその物の所有権を与え，所有権以外の財産権を一定期間継続して事実上行使する者にその財産権を与える制度である。これに対し，消滅時効とは，一定期間継続して行使しない権利を消滅させる制度である。両者の法制度上の位置づけは，各国の法制により異なっている。

　ドイツ民法は，普通法時代とは異なり，取得時効（Ersitzung）と消滅時効（Verjährung）を別個の理論と体系に位置づけている。すなわち，取得時効は時効の援用を条件とせず絶対的に発生し，所有権の取得原因として物権編の中に規定する（937条1項は，「動産を10年間自主占有する者は，所有権を取得する。」とし，同条2項は，「取得者が自主占有の際に善意でなかったときまたはその後所有権が自己に属しないことを知ったときは時効によって所有権を取得しない。」とする。また，900条1項1文は，不動産の取得時効について，「所有権を取得することなくして土地の所有者として土地登記簿に登記された者は，その登記が30年間成立し，かつ，その期間その土地を自主占有したときは，所有権を取得する。」と規定する）。そし

て，消滅時効は，権利一般について認めるのではなく，請求権（Anspruch）のみが消滅時効にかかるものとし，民法総則の中に規定する（194条1項は，「他人に対し作為または不作為を要求する権利（請求権）は，時効によって消滅する。」とし，222条1項は，「消滅時効の完成後は，義務者は給付を拒絶する権利を有する。」と規定する）。スイス法も両者を区別して，取得時効は時効の援用を条件とせず絶対的に発生するものとしてスイス民法に規定し（661条は，「無権限で土地登記簿に所有者として登記されたときは，その者が土地を善意で10年間中断せずかつ異議を申し立てられずに自主占有した後は，その所有権は異議を申し立てられない。」とする），消滅時効については，スイス債務法に債務の消滅事由とするとともに時効の援用を条件とする旨を規定する（127条は，「連邦民法が特別の規定をしないすべての債権（Forderung）は，10年の満了とともに時効によって消滅する。」とし，142条は，「裁判官は消滅時効を職権により考慮することはできない。」と規定する）。

これに対して，フランス民法は取得時効と消滅時効を単一の統一的制度として規定する（2219条は，「時効は，一定の時間の経過により，かつ法律に定められた条件のもとで，権利を取得しまたは義務を免れる方法である。」とする）。権利取得の効果を生じさせるものを取得時効（prescription acquisitive）とし，訴権喪失の効果を生じさせるものを消滅時効（prescription extinctive）とする。両者の法律効果は異なるが，期間の計算（2260条，2261条），時効の放棄（2220条〜2222条），時効の中断（2242条〜2250条），時効の停止（2251条〜2259条）などに共通点があるので，民法典の最後に第20章として規定した。しかし，フランスでも，学者は取得時効を権利取得の一態様として物権の箇所で説明し，消滅時効を訴権を消滅させる原因として債権の箇所で説明するのが一般的である（2262条，2271条，2272条，2273条および2277条は，訴権が時効にかかって消滅するとしている）。わが民法は，両者を合わせて広く権利自体の取得および喪失の原因として，統一的な原理の下に総則編の最後に第6章として規定している。

(2) 時効制度の存在理由

時効制度の存在理由として，従来の通説は，主として次の3点をその根拠として説明している（鳩山『法律行為乃至時効』588頁以下，我妻『新訂民法総則』431頁以下）。

(イ) 社会の法律関係の安定を図ること

　真実の権利関係を伴わない事実状態であっても，それが一定の期間継続するときは，社会は，その事実状態を正当なものと信頼し，それを基礎として種々の法律関係を築くことになる。したがって，多年の後，これを覆して正当な権利関係に戻すことは，その上に築かれた社会の法律関係を悉く覆滅させる結果となる。法は，このような秩序の破壊を防止するために，現在まで継続している事実状態を尊重して，これを法律関係と認めるのである。

(ロ) 証拠保全の困難を救済すること

　永続した事実関係が，真実の権利関係に合致するかどうかを確実な証拠によって判断することは長年の間に証拠方法が散逸することが多いために困難であり，むしろ永続した事実関係が真実に適合するとみなす方が，蓋然性が高いと考えられる。

(ハ) 権利の上に眠る者を保護しない

　真実の法律関係がその事実状態と符合していないことが立証されたとしても，長年の間自分の権利を主張しなかった者は，権利の上に眠る者であって，法律による保護を必要としない（わが国において，「権利の上に眠る」という表現を用いたのは，鳩山『法律行為乃至時効』590頁が最初であるが，ローマ法にもこのような原則は見られない。我妻『新訂民法総則』432頁）。

　以上の理由のうちどの要素を重視するか，取得時効と消滅時効とを共通に考えるか否かについては見解が分かれている。

　かつての通説は，存在理由として，(イ)(ロ)(ハ)を並列的に論じていた（梅『訂正増補民法要義（総則編）』369頁，岡松『註釈民法理由（総則編）』355頁，鳩山『法律行為乃至時効』589頁，柚木『判例民法総編（下巻）』337頁など）。しかし，その後，(イ)を主要な根拠として，(ロ)および(ハ)は二次的な根拠であるとする見解が有力となっている（我妻『新訂民法総則』431頁）。これに対して，権利の存在と抵触する永続的な事実状態がある場合には，永続的な事実状態が借用証書のような他の立証方法を打ち破って，真実の権利を立証する証拠力ありと見るべきであるという採証上の原則が時効制度の本体であるとする見解がある（吾妻「私法における時効制度の意義」法学協会雑誌48巻2号33頁，同『民法総則』200頁。なお，川島『民法総則』430頁以下，545頁も，時効の法的構成に関する限りでは，取得

時効と消滅時効はともに，一定の者にとっての有利な法定証拠を生じさせるという点に共通のものをもつとする）。また，一定の場合には義務者といえどもいつまでも権利不行使という不安定な状態に置かれるべきでないという要請（根拠）から，時効の目的は非所有者・非権利者保護であるとする見解がある（松久「時効制度」『民法講座1』574頁）。

以上の見解に対して，取得時効および消滅時効のそれぞれについて別個に存在理由を説明する見解がある。①取得時効については，(イ)ないし所有権の取引の安全の保護が主たる存在理由とされるのに対し，消滅時効については，(ロ)すなわち法定証拠の制度という点に眼目があるとする見解（川島『民法総則』427頁，545頁），②消滅時効は，請求権の相手方の採証上の困難を救済すること，短期消滅時効（民162条2項）は，善意無過失で無権利者から譲り受けた者の取引の安全を図る趣旨を含みつつ，善意無過失で他人の物の占有を取得し，目的物に対して真実の権利者よりもより厚い利害関係を有するに至った占有者を保護することに，長期取得時効（民162条1項）は，採証上の困難を救済するとともに占有者を保護することにその制度趣旨があるとする見解（安達「注釈民法(5) 151頁），③時効の一般的な存在理由を権利者や無義務者が権利取得や義務の履行を立証できない場合に保護する，すなわち，真の権利者や無義務者を保護するという点に求め，民法162条2項の取得時効の存在理由を取引の安全に求める見解（星野「時効に関する覚書」『民法論集（第4巻）』167頁以下，同『民法概論Ⅰ』252頁）などである。

取得時効と消滅時効とに共通する存在理由は，長年の間継続した事実状態を尊重し，この事実状態を権利関係にまで高めて，この状態を維持していくことにある。しかし，取得時効にも長期取得時効と短期取得時効があり，消滅時効にも長期のものから短期消滅時効まであり，すべての時効を通じて統一的に時効制度の存在理由を説明することは困難であり，その必要性もないというべきである。「時の経過よりして，すべてのことは正しくかつ規則的になされたものとみなされる。」(Ex diuturnitate temporis omnia praesumuntur esse rite et solemniter acta)のであり，永続した事実を尊重することは，一般的な法律生活の安定性を保障するために必要である。取得時効の場合には，この理由が最も重要である。証拠保全の困難を救済することも存在理由であり，消滅時効の場

合には主要な理由となる。『ドイツ民法第1草案理由書』は、「消滅時効の重点は、権利者から彼の正当な権利を奪うことにあるのではなく、義務者に、根拠がないと予想される請求権に対して、本案に立ち入ることなしに防御するための保護手段が与えられることにある。」(第1巻291頁) としており、この理由は、わが国においても妥当する。また、特に短期消滅時効は、債権者に法律取引交渉の迅速かつ最終の清算をさせるという経済政策的機能を有している。権利の上に眠る者を保護しないことは、権利といえども社会性を有し、その行使は、信義に従い誠実になすことを要し (民1条2項)、権利行使を不当に怠った者には法の保護を与えないことが妥当であるのでこれも理由になるといえよう。但し、この理由に対しては、「権利者の権利不行使を責めるよりも更に強く、義務者の義務不履行を責むべきものであるから、殆ど無意味な理由づけと考える」とする見解 (吾妻『民法総則』200頁。於保『民法総則講義』286頁は、この消極的理由は大した根拠にならないとする) もあり、ドイツの学者も一般的にこの理由を挙げていない。

(3) **時効の法的構成**

時効の法的構成については、取得時効では権利を取得し、消滅時効では権利が消滅するとして、権利の得喪を生じると考える実体法説と、時効を事実上の証拠に代えて法定証拠と考える訴訟法説とがある。民法は、取得時効と消滅時効を一緒に規定するとともに、時効によって権利を「取得す」る(162条、163条)とし、債権は時効によって「消滅す」る (167条など) と規定する。しかし、他方において、時効は当事者がこれを援用するのでなければ裁判をすることができない (145条) とし、時効の利益は完成後であれば放棄することができる (146条) と規定して権利の得喪を認める反面、それを絶対的なものとして認めていない。

(イ) **実体法説**

時効制度の存在理由を公益ないし社会秩序の維持に求め、162条、163条および167条の文言を尊重して、時効は実体上の権利の得喪を生じさせるとする。これには、①時効期間の経過によって権利の得喪が確定的に生ずるとする確定効果説 (従来の判例および多数説の立場:大判明38・11・25民録11輯1581頁、大判大

8・7・4民録25輯1215頁など。学説では，富井『民法原編（総論）』638頁，柚木『判例民法総論（下巻）』342頁など。）と，②時効期間の経過によって権利の得喪の効果は生ぜず，実体法上の援用によって効果が生ずるとする不確定効果説がある。さらに，不確定効果説には，(i)時効の完成によって権利の得喪という効果が一応生ずるが，援用があれば効果はそのまま確定し，援用しないかまたは時効利益の放棄があれば，一応生じた効果が消滅し，時効の効果は遡及的に生じなかったことに確定するとする解除条件説と，(ii)時効の完成によって権利の得喪は確定的には生ぜず，援用があったときに確定的な効果を生じ，時効利益の放棄によって時効の効果が生じないことに確定するとする停止条件説（現在の通説）とがある。

確定効果説によれば，実体法上は時効の完成によって権利の得喪が生じているにもかかわらず，援用がなされない限りそのまま裁判できないのは矛盾であることになる。そこで，時効は当事者の意思をも顧慮して効果を生じさせる制度であることから，時効が完成するときは，当事者は援用によって権利の得喪を生じさせることができるようになると解釈することが簡明である。このように解することは，ドイツ民法が消滅時効の効果を抗弁権の取得としているのと同趣旨となる。また，時効完成後の弁済や承認の効果の説明をする場合にも停止条件説が優れており，162条および167条などの規定と145条および146条の規定とを総合的に解すると停止条件説が妥当であるといえよう（我妻『新訂民法総則』444頁）。時効の援用は，時効によって生ずる効力を確定させる意思表示である。

最高裁判所は，農地の所有権移転許可申請協力請求権の消滅時効の効果について，「145条および146条は，時効による権利消滅の効果は当事者の意思をも顧慮して生じさせることとしていることが明らかであるから，時効による債権消滅の効果は，時効期間の経過とともに確定的に生ずるものではなく，時効が援用されたときにはじめて確定的に生ずるものと解するのが相当」であると判示し停止条件説を採用した（最判昭61・3・17民集40巻2号420頁）。

(ロ) 訴 訟 法 説

以上の見解に対して，時効を実体法上の権利が消滅するものと観念せず，訴訟法的に請求権の消滅として捉える見解である（吾妻「私法に於ける時効制度の意

義」法学協会雑誌 48 巻 2 号 33 頁，同『民法総則』202 頁。舟橋『民法総則』167 頁，川島『民法総則』432 頁，447 頁）。これによれば，時効の援用は，期間の経過によって権利の得喪が生じたという法定の証拠を裁判所に提出する行為であり，請求権に対する抗弁権として機能することになる。また，時効は，権利得喪の証拠方法に代るものであるから，訴訟上の援用をまって初めて権利の得喪が証明されたこととなり，これを基礎として裁判をなしうるとする（舟橋『民法総則』176 頁）。この見解は，例えば，債権の消滅時効の場合には，債権が時効によって消滅すると解するのではなく，時効という証拠によって債権が存在しないことを証明すると捉えるのである。

(4) **時効の遡及効**

時効の効力は起算日に遡る（民 144 条）。時効が完成し援用されると，取得時効の場合には権利を取得し，消滅時効の場合には権利が消滅するが，民法は，この権利の得喪は時効の起算日に遡ることにした。時効の援用は，時効期間の満了後に初めてなしうるが，その効果は時効期間の開始時点に遡って生ずる。時効の効力が起算日に遡及する結果，所有権の取得時効の場合には，占有者は起算日に所有権を取得し，債権の消滅時効の場合には，債務者は起算日に債務を免れることになる。前者の場合は，占有者は起算日から果実の所有権も取得し，後者の場合は，元本債権について時効が完成すれば，債務者は起算日から遅延損害金の支払義務も免れる（大判大 9・5・25 民録 26 輯 759 頁）。

時効の起算日については，民法 140 条によって決定する。所有権の取得時効の場合には，占有者が占有を開始した日の翌日が起算日になり，債権の消滅時効の場合には，債権を行使できる日の翌日が起算日になる（大判大 6・11・8 民録 23 輯 1762 頁は，消滅時効の期間の計算は，初日を算入しないとする。）。また，判例は，民 724 条所定の 3 年の時効期間は，被害者またはその法定代理人が損害および加害者を知った時が午前零時でない限り，時効期間の初日はこれを算入すべきでないとする（最判昭 57・10・19 民集 36 巻 10 号 2163 頁）。

民法は，消滅時効については起算点を「権利を行使することを得る時」と規定しているが(166 条 1 項。157 条は時効中断後に進行する場合は，「中断の事由の終了したる時」，裁判上の請求による中断の場合は，「裁判の確定したる時」とする），取

得時効については起算点を定めていない。判例は，取得時効完成の時期を定めるにあたっては，取得時効の基礎たる事実が法律に定めた時効期間以上に継続した場合においても，必ず時効の基礎たる事実の開始した時を起算点として決定すべきであり，時効援用者が任意にその起算点を選択し，時効完成の時期を早めたり遅らせたりすることはできないとする（大連判大 14・7・8 民集 4 巻 412 頁，最判昭 35・7・27 民集 14 巻 10 号 1871 頁）。

(5) 除斥期間

権利の除斥期間とは，一定の権利について法律が予定する存続期間である。権利関係を速かに確定しようとすることを目的としている。消滅時効制度にも権利の確定という目的があるが，時効制度が継続した事実状態を尊重するという基礎に立つのに対し，除斥期間はそのような事実状態を考慮しない。また，除斥期間は，当事者の意思や行為を問題とせず，一定の期間内に権利を行使しないと権利を消滅させ，中断がなく，援用も必要としない。但し，停止については，期間満了の当時に天災その他避けることのできない事情があるときは，猶予期間を認めないことは権利者に酷であるので民法 161 条を類推適用すべきである（我妻『新訂民法総則』437 頁）。

法律が権利行使の期間を定めている場合に，消滅時効と解すべきか除斥期間と解すべきかが問題となる。法文に「時効により」とあるか否かによって区別するのが以前の通説であったが，近時においては，条文の文字にとらわれずに権利の性質と規定の趣旨とに従って解釈すべきものとされている。例えば，不法行為に基づく損害賠償請求権に関する民法 724 条後段の 20 年の期間は，起草者の説明によれば消滅時効であるが，今日の通説は除斥期間と解している。最高裁判所も被害者側の認識のいかんを問わず一定の時の経過によって法律関係を確定するための請求権の存続期間を画一的に定めたものと解するのが相当であるとして，除斥期間と解している（最判平元・12・21 民集 43 巻 12 号 2209 頁）。

形成権については，権利者の意思表示があれば効果を生じ，権利を行使されたが目的を達しないという状態はないので除斥期間と解すべきである。

〔2〕 時効の援用

(1) 援用の法的性質

裁判所は当事者が時効を援用しなければこれによって裁判することができない（民145条）。時効の法的構成は，実体法説と訴訟法説に分かれ，援用の法的性質についても見解が分かれている。時効の効果として実体法上の権利の得喪を生ずるとする実体法説の中で，確定効果説は，時効完成によって確定的に権利の得喪を生じ，援用は弁論主義の要請による訴訟上の攻撃防御方法にすぎないとする。これに対して，不確定効果説は，時効の効力は時効が完成しただけでは確定的に発生せず，時効の援用をまって初めて確定するとする。不確定効果説は，解除条件説（実体上の権利の得喪が一種の解除条件的に発生するとする）および停止条件説（援用があって初めて権利の得喪が発生するとする）とも援用を時効利益を享受しようとする当事者の実体法上の意思表示であるとする。

時効を訴訟上の制度と捉える訴訟法説は，時効の援用を，期間の経過による権利の得喪という法定証拠を裁判所に提出する当事者の訴訟上の行為であるとする。

従来の判例は，時効の完成によって実体法上確定的に権利得喪の効果を生じ，時効の援用は訴訟上の攻撃防御方法であるとしていたが（大判大8・7・4民録25輯1215頁），最高裁判所は停止条件説をとるに至った（前掲最判昭61・3・17民集40巻2号420頁）。

(2) 援用権者

時効は「当事者」が援用しなければならないが（民145条），この「当事者」がいかなる者を意味するのかについて，判例と学説の見解が分かれている。判例は，当事者とは，時効により直接に利益を受くべき者およびその承継人に限られ，時効により間接に利益を受ける者は含まれないとして狭く解釈してきた（大判明43・1・25民録16輯22頁）。この結果，保証人（大判大4・12・11民録21輯2051頁）および連帯保証人（大判昭7・6・21民集11巻1186頁）については主債務の援用を認めたが，物上保証人および抵当不動産の第三取得者（前掲大判明43・

1・25民録16輯22頁)，詐害行為の受益者(大判昭3・11・8民集7巻980頁)，再売買予約の目的物について所有権または抵当権を取得した第三者(大判昭9・5・2民集13巻670頁)などの場合には，時効の援用を認めなかった。これに対して，学説には，判例が援用権者の範囲を直接受益者に限定しようとする態度に反対し，時効によって直接権利を取得しまたは義務を免れる者のほか，この権利に基づいて権利を取得し義務を免れる者をも包含すると解するものが多かった(我妻『新訂民法総則』446頁。柚木『判例民法総論(下巻)』352頁は，その直接なると間接なるとを問わず，「時効によって当然に法律上の利益を取得する者」とする)。

　以上のような大審院以来の解釈に対して，最高裁判所は，直接利益を受ける者に限定するという原則を維持しつつ，昭和40年代になって判例を変更するに至った。すなわち，他人の債務のために自己の所有物件につき質権または抵当権を設定した物上保証人も被担保債務の消滅によって直接利益を受ける者というを妨げないから当事者にあたるものと解するのが相当であるとして，大審院判例(前掲大判明43・1・25は，物上保証人の援用権を傍論で否定していた。)を変更した(最判昭42・10・27民集21巻8号2110頁は，他人の債務のために自己所有の不動産をいわゆる弱い譲渡担保に供した者は，その債務の消滅時効を援用できるとする。最判昭43・9・26民集22巻9号2002頁は，物上保証人も消滅時効を援用できるとし，また，金銭債権の債権者は，民法423条1項本文により，債務者に代位して他の債権者に対する債務の消滅時効を援用できるとする)。また，登記のある抵当不動産の譲渡を受けた第三者は，当該抵当権の被担保債権が消滅すれば抵当権の消滅を主張しうる関係にあるから，抵当債権の消滅により直接利益を受ける者にあたるとする(最判昭48・12・14民集27巻11号1586頁)。仮登記担保権の設定された不動産の第三取得者は，当該仮登記担保権の消滅によって直接利益を受ける者というを妨げないとして，消滅時効を援用できるとする(最判昭60・11・26民集39巻7号1701頁)。さらに，仮登記担保の目的不動産について抵当権の設定を受けその登記をした者にも被担保債権の消滅時効の援用を認め(最判平2・6・5民集44巻4号599頁)，仮登記担保の目的不動産について所有権を取得し，その登記を経由した者は，予約完結権の消滅時効を援用できるとするに至っている(最判平4・3・19民集46巻3号222頁：前掲大判昭9・5・2民集13巻670頁を変更し

た)。また，詐害行為の受益者は，詐害行為取消権を行使している債権者の債権について，時効の利益を直接に受ける者に当たり，援用権を有するとして大審院判例を変更した（最判平 10・6・22 民集 52 巻 4 号 1195 頁）。但し，これらの援用権者の範囲を実質的に緩和して解釈する判例の態度に反して，建物の賃借人は，建物の賃貸人による敷地所有権の取得時効によって直接利益を受ける者ではないから土地の所有権の取得時効を援用できないとする（最判昭 44・7・15 民集 23 巻 8 号 1520 頁）。後順位抵当権者は，先順位抵当権の被担保債権の消滅時効を援用できない（最判平 11・10・21 民集 53 巻 7 号 1190 頁）。また，破産免責決定の効力の及ぶ債務は，その債権の消滅時効が進行せず，保証人は消滅時効を援用できないとしている（最判平 11・11・9 民集 53 巻 8 号 1403 頁）。

(3) 援用の方法
(イ) 援用の場所

時効の援用によって実体法上の権利の得喪が確定的になるとする実体法説は，裁判外の援用も有効とするが，援用を法定証拠の提出とする訴訟法説は，裁判所において援用すべきものとする。判例は，裁判上の援用を必要とするもの（大判明 38・11・25 民録 11 輯 1581 頁，大判大 8・7・4 民録 25 輯 1215 頁）と，裁判外の援用を認めるものとがある（大判大 8・6・19 民録 25 輯 1058 頁は，手形債権の時効消滅を理由に手形法 85 条の利得償還請求をなす場合には，請求者において時効の完成を証明すればよく，手形債務者が時効を援用したか否かは問題にならないとした。大判昭 10・12・24 民集 14 巻 2096 頁は，少くとも取得時効については，直接時効の利益を享受する者は，裁判上であると裁判外であるとを問わず，いつでも援用をなすことができるとする）。

援用は，時効によって生ずる効力を確定させる意思表示であり，裁判外でなすことも確定的に効力を生ずると解すべきである。時効制度における援用の趣旨からみて，裁判外で援用すれば，それによって法律効果を確定させるのが適当であり，後日になって裁判上で放棄することを認める必要はなく，また手形債権が時効によって消滅した場合の利得償還請求権の行使の場合（手形法 85 条）には，裁判外の援用を認めるのが便利であるからである（我妻『新訂民法総則』448 頁）。

(ロ) 援用の時期

訴訟上時効を援用する場合に，援用すべき時期はいつかが問題となる。判例

は，第2審（事実審）の口頭弁論終結時までに援用することができるとする（大判大7・7・6民録24輯1467頁，大判大12・3・26民集2巻182頁）。時効の完成した債権が訴訟物となっている前訴において時効の援用をしないまま裁判が確定した後に，これを別訴で援用することができるか否かについて，古くは，提出することができた防御方法を提出しなかったにすぎず，これをもって明示的にも黙示的にも債務を承認したとも時効の利益を放棄したともいえないとして肯定していた（大判大11・4・14民集1巻187頁，大判昭6・12・19民集10巻1237頁など）。しかし，その後，大審院は，給付請求権を目的とする訴で敗訴の確定判決を受けた債務者は，その後における該債権の譲受人との間の訴訟においても，その債権が前訴の口頭弁論終結以前に時効によって消滅したことを主張できないとして判例を変更した（大判昭14・3・29民集18巻370頁は，時効の援用を許すときは，判決の既判力を無視する結果になるとする）。通説も別訴による援用を認めず，当事者が時効の完成を知らなかった場合でも，確定判決を動かさないことが時効制度の趣旨に適するとする。

(ハ) 援用の撤回

援用を訴訟上の攻撃防御方法とする見解（確定効果説，法定証拠提出説）によれば，その撤回も自由である。判例もこれを肯定する（大判大8・7・4民録25輯1215頁）。しかし，援用は時効の効力を確定させる意思表示であり，時効完成による権利の得喪が確定した後は撤回できないと解すべきである。

(4) 援用の効力

援用権者が時効を援用したときは，裁判所は，援用権者が主張した範囲の事実を前提として判断しなければならない。援用権者が元本債権についてのみ時効を援用したときは，裁判所は，利息債権の時効について判断する必要はない（大判大6・8・22民録23輯1293頁）。援用権者が複数いる場合に，その中の1人が援用したときは，援用の効力は他の援用権者には及ばない（大判大8・6・24民録25輯1095頁）。これを援用の相対的効力という。連帯債務の場合には，連帯債務者の1人のために時効が完成したときは，その債務者の負担部分については他の債務者も債務を免れる（民439条）。

(5) 援用権の濫用

援用権の行使が信義則違反となり（民1条2項），または権利濫用（民1条3項）となる場合がある。判例は，老後の生活保障と幼い子女の扶養および婚姻費用等の目的で農地の贈与がなされた場合に，農地法3条所定の許可申請協力請求権について消滅時効を援用することは，信義則に反し権利の濫用として許されないとした（最判昭51・5・25民集30巻4号554頁）。また，約束手形の裏書人が，所持人に対して自己の償還義務について消滅時効の利益を放棄したうえ，自己固有の債務として手形金の支払いをする旨を約束したときは，振出人の手形債務の時効消滅を理由に自己の償還債務の消滅を主張することは，信義則に反し許されないとする（最判昭57・7・15民集36巻6号1113頁）。

〔3〕 時効の利益の放棄

(1) 立法趣旨

時効が完成する前に，時効完成によって権利得喪の利益を享受しない旨を予め約束しても効力を生じない（民146条）。時効は永続した事実状態を尊重しようとする公益的な制度であり，事前放棄を認めることは時効制度の意義を無意味にするだけでなく，債権者が債務者を圧迫して時効の利益を予め放棄させるという不都合が生ずる虞れがあるので，これを認めないこととしたのである。

(2) 時効完成前の時効利益の放棄

時効が完成する前に時効の利益を放棄することは，無効である。訴訟法説によれば，民法146条は，将来時効が完成しても時効という証拠を援用しない旨の証拠契約は無効であることを意味する。

立法趣旨から，時効の完成を困難にさせる特約，例えば，時効期間を延長したり時効の中断および停止事由を追加したりする特約も無効である（通説。ドイツ民法225条前段は，「消滅時効は，法律行為によって排除または加重することができない。」とする）。

これに対して，時効の完成を容易にする特約，例えば，時効期間を短縮したり，中断事由を排除する特約は一般に有効であるとされている（我妻『新訂民法

総則』453頁。ドイツ民法225条後段は、「消滅時効を容易にすること、特に時効期間を短縮すること許される。」とする）。しかし、時効制度は採証に関する制度であり、実体法上の権利の得喪は問題とならず、事実に関し法律効果に関しないとする立場から、時効を容易にさせる意思表示を認めない見解もある（吾妻「私法に於ける時効制度の意義」法学協会雑誌48巻2号40頁は、当事者はその自由な意思表示によって法定期間を定めることは可能であるとする。舟橋『民法総則』171頁は、時効期間を変更したり、中断・停止を排除するような特約は無効であるとする）。

時効制度は公益の保護という社会的公共的理由に基づいており、時効は強行的な制度であるので、その要件は客観的に確定されなければならず、時効に関する規定は強行法規である。したがって、当事者の特約によって時効の完成を容易にすることも認めるべきではないと解すべきである（スイス債務法129条は、消滅時効期間は当事者の合意によって変更することができないとしている）。

(3) 時効完成後の時効利益の放棄

民法146条の反対解釈として、時効完成後に時効の利益を放棄することは有効である。時効制度における社会的立場と個人の意思とを調和させることになるだけでなく、完成前の放棄のような弊害を伴なわないからである（我妻『新訂民法総則』453頁、柚木『判例民法総編（下巻）』361頁）。

時効の利益の放棄は、完成した時効の効力を消滅させる意思表示であり（大判大3・4・25民録20輯342頁）、相手方のある単独行為である（大判大5・10・13民録22輯1886頁）。裁判上でも裁判外でもなしうる（前掲大判大8・7・4民録25輯1215頁）。判例および通説は、放棄のためには処分の能力または権限が必要であるとする（大判大8・5・12民録25輯851頁。我妻『新訂民法総則』457頁は、時効の利益を放棄することは、権利を取得しまたは義務を免れることのできる地位を失うことになるから、156条の適用はないとする）。

時効の利益の放棄は、意思表示であるから、当事者が時効の完成を認識してなすことを要する（通説）。

(4) 時効完成後の援用権の喪失

時効完成後に、これを知らずに債務を弁済したり承認した場合の効果が問題

となる。判例は，時効の利益を放棄するためには少くとも時効期間が経過していることを知っていなければならないという前提に立ち，これを知らないで弁済をなし，または延期証を差し入れても，時効の利益の放棄にはならないとしていた（前掲大判大3・4・25民録20輯342頁）。そして，債権が10年の時効によって消滅すべきことは一般周知のものと認めるべきであるので，時効完成の事実を知って承認をなしたものと推定し，時効の完成を知らずになしたことを立証しない限り放棄があったものと認めた（大判大6・2・19民録23輯311頁，大判大10・2・14民録27輯285頁）。裁判所は時効の完成を知らないという立証を容易に認めなかったので，実際には時効完成の知・不知を問わないのと同様の結果になっていた。これに対して，学説は，「時効が完成したことは，一般人において知っているべきだから」というのは実情に合わないとして批判していた（我妻『新訂民法総則』455頁）。その後，最高裁判所は判例を変更し，時効完成後に債務の承認をする場合には，時効完成の事実を知らないのが通常であるといえるから，時効完成を知っていたものであると推定することは許されないとする。そして，時効完成後，債務者が債務の承認をすることは，時効による債務消滅の主張と相容れない行為であり，相手方においても債務者はもはや時効の援用をしない趣旨であると考えるであろうから，その後においては債務者に時効の援用を認めないものと解するのが，信義則に照らし相当であり，そのように解しても永続した社会秩序の維持を目的とする時効制度の存在理由に反しないとするに至った（最大判昭41・4・20民集20巻4号702頁）。

　学説も判例の結論に賛成しているが，その理由付けについては種々に分かれている。すなわち，①時効完成不知の場合にも，特に時効の利益を放棄するのではないという留保をしない限り，これによって時効の利益を放棄したことになるとする説（我妻『新訂民法総則』454頁），②時効完成後の債務の承認は，債権消滅の蓋然性を破る客観的反対証拠が現われたことになるので，かかる蓋然性を基礎とする証拠方法たる時効は効力を失い，これを主張することができなくなるとする説（舟橋『民法総則』177頁），③時効利益の放棄は，時効援用権の喪失にほかならないとする説（川島『民法総則』466頁）などがある。時効完成の知・不知を問わず，一度債務を承認した以上はこれに対する相手方の信頼が生ずるのであるから，この信頼を保護するために，時効の利益を援用することは債務

承認行為と矛盾することになるので信義則上許されないというべきである。

なお，最高裁判所は，主債務の時効完成後に，主たる債務者が当該債務を承認し，保証人がこれを知って保証債務を承認した場合には，保証人がその後主債務の消滅時効を援用することは信義則に反して許されないとする（最判昭44・3・20判例時557号237頁）。そして，債務者が，時効完成後に債権者に対し当該債務を承認した場合においても，以後再び時効は進行し，債務者は再度完成した消滅時効を援用することができるとする（最判昭45・5・21民集24巻5号393頁）。

(5) 時効の利益の放棄の効果

時効の利益の放棄によって，時効援用権を喪失する。援用の効果の場合と同様に，放棄の効果は相対的である。すなわち，放棄することのできる者が複数ある場合には，1人の放棄は他の者に影響を及ぼさない（大判大5・12・25民録22輯2494頁）。例えば，連帯債務者の1人または主たる債務者が時効の利益を放棄しても，他の連帯債務者または連帯保証人に影響を及ぼさない（大判昭6・6・4民集10巻401頁）。また，債務者が時効の利益を放棄しても，その債務につき自己の所有物をいわゆる弱い譲渡担保に供した者に影響を及ぼさない（最判昭42・10・27民集21巻8号2110頁）。

〔4〕 時効の中断

(1) 時効の中断の意義

時効の基礎である継続した事実状態と相容れない事実が生ずると，時効の基礎が破られることになるので経過した時効期間は効力を失う。これを時効の中断といい，その原因を中断事由という。時効の中断は，時効の停止とともに時効完成の障害と称されるが，停止と異なり一時的障害ではなく，時効が中断によって阻止されると，中断事由の発生前に経過した期間は法的に全く無意味なものとなる。

(2) 時効の中断事由

　中断事由には，取得時効と消滅時効に共通なもの（民147条）と，取得時効に特有なもの（民164条，165条）とがある。前者は，法律に規定された行為に基づくものであり，これを法定中断といい，後者は，取得時効の基礎である占有または準占有が消滅する場合であり，これを自然中断という。

　民法は，中断事由として，① 請求，② 差押・仮差押・仮処分，③ 承認の3種を規定している（民147条）。前2者は，権利者の権利行使行為であり，承認は，義務者の義務承認行為である。承認による中断の場合は，常に直ちに確定するものであるから，新たな時効は直ちにその進行を開始するが，前2者による中断の場合は，多くの場合において相当期間継続し，新たな時効はその終了後に初めてその進行を開始することになる。また，承認の場合以外の中断事由については，厳格な手続の下に中断を認めることにしている。これは，権利者の明確な権利の行使と認められる場合に限って中断の効果を生じさせるためである。民法がこれらの事実を中断事由としたのは，時効の基礎となる事実状態を破壊する事項だからである。したがって，中断事由は民法が列挙したものに限定すべきではなく，継続した事実状態を破壊する事実については，これに準じて中断事由と解すべきである。

　時効の中断の制度の根拠についても，時効制度の存在理由に関する見解の差異に応じて，種々に分かれている。すなわち，① 権利者によって真実の権利が主張され，または義務者によって真実の権利が承認され，そのために時効の基礎である事実状態の継続が破れるとする説（我妻『新訂民法総則』458頁），② 権利消滅または権利取得の蓋然性に対して，客観的に有力な反対証拠があがり，または権利を行使することによって，権利の上に眠るという非難を退けるときは，時効制度の基礎が失われることになるとする説（舟橋『民法総則』172頁），③ 強い証拠力をもつ事実によって，一定の時における権利の存在を確認できるならば，挙証上の困難はその時以後の権利の存続についてのみ存在するので，時効期間は改めてその時から起算されてよいことになるとする説（川島『民法総則』473頁）などがある。

　判例は，消滅時効の中断は法律が権利の上に眠る者の保護を拒否して社会の永続した状態を安定させることを一事由とする時効制度に対し，その権利の上

に眠る者でない所以を表明して時効の効力を遮断しようとするものであるとする（大連判昭14・3・22民集18巻238頁は，XがYに対して債務不存在確認の訴を提起したところ，Yが債権の存在を主張して応訴し，Yが勝訴した事案であり，時効中断の効力を認めた。〔消極的確認訴訟応訴連合部判決〕）。

(イ) 請　求（民147条1号）

請求とは，権利者が時効によって利益を受ける者に対して，裁判上または裁判外において，権利を行使する行為をいう。中断の効果を生ずるためには，権利の存在について公に確認されたといえる程度に至ることを要する。民法は，請求の態様として，次のものを規定している。

① 裁判上の請求（149条）　　裁判上の請求とは，訴を提起することをいい，本訴であると反訴であるとを問わない。裁判上の請求に時効の中断の効力が認められる根拠については，(i)当該権利の存在が公権的に確定されることによって継続した事実状態が否定されるからであり，中断事由としての裁判上の請求とは，既判力によって当該権利の存在が確定される場合であるとする権利確定説（訴訟物説），および(ii)時効の中断の根拠は，権利者の断乎たる権利主張によって権利者が権利の上に眠る者でないことが明らかにされることにあるので，権利行使の明確性という要請から，時効の中断事由たりうるためには訴訟上で権利の主張ないし行使がなされなければならないとする権利行使説がある。(i)説は，訴訟物に拘束されるので，時効の中断の生ずる範囲を限定的に解釈するが，(ii)説は，時効の中断の生ずる範囲を拡大して解釈することになる。

消滅時効に関して債務の確認の訴を提起したり，取得時効に関して所有権の確認の訴を提起したり（大判昭5・6・27民集9巻619頁は，保険契約存在確認の訴に保険金請求についての中断の効力を認めた。），債権者の債務者に対する履行請求の訴や所有者の不法な占有者に対する目的物返還請求の訴などの給付の訴を提起することがその典型的な例であるが，土地の境界確定の訴のような形成の訴でもよい（大判昭15・7・10民集19巻1265頁）。破産の申立も裁判上の請求と解される（最判昭35・12・27民集14巻14号3253頁）。いずれの場合も，裁判所において権利主張がなされ，権利の存在が確認されることになるからである。中断の効力は，訴状送達の時ではなく訴の提起の時に発生する（民事訴訟法147条）。訴の提起があれば，権利の行使があったとみるべきであるだけでなく，送達を必要

とするとすれば，裁判所の事務の遅延のために中断の時期を失する虞れがあるからである（我妻『新訂民法総則』461頁）。

　被告として応訴し，権利主張をして権利が認められた場合に裁判上の請求と同様に中断の効力を認められるか否かが問題となる。判例は，古くは否定していたが（大判大11・4・14民集1巻187頁，大判昭6・12・19民集10巻1237頁），その後変更し，債権不存在確認の訴において，被告が債権の存在を主張し，被告勝訴の判決が確定したときは，被告の当該行為は裁判上の請求として，当該債権について消滅時効中断の効力を生ずるとするに至った（前掲大連判昭14・3・22民集18巻238頁は，その理由として，①消滅時効の中断は，権利の上に眠る者でないことを表明することにより時効の効力を遮断するものであること，②裁判上の請求に準ずべきものと解しても時効制度の本旨に反しないこと，③一方で権利関係の存否が訴訟上争われている間に，他方で当該権利の消滅時効を是認するような結果を生じさせる解釈を援用することは，条理にも合致しないこと，④もし消極的確認請求を棄却する判決が確定すれば，その結果は積極的確認請求訴訟において原告勝訴の判決が確定したのと同一になること，を挙げている）。

　さらに，この理論は拡張され，請求異議訴訟の被告として債権の存在を主張して勝訴することも時効中断の効力を生ずるとする（大判昭17・1・28民集21巻37頁）。所有権に基づく登記手続請求の訴において，被告が自己に所有権があることを主張して請求棄却の判決を求め，その主張が判決によって認められた場合には，裁判上の請求に準ずるものとして，原告のための取得時効を中断する効力を生ずる（最大判昭43・11・13民集22巻12号2510頁）。また，債務者兼抵当権設定者が債務の不存在を理由として提起した抵当権設定登記抹消登記手続請求訴訟において，債権者兼抵当権者が，請求棄却の判決を求め被担保債権の存在を主張したときは，裁判上の請求に準ずるものとして，被担保債権につき消滅時効中断の効力を生ずるとする（最判昭44・11・27民集23巻11号2251頁）。但し，目的物の引渡を求める訴訟において留置権の抗弁を提出し，その理由として被担保債権の存在を主張したからといって，積極的に被担保債権について訴の提起に準ずる効果があるものということはできないが，訴訟係属中はその被担保債権についての権利主張も継続してなされているものといいうるから，時効の中断の効力も訴訟係属中存続するものと解すべきであり，当該訴訟の終結後6

か月内に他の強力な中断事由に訴えれば，時効中断の効力は維持されるとする（最大判昭38・10・30民集17巻9号1252頁。但し，この判決は，前掲最判昭44・11・27民集23巻11号2251頁によって事実上変更されている。四宮『民法総則』316頁）。

訴訟の結果が不確定で予測が困難であったり，印紙代が多額になるような場合に，権利の一部について裁判上の請求をなすことがある。一部請求は損害賠償請求訴訟において実務上慣行として成立しているが，残部についても中断の効果が生ずるかが問題となる。例えば，不法行為に基づく損害賠償請求訴訟において，1000万円の損害のうち500万円だけ請求する場合に，時効の中断は1000万円全額について生ずるのか，500万円についてのみ生ずるのかという問題である。

判例は，1個の債権の数量的な一部についてのみ判決を求める旨を明示して提訴したときは，訴提起による消滅時効中断の効力は，その一部の範囲においてのみ生じ残部に及ばないとする。その理由として，①裁判上の請求があったというためには，単にその権利が訴訟において主張されたというだけでは足りず，いわゆる訴訟物となったことを要するものであり，②1個の債権の数量的な一部についてのみ判決を求める旨を明示して訴が提起された場合，原告が裁判所に対し主文において判断すべきことを求めているのは債権の一部の存否であって全部の存否でないことが明らかであるから，訴訟物となるのは右債権の一部であって全部ではなく，③訴提起とともに債権全部につき時効の中断を生ずるとの見解をとるときは，訴提起当時原告自身裁判上請求しない旨を明示している残部についてまで訴提起時に時効が中断するという不都合な結果となることを挙げている（最判昭34・2・20民集13巻2号209頁）。但し，1個の債権の一部についてのみ判決の求める趣旨が明示されていないときは，訴提起による消滅時効中断の効力は，右債権の同一性の範囲においてその全部に及ぶものとする（最判昭45・7・24民集24巻7号1177頁）。

学説は，①残部については裁判上の催告としての効力を認め，一部請求についての訴訟が終結した時から6か月内に訴を提起すればよいとする説（我妻『新訂民法総則』467頁），②一部請求を容認する判決は，その請求部分を包含する請求権の存在を確認するものであり，残部請求権の時効の中断を承認すべきであるとする説（川島『民法総則』478頁。柚木『判例民法総論（下巻）』374頁は，債

権額の全額が主張されている場合には，たとえ請求は一部であっても訴提起の時に全額が一応中断されるとする）。③一部請求の請求部分を特定できる場合には，当該特定部分についてのみ時効中断が生ずるが，請求部分を特定できない場合の拡張請求は，元の請求とともに訴を提起した時に残額部分についても時効は中断するとする説（岡本『註釈民法（第5巻）』88頁）などに分かれている。一部請求の場合には，残部については裁判上の請求がなされていないのであるから時効中断の効力を生じないが，債権額の全額および共通する責任原因が主張された場合には，残部については裁判上の催告としての効力を認めるべきであり，①説が妥当である。なお，①説は判例が一部についてしか中断効を認めていなかった時期の見解であり，現在ではその役割は終わったとして判例を支持する見解もある（川井『民法概論1（民法総則）』〔第2版〕407頁）。

　裁判上の請求は，訴の却下または取下の場合には中断の効力を生じない（民149条）。訴の却下には，管轄違いその他形式的理由によるものだけでなく，実質的理由による請求棄却の場合を含む（大判明42・4・30民録15輯439頁）。訴の取下は，本来の意味での訴の取下（民事訴訟法261条，262条）のほか，取下とみなされる場合（民事訴訟法263条）を含む。但し，訴訟係属中に調停が成立したために訴を取下げた場合には，裁判上の和解が成立したのと同視すべきものであるから，時効中断の効力を生じない（大判昭18・6・29民集22巻557頁）。単に請求の趣旨を境界確定から所有権確認に交替的に変更したにすぎないときは，訴の終了を意図する通常の訴の取下とはその本質を異にし，民法第149条にいわゆる訴の取下にはこのような場合を含まない（最判昭38・1・18民集17巻1号1頁）。

　②　支払督促（民150条）　　旧規定にあった支払命令とは，金銭その他の代替物または有価証券の一定数量の給付を目的とする請求について，債権者が，督促手続（旧民事訴訟法430条以下）により迅速にその権利を行使するために簡易裁判所に申立て，裁判所がその給付を命ずるところの命令である。民法150条は平成8年の旧民事訴訟法の改正に伴い，「支払督促」に改称された。支払督促とは，金銭その他の代替物または有価証券の一定の数量の給付を目的とする請求について裁判所書記官が発付する債務名義である（民事訴訟法382条）。支払命令の送達を条件として，申請の時に遡って時効中断の効力を生ずる（大判大

2・3・20民録19輯137頁は，送達によって時効中断の効力を生じ，それが申請時に遡及するとする)。

　支払命令は，債務者の住所地に適法に送達されることを要し，他の場所に送達されたり，住所不明のため送達されなかったときは，中断の効力を生じない（大判明40・4・11民録13輯423頁）。支払命令（支払督促）の送達の日から，2週間以内に債務者が異議を申立てる（督促異議の申立をする）ときは，その請求は通常の訴訟手続に移行し，支払命令（支払督促）の申立の時に訴の提起があったものとみなされるので（民事訴訟法395），支払命令（支払督促）は，訴の提起として時効中断の効力を持続する。これに反し，債務者が適法な督促異議の申立をしないときは，支払督促は確定判決と同一の効力を有する（民事訴訟法396条）。債務者が支払督促の送達を受けた日から2週間以内に督促異議の申立てをしないときは，裁判所書記官は，債権者の申立により仮執行の宣言をしなければならない（民事訴訟法391条1項）。仮執行の宣言の申立をすれば時効中断の効力は持続するが，債権者が30日以内にこの申立をしないときは，支払督促はその効力を失うので（民事訴訟法392条），時効中断の効力を生じない（民150条）。

　③　和解のためにする呼出（民151条）　　和解の申立（民事訴訟法275条1項）が中断事由となるのは，権利不行使の状態に変更を生じさせるだけでなく，裁判所の調書に記載された和解が確定判決と同一の効力を有するからである（民事訴訟法267条）。相手方が期日に出頭せず，または出頭しても和解が成立しなければ和解調書ができないので時効中断の効力はない。この場合には，和解期日後1か月以内に訴を提起すれば時効中断の効力を生ずる（民151条前段）。訴の提起には，民事訴訟法による訴の提起のほか，差押・仮差押，仮処分などが含まれるが，判例は，和解の呼出で債務の承認があれば，和解の申立てをした時に時効中断の効力を生ずるとする（大判昭4・6・22民集8巻597頁）。

　民事調停および家事調停の申立についても，原則として和解の申立と同様に中断の効力を生ずる（大判昭16・10・29民集20巻1367頁）。

　④　任意出頭（民151条）　　簡易裁判所における任意出頭（民事訴訟法273条）において和解の申立をしたときは（民事訴訟法275条），和解のためにする呼出と同様に取り扱われる（民151条後段）。

⑤ 破産手続参加（民152条）　破産手続参加とは，債権者が破産財団の配当に加入するために，その債権を裁判所に届け出ることである（破産法228条）。破産手続参加が権利の主張としての意味をもつのみならず，届け出た債権は債権表に記載され（破産法241条），確定債権については債権表の記載は破産債権者の全員に対して確定判決と同一の効力を有するからである（破産法242条）。債権者が参加を取消しまたは参加の請求が却下されたときは，時効中断の効力を生じない（民152条）。判例は，執行力のある債務名義または終局判決を有しない破産債権者の届出債権に対する債権調査期日における破産管財人または他の債権者の異議は，破産債権届出の時効中断の効力に影響を及ぼさないとする（最判昭57・1・29民集36巻1号105頁）。

　破産宣告の申立は，債権の消滅時効の中断事由である裁判上の請求にあたる（最判昭35・12・27民集14巻14号3253頁）。民事訴訟法の規定による配当要求は，破産手続参加と同等の効力あるものとして（大判大8・12・2民録25輯2224頁），また，和議手続参加，会社更生手続参加については明文の規定により（和議法附則2項，会社更生法5条），時効の中断に関して裁判上の請求とみなされる。

⑥ 催　　告（民153条）　催告は，債務者に対して履行を請求する債権者の意思の通知である。民法は，裁判外の何らの形式を伴わない催告を中断事由とした。ドイツ，スイスおよびフランスにおいては，裁判外の催告に時効中断の効力を認めていない。わが民法は，時効中断のため濫に訴訟を提起する弊害を防止するために，催告を中断事由とすることにしたのである（富井『民法原論（総論）』650頁。原田『日本民法典の史的素描』80頁は，旧民法以来の伝統を受けついだわが民法の特色であって，歴史的に見れば，寺院法主義の再生と見てよいとする）。しかし，その中断の効力は弱く，催告後6か月以内に他の支払命令を除く4つの請求のうちのいずれか，または差押・仮差押もしくは仮処分をしなければ中断の効力を生じないことにした。但し，相手方が提起した確認訴訟に応訴して口頭弁論期日に権利を主張することは，訴の提起と同視されるべきである（我妻『新訂民法総則』464頁。債務不存在確認訴訟の場合については，前掲大連判昭14・3・22民集18巻238頁）。1度催告して，6か月以内に再び催告するというように催告を繰り返しても中断の効力を生じない（通説。大判大8・6・30民録25輯1200頁）。したがって，催告は，時効期間満了近くに，他の強力な中断方法をと

る準備措置として実益があるだけである。

　催告が時効中断の効力を生ずるためには，相手方を履行遅滞に陥らせる必要はない。例えば，手形債務者を履行遅滞に陥らせるためには手形を呈示しなければならないが(商法517条，手形法38条，77条1項3号)，手形の呈示を伴わない催告にも，手形債権の時効を中断する効力がある(最大判昭38・1・30民集17巻1号99頁)。

　(ロ)　差押・仮差押・仮処分（民147条2号）

　これらが中断事由とされるのは，①それらが権利の現実的実現行為であること，および，②それらの手続をとおして権利の存在がある程度公に確認されたことによる（四宮『民法総則』316頁，四宮・能見『民法総則』368頁）。したがって，権利者が自ら権利の実行行為を中断した場合，または法律の規定に従わないために取消された場合(民事執行法40条)には，中断の効力を生じない(民154条。最判昭43・3・29民集22巻3号725頁：金銭債権の強制執行として執行官に対する執行委任がなされたが，債務者の所在不明のため執行不能に終わった場合)。

　担保権実行としての競売（民事執行法181条以下〔任意競売〕）は，民事執行法の制定以前は，差押に準じて中断の効力を認められるとされていた（大判大9・6・29民録26輯949頁)。民事執行法は，担保権の実行も強制執行に準じて差押によって開始するとしており（188条，189条，192条，193条2項），差押に該当することになった。

　不動産競売手続において執行力のある債務名義の正本を有する債務者がする配当要求は，差押に準ずるものとして時効中断の効力を生ずる(最判平11・4・27民集53巻4号840頁）。

　これらの手続の相手方が時効の利益を受ける者以外の者(例えば，物上保証人)である場合には，時効の利益を受ける者が知らないのに中断の効力を及ぼされるのは酷であるという理由から，時効の利益を受ける者に通知しなければ中断の効力は生じないものとされている（民155条。最判昭50・11・21民集29巻10号1537頁：物上保証人に対する抵当権の実行により，競売裁判所が競売開始決定をし，これを債務者に告知した場合；最判平8・7・12民集50巻7号1901頁は，物上保証人に対する不動産競売の申立てがされた場合，被担保債権の消滅時効の中断は，競売開始決定正本が債務者に送達された時に生じるとする）。

(ハ) 承　認（民147条3号）

(a) 承認とは，時効の利益を受けるべき者が，時効によって権利を失うべき者に対して，その権利の存在を知っていることを表示する観念の通知である。法律行為ではないので，時効を中断しようとする効果意思があることを必要としない（大判大8・4・1民録25輯643頁）。承認は，時効によって権利を失う者に対してなさなければならないが（大判大5・10・13民録22輯1886頁），書面の作成のような特別の方式を必要とせず，権利の存在を認識して表示したと認められる行為があれば足りる。承認は，明示でも黙示でもよく，裁判上であると裁判外であるとを問わない。これによって，権利の存在が確認されるだけでなく，権利者が権利を行使しなくても怠慢を責めることができなくなるからである。

(b) 承認の効力が生ずるには，行為者に権利者の権利について処分の能力または権限のあることを必要としない（民156条）。承認は，単に権利の存在を認識して表示する行為であり，それによって承認者は時効の利益を失うことになるが，その効果意思に基づくものではないからである（我妻『新訂民法総則』472頁，松坂『民法提要（総則）』346頁。星野『民法概論Ⅰ』269頁は，「承認」は相手方の権利を事実として認めるだけで，いわゆる管理行為だから，という理由で規定されたものであるとする）。したがって，例えば，被保佐人（大判大7・10・9民録24輯1886頁）や後見人（大判大8・5・12民録25輯851頁）のなした承認は中断の効力を有するが，管理の能力も権限もない者のなした承認には中断の効力がない。したがって，未成年者が法定代理人の同意なしになした承認は，取消しうべき行為となる（大判昭13・2・4民集17巻87頁）。

(c) 判例は，支払猶予の申出（大判昭9・11・6新聞3790号9頁），手形書換の承諾（大判昭13・3・5判決全集5輯6巻34頁），法人の清算人のする知れたる債権者に対する催告（大判大4・4・30民録21輯625頁）などを承認にあたるとする。債務の一部の弁済は債権全額につき（大判大8・12・26民録25輯2429頁），利息の支払は元本債権につき（大判昭3・3・24新聞2873号13頁），承認となるとする。判例は，債務者が債務の一部の弁済として小切手を債権者に交付したときは，振出交付の時でなく，銀行が振出人の委託に基づいて支払った時に残額についても承認となるとする（最判昭36・8・31民集15巻7号2027頁）。

相殺の意思表示は，受働債権の承認となり，後に相殺の主張が撤回されても

承認による時効中断の効力は失われない（最判昭35・12・23民集14巻14号3166頁）。しかし，債権者が相殺の意思表示をしたのに対して債務者が異議を述べなかっただけでは，債務の承認とはならない（大判大10・2・2民録27輯168頁）。

相手方の権利の行使に対して異議を述べないことは，必ずしも黙示の承認にならない（柚木『判例民法総論（下巻）』410頁）。例えば，利息債務についてなされた強制執行に対して異議を述べなくても，元本債務を承認したことにはならない（大判大11・4・14民集1巻187頁。同様に，相殺の意思表示に対して異議を述べなかった場合について，前掲大判大10・2・2民録27輯168頁）。

(3) 時効の中断の効果

(イ) 中断の効果

時効の中断の効果は，それまで続いた期間が一切無益なものとなることである。中断事由が終了すれば，新たに時効は進行する（民157条1項）。新たに進行する時効には，それまでに経過した期間は加算されない。中断事由がいつ終了するかは，それぞれの中断事由によって異なる。裁判上の請求については，起訴，裁判または判決確定のいずれの時に終了するかについて疑義を生ずる虞れがあるので，民法は，裁判の確定した時より時効が進行することとした（民157条2項）。判決が確定した時に，権利の現実的な実現が可能となるからである。判例は債権不存在確認訴訟において被告が債権の存在を主張することにより時効が中断した場合には，消滅時効が中断した後被告勝訴の判決が確定に至るまで時効の中断の効力は継続され，判決確定の時より時効はさらに進行を始めるとする。その理由は，訴訟上における債権存在の主張は，訴訟係属中継続するものであって，当該主張は裁判上の権利行使に外ならないから，当該主張を認容した判決の確定の時より更に時効が進行することは，民法157条2項の趣旨から明らかであるとする（大判昭16・2・24民集20巻106頁）。

(ロ) 中断の効力発生時期

中断の効力の発生時点は，① 裁判上の請求の場合は訴提起の時（民事訴訟法147条），② 応訴の場合は訴訟で自分の権利の存在を主張した時（前掲大連判昭14・3・22民集18巻238頁），③ 支払督促の場合は送達を条件として申請の時（大判大2・3・20民録19輯137頁，大判大4・5・20民録21輯750頁），④ 不動産執行

（大決昭 13・6・27 民集 17 巻 1324 頁：抵当権実行のための競売申立）および動産執行（最判昭 59・4・24 民集 38 巻 6 号 687 頁）の場合は，執行の申立をした時である。

(ハ) 中断後の時効の進行

中断の効力が消滅し，新たな時効が進行を開始する時は，① 裁判上の請求の場合は，裁判確定の時（民 157 条 2 項），② 支払命令の場合は，確定判決と同一の効力を生じた時（旧民事訴訟法 440 条，443 条），③ 有体動産および不動産に対する民事執行行為（強制執行および担保権実行としての競売）の場合は，債権者が競売代金または配当金を受け取った時（大判大 10・6・4 民録 27 輯 1062 頁），④ 金銭債権に対する強制執行による場合は，債権者が取立権（民事執行法 155 条 1 項）に基づいて取り立てた時，転付命令が発せられたときは命令送達（民事執行法 159 条 2 項）の時（大判大 6・1・16 民録 23 輯 1 頁）である。

時効が一度中断して，後に再び進行する場合にも，新しい時効の期間は常に本来の時効期間と同一である。例えば，2 年の短期消滅時効にかかる債務を承認すれば，時効期間はこの承認をした時から 2 年である。しかし，このように解すると，債権者は裁判確定後も早い時期にまた訴を提起しなければならず，確定判決またはこれと同様の効力をもつものによって強力な証拠力が認められ，公的に権利の確認がされた以上，短期のものとして扱う理由が乏しくなることから，昭和 13 年に民法 174 条の 2 が追加されることになった（詳細については，388 頁参照）。

(ニ) 時効の中断の相対効

時効の中断の効力は，中断事由に関与した当事者とその承継人との間でのみ相対的に効力を生ずる（民 148 条）。例えば，A と B が共有する土地について，A が占有者 C に対して中断行為をなした場合，中断は A の持分についてのみ生じる。法定中断の原因は，特定の人の行為によって生ずるものであり，人の行為は原則として他の人に効果を生じさせないからである。但し，地役権の不可分性（民 292 条），連帯債務者の 1 人に対する請求の絶対効（民 434 条），保証債務における主たる債務者への請求（民 457 条 1 項），連帯保証における保証人への請求（民 458 条）などの例外規定がある。これに対して，占有喪失による自然中断の場合は，占有の継続という取得時効の要件事実を欠如することになるので，

すべての人に対する関係で取得時効を中断する。

〔5〕 時効の停止

(1) 意 義

時効期間満了前に，権利者が時効を中断できない一定の事情がある場合に，権利者を保護するため時効の完成を猶予することにしている。これを時効の停止という。制度としては，時効の完成の間際だけでなく，その中途でも停止させることも可能であるが，わが民法は完成間際における停止のみを規定した。時効の停止は，時効期間の延長であって，既に経過した時効期間を無効としない点において中断と異なる。

(2) 停止事由

① 法定代理人のいない未成年者または成年被後見人の権利（民158条）

時効の期間満了前6か月になって未成年者または被後見人に法定代理人がないときは，その者が能力者となり，または法定代理人が就職して6か月を経過するまで，これらの者の不利益となる時効は完成しない。これらの者は自分自身で財産を保存することができないので，これらの者が有する権利を時効で消滅したり，他人によって時効で取得されたりすることになる時効の完成を停止することにしたのである。

不法行為を原因として被害者が心神喪失の常況にあるのに，不法行為の時から20年を経過する前6か月内に法定代理人を有しなかった場合において，その後被害者が成年後見開始の審判を受け，後見人に就職した者がその時から6か月内に損害賠償請求権を行使したなどの事情があるときは，民法158条の法意に照らし，民法724条後段の効果は生じない（最判平10・6・12民集52巻4号1087頁）。

② 法定の財産管理人に対する未成年者または成年被後見人の権利（民159条）

未成年者または成年被後見人が法定代理人として財産を管理する父母または後見人に対して権利を有する場合は，その権利を行使しまたは時効を中断する

ことは不可能であるので，これらの者が行為能力者となり，または後任の法定代理人が就職した時から6か月は，これらの権利の時効は完成しないこととした。

③　夫婦間の権利（民159条の2）

夫婦の一方が他方に対して有する権利については，婚姻解消の時から6か月内は時効が完成しない。夫婦関係が継続している間は，双方の間で自己の権利を行使することは困難なことが多いから，婚姻の解消後6か月間は時効が完成しないこととした。婚姻の解消原因は，配偶者の一方の死亡，失踪宣告（民30条以下），離婚（民739条，764条，770条），婚姻の取消（民743条以下）である。

④　相続財産に関する権利（民160条）

相続財産に関しては，相続開始当時未確定の相続人が確定し（民915条），相続財産管理人が選任され（民952条），または破産の宣告がなされた時から（破産法129条以下）6か月内は時効は完成しない。相続財産に関する権利には，相続財産に属する権利だけでなく，第三者がこれに対して有する権利も含まれる。

⑤　天災その他の事変（民161条）

時効期間満了の間際に，天災その他避けることのできない事変により時効を中断することができないときは，その妨害が止んでから2週間は時効は完成しない。

地震，洪水，豪雪または戦乱などによる裁判事務の休止というような，当事者によって回避できない外部的な事変が発生した場合でなければならず，権利者の疾病，不在または錯誤などのような主観的な事由は含まない。

〔6〕 取 得 時 効

1　取得時効の意義

取得時効とは，所有の意思を以って占有または準占有を一定期間継続することによって権利取得の効果を生ずる時効である。民法は，所有権の取得時効（162条）と所有権以外の財産権の取得時効（163条）とを認めている。

近代法は，取引の安全を保護するために，善意の取得者を保護する制度を設

けており，取得時効の社会的機能はその重要さを減少させている。わが民法は，動産の占有には公信力を与えているが，不動産の登記には公信力を認めていないので，特に不動産について取得時効制度は重要な意義を有する。

2 所有権の取得時効の要件

所有権の時効取得の要件は，ある物を所有の意思を以て平穏かつ公然に占有したことである。

(1) 占 有
(イ) 所有の意思を伴う占有（自主占有）

占有とは，「自己のためにする意思を以て物を所持する」（民180条）ことである。物を事実上支配している状態にあることを意味するが，結局は，どの程度の支配の継続によって取得時効を認めるのが妥当か否かの判断によって決定されることになる。代理人による占有（民181条）でもよいとされる（大判大10・11・3民録27輯1875頁）。取得時効の要件としては，所有の意思を伴う占有，すなわち自主占有を必要とするが，占有者は所有の意思あるものと推定されているから（民186条1項），時効の援用者が所有の意思を証明することを要しない。所有の意思の有無は，占有者の内心の意思によってではなく，占有取得の原因である権原または占有に関する事情により外形的客観的に判断される（最判昭45・6・18判時600号83頁は，農地の賃貸借により取得した占有は，賃貸借が法律上効果を生じない場合であっても他主占有であるとする。最判昭45・10・29判時612号52頁は，交換契約により土地の引渡しを受けた者は所有の意思があるとする）。例えば，売買契約や交換契約などのような所有権移転を目的とする契約に基づいて物の占有を取得した場合は自主占有であるが，賃借人や受寄者として占有を取得した場合は他主占有となる。売買によって取得された占有は，買主において代金の支払いがなかった場合でも自主占有である（最判昭44・12・18民集23巻12号2467頁）。また，他人の物の売買であるため直ちに所有権を取得するものでないことを買主が知りつつ占有を取得するものでないことを買主が知っている事実があっても，買主において所有者から土地の使用権の設定を受けるなど特段の事情のない限り，買主の占有は所有の意思をもってするものと解すべきである（最判

昭56・1・27判時1000号83頁)。また，解除条件付売買契約に基づく買主の占有も自主占有と認められ，解除条件が成就して売買契約が失効しても，占有が所有の意思をもってする占有でなくなるものではない(最判昭60・3・28判時1168号56頁)。他人の土地に建物を建て居住していた者が土地所有者に所有権移転登記手続を求めなかったり，固定資産税を負担しなかった事情をもって所有の意思がないとすることはできない(最判平7・12・15民集49巻10号3088頁)。

　他主占有の場合には，所有の意思があることを占有させた者に表示するか，または新権限によって所有の意思で占有を始めるときは自主占有となる(民185条)。例えば，賃借人が賃貸人から目的物を買取り，引き続き占有する場合である。

　他主占有者であった被相続人を承継した相続人が所有の意思をもって占有を承継した場合に，相続人の占有を自主占有と認められるかが問題となる。相続人が被相続人の死亡により，相続財産の占有を承継したばかりでなく，新たに相続財産を事実上支配することによって占有を開始し，その占有に所有の意思があるとみられる場合においては，被相続人の占有が所有の意思のないものであったときでも，相続人は民法185条の「新権原」により所有の意思をもって占有を始めたものと認められる(最判昭46・11・30民集25巻8号1437頁)。

　㋺ 「平穏」かつ「公然」の占有

　占有は，平穏かつ公然に行なわれることを要する。平穏かつ公然の占有であることは推定されるから(民186条)，時効取得に異議のある者が，強暴の占有または隠秘の占有であることを立証しなければならない。平穏の占有とは，占有者がその占有を取得し，または保持するについて暴行や脅迫などの違法な強暴の行為を用いていない占有をいい，不動産所有者その他占有の不法を主張する者から異議を受け，不動産の返還，占有者名義の所有権移転登記の抹消手続の請求があっても，このために平穏の占有でなくなるものではない(最判昭41・4・15民集20巻4号676頁)。また，公然の占有とは，占有の取得および保持について秘かに隠したりしないことである。「平穏かつ公然」の要件は，占有の取得および保持について必要とされる。

　㋩ 「他人の物」の占有

　民法162条は，取得時効の対象を「他人の物」としているので，自己の所有

権に基づいて占有する物について取得時効を主張できるか否かが問題となる。判例は，所有権に基づいて占有をした者も，その登記を経由していない等のために所有権取得の立証が困難であったり，または所有権の取得を第三者に対抗することができない等の場合には，取得時効による権利取得を主張できるとする（大審院時代の判決で肯定したものとして，大判昭9・5・28民集13巻857頁がある。最判昭42・7・21民集21巻6号1643頁）。その理由として，①このような場合において，取得時効による権利取得を主張できると解することが物件を永続して占有するという事実状態を権利関係にまで高めようとする時効制度本来の趣旨に合致し，②民法162条が，時効取得の対象物を他人の物としたのは，通常の場合において自己の物について取得時効を援用することは無意味であるからであり，同条は，自己の物について取得時効の援用を許さない趣旨ではないからであるとする。

　取得時効の対象である物は，物の一部でもよいとされている。例えば，1筆の土地の一部（大連判大13・10・7民集3巻509頁〔孫左衛門塚事件〕）や，他人の土地に権原によらずに植えつけられた樹木（最判昭38・12・13民集17巻12号1696頁）についても取得時効が認められる。

(二)　公物の取得時効

　公物すなわち道路，河川，公園などの一般公衆の共同使用に供される物が取得時効の対象となるか否かについては問題がある。判例は，現に公共の用に供されている公共用物は，明示的な公用廃止がない限り，取得時効の対象とならないとしていた（大判大10・2・1民録27輯160頁：国有道路が長年荒廃して，事実上畑地と一体となっており，国からこの耕作者を相手に明渡請求訴訟を提起した事案。大判昭4・12・11民集8巻914頁：国有下水用敷地を埋立て，その上に家屋を建てて占有した事案）。その後，最高裁判所は，公共用財産としての形態を具備しておらず，現に公共用財産としての使命を果たしていない場合には取得時効が認められるとし（最判昭44・5・22民集23巻6号993頁），公共用物は，公用廃止がない限り取得時効の対象とはならないが，公用廃止は明示的なものだけでなく黙示的なものでもよいとして，取得時効の対象となりうるとするに至った（最判昭51・12・24民集30巻11号1104頁）。

　学説は分かれている。①否定説は，公法学者に支持者の多かった見解で，公

物の特殊性を根拠に公物の時効取得を一切否定する。(美濃部達吉『日本行政法（下）』802頁)。②制限的肯定説は，公共の用に妨げのない限り，原則として公物の時効取得を認める。但し，時効によって取得した後も，公用が廃止されるまでは，公共用物たる負担を受けるとする（我妻『新訂民法総則』208頁)。③黙示的公用廃止説は，公物の特殊性から公物に対する取得時効は否定するが，黙示の公用廃止を認めたうえで時効取得を認める（渡辺宗太郎『新版日本国行政法要論（上）』189頁，杉村敏正『改訂行政法講義（上）』162頁，山田幸男「公物の時効取得」『学説展望』ジュリスト300号117頁)。④肯定説は，公物の時効取得を否定することは，偶然そこにかかわった個人の諦め，犠牲を要求し，法律生活の安定を害することになるから，これを肯定し，もし公益上の必要があるならば国民全体の負担においてこれを収用することとするほうが衡平の原理に適するとして，公物の時効取得を認める（田中二郎「公物の時効取得」『公法と私法』183頁)。

　日本国憲法下においては，公物であっても公有水面や河川流水のような私権の対象となりえない公物は別として，私権の対象となるものは，時効取得の対象となる。しかし，公用廃止処分がなされるか，実質上公物でなくなった状態にある物でなければ，私人による事実上の支配をなすことができないのであるから，実際的にも黙示的公用廃止説が妥当である。

(2)　**時効期間**

(イ)　**総説**

　所有権の取得時効に必要な占有の継続期間は，占有者が占有の初めに他人の物であることについて，善意かつ無過失であったか，悪意または有過失であったかによって異なる。善意とは，自己の自主占有が占有すべき正当な権限に基づかないことを知らないことでなく，所有権があると信ずることである。無過失とは，善意について占有者の側に過失がないことである。

　時効期間は，善意・無過失の場合は10年であり，悪意または善意であることについて過失がある場合は20年である（民162条)。わが中世以来の知行権の取得時効20年が参照されて，ローマ法以来の30年から20年に短縮したものである（原田『日本民法典の史的素描』85頁)。

162条2項は，10年の時効期間を不動産についてのみ規定しているが，占有の承継取得の場合には動産については192条によって即時にその所有権を取得するが，原始取得の場合には取得者の善意・無過失のときにも所有権の時効取得の問題を生ずるので，この場合に時効期間を20年とすることは不動産と比べて権衡を失する。したがって，動産についても，192条の適用がない場合には162条2項を準用して，10年の消滅時効にかかるものと解すべきである（通説）。

㈣　善意・無過失

善意とは，単に自己が所有権を有しないことを知らないことではなく，自分に所有権があると確信することである（通説。大判大8・10・13民録25輯1863頁）。善意は推定されるが（民186条1項），無過失は推定されないので，時効を主張する者が無過失の立証責任を負う（最判昭46・11・11判時654号52頁）。

善意無過失は，占有の始めについて定めるべきであり，後に悪意となってもよい（大判明44・4・7民録17輯187頁）。占有主体が変更して，承継された複数の占有が併せて主張される場合に，最初の占有の開始時に善意・無過失であれば足りるか否かが問題となる。判例は，この場合には，最初の占有者についてその占有開始の時点において判定すれば足りるとする（最判昭53・3・6民集32巻2号135頁）。これに対して，各占有者について決定し，もし前主が善意・無過失，後主が悪意または有過失であった場合には，後主は前主の占有が善意・無過失であったことを主張できないとする見解がある。その理由として，(i)時効の利益を享受する者が悪意または有過失であること，および(ii)187条2項との均衡，を挙げている（田中『昭和53年度重要判例解説』62頁，四宮『民法総則』304頁）。しかし，占有主体に変更がない場合には善意・無過失は占有の開始時に必要であるだけであり，後に悪意になってもよいこととの均衡から考えて，占有主体に変更がある場合にも最初の占有についてのみ判定すれば足りるというべきである。

相続による承継においても，中途から切って自己の占有のみを主張することができる（最判昭37・5・18民集16巻5号1073頁）。また，権利能力なき社団が不動産を占有し，法人格を取得した後も占有を継続した場合の法人も占有の承継人であり，自己の占有のみを主張することができる（最判平元・12・22判時1344

号129頁）。

　無過失というのは，善意について過失のないことである。登記簿の記載は公信力を有しないが，登記簿上その売主が所有名義を有することを確認し，登記を経て所有権を買受けたときは，買主は一般取引上の観念に従って取引をなしたものであって過失はない（大判大2・6・16民録19輯637頁）。無権利者から不動産を譲受けた場合でも，無権利者が登記簿上の名義人であったときは，譲受人が名義人を所有者と信ずるのは原則として無過失である（大判大15・12・25民集5巻897頁）。しかし，売主と登記簿上の所有名義とが異なる場合には，一般取引上の観念において売主の権原について疑いをはさむべき事情が存するので，買主は登記が虚偽か否かの事情を確認しなければ過失がある（大判大5・3・24民録22輯657頁）。登記簿の調査を標準とするのは，土地の権利者が何人であるかという点に関するものであり，取引した土地の面積や境界については，さらに図面を確認したり隣地所有者に尋ねたりするなどの調査を必要とする場合がある（大判昭17・2・20民集21巻118頁は，税務署で分筆の図面について調査しないのは過失であるとする）。最高裁判所は，相続人が登記簿に基づいて実地に調査すれば，相続により取得した土地の境界線を容易に知ることができたにもかかわらず，この調査をしなかったために，相続により自己の所有に属すると信じたときは過失があるとする（最判昭43・3・1民集22巻3号491頁）。これに対し，自己の所有であることを信ずることが当然であると考えられる場合には，土地登記簿を調査しないことをもって過失があったとはいえない（最判昭42・6・20判時492号49頁，最判昭52・3・31判時855号57頁）。

　(ハ)　占有の継続

　占有は時効期間中継続することを要する。占有者が任意にその占有を中止し，または他人によって占有を奪われたときは，時効の自然中断が生ずる（民164条）。前後両時において占有した証拠があれば，占有はその間継続したものと推定される（民186条2項）。占有者の承継人は，その選択に従って自己の占有のみを主張し，または自己の占有に前主の占有を合算して主張することもできるが（民187条1項），前主の占有を合算して主張する場合は，前主の占有の瑕疵をも承継する（民187条2項）。特定承継だけでなく，包括承継の場合にも適用される。また，前主が数人いるときは，その中の特定の前主以後の占有だけを主張

することができる（大判大 6・11・8 民録 23 輯 1772 頁）。

　時効の起算点について，判例は，時効の基礎たる事実の開始された時を起算点として計算すべきもので，時効援用権者において起算点を選択し，時効完成の時期を早めたり遅らせたりすることはできないとする（大判昭 14・7・19 民集 18 巻 856 頁，最判昭 35・7・27 民集 14 巻 10 号 1871 頁）。時効が完成しても，その登記がなければ，その後に登記を経由した第三者に対しては時効による権利取得を対抗できない（民 177 条）のに反し，第三者のなした登記後に時効が完成した場合には，その第三者に対しては，登記を経由しなくても時効取得をもってこれに対抗できるのであるから，起算点の選択を許せば，時効の援用権者は登記なくしてすべての第三者に対抗できることになってしまうからである。これに対して，学説では，起算点任意選択説（柚木『判例物権法総論』127 頁）や，期間逆算説（川島『所有権法の理論』267 頁。四宮『民法総則』302 頁は，継続した事実状態の反映する真実の蓋然性ないし継続の利益保護の必要を基礎とすること，および取得時効が問題となるような場合には，占有期間が明確でないことが多いことを考えると，起算点を確定しえなくても，訴提起の時から逆算して所定の期間占有していることが証明されれば足りるとする。四宮・能見『民法総則』343 頁）が有力である。

(3) 自 然 中 断

　取得時効は，民法 147 条以下の法定中断事由のほか，占有の喪失によって中断する（民 164 条）。これを自然中断という。取得時効は占有という事実状態の継続を要件とするものであるから，その事実状態がなくなるときに時効が中断するのは当然である。占有を奪われた場合は，占有回収の訴を提起すれば，占有は継続したものとされる（民 203 条）。占有を喪失すれば，すべての人に対する関係で時効が中断し，法定時効中断の場合の相対効の規定（民 148 条）は，適用されない。

3　所有権の取得時効の効果

(1) 所有権の原始取得

　取得時効によって，占有者は初めに遡ってその物の所有権を取得する（民 162 条）。時効取得は原始取得であるから（大判大 7・3・2 民録 24 輯 423 頁），前主の

所有権に存した制限は消滅し，時効取得者の所有権に移らない。例えば，A所有の土地をBが時効取得すれば，その土地上の抵当権や地上権は消滅して，Bは負担のない完全な所有権を取得する。しかし，取得時効の基礎となった占有自体に制限が存するときは，この制限を受けた所有権が時効によって取得されると解すべきである。

(2) 対 抗 要 件

A所有の土地をBが時効取得した場合には，BはAに対して所有権移転の登記請求権を有する。

時効による不動産物権の取得を第三者に対抗するためには，登記を必要とする（民177条）。しかし，時効完成当時の当事者に対しては，登記なくして時効取得を対抗することができる。例えば，A所有の不動産をBが占有し，Aが時効完成前にこの不動産をCに譲渡して移転登記も経由した場合には，Bが時効の完成を援用すれば，Cに対して登記なくして所有権の取得を対抗できることになる（最判昭41・11・22民集20巻9号1901頁は，時効当時に所有者であった者は，当事者たる地位に立ち，第三者ではないから，時効取得を登記なくして対抗できるとする）。この場合の時効完成当時の所有者とは，時効完成時までに所有権を取得した者をいい，時効完成前に原所有者から所有権を取得し，時効完成後に移転登記を経由した者に対しても，時効取得者は登記なくして所有権を対抗することができる（最判昭42・7・21民集21巻6号1653頁）。

これに対して，判例は，時効完成後に登場した第三者に対しては，二重譲渡と同視し，対抗要件として取得時効による所有権取得の登記を要するとしている（大連判大14・7・8民集4巻412頁，最判昭33・8・28民集12巻12号1936頁）。また，不動産の取得時効が完成しても，その登記がなければ，その後に所有権取得登記を経由した第三者に対しては時効による権利の取得を対抗しえないが，第三者のなした登記後に，占有者がなお引き続き時効取得に必要な期間，所有の意思をもって平穏，公然，善意，無過失に占有を継続した場合には，その第三者に対して，登記を経由しなくても時効取得をもって対抗しうる（最判昭36・7・20民集15巻7号1903頁）。判例理論によれば，時効取得を対抗するためには登記を必要とするが，時効の進行中に現われた同一不動産の譲受人に対する関

係では，譲受人が時効完成前に登記をしても，これに対して登記なくして対抗できるとする。時効の完成時期は，その起算点によって決定されるので，時効完成が譲受人の登記後になるように起算点を選択することができれば，占有者は譲受人に対抗できることになる。しかし，このように解すると，取得時効による物権変動は登記を必要としないことになり，177条の趣旨に反するので，判例は，起算点を任意に選択することはできないとする（前掲大判昭14・7・19民集18巻856頁，前掲最判昭35・7・27民集14巻10号1871頁）。

　不動産に関する物権変動を登記によって公示しようとする理想からいえば，占有のみによって不動産の取得時効を認めるわが民法の制度（162条，163条）は，十分なものではない。立法論としては，ドイツ民法900条やスイス民法661条のように，占有のほかに登記名義人であることを要件とする方が簡明かつ確実である。

　わが民法の解釈としては，占有と登記との矛盾から不動産取引に混乱を招かないようにすることが必要である。

　取得時効と登記に関して，学説は，登記制度を尊重する見解，時効制度を尊重する見解および折衷的見解に分かれている。

　① 登記制度尊重説　　時効完成の時に登記があるか否かを問題とせず，真正の所有者から権利を譲り受けた者が登記をした場合は，占有者が時効取得を主張することができるためには，登記の時を起算点として162条所定の期間が経過しなければならないとする（我妻・有泉『新訂物権法』118頁）。

　② 時効制度尊重説　　何人が真正の権利者であるかを，占有継続という事実に基づく法定証拠によって決定することを目的とするのが取得時効制度の趣旨であり，真正の権利者による権利変動と登記とがその間にあったかどうかを問題とすることは，取得時効制度の本来の趣旨に反するとする。そして，取得時効の要件をみたす占有が続いている限り，真正の権利を主張する者と時効取得者とは，物権変動の当事者たる関係にあり，時効取得者はその登記なしに時効による権利取得を主張できるとする（川島『民法総則』572頁）。

　③ 折衷説　　取得時効と登記のいずれを尊重するかという観点からの議論を避けて，取得時効が実際の訴訟上どのような場合に主張されるかという実体を考慮して，利益衡量の見地より登記の要否および時効期間を決定すべきもの

とする。これに属する見解にも種々のものがある。(i) 二重譲渡の類型では177条の趣旨からの登記の有無が重要であるが，境界紛争型などの場合には，裁判所により事後的に紛争土地が自己の所有権に属しないことが確認され，その結果として単に自主占有という結果だけが残るのであるから，登記の有無を判断の基準にすることはできないとする説（星野「取得時効と登記」『現代商法学の課題（中）』825頁）。(ii) 取引行為に162条第2項の短期取得時効が認められるのは，前主が無権利者であった場合，無権代理人を通じた取引の場合および取引が遡及的に失効した場合だけであり，二重譲渡型といえる場合には，177条により解決すべきだとする説（山田「取得時効と登記」『民法学の現代的課題』103頁）。(iii) 取引の安全の保護をはかる趣旨に基づいて，時効取得にも第177条の適用があり，第一譲受人が所有の意思をもって不動産を占有し，かつ，そのようなものとしてふるまっていることにより，起算日に所有権を取得したものとして扱われるべき実質を有しており，第二譲受人が登記を経由した場合には，登記が時効完成の前後のいずれであっても，第一譲受人は登記がないので第二譲受人に対抗できないが，さらに162条所定の期間が経過すれば，時効取得を主張することができるとする（広中『物権法（上）』154頁）。

この問題については，公示によって取引の安全を確保するという登記制度の趣旨を時効制度に反映させ，時効制度と登記制度の調和を図ることが必要であり，時効完成の前に登記に基づいて物権を取得した場合には，その登記以後において，さらに時効取得に必要な期間について占有が継続された場合でなければ時効取得の効力を生じないと解すべきである（我妻・有泉『新訂物権法』118頁）。

4 所有権以外の財産権の取得時効

所有権以外の財産権の取得時効の要件は，一定の要件を具備する準占有と一定期間の継続とである（民163条）。すなわち，自己のためにする意思を以て，平穏かつ公然に財産権を行使することを必要とする。地上権や質権などのように占有を伴う権利については目的物を占有することであり，占有を伴わない権利については準占有（民205条）である。時効期間は，所有権の場合と同様に，善意・無過失であるか否かによって10年または20年である。準占有の喪失に

よって自然中断を生ずることも（民165条），所有権の場合と同じである。

　判例は，土地の継続的な用益という外形的事実が存在し，かつ，それが賃借の意思に基づくことが客観的に表現されているときは，土地賃借権を時効により取得することができるとする（最判昭43・10・8民集22巻10号2145頁）。また，他人の土地の用益がその他人の承諾のない転貸借に基づくものである場合において，土地の継続的な用益という外形的事実が存在し，かつ，その用益が賃借の意思に基づくものであることが客観的に表現されているときは，その土地の賃借権ないし転借権を時効により取得することができる（最判昭44・7・8民集23巻8号1374頁）。地上権についても時効取得が成立するが，そのためには，土地の継続的な使用という外形的事実が存在するほかに，その使用が地上権行使の意思に基づくものであることが客観的に表現されていることを要し，成立要件が存在することの立証責任は地上権の時効取得の成立を主張する者の側にある（最判昭45・5・28判時596号41頁）。また，他人の土地の管理権を与えられていると称する者との間で締結された賃貸借契約に基づいて，賃借人が平穏・公然に土地の継続的な用益をしているときは，賃借の意思が客観的に表現されている場合にあたり，賃借人は土地の賃借権を時効取得する（最判昭52・9・29判時866号127頁）。これに対して，土地賃借権の無断譲受人が，土地の引渡を受けながら賃貸人に賃料を支払ったことがなく，また賃貸人に賃借権譲渡の承諾を求めたが拒絶され，かえって譲渡人との賃貸借契約は既に解除済みであるとして土地の明渡を求められ，その後に至って賃料の弁済供託を開始したなどの事実関係がある場合には，譲受人が賃借意思に基づいて土地の使用を継続したものとはいえず，賃借権の時効取得は認められない（最判昭53・12・14民集32巻9号1659頁）。

〔7〕 消滅時効

1　消滅時効の意義

　消滅時効とは，権利を行使しうるにもかかわらず，権利者が権利不行使の状態を一定期間継続することによって，権利消滅の効果を生ずる時効である（民166

条1項)。取得時効の結果として，原権利者が権利を喪失することになるのは，取得時効の反射的効果であって消滅時効ではない。例えば，Aの所有物をBが占有して時効によって所有権を取得すれば，Aは所有権を失うが，Aの所有権の消滅時効ではない。取得時効と消滅時効とは別個独立の法律要件であるから，始期付または停止条件付権利の客体を第三者が占有するとき，例えば，結婚したらもらうという約束の家屋を，第三者が所有の意思をもって占有するときは，始期または停止条件付権利については，始期の到来または停止条件の成就まで消滅時効は進行を開始しないが，第三者がその権利の目的物を占有するときは，その第三者のために取得時効が進行する（民166条2項本文）。その結果，始期付権利者または停止条件付権利者が，権利を行使できるようになるまでに他人の取得時効のためにその権利が消滅するという結果を防止する必要がある。そこで，民法は，権利者は，第三者の取得時効を中断するために，いつでも第三者に対して自分の権利の承認を求めることができるものとした（166条2項但書）。

2 債権の消滅時効の要件

債権の消滅時効の要件は，権利の不行使と，その状態が一定期間継続することである。

(1) 権利の不行使

権利の不行使とは，権利を行使することについて法律上の障害がないのに，これを行使しないことである。権利者の個人的理由や事実上の障害（例えば，不在や病気など）が存しても消滅時効が進行することには影響がない。被保佐人である債権者が保佐人の同意を得られないために訴を提起できない場合でも，その債権についての消滅時効の進行は妨げられない（最判昭49・12・20民集28巻10号2072頁）。権利者が権利の存在やその行使の可能性を知らなくても，時効は進行する（大判昭12・9・17民集16巻1435頁は，非債弁済による不当利得返還請求権の消滅時効は，その権利の発生と同時に進行を始めるとする）。消滅時効の期間の計算については，初日を算入しない（大判大6・11・8民録23輯1762頁）。

権利を行使することができる状態は，債権の種類により異なる。

① 期限の定めのある債権　　期限到来の時が起算点である。不確定期限のある債権も，債権者の知または不知を問わず期限到来の時である。出世払債務については，債務者が出世または出世しないことの確定した時から進行する（大判大 4・3・24 民録 21 輯 439 頁）。当事者の合意または調停などで弁済期限を延期したときは，その延期した期限が到来した時である（大判大 15・11・19 民集 5 巻 759 頁）。

　② 停止条件付または始期付債権　　条件成就または期限到来の時である（民 166 条 2 項）。

　③ 期限の定めのない債権　　債権者はいつでも請求をなしうるので，債権成立の時から時効は進行する（大判大 9・11・27 民録 26 輯 1797 頁）。

　④ 請求後一定期間経過した後に生ずる債権　　通知預金における受寄者の返還請求権や返還期を定めない消費貸借の貸主の返還請求権（民 591 条）などの債権の場合には，債権者が請求ないし解約の申入れをすることができる時期から一定期間または相当の期間経過した時から時効は進行する（大判大 3・3・12 民録 20 輯 152 頁）。債権者は，契約の成立の後は，いつでも自由に解約申入または請求の通知をして請求できるのであるから，契約が成立した時から，債権者は債権を行使することができる状態にあるだけでなく，現実に請求の通知または解約の申入のない間は時効は進行を開始しないとすれば，債権成立後に放置する場合には，消滅時効は進行しないことになって著しく権衡を失する結果となるからである（我妻『新訂民法総則』486 頁）。

　⑤ 割賦払債権　　弁済期が定めてあり同時に，一定の事由がある場合には債務者は期限の利益を失う旨の特約がなされることがある。債務者が 1 回でも弁済を怠ると債権者は直ちに全部の弁済を請求できるという特約があるときは，請求しなくとも，弁済を怠った時から残額全部について消滅時効は進行する。判例は，古くは，債権者が残額の弁済を請求する旨の意思表示をしたときに時効が進行するという債権者意思説（大判明 39・12・1 民録 12 輯 1598 頁）と，所定の事実が発生したときは直ちに時効が進行するという即時進行説（大判大 7・8・6 民録 24 輯 1570 頁）に分かれていた。その後，大審院は，連合部判決によって，債務者が 1 回でも弁済を怠ると当然に期限の利益を喪失するものと，債権者が残額について一時に全額の支払を求める意思表示をなすことを必要とする

ものとがあり，後者の場合には，債権者の意思表示の時から時効が進行すると判示した（大連判昭15・3・13民集19巻544頁〔五十九銀行貸付金割賦弁済事件〕）。最高裁判所もこれを踏襲し，1回の不履行があっても各割賦金額につき約定弁済期の到来ごとに順次消滅時効が進行し，債権者が特に残債務全額の弁済を求める旨の意思表示をした場合に限り，その時から全額について消滅時効が進行するものとする（最判昭42・6・23民集21巻6号1492頁）。

⑥ 当座預金債権　当座預金契約の終了した時から消滅時効は進行を開始する。判例は，当座預金は預金者の振出に係る小切手の資金たる性質を有するとともに小切手の償還義務を担保する作用を備えるものであるので，当座預金契約の存続する限り，預金者は小切手によらないでみだりにその払戻を請求することができず，その払戻は契約の終了した時から請求できるものであり，消滅時効もこの時から進行を開始するとしている（大判昭10・2・19民集14巻2号137頁）。

⑦ 不作為債権　不作為を目的とする債権（例えば，2階建ての建物を造らないという債務）の場合には，債務者側に違反行為がない限り，債権者側は特に積極的な権利行使をする必要がないので，違反行為があった時から消滅時効は進行を開始する。

(2)　時　効　期　間
(イ)　通常の債権
債権は原則として10年である（民167条1項）。しかし，商行為によって生じた債権は5年であり（商法522条），その他特殊な債権については，短期消滅時効の制度を設けている。
(ロ)　定期金債権（民168条1項）
定期金債権とは，年金・定期の扶助料・地上権の地代債権などのように，一定の金銭またはその他の代替物を定期に給付させることを目的とする債権である。定期金債権は，1個の基本権であって，その支分権として，定期に一定の給付に対する具体的請求権を生ずるものであるから，分割払のように一定の債権額を単に分割したにすぎないものは，民法168条にいう定期金債権ではなく，民法167条の時効にかかる（大判明40・6・13民録13輯643頁は，消費貸借に基づ

く債権は，分割して弁済すべきこととしても本条に該当しないとする）。

永小作料債権も地代債権と同様，その性質上は定期金債権であるが，永小作権は地上権と異なり（民265条，266条，270条，273条），必ず永小作料を伴うものであるから，本条の適用はない。賃借料債権についても同様である。また，利息債権は，その性質上は定期金債権であるが，主たる債務と分離して独立のものとして存在せず，主たる債権の存在する限り本条の通用はない。

定期金債権は，第1回の弁済期から20年間行使しなければ時効によって消滅する（民168条1項前段）。最後の弁済期から10年間行使しないときも同じである（民168条1項後段）。最初の数回弁済があった場合には，承認によって時効が中断し，最後の支払の時から20年で時効が完成する。

最後の弁済期より10年を経過すれば，定期金債権から生じる毎期の債権が民法167条によって消滅し，その基本債権たる定期金債権は消滅する（民168条1項後段）。

定期金債権の各期の弁済は，債務の承認として時効中断の効力を有するが，その証拠資料たる受取証は債務者の手許にあるのが通常であり，債権者はこれをもたない。したがって，債務者が，第1回の弁済期から20年間経過した後，1回も弁済したことがないと主張した場合には，債権者は時効中断を証明することが困難になり，債権者にとって極めて不利益である。そこで，民法は，定期金債権者が，時効中断の証拠を得るために，いつでも債務者の承認書を求めることができるとした（168条2項）。

(ハ) **定期給付債権**（民169条）

支分権としての定期給付債権については，原則として10年で時効にかかる。但し，年またはこれより短い時期をもって定めた金銭その他の物の給付を目的とする債権の時効期間は5年である。

(二) **短期消滅時効**

民法は，日常頻繁に生ずる債権や金額の少ない債権のうち，一定のものを選んで特別の短期の時効期間を定めている。それらの債権については，短期間で決済する取引慣行のあることが多く，債権の成立・変更および消滅について書類が作成されることが少ないという事情も短期消滅時効を定めた理由である。

① **3年の時効**にかかる債権は，次の3種である。

(i)　医師・産婆および薬剤師の治術，勤労および調剤に関する債権（民170条1項）。

　(ii)　技師・棟梁および請負人の工事に関する債権（民170条2項）。

　工事に関する債権は，工事の代金に限らず，広く工事に関連して生じた債権を含む（大判大15・6・4民集5巻451頁：棟梁が支出した木材の立替費用）。但し，この時効はその負担した工事終了の時から起算する（民170条2号）。弁済期について特約があれば，その弁済期から時効は進行する（大判昭3・4・25民集7巻295頁）。

　(iii)　弁護士・公証人に対する書類の返還請求権（民171条）。

　これらの書類は事件終了の後は直ちに返還するのが常であり，長い月日の間責任を負うべきものとすれば，書類を返還するごとに受取証をとり，長く保存しなければならず，その煩にたえないというのが，その理由である（梅『訂正増補民法要義（総則編）』431頁）。但し，弁護士が受け取った書類の所有権が依頼人に属し，依頼人がその所有権に基づいて返還請求するときは，この返還請求権は消滅時効にかからないから，本条の適用範囲外となる（我妻『新訂民法総則』493頁。これに対して，川島『民法総則』530頁は，物権的請求権が時効にかかることを認めたものとする）。

　②　**2年の時効**にかかる債権は，次の4種である。

　(i)　弁護士および公証人の職務に関する債権（民172条本文）。

　時効期間は，その原因たる事件終了の時から起算する。但し，事件が長期にわたる場合には，その事件中の各事項終了の時から5年を経過したときは，その事項に関する債権は消滅する（民172条）。

　(ii)　生産者・卸売商人および小売商人が売却した産物および商品の代価（民173条1号）。

　判例は，商人が消費者に対して売却した場合だけでなく，卸売商と小売商との間の債権についても本条の適用があるとする（大判昭7・6・21民集11巻1186頁）。これに対して，商人間の場合には帳簿関係が明瞭であって短期時効を認める必要はないとする有力な見解がある（我妻『新訂民法総則』493頁）。判例は，魚市場は問屋であり，自己の名において販売するが，自己のために販売するのではないとして卸売商人に入らないとする（大判大8・11・20民録25輯2049頁）。

また，漁業協同組合は，営利を目的とするものでないから，生産者または卸売商人にあたらない（最判昭42・3・10民集21巻2号295頁）。

(iii) 居職人および製造人の仕事に関する債権（民173条2号）。

居職人とは，出職人に対する語であり，理髪師・裁縫師のように，自分の仕事場で他人のために仕事をする者である。自動車修理工場を営む者は，居職人に該当しない（最判昭40・7・15民集19巻5号1275頁）。また，近代工業的な機械設備を備えた製造業者は，製造人に該当しない（最判昭44・10・7民集23巻10号1753頁）。

(iv) 生徒および習業者の教育・衣食および止宿の代料に関する校主・塾主・教師および師匠の債権（民173条3号）。

③ **1年の時効**にかかる債権は，次の5種である。

(i) 月またはこれより短い期間をもって定めた雇人の給料（民174条1号）。労働基準法の適用を受けるものは，2年である。（労働基準法115条）。

(ii) 労力者および芸人の賃金ならびにその供給した物の代価（民174条2号）。

労力者とは，労力を提供する大工，左官，植木職などをいう。網元またはその代理人の指揮下にあって，曳子を指揮監督しその責任者として漁業作業に従事する者は労力者ではない（最判昭36・3・28民集15巻3号617頁）。

(iii) 運送賃（民174条3号）

(iv) 旅店，料理店，貸席および娯遊場の宿泊料，飲食料，席料，木戸銭，消費物の代価ならびに立替金（民174条4号）。立替金とは，これらの営業者が立替えた場合に限り，第三者が立替えて払った場合は含まれない（大判昭8・9・29民集12巻2401頁）。

(v) 動産の損料（民174条5号）

貸本，貸ふとんなどのような，日常生活に生じる短期の動産の賃料であり，長期のものは含まれない（大判昭10・7・11民集14巻1421頁）。土木建設用のショベルドーザーが，営業のため数か月にわたり毎月払いの約定で賃貸された場合における賃料は，動産の損料に該当しない（最判昭46・11・19民集25巻8号1331頁）。

3　債権以外の財産権の消滅時効

(1)　債権または所有権でない財産権

　地上権，永小作権，地上権などは，20年の不行使によって消滅時効にかかる（民167条2項）。所有権は，消滅時効にかからない（民167条2項）。これは所有権絶対の思想の現われである。所有権が消滅時効にかからないというのは，所有者がその権利行使をしなくても所有権は消滅しないということであり，他人が取得時効によって所有権を取得する結果，原所有者は所有権を失い返還請求権もなくなることはいうまでもない。占有権は，一定の事実状態があれば常に存在し，その事実状態が消滅すれば当然に消滅するものであり，消滅時効にかからない。また，物権的請求権も，所有権から不断に流出するものであり，時効にかからないとするのが通説（我妻『新訂民法総則』495頁）および判例（大判大5・6・23民録22輯1161頁，大判大11・8・21民集1巻493頁）である。同様の理由により，所有権に基づく登記請求権も消滅時効にかからない（大判大5・4・1民録22輯674頁，大判大9・8・2民録26輯1293頁）。このほか，消滅時効にかからない権利としては，相隣権（民209条以下），共有物分割請求権（民256条），担保物権などがある。担保物権は，債権の担保を目的とする権利であるから，債権が存在する限り担保物権のみが時効にかかることはないが，抵当権については民法396条の特則がある（大判昭15・11・26民集19巻1100頁）。

(2)　存続期間が定められている形成権

　民法126条の取消権についても，時効期間ではなく除斥期間と解すべきものとされており，時効は問題とならない。これに対して，法文上存続期間が定められていない形成権，例えば，民法541条以下の解除権や民法556条の予約完結権などの存続期間については，一律に債権以外の財産権として20年の消滅時効にかかるとすることはできず，それぞれの権利の性質とその行使によって生ずる権利関係とを考慮して決定しなければならない。解除によって発生する原状回復請求権や売買予約の完結権によって生じる代金請求権が10年の消滅時効にかかるのに，その手段である形成権が20年間の消滅時効にかかるとするのは権衡を失する。したがって，解除権は解除によって生ずる原状回復請求の債

権と同じく，また，売買予約完結権は予約の完結によって生ずる代金債権と同じく，10年の期間によって消滅すると解すべきである。判例は，形成権も時効にかかるとし，債権に準ずべき解除権や売買予約完結権について，10年の時効で消滅するとする（大判大10・3・5民録27輯493頁，最判平2・6・5民集44巻4号599頁）。但し，商事売買における解除権は，5年で時効によって消滅する（大判大6・11・14民録23輯1965頁）。

4 判決などで確定した権利の消滅時効期間

消滅時効にかる前に訴を提起すれば消滅時効は中断するが（民157条1項），裁判が確定した時より再び消滅時効は進行する（民157条2項）。その場合の確定判決後の新たな時効期間について，10年より短い時効期間の定めがある権利についても，その時効期間は10年とする。裁判上の和解，調停その他確定判決と同一の効力を有するものによって確定した権利についても同様である（民174条の2第1項）。但し，10年に延長される効果は，確定の当時まだ弁済期の到来しない債権には生じない（同条2項）。民法の起草者および学説は，短期消滅時効にかかる債権については，裁判で権利が認められたからといっても権利の性質を変えるものではないから長期時効に変わることはないとしていた（梅『訂正増補民法要義（総則編）』394頁）。しかし，確定判決で権利の存在が確認された以上，短期の消滅時効を認める必要はないことから，昭和13年の改正で本条が追加された。

判例は，主たる債務者の債務の短期消滅時効期間が本条の規定によって10年に延長されるときは，これに応じて保証人の債務の消滅時効期間も10年に変ずるとする（最判昭43・10・17判時540号34頁）。また，手形債権が仮執行宣言付支払命令により確定したときは，原因債権の消滅時効も確定の時から10年になるとする（最判昭53・1・23民集32巻1号1頁）。主たる債務の破産手続において債権者が債権の届出をし，その保証人が債権調査期日後に債権全額を弁済し，債権者の地位を代位により承継した旨の届出名義の変更した場合には，変更をした時に求償権の消滅時効は中断し，174条の2の規定は適用されない（最判平

7・3・23民集49巻3号984頁)。

事項索引

あ

悪意の転得者 …………………90,214
相手方のある単独行為 ……………178
相手方のない単独行為 ……………178
安全配慮義務の理論 …………………30

い

遺言の自由 …………………………176
意思主義 ……………………………207
意思能力 ………………………………56
意思の欠缺 …………………………207
意思表示 …………………………177,205
　　　　の効力発生時期 …………245
　　　　の受領能力 ………………249
居職人 ………………………………386
一物一権主義 ………………………152
一部不能 ……………………………189
一部無効 ……………………………315
委任状 ………………………………262
違法行為 ……………………………175
隠匿行為 ……………………………212

う

訴えの提起（時効の中断）…………358
ウルトラ・ヴィーレースの理論 …114

え

営業を許された未成年者 ……………64
営業の自由の制限 …………………200
営利法人 …………………………97,119
エストッペル（禁反言）の原則 …29,292
延期証の差入れ（時効利益の放棄）…355
援用（時効の）……………………349
　──権者 …………………………349
　──権の濫用 ……………………353
　──の効力 ………………………352

　──の時期 ………………………351
　──の場所 ………………………351
　──の方法 ………………………351
NPO〔Non Profit Organization〕法
　（特定非営利活動促進法）………110

お

応訴（時効の中断）…………………359
公の秩序 ……………………………194
恩給担保 ……………………………192

か

外形標準説 …………………………124
外国人 …………………………………54
外国法人 ……………………………146
　──の登記 ………………………147
　──の認許 ………………………146
解除権の行使と権利濫用 ……………38
解除権の存続期間 …………………387
解除条件 ……………………………326
外部的容態 …………………………175
改良行為 ……………………………265
隔地者間の意思表示 ………………246
拡張解釈 ………………………………44
確定期限 ……………………………333
確定効果説 …………………………345
確定判決のあった権利の時効期間 …388
確定無効 ……………………………314
瑕疵ある意思表示 …………………235
果　実 ………………………………170
過失責任の原則 …………………22,23
　──の修正 …………………………23
仮植中の植物（定着物か）…………161
割賦払債権 …………………………382
可分物 ………………………………156
貨　幣 ………………………………165
仮住所 …………………………………83

仮理事 …………………………………130
監　事 …………………………………136
　　——の職務権限 …………………136
　　——の地位 ………………………136
慣　習 …………………………………183
慣習法 …………………………………184
間接代理 ………………………………253
観念の通知 ……………………………175
管理行為 …………………………85,265

き

期　間 …………………………………337
　　——の計算方法 …………………337
機関（法人の） ………………………129
機関個人の責任 …………………127,128
企業担保法 ……………………………153
危険責任の理論 …………………………23
期　限 ……………………………326,332
　　——に親しまない行為 …………333
　　——の到来 ………………………333
　　——の利益 ………………………334
　　——の利益喪失約款 ……………335
　　——の利益の喪失 ………………334
　　——の利益の放棄 ………………334
期　日 …………………………………337
既成条件 ………………………………329
偽造文書による登記 …………………309
期待権 …………………………………331
危難失踪 …………………………………87
疑念性 …………………………………304
寄附行為 ………………………………109
　　——の変更 ………………………110
基本財産目録 …………………………135
基本代理権 ……………………………300
　　——の存在 ………………………298
　　——の内容 ………………………300
欺罔行為 ………………………………236
旧民法 ……………………………………6
共益権 …………………………………139
競業を禁止する契約（効力） ………200
強行法規 …………………………189,192
共同代理 ………………………………265

強　迫 …………………………………235
　　——による意思表示 ……………241
　　——を理由とする取消 …………242
虚偽表示 ………………………………209
居　所 ……………………………………82
ギールケ（Gierke） ……………………95
近代私法の三大原則 ……………………21
禁治産者 …………………………………60,66
禁反言（エストッペル）の原則 …29,292

く

果物（天然果実） ……………………171
組合（社団との対比） ………………100
クリーン・ハンズの原則 ………………29

け

経済統制法規に違反する取引 ………191
形式主義（住所に関する） ……………81
芸娼妓契約 ……………………………200
形成権 ……………………………………38
　　——の消滅時効 …………………388
契　約 …………………………………176
契約自由の原則 …………………………21
　　——の修正 …………………………22
契約締結上の過失理論 …………………31
原始取得 …………………………173,376
原始的不能 ……………………………188
現存利益 ………………………………321
元　物 …………………………………170
顕名主義 ………………………………270
顕名の方法 ……………………………272
権　利 …………………………………149
　　——の客体 ………………………149
　　——の行使期間 …………………348
　　——の失効 …………………………30
　　——の社会性 ………………………32
　　——の主体 …………………………47
　　——の取得 ………………………173
　　——の消滅 ………………………174
　　——の喪失 ………………………174
　　——の発生 ………………………173
　　——の変更 ………………………174

——の変動 …………………173
権利外観理論 ……………………292
権利失効の原則 …………………30
権利能力 …………………………47
　　——の消滅 …………………52
　　——の発生 …………………49
　　外国人の—— ………………54
権利能力なき財団 ………………105
権利能力なき社団 ………………100
権利濫用禁止の原則 ……………31

こ

行為能力 …………………………56
公益信託 …………………………97
公益法人 …………………………97
効果意思 ……………………205,207
公共の福祉 ………………………24
公共用物 …………………………372
後　見 ……………………………66
後見監督人 ………………………70
後見人 …………………………64,69
公示の方法による意思表示 ……248
公序良俗（90条）………………194
公信力 ………………166,217,219
公正証書の作成 …………………310
合同行為 ……………………177,178
後発的不能 ………………………188
公　物 ……………………………372
　　——の取得時効 ……………372
公法人 ……………………………99
公法と私法 ………………………1
効力要件（法律行為）…………180
個人の尊厳 ……………………46,151
戸　籍 ……………………………83

さ

債権行為 …………………………178
催告（時効の中断）……………363
催告権 ……………………………78
　　制限能力者の相手方の—— …78
　　無権代理人の相手方の—— …284
財産権 ……………………………22

——の行使の制限 ………………201
財産法 ……………………………19
財団抵当制度 …………………9,153
財団法人 …………………………96
　　——の設立の要件 …………109
裁判外の時効の援用 ……………351
裁判上の時効援用 ………………351
裁判上の請求（時効の中断）…358
詐　欺 ……………………………235
　　——による意思表示 ………235
　　——による取消 ……………236
詐欺的商法 ………………………199
錯　誤 ……………………………220
　　——と瑕疵担保責任 ………233
　　——と詐欺 …………………233
　　——と和解 …………………234
　　——よる無効 ………………230
　　——の意義 …………………220
　　——の効果 …………………230
詐　術 …………………………78,80
　　——による取消権の排除 …79
サヴィニー（Savigny）…………94

し

自益権 ……………………………139
シカーネ（Schikane）…………32,33
始　期 ……………………………332
権利能力の—— …………………49
私　権 ……………………………24
　　——の享有 ………………48,49
　　——の社会性 ……………24,40
　　——の得喪および変更 ……173
事件（法律事実としての）……175
時　効 ……………………………341
　　——の意義 …………………341
　　——の援用 …………………349
　　——の援用権者 ……………349
　　——の援用の効力 …………352
　　——の援用の方法 …………351
　　——の遡及効 ………………347
　　——の存在理由 ……………342
　　——の中断 …………………356

394　事項索引

──の中断事由 …………357
──の停止 ………………368
──の停止事由 …………368
──の法的構成 …………345
──の利益の放棄 ………353
時効期間（取得時効の）……373
　　　（消滅時効の）………383
時効の中断 …………………356
──の効果 ………………366
──の根拠 ………………357
──の相対効 ……………367
──の中断事由 …………357
自己契約 ……………………267
自己責任の原則 ……………22
事実たる慣習 ………………183
事実的契約関係の理論 ……59
事実問題 ………………42,187
使　者 ………………………254
──と代理人 ……………254
自主占有 ……………………370
事情変更の原則 ……………29
地震売買 ……………………10
自然人 ………………………47
自然中断 ……………………376
自然的計算方法 ……………337
死体（権利の客体）…………152
市町村長の権限踰越行為の効力 …306
失踪宣告 ……………………87
──の効果 ………………88
──の取消 ………………89
──の取消と再婚 ………91
──の要件 ………………87
実体法説 ……………………345
私的自治の原則 ……………21
──の修正 ………………22
自動車修理工場の修理代金債権 …386
支配可能性（物の要件）……151
支配権 ………………………150
支払督促（時効の中断）……361
支払猶予の申出（時効の中断）……365
私　法 ………………………1
──と公法の区別 ………1

私法人 ………………………99
死　亡 ………………………52
──の時期 ………………52
社員権 ………………………138
社員総会 ……………………137
──の決議 ………………138
──の権限 ………………137
──の招集 ………………137
社会的妥当性（法律行為の内容の）…194
社会類型的行為 ……………59
借地借家法の制定 …………12
社　団 ………………………96
社団設立行為（合同行為としての性格）
　　　　　　　　　　　　……107
社団設立の自由 ……………176
社団法人 ……………………96
終　期 ………………………332
集合物 ………………………153
住　所 ………………………81
自由設立主義 ………………106
従　物 ………………………167
住民票 ………………………83
縮小解釈 ……………………44
授権（Ermächtigung）………255
授権行為 ……………………258
出　生 ………………………49
出世払債務 …………………327
受動代理 ……………………257
取得時効 ……………………370
──と登記 ………………377
主　物 ………………………167
主務官庁 ………………106,108,111
樹木（個々の）………………164
準禁治産者 ………………61,66
純粋随意条件 ………………329
準法律行為 …………………175
条　件 ………………………326
──および期限 …………326
──に親しまない行為 …327
──の成就 ………………330
──の成否確定後の効力 …330
──の成否確定前の効力 …330

事項索引　*395*

――の成就の妨害 …………………331
条件付権利 ………………………………331
条件付法律行為 …………………………328
譲渡担保 ……………………………193,210
承認（時効の中断事由）………………365
消費者契約法 ………………………18,244
消費物 ……………………………………156
消滅時効 …………………………………381
　　――期間と起算点 …………382,383,384
　　――と除斥期間 ……………………348
　　――の援用と権利濫用 ………………38
条　理 ……………………………………185
除斥期間 …………………………………348
初日不算入の原則 ………………………338
処分行為 ……………………………256,264
所有権 ………………………………21,173,370
　　――以外の財産権の取得時効 ……379
　　――の社会性 …………………………24
　　――の取得時効 ……………………370
　　――の濫用 ……………………………34
所有権絶対の原則 …………………………21
　　――の修正 ……………………………23
自力救済 ……………………………………40
真　意 ………………………182,208,209,223
人格権 ……………………………………149
信義誠実の原則（信義則）………………25
　　――と権利濫用の禁止 ………………38
　　――と公共の福祉 ……………………26
　　――と条理 …………………………185
信玄公旗掛松事件 ……………………32,34
親権者 ………………………………………64
　　――のいない未成年者 ………………64
心臓停止説 …………………………………52
信　託 ……………………………………97
信託的法律行為 …………………………210
信頼関係破壊の理論 ………………38,186
信頼利益 …………………………………286
心裡留保 …………………………………208
人倫に反する行為 ………………………198

す

推　定 ………………………………………54

せ

「生活ノ本拠」（21条）……………………81
正義の観念に反する行為（効力）……197
制限能力者 …………………………………57
　　――と身分上の行為 …………………58
　　――の相手方の保護 …………………78
　　――の種類 ……………………………61
清算人 ……………………………………142
　　――の職務権限 ……………………142
清算法人 …………………………………142
　　――の機関 …………………………142
　　――の能力 …………………………141
製造物責任法 ………………………………18
制定法 ………………………………………3
正当事由 …………………………11,12,13
「正当ノ理由」（110条）………………304
成年期 ……………………………………61
　　皇族の―― ……………………………62
成年後見制度 ……………………………66
成年後見人 ………………………………69
成年擬制 …………………………………63
成年被後見人 ……………………………68
　　――の能力 …………………………69
成文法主義 …………………………………3
成立要件（法律行為の）………………180
責任能力 …………………………………57
折衷説（意思表示の効力に関する）
　…………………………………………207
善意の第三者
　　208,212,214,215,216,217,237,239,242
前借金無効判決 …………………………200
占　有 ……………………………………370
　　――の継続 …………………………375
「善良ノ風俗」（90条）……………194,195

そ

臓器の移植に関する法律 ………………53
相殺の意思表示（時効の中断）…365,366
双方代理 …………………………………267
贈　与（無償行為）……………………179
組織体説 …………………………………95

訴訟法説 …………………………346
損失保証契約 ……………………197

た

対抗要件と第三者の保護（94条2項）
　…………………………………215
　──（96条3項）……………237
第三者制限連合部判決 ……………44
第三者の詐欺 ……………………237
胎児の権利能力 …………………49
胎児の法律上の地位 ……………50
代替物 ……………………………156
代　表 ……………………………255
代物弁済予約 ……………………203
代　理 ……………………………249
　──と委任との関係 …………252
代理における三面関係 …………251
代理に親しまない行為 …………257
代理権 ……………………………258
　──の消滅 ……………………279
　──の発生原因 ………………258
　──の範囲 ……………………256
　──の濫用 ……………209,271
代理権授与行為 …………………258
　──と委任状 …………………262
　──の認定 ……………………261
　──の法的性質 ………………258
代理権授与の表示による表見代理（109条）
　…………………………………293
代理権消滅による表見代理（112条）
　…………………………………310
代理権限踰越による表見代理（110条）
　…………………………………298
代理行為 …………………………270
　──の瑕疵 ……………………273
　──の効果 ……………………276
代理制度の意義 …………………249
代理人 ……………………………249
　──の虚偽表示 ………211,274
　──の権限濫用 ………209,271
　──の詐欺 ……………………274
　──の能力 ……………………275

　──の不法行為による本人の責任 …276
対話者間の意思表示 ……………247
脱法行為 …………………………192
建　具 ……………………………163
建　物 ……………………………161
他人の物の売買契約 ……………314
短期消滅時効 ……………………384
団体の設立 ………………………105
単独虚偽表示 ……………………207
単独行為 …………………………177
　──の無権代理 ………………287

ち

地上権の取得時効 ………………380
地代・家賃（法定果実）………171
仲介業者の報酬請求権 …………332
中間法人 …………………………98
中間法人法 ………………………98
調停の申立 ………………………362
賃借権 ……………………………10
　──の取得時効 ………………380
　──の無断譲渡による解除の制限 …38

つ

追　認 ……………………282,322
　取り消しうべき行為の── …322
　取り消しうべき行為の法定── …323
　無権代理行為の── …………282
　無効行為の── ………………313
追認拒絶 …………………………284
通常総会 …………………………137
通謀虚偽表示（虚偽表示）………207,209

て

定　款 ……………………………107
　──の変更 ……………………108
　──の法的性質 ………………107
定期給付債権の消滅時効期間 …384
定期金債権の消滅時効期間 ……383
定期借家契約 ……………………13
停止条件 …………………………326
定着物 ……………………………160

抵当権 …………………………9,161,167
抵当制度の展開………………………… 9
電　気 ……………………………………149
天然果実 …………………………………171

と

動　機 ……………………………………221
　　──の不法 ……………………………196
　　──の錯誤 ……………………………221
当座預金債権の消滅時効 ………………383
動　産 ………………………………157,164
　　──と不動産との区別 ………………157
同時死亡の推定 …………………………53
到達主義（意思表示の効力発生時期）
　………………………………………246
　　──の結果 ……………………………247
桃中軒雲右衛門事件 ……………………43
特殊法人 …………………………………98
特定商取引に関する法律 ………………17
特定非営利活動促進法（NPO法）……111
特定物 ……………………………………157
特別失踪 ………………………………87,88
特別代理人 …………………………65,132
特別法上の法人（特殊法人）…………98
特別法による民法の修正………………9
独立性（物の要件）………………………152
土　地 ……………………………………158
　　──の定着物 …………………………160
　　──の構成部分 ………………………161
取　消 ……………………………………317
　　──と無効の差異 ……………………312
　　──と無効の競合（二重効）……58,312
　　──の効果 ……………………………320
　　──の遡及効 …………………………320
　　──の方法 ……………………………320
取消権 …………………………………284,317
　　制限能力者の──からの相手方の保護
　　……………………………………………78
　　──の短期消滅 ………………………324
　　無権代理人の相手方の── ………284
取消権者 …………………………………318
取締法規 …………………………………189

　　──違反の効力 ………………………190
取引慣行 …………………………………183
取引の安全 ………………206,207,281,308

な

内国法人 …………………………………146
名板貸契約 ………………………………191
内容の錯誤 ………………………………221

に

二重効 …………………………………58,312
日常家事に関する代理権 ………………307
庭　石 ……………………………………161
任意規定 ………………………………184,185
任意後見制度 ……………………………66
任意代理 …………………………………257
任意的記載事項 …………………………108
認可法人 …………………………………99
認定死亡 …………………………………91

ね

年齢の計算（年齢計算に関する法律）
　………………………………………338

の

脳死説 ……………………………………52
農地法の制定 ……………………………13
能動代理 …………………………………257
ノルマントン事件………………………… 6

は

背信的悪意者排除の理論 ………………30
売買予約完結権の消滅時効期間 ………388
賠償額の予定 ……………………………203
白紙委任状 ………………………………262
破産宣告の申立（時効の中断）………363
破産手続参加（時効の中断）…………363
発信主義 …………………………………245
　　──の結果 ……………………………246
ハリート事件…………………………… 6
判決などで確定した権利の消滅時効期間
　………………………………………388

事項索引

反対解釈 …………………… 44, 242
判例法 ………………………………… 3

ひ

非営利法人 ……………………… 120
　——の行為能力 ……………… 120
必要的記載事項（定款および寄附行為）
　……………………………… 107, 109
被保佐人 ………………………… 70
　——の能力 …………………… 71
被補助人 ………………………… 76
表意者の死亡・能力喪失 ……… 247
表見代理 ………………………… 292
　——の効果 ………… 297, 305, 311
表見代理制度の基礎 …………… 292
表示意思 ………………………… 205
表示機関としての使者 ………… 254
表示主義（意思表示の効力に関する）
　……………………………………… 207
表示上の効果意思 ……………… 207
表示上の錯誤 …………………… 220

ふ

不確定期限 ……………………… 333
不確定効果説 …………………… 346
不可分物 ………………………… 156
復代理 …………………………… 276
復代理権の消滅原因 …………… 281
復代理人の地位 ………………… 277
復任権 …………………………… 277
不在者 …………………………… 83
　——の財産管理制度 ………… 85
　——の財産管理人 …………… 85
不作為債権の消滅時効 ………… 383
不代替物 ………………………… 156
普通失踪 ……………………… 87, 88
物権行為 ………………………… 178
　——の独自性 ………………… 178
物権的請求権の消滅時効 ……… 387
不動産 …………………………… 158
不特定物 ………………………… 157
不能 …………………………… 188

不能条件 ………………………… 329
不法行為 ………… 34, 39, 43, 122, 175
不法条件 ………………………… 328
不融通物 ………………………… 155
不要式行為 ……………………… 179
文理解釈 ………………………… 43

へ

変額保険 ………………………… 229
変更登記 ………………………… 112

ほ

ボアソナード（Boissonade） …… 5
法源 ……………………………… 3
報償責任の理論 ………………… 23
法人 ……………………………… 92
　——の意義 …………………… 92
　——の解散 ………………… 139
　——の監督 ………………… 145
　——の機関 ………………… 129
　——の機関個人の不法行為責任 …… 127
　——の権利能力 ………… 113, 114
　——の行為能力 ………… 113, 116
　——の種類 …………………… 96
　——の消滅 ………………… 139
　——の設立 ………………… 105
　——の清算 ………………… 141
　——の登記 ………………… 111
　——の能力 ………………… 113
　——の不法行為責任 ……… 121
　——の本質 …………………… 92
　——の目的の範囲 ………… 114
　——の理事の地位 ………… 129
法人格 …………………………… 93
法人格否認の法理 ……………… 93
法人擬制説 ……………………… 94
法人実在説 ……………………… 95
法人否認説 ……………………… 95
法人設立許可の取消 …………… 145
法人法定主義 …………………… 106
法定果実 ………………………… 171
法定後見制度 …………………… 66

法定代理	258
法定代理人	64
——の権限	65
——の同意権	65
法定中断	357
法定追認	323
暴利行為	203
法律行為	175
——自由の原則	175
——の解釈	181
——の解釈の基準	181
——の効力の発生	180
——の成立	180
——の附款	326
——の分類	177
——の内容の確定	181
——の内容の実現可能性	188
——の内容の社会的妥当性	194
——の内容の適法性	189
法律効果	173
法律事実	174
法律要件	174
法律問題	42, 187
法例2条	184
保　佐	66
保佐人	74
——の権限	75
——の同意権	75
保証人の援用権	349, 350, 351
補　助	68, 76
補助人	77
ホステスの債務保証契約	204
保存行為	265
本　籍	83
本人が無権代理人を相続した場合	290

ま

毎年度財産目録	135
末日の定め方	338

み

未確定無効	282, 314

未成年者	61
——の能力	63
身分から契約へ	176
身分行為	209
——の取消	317
未分離の天然果実	171
民法典	4
——の沿革	4
——の改正	7
——の編纂	4
民法の指導原理	24
民法の構成	19

む

無因行為	178
無過失責任	23
無記名債権	165
無権代理	281
——の相手方に対する効果	284
——の本人に対する効果	282
無権代理人が本人を相続した場合	288
無権代理人の責任	284
無　効	312, 313
——と取消	312
絶対的——	312
相対的——	312
無効行為の追認	313
無効行為の転換	316
無償行為	179
無体物	149
無免許運送業者の運送契約の効力	191

め

名義貸の効力	191
明認方法	163, 164, 185

も

目的論的解釈	44
物	149
——の意義	149
——の独立性	152
——の分類	155

ゆ

有因行為 …………………………………178
有償行為 …………………………………179
有体物 ……………………………………149
融通物 ……………………………………155

よ

要式行為 …………………………………179
要素の錯誤 ………………………………226
容　態 ……………………………………175
要物契約（虚偽表示の成立要件との関係）
　………………………………………210

り

利益相反行為 ………………………65, 133, 267
履行利益（無権代理人の責任の内容）
　………………………………………286
理　事 ……………………………………129
　──の職務権限 ………………………130
　──の善管注意義務 …………………130
　──の代表権の制限 …………………131
　──の地位 ……………………………129
　──の任免 ……………………………130
立法者意思解釈 …………………………44
立木［りゅうぼく］ ……………………163
立木法 ……………………………………163
利用行為 …………………………………265
両性の本質的平等 ………………………46
臨時総会 …………………………………137

る

類推解釈 …………………………………44

れ

例文解釈 …………………………………186
暦法的計算法 ……………………………337

ろ

労働法 ……………………………………17
浪費者 ……………………………………71
ローマ法大全（Corpus juris civilis）…7
労務供給契約 ……………………………16
論理解釈 …………………………………43

わ

和解（錯誤のある場合の効力）………234
和解のためにする呼出（時効の中断）
　………………………………………362
和議手続の参加（時効の中断）………363

条文関連

44条と110条 ……………………………125
44条と709条との関係 …………………127
44条と715条1項との関係 ……………123
54条と110条との関係 …………………132
57条と826条との関係 …………………133
57条と108条との関係 …………………133
92条と法例2条との関係 ………………183
93条但書の規定の類推適用 ……………209
94条2項の類推適用 ……………………217
108条但書の事例 ………………………269
108条の拡張と縮小 ……………………270
110条と761条との関係 …………………307

判 例 索 引

(年月日順)

〔明 治〕

大判明29.10.1民録2輯9巻5頁……………263
大判明32.2.1民録5輯2巻1頁……………32
大判明32.2.9民録5輯2巻24頁……………327
大判明32.3.15民録5輯3巻20頁……………201
大判明32.3.25民録5輯3巻37頁……………198
大判明32.4.12民録5輯4巻23頁……………164
大判明32.5.2民録5輯5巻4頁……………201
大判明33.3.5民録6輯3巻19頁……………262
大判明33.5.7民録6輯5巻15頁……………237
大判明33.12.5民録6輯11巻28頁……………320
大判明34.6.20民録7輯6巻47頁……………32
大判明35.1.27民録8輯1巻77頁……………160
大判明35.3.26民録8輯3巻73頁……………226
大判明35.11.6民録8輯10巻54頁……………317
大判明35.12.22民録8輯11巻133頁………123
大判明36.1.29民録9輯102頁……………119
大判明36.3.14民録9輯313頁……………123
大判明36.5.21刑録9輯874頁……………151
大判明36.6.30民録9輯818頁……………199
大判明36.7.7民録9輯888頁……………305
大決明36.7.9民録9輯908頁……………112
大判明36.11.13民録9輯1221頁……………164
大判明37.3.25民録10輯331頁……………73
大判明37.5.12民録10輯662頁……………267
大判明38.2.13民録11輯120頁……………164
大判明38.2.21民録11輯196頁……………294
大判明38.5.11民録11輯706頁……………57
大判明38.6.10民録11輯919頁……………271
大判明38.6.27民録11輯1047頁……………262
大判明38.9.30民録11輯1262頁……………268
大判明38.10.5民録11輯1287頁……………278
大判明38.11.25民録11輯1581頁……345, 351
大判明38.12.19民録11輯1790頁……171, 172
大判明38.12.26民録11輯1877頁……………311
大判明39.3.31民録12輯492頁……………274
大判明39.4.2民録12輯553頁……………275
大判明39.5.17民録12輯758頁……………72, 297
大判明39.5.17民録12輯837頁……………323
大判明39.6.1民録12輯893頁……………72
大判明39.10.3民録12輯1167頁……………128
大判明39.11.26民録12輯1579頁……………320
大判明39.12.1民録12輯1598頁……………382
大判明39.12.13刑録12輯1360頁……………242
大判明39.12.24刑録12輯1417頁……………320
大判明40.2.12民録13輯99頁……………119
大判明40.2.25民録13輯167頁……………226
大判明40.3.18民録13輯302頁……………329
大判明40.3.30民録13輯368頁……………73
大判明40.4.11民録13輯423頁……………362
大判明40.6.1民録13輯619頁……………213
大判明40.6.13民録13輯643頁……………383
大判明40.7.9民録13輯806頁……………73
大判明41.6.10民録14輯665頁……………275
大決明41.9.1民録14輯871頁……………112
大判明41.12.15民録14輯1276頁……………44
大判明42.3.12刑録15輯229頁……………73
大判明42.4.30民録15輯439頁……………361
大判明42.5.28民録15輯528頁……………317
大阪控判明42.7.8新聞592号13頁……………208
大判明43.1.25民録16輯22頁……349, 350
大判明43.2.10民録16輯76頁……267, 270
大決明43.3.30民録16輯241頁……………73
大判明43.9.28民録16輯610頁……………143
大判明43.10.31民録16輯739頁……………327
大判明44.2.16民録17輯59頁……………118
大判明44.3.20民録17輯139頁……………119
大判明44.4.7民録17輯187頁……………374
大判明44.4.28民録17輯243頁……………278
大判明44.12.18民録17輯835頁……………73
大判明45.2.3民録18輯54頁……………321
大判明45.2.12民録18輯97頁……………309
大判明45.3.13民録18輯193頁……………246

大判明45.3.14刑録18輯337頁 ………202, 329
大判明45.5.9民録18輯475頁 …………201
大判明45.7.1民録18輯679頁 …………264

〔大　正〕

大判大元.9.25民録18輯810頁………120
大判大元.10.2民録18輯772頁………166
大判大元.10.16民録18輯870頁 ………124
東京控判大元.11.21新聞844号23頁 ……196
大判大元.12.25民録18輯1078頁…………119
大判大2.3.8新聞853号27頁…………228
大判大2.3.20民録19輯137頁………362, 366
大判大2.4.19民録19輯255頁………251, 263
大判大2.5.1民録19輯303頁…………298
大判大2.5.27新聞869号27頁 …………227
大判大2.6.4民録19輯401頁…………264
大判大2.6.16民録19輯637頁…………375
大判大2.6.28民録19輯530頁 …………141
大判大2.7.1民録19輯590頁……………73
大判大2.7.9民録19輯619頁………119, 141
大判大2.11.20民録19輯983頁…………187
大判大3.1.15新聞921号26頁 …………123
大判大3.1.20民録20輯12頁……………299
大判大3.3.12民録20輯152頁…………382
大判大3.3.16民録20輯210頁…………213
大判大3.4.6民録20輯265頁………262, 294
大判大3.4.25民録20輯342頁………354, 355
大判大3.5.16刑録20輯903頁 …………321
大判大3.6.5民録20輯437頁……………119
大判大3.7.4刑録20輯1360頁……………43
大判大3.7.9刑録20輯1475頁 …………214
大判大3.7.13民録20輯607頁……………74
大判大3.9.28民録20輯690頁 ……………65
東京地判大3.10.14新聞978号22頁………57
大判大3.10.27民録20輯818頁…………183
大判大3.10.29民録20輯846頁…………305
大判大3.11.20民録20輯954頁…………182
大判大3.12.11民録20輯1085頁…………159
大判大3.12.15民録20輯1101頁
　　　　　　　　　　　………222, 226, 228
大判大4.2.16民録21輯145頁 …………144
大判大4.2.19民録21輯163頁 …………327

大判大4.3.9民録21輯299頁……………159
大判大4.3.24民録21輯439頁………327, 382
大判大4.4.7民録21輯451頁……………268
大判大4.4.7民録21輯464頁……………252
大判大4.4.30民録21輯625頁………144, 365
大判大4.5.15新聞1031号27頁…………198
大判大4.5.20民録21輯750頁 …………366
大判大4.6.16民録21輯953頁 …………271
大判大4.9.30民録21輯1536頁…………268
大判大4.10.2民録21輯1560頁…………286
大判大4.10.19民録21輯1661頁 ………202
大判大4.12.1民録21輯1935頁…………327
大判大4.12.8民録21輯2028頁…………163
大判大4.12.11民録21輯2051頁…………349
大判大4.12.17民録21輯2124頁 ………213
大判大5.1.21民録22輯25頁……………184
大判大5.2.2民録22輯210頁………………76
大判大5.3.11民録22輯739頁…………163
大判大5.3.24民録22輯657頁…………375
大判大5.4.1民録22輯674頁……………387
大判大5.4.19民録22輯770頁 …………171
大判大5.5.8民録22輯931頁……………241
大判大5.6.1民録22輯1113頁……………89
大判大5.6.10民録22輯1149頁…………321
大判大5.6.23民録22輯1161頁…………387
大判大5.6.29民録22輯1294頁…………197
大判大5.7.5民録22輯1325頁………226, 233
大判大5.8.12民録22輯1646頁…………199
大判大5.9.20民録22輯1440頁…………164
大判大5.9.20民録22輯1721頁………323, 325
大判大5.9.20民録22輯1821頁 …………193
大判大5.10.13民録22輯1886頁………354, 365
大判大5.10.19民録22輯1931頁 ………171
大判大5.11.21民録22輯2250頁 ………210
大判大5.11.22民録22輯3301頁 ………119
大判大5.12.6民録22輯2358頁……………80
大判大5.12.25民録22輯2494頁…………356
大判大5.12.28民録22輯2529頁…………322
大判大6.1.16民録23輯1頁 …………367
大判大6.2.7民録23輯210頁 …………263
大判大6.2.13新聞1253号26頁…………265
大判大6.2.19民録23輯311頁…………355

判例索引　*403*

大判大6.2.24民録23輯284頁
　………………………………222, 224, 228
大判大6.4.7民録23輯690頁 ……… 123, 134
大判大6.4.27民録23輯706頁 ……………197
大判大6.5.18民録23輯831頁 ………………50
大判大6.5.28民録23輯846頁 ……………329
大判大6.7.21民録23輯1168頁……………271
大判大6.8.22民録23輯1293頁……………352
大判大6.9.6民録23輯1319頁 ……………235
大判大6.9.18民録23輯1342頁……………234
大判大6.9.20民録23輯1360頁……………241
大判大6.9.26民録23輯1495頁……………80
大判大6.10.10民録23輯1564頁 …………202
大判大6.11.8民録23輯1758頁……………231
大判大6.11.8民録23輯1762頁 ……347, 381
大判大6.11.8民録23輯1772頁……………376
大判大6.11.10民録23輯1955頁 …………164
大判大6.11.14民録23輯1965頁 …………388
大判大6.12.12民録23輯2079頁 …………192
大判大6.12.26新聞1380号34頁 …………263
大判大7.2.14民録24輯221頁 ……………329
大判大7.2.27民録24輯368頁 ……………162
大判大7.3.2民録24輯423頁………………376
大判大7.3.8民録24輯427頁………………131
大判大7.3.13民録24輯523頁 ……………159
大判大7.3.20民録24輯623頁 ……………334
大判大7.3.27民録24輯599頁 ……………228
大刑判大7.3.27刑録24輯241頁 …………124
大判大7.4.13民録24輯669頁 ……………161
大判大7.4.20民録24輯751頁 ……………144
大判大7.4.29民録24輯785頁 ……………253
大判大7.5.10民録24輯830頁 ……………201
大判大7.5.23民録24輯1027頁 …………270
大判大7.6.1民録24輯1159頁 ……………229
大判大7.6.13民録24輯1263頁……………302
大判大7.7.3民録24輯1338頁 ……………227
大判大7.7.6民録24輯1403頁 ……………121
大判大7.7.6民録24輯1467頁 ……………352
大判大7.8.6民録24輯1570頁 ……………382
大判大7.9.18民録24輯1710頁……………43
大判大7.10.3民録24輯1852頁 ……226, 229
大判大7.10.9民録24輯1886頁……………365

大判大7.10.12民録24輯1954頁 …………200
大阪控判大7.10.14新聞1467号21頁 ……236
大判大7.10.30民録24輯2087頁 …………262
大判大7.12.3民録24輯2284頁……………231
大判大8.1.25民録25輯89頁………………143
大判大8.2.24民録25輯340頁 ……………303
大判大8.3.3民録25輯356頁 ………… 32, 34
大判大8.3.15民録25輯473頁 ……………169
大判大8.4.1民録25輯643頁………………365
大判大8.4.30民録25輯709頁 ……………278
大判大8.5.12民録25輯851頁 …… 72, 354, 365
大判大8.5.24民録25輯889頁 ……………170
大判大8.6.3民録25輯955頁………………317
大判大8.6.19民録25輯1058頁……………351
大判大8.6.19民録25輯1063頁……………216
大判大8.6.24民録25輯1095頁……………352
大判大8.6.30民録25輯1200頁……………363
大判大8.7.4民録25輯1215頁
　………………………346, 349, 351, 352, 354
大判大8.7.9民録25輯1373頁 ……………193
大判大8.8.1民録25輯1413頁 ……………261
大判大8.10.13民録25輯1863頁 …………374
大判大8.11.3民録25輯1955頁……………303
大判大8.11.19刑録25輯1133頁 …………197
大判大8.11.20民録25輯2049頁 …………385
大判大8.12.2民録25輯2224頁……………363
大判大8.12.13刑録25輯1367頁 …………49
大判大8.12.26民録25輯2429頁 …… 267, 365
大阪控判大8.12.27新聞1659号11頁 ……34
大判大9.1.21民録26輯9頁…………………63
大判大9.2.19民録26輯142頁 ……………163
大判大9.4.27民録26輯606頁 ……………272
大判大9.5.5民録26輯622頁………………164
大判大9.5.25民録26輯759頁……………347
大判大9.5.28民録26輯773頁 …… 196, 198, 328
大判大9.6.5民録26輯812頁………………273
大判大9.6.24民録26輯923頁 ……………335
大判大9.6.24民録26輯1083頁 …… 123, 256
大判大9.6.29民録26輯949頁 ……………364
大判大9.7.23民録26輯1171頁 …… 213, 216
大決大9.7.23民録26輯1157頁……………81
大判大9.8.2民録26輯1293頁 ……………387

大決大9.10.18民録26輯1551頁 ………… 213
大判大9.10.21民録26輯1561頁 ………… 131
大判大9.11.27民録26輯1797頁 ………… 382
大判大9.12.9民録26輯1895頁………… 272
大判大10.2.1民録27輯160頁 ………… 372
大判大10.2.2民録27輯168頁 ………… 366
大判大10.2.14民録27輯285頁 …… 263,355
大判大10.3.4民録27輯407頁 ………… 257
大判大10.3.5民録27輯493頁 ………… 388
大判大10.5.18民録27輯939頁 ………… 187
大判大10.5.23民録27輯957頁 ………… 327
大判大10.6.2民録27輯1038頁 ………… 183
大判大10.6.4民録27輯1062頁 ………… 367
大判大10.7.13民録27輯1318頁 ………… 273
大判大10.7.25民録27輯1408頁 ………… 151
大判大10.8.10民録27輯1480頁……… 161,164
大判大10.9.29民録27輯1774頁 ………… 200
大判大10.11.3民録27輯1875頁 ………… 370
大判大10.11.15民録27輯1959頁 ………… 170
大判大10.12.6民録27輯2121頁 ………… 278
大判大10.12.10民録27輯2103頁………… 30
大判大10.12.15民録27輯2160頁 …… 228,234
大判大11.2.6民集1巻13頁 ………… 235
大判大11.3.13民集1巻102頁 ………… 338
大判大11.3.22民集1巻115頁………… 227,231
大判大11.4.14民集1巻187頁 …… 352,359,366
大判大11.5.11評論11民308頁 ………… 124
大判大11.6.2民集1巻267頁………… 75,76,318
大判大11.6.6民集1巻295頁 ………… 267,268
大判大11.8.4民集1巻488頁 ………… 69,71
大判大11.8.21民集1巻493頁 ………… 387
大判大11.10.10民集1巻575頁 ………… 159
大判大11.11.24民集1巻738頁………… 29
大判大12.3.26民集2巻182頁 ………… 352
大判大12.4.26民集2巻272頁 ………… 233
大判大12.5.24民集2巻323頁 ………… 270
大連判大12.7.7民集2巻438頁………… 317
大判大12.11.26民集2巻634頁………… 267
大判大12.12.12民集2巻668頁………… 198
大判大13.2.9民集3巻8頁 ………… 280
大連判大13.10.7民集3巻476頁 ………… 159
大連判大13.10.7民集3巻509頁………… 159,372

大判大14.5.9新聞2430号12頁………… 315
大連判大14.7.8民集4巻412頁 ……… 348,377
大決大14.7.11民集4巻423頁 ………… 142
大判大14.8.3新聞2475号13頁 ………… 182
大判大14.10.3民集4巻481頁 ………… 260
大判大14.10.5民集4巻489頁 ………… 264
大判大14.10.29民集4巻522頁 ………… 263
大判大14.11.9民集4巻545頁 ………… 242
大判大14.12.3民集4巻685頁 ………… 28
大判大14.12.14民集4巻590頁 ………… 278
大判大14.12.21民集4巻743頁 …… 304,310
大判大14.12.24民集4巻765頁 ………… 283
大判大15.2.22民集5巻99頁 ………… 161
大決大15.4.19民集5巻259頁 ………… 142
大判大15.4.21民集5巻271頁 ………… 191
大判大15.6.4民集5巻451頁 ………… 385
大決大15.9.4新聞2613号16頁 ………… 210
大判大15.10.11民集5巻703頁 ………… 316
大連判大15.10.13民集5巻785頁 ………… 124
大判大15.11.19民集5巻759頁 ………… 382
大判大15.12.25民集5巻897頁………… 375

〔昭 和〕

大判昭2.1.25新聞2666号14頁………… 247
大判昭2.3.22民集6巻106頁 ………… 288
大判昭2.3.23評論16民568頁 ………… 261
大判昭2.3.23新聞2677号7頁 ………… 255
大判昭2.4.21民集6巻166頁 ………… 287
大判昭2.4.25民集6巻182頁 ………… 170
大決昭2.5.4民集6巻219頁 ………… 81
大判昭2.5.19刑集6巻190頁 ………… 129
大判昭2.5.27民集6巻307頁 ………… 152
東京控判昭2.6.7新聞2732号10頁 ……… 57
大判昭2.10.22新聞2767号16頁 ………… 170
大判昭2.12.24民集6巻754頁………… 310,311
大判昭3.2.6刑集7巻83頁 ………… 200
大判昭3.3.24新聞2873号13頁 ………… 365
大判昭3.4.25民集7巻295頁 ………… 385
大判昭3.8.1民集7巻687頁 ………… 321
大判昭3.8.3刑集7巻533頁 ………… 197
大判昭3.8.8新聞2907号9頁 ………… 164
大判昭3.11.8民集7巻980頁 ………… 350

大判昭4.1.23新聞2495号14頁 …………242	大判昭7.6.21民集11巻1186頁 ……349, 385
大判昭4.2.20民集8巻59頁 ………242, 243	大判昭7.6.30民集11巻1464頁 …………269
大判昭4.2.23民集8巻337頁 …………268	大決昭7.7.26民集11巻1658頁 ……………87
大判昭4.5.3民集8巻447頁 …………297	大判昭7.8.9民集11巻1879頁 …………237
大判昭4.6.21新聞3031号16頁 ……………72	大判昭7.10.6民集11巻2023頁 ……………50
大判昭4.6.22民集8巻597頁 …………362	大判昭7.10.26民集11巻1920頁 …………322
大判昭4.7.4民集8巻686頁 …………316	大判昭7.10.29民集11巻1947頁 …………201
大判昭4.10.19新聞3081号15頁 …………160	大判昭7.11.25新聞3499号8頁 ……299, 301
大判昭4.11.22新聞3060号16頁 …………324	大判昭7.12.9新聞3503号9頁 ……………72
大判昭4.12.11民集8巻914頁 …………372	大判昭7.12.24新聞3518号17頁 …………302
大判昭4.12.18新聞3081号10頁 …………187	大判昭8.1.28民集12巻10頁 …………286
大判昭4.12.21民集8巻961頁 …………190	大判昭8.1.31民集12巻24頁 ……………80
大判昭4.12.26新聞3081号16頁 …………187	大判昭8.3.24民集12巻490頁 …………161
大判昭5.2.12民集9巻143頁 …………300	大判昭8.4.10民集12巻574頁 ……………72
大判昭5.3.4民集9巻299頁 …………283	大判昭8.4.28民集12巻1040頁 …………323
大判昭5.4.18民集9巻398頁 ……………80	大判昭8.6.16民集12巻1506頁 …………213
大判昭5.5.6新聞3126号14頁 …………297	大判昭8.7.19民集12巻2229頁 …………120
大判昭5.5.24民集9巻468頁 …………337	大判昭8.9.29民集12巻2401頁 …………286
大判昭5.6.27民集9巻619頁 …………358	大判昭8.11.22民集12巻2756頁 …………311
大判昭5.10.2民集9巻930頁 ……………57	大判昭8.12.2民集12巻2804頁 …………261
大判昭5.10.30新聞3203号8頁 …………227	大判昭8.12.9民集12巻2827頁 …………306
大判昭5.12.18民集9巻1147頁 ……163, 168	大判昭8.12.18民集12巻2854頁 …………169
大判昭5.12.23評論20民31頁 …………263	大判昭8.12.19民集12巻2882頁 …………213
大判昭6.2.9評論20民訴141頁 …………261	大判昭9.1.24民集13巻64頁 …………144
大判昭6.4.21評論20商381頁 …………261	大決昭9.2.2民集13巻115頁 …………131
大判昭6.5.2民集10巻232頁 …………339	大判昭9.2.26民集13巻366頁 ……………28
大判昭6.6.4民集10巻401頁 …………356	大判昭9.3.7民集13巻278頁 ……………29
大判昭6.6.9民集10巻470頁 ………210, 213	大判昭9.3.28民集13巻318頁 …………191
大判昭6.6.22民集10巻440頁 …………320	大判昭9.4.6民集13巻492頁 …………166
大判昭6.7.22民集10巻593頁 …………163	大判昭9.4.12民集13巻596頁 …………202
大判昭6.10.19新聞3336号11頁 …………236	大判昭9.5.2民集13巻670頁 …………350
大判昭6.10.24新聞3334号4頁 ………213, 214	大判昭9.5.4民集13巻633頁 ………226, 232, 255
大判昭6.10.28民集10巻975頁 …………293	大判昭9.5.5民集13巻562頁 ……………73
大判昭6.11.14民集10巻1060頁 …………269	大判昭9.5.25民集13巻829頁 …………213
大判昭6.11.24裁判例5民249頁 …………294	大判昭9.5.28民集13巻857頁 …………372
大判昭6.12.19民集10巻1237頁 ……352, 359	大判昭9.9.10民集13巻1777頁 …………288
大判昭6.12.22裁判例5民286頁 ……………76	大判昭9.9.15民集13巻1839頁 …………334
大判昭7.3.5新聞3387号14頁 ………231, 274	大判昭9.10.5新聞3757号7頁 …………124
大判昭7.4.19民集11巻837頁 ……107, 208, 211	大判昭9.10.5判決全集11号3頁 …………133
大判昭7.5.27民集11巻1069頁 …………128	大判昭9.10.23新聞3784号8頁 …………198
大判昭7.6.6民集11巻1115頁 …………269	大判昭9.10.24新聞3773号17頁 …………246
大判昭7.6.9民集11巻1341頁 …………162	大判昭9.11.6新聞3790号9頁 …………365

判例索引　405

大判昭9.11.26新聞3790号12頁 …………247
大判昭9.12.28民集13巻2427頁 …………164
大判昭10.1.29民集14巻183頁 ……222, 228
大判昭10.2.4裁判例9民15頁 …………229
大判昭10.2.19民集14巻137頁…………383
大判昭10.3.25民集14巻389頁…………306
大判昭10.7.11民集14巻1421頁 …………386
大判昭10.8.10新聞3882号13頁 …………279
大判昭10.9.10民集14巻1717頁………256, 314
大判昭10.10.1民集14巻1671頁 …………162
大判昭10.10.5民集14巻1965頁 …………35
大判昭10.10.10判決全集23輯4頁 …………261
大判昭10.11.9民集14巻1899頁 …………325
大判昭10.12.24民集14巻2096頁…………351
大判昭11.2.14民集15巻158頁…………246
大判昭11.7.10民集15巻1481頁 …………33
大判昭11.8.4民集15巻1616頁…………331
大判昭11.8.7民集15巻1630頁…………65
大判昭11.10.3民集15巻2035頁 …………310
大判昭11.11.21民集15巻2072頁…………241
大判昭12.4.17判決全集4輯8巻3頁………226
大判昭12.4.20新聞4133号12頁 …………198
大判昭12.5.28民集16巻903頁……………72
大判昭12.6.29民集16巻1014頁 …………151
大判昭12.6.30民集16巻1298頁 …………162
大判昭12.8.10新聞4181号9頁……………214
大判昭12.9.17民集16巻1435頁 …………381
大判昭12.10.5新聞4042号6頁……………126
大判昭13.2.4民集17巻87頁…………365
大判昭13.2.7民集17巻59頁………………90
大判昭13.2.8民集17巻100頁…………130
大判昭13.2.21民集17巻232頁…………231
大判昭13.3.5判決全集5輯6巻34頁………365
大判昭13.3.8民集17巻367頁 …………216
大判昭13.3.30民集17巻578頁…………196
大判昭13.6.8民集17巻1219頁…………119
大判昭13.6.27民集17巻1324頁 …………367
大判昭13.9.28民集17巻1927頁 …………164
大判昭13.10.26民集17巻2057頁…………33
大判昭13.11.11判決全集5輯22号5頁……227
大判昭13.11.16民集17巻2216頁…………288
大判昭13.12.10判決全集5輯24巻31頁……299

大判昭13.12.17民集17巻2651頁…………213
大刑昭14.3.7刑集18巻93頁…………152
大連判昭14.3.22民集18巻238頁
　　　　　　　　　　………358, 359, 363, 366
大判昭14.3.29民集18巻370頁…………352
大判昭14.7.19民集18巻856頁………376, 378
大判昭14.9.22新聞4481号7頁…………211
大判昭14.10.26民集18巻1157頁…………321
大判昭14.11.6民集18巻1224頁 …………197
大判昭14.12.6民集18巻1490頁………211, 274
大判昭15.2.20民集19巻200頁…………121
大判昭15.2.27民集19巻441頁 ………124, 126
大連判昭15.3.13民集19巻544頁 …………383
大判昭15.4.5新聞4563号12頁…………104
大判昭15.4.24民集19巻749頁…………297
大判昭15.6.1民集19巻944頁…………325
大判昭15.6.19民集19巻1023頁 …………131
大判昭15.7.10民集19巻1265頁 …………358
大判昭15.7.16民集19巻1185頁 …………85
大判昭15.10.10新聞4627号12頁…………256
大判昭15.11.2新聞4642号7頁…………186
大判昭15.11.26民集19巻1100頁…………387
大判昭15.12.11法学10巻539頁…………299
大判昭16.2.4新聞4674号8頁…………261
大判昭16.2.24民集20巻106頁…………366
大判昭16.2.25新聞4673号7頁…………197
大判昭16.2.28民集20巻264頁…………127
大判昭16.3.15民集20巻491頁…………263
大判昭16.3.25民集20巻347頁…………120
大判昭16.6.26新聞4716号11頁 …………299
大判昭16.8.26民集20巻1108頁 …………192
大判昭16.8.30新聞4747号15頁………213, 274
大判昭16.9.26新聞4743号15頁 …………327
大判昭16.10.29民集20巻1367頁…………362
大判昭17.1.28民集21巻37頁 …………359
大判昭17.2.20民集21巻118頁 …………375
大判昭17.2.25民集21巻164頁 …………288
大判昭17.4.13民集21巻362頁 …………269
大連判昭17.5.20民集21巻571頁…………306
大判昭17.9.30民集21巻911頁…………239
大判昭17.11.28新聞4819号7頁…………246
大判昭18.6.29民集22巻557頁…………361

大判昭18.9.29民集22巻983頁……………329
大判昭18.12.22民集22巻1263頁…………213
大判昭19.2.4民集23巻42頁……………268
大判昭19.10.24民集23巻608頁 …………191
大連判昭19.12.22民集23巻626頁 …………302
大判昭20.5.21民集24巻9頁……………319
大判昭20.11.12民集24巻115頁 …………191
大判昭20.11.26民集24巻120頁 …212, 213, 214
最判昭23.9.18民集2巻10号231頁 ………329
最判昭23.12.23民集2巻14号493頁………209
東京地判昭25.10.6下民集1巻10号1596頁
　………………………………………293
最判昭25.12.1民集4巻12号625頁 ………25
最判昭25.12.28民集4巻13号701頁………316
最判昭26.6.1民集5巻7号367頁………267, 269
東京地判昭26.10.16下民集2巻10号34頁
　………………………………………294
最判昭26.12.21民集5巻13号796頁…………81
最判昭27.1.29民集6巻1号49頁 …………304
最判昭27.2.15民集6巻2号77頁 …………120
最判昭27.4.25民集6巻4号451頁…………187
大阪地判昭27.10.31下民集3巻10号1536頁
　………………………………………294
最判昭27.11.20民集6巻10号1015頁 ……203
最判昭28.4.23民集7巻4号396頁 ……92, 279
最判昭28.6.16民集7巻6号629頁 ……313, 322
最判昭28.9.25民集7巻7号979頁…………38
最判昭28.10.1民集7巻10号1019頁…………213
最判昭28.12.3民集7巻12号1311頁…………305
最判昭28.12.18民集7巻12号1470頁 ……203
最判昭28.12.28民集7巻13号1683頁 ……264
最判昭29.2.12民集8巻2号465頁…………227
最判昭29.6.25民集8巻6号1321頁…………309
最判昭29.7.16民集8巻7号1359頁 …………318
最判昭29.8.20民集8巻8号1505頁 …………217
最判昭29.8.24集民15号439頁……………256
最大判昭29.10.20民集8巻10号1907頁 …82
最判昭29.11.5刑集8巻11号1675頁…………166
最判昭29.11.26民集8巻11号2089頁……222
最判昭30.5.13民集9巻6号679頁…………118
最判昭30.6.24民集9巻7号919頁…………159
最判昭30.9.30民集9巻10号1498頁………192

最判昭30.10.7民集9巻11号1616頁…………200
最判昭30.10.27民集9巻11号1720頁 ……193
最判昭30.10.28民集9巻11号1748頁 ……120
最判昭30.11.22民集9巻12号1781頁 ……30
最判昭30.11.29民集9巻12号1886頁 ……121
大阪地判昭30.12.6下民集6巻12号2559頁
　………………………………………154
最判昭31.4.6民集10巻4号342頁…………329
最判昭31.4.24民集10巻4号417頁 ………30
最判昭31.5.18民集10巻5号532頁 ………191
最判昭31.6.1民集10巻6号612頁…………279
最判昭31.7.20民集10巻8号1045頁………163
東京高判昭31.8.17下民集7巻8号2213頁
　………………………………………186
最判昭31.9.18民集10巻9号1148頁………304
最判昭31.10.9集民23号421頁……………162
最判昭31.12.28民集10巻12号1613頁……211
最判昭32.2.15民集11巻2号286頁………203
東京地判昭32.3.19下民集8巻3号512頁
　………………………………………154
最判昭32.6.6民集11巻7号1177頁 ………310
最判昭32.7.5民集11巻7号1193頁……27, 185
最判昭32.9.19民集11巻9号1574頁………30
最判昭32.11.14民集11巻12号1943頁……102
最判昭32.11.29民集11巻12号1994頁……302
最判昭32.12.19民集11巻13号2299頁……229
最判昭33.3.13集民30号889頁……………269
最判昭33.5.23民集12巻8号1105頁………310
最大判昭33.6.2民集12巻9号1281頁 ……339
最判昭33.6.5民集12巻9号1296頁 ………282
最判昭33.6.14民集12巻9号1492頁
　………………………………224, 228, 233
最判昭33.6.17民集12巻10号1532頁 ……286
最判昭33.7.1民集12巻11号1601頁………242
最判昭33.7.29民集12巻12号1879頁……164
最判昭33.8.28民集12巻12号1936頁 ……377
最判昭33.9.18民集12巻13号2027頁 ……121
最判昭34.2.5民集13巻1号67頁 …………305
最判昭34.2.13民集13巻2号105頁 ………263
最判昭34.2.20民集13巻2号209頁 ………360
最判昭34.6.18民集13巻6号737頁 ………292
最判昭34.7.14民集13巻7号960頁……127, 307

最判昭34.7.24民集13巻8号1176頁
　　　　　　　　　　　　　　　　298, 299
最判昭35.2.2民集14巻1号36頁　　　　　215
最判昭35.2.19民集14巻2号250頁　　　299
最判昭35.3.1民集14巻3号307頁　　　　163
最判昭35.3.18民集14巻4号483頁　　　190
最判昭35.3.22民集14巻4号551頁　　　　82
最判昭35.5.19民集14巻7号1145頁　　　329
最判昭35.7.1民集14巻9号1615頁　　　　307
最判昭35.7.27民集14巻10号1871頁
　　　　　　　　　　　　　　　　348, 376, 378
最判昭35.7.27民集14巻10号1913頁　　121
最判昭35.10.4民集14巻12号2395頁　　330
最判昭35.10.18民集14巻12号2764頁　304
最判昭35.10.21民集14巻12号2661頁　298
最判昭35.11.29判時244号47頁　　　　171
最判昭35.12.23民集14巻14号3166頁　366
最判昭35.12.27民集14巻14号3234頁　302
最判昭35.12.27民集14巻14号3253頁
　　　　　　　　　　　　　　　　　　358, 363
最判昭36.3.28民集15巻3号617頁　　　386
最判昭36.4.7民集15巻4号716頁　　　　261
最判昭36.4.20民集15巻4号774頁　　　247
最判昭36.4.27民集15巻4号901頁　　　196
最判昭36.5.26民集15巻5号1336頁　　　234
最判昭36.7.20民集15巻7号1903頁　　　378
最判昭36.8.31民集15巻7号2027頁　　　365
最判昭36.12.12民集15巻11号2756頁　302
最判昭36.12.12民集15巻11号2778頁　318
最判昭37.2.6民集16巻2号195頁　　　　124
最判昭37.3.29民集16巻3号643頁　　　161
最判昭37.4.20民集16巻4号955頁　　288, 290
最判昭37.4.26民集16巻4号992頁　　　248
最判昭37.5.18民集16巻5号1073頁　　374
最判昭37.5.24民集16巻7号1251頁　　　309
最判昭37.8.10民集16巻8号1700頁
　　　　　　　　　　　　　　　　　　256, 314
最判昭37.9.7民集16号9号1888頁　　　127
最判昭37.9.14民集16巻9号1935頁　　　217
最判昭37.10.2民集16巻10号2059頁　　65
最判昭37.11.27判時321号17頁　　　224, 228
最判昭37.12.13判タ140号124頁　　　　213

最判昭38.1.18民集17巻1号1頁　　　　　361
最判昭38.1.18民集17巻1号25頁　　　　315
最大判昭38.1.30民集17巻1号99頁　　　364
最判昭38.2.21民集17巻1号182頁　　　264
最判昭38.5.24民集17巻5号639頁　　　　36
最判昭38.6.7民集17巻5号728頁　　　　215
最判昭38.6.13民集17巻5号744頁　　　191
最判昭38.9.5民集17巻8号909頁
　　　　　　　　　　　　　　　117, 209, 271
最判昭38.10.30民集17巻9号1252頁　　360
最判昭38.11.19民集17巻11号1408頁　　81
最判昭38.11.28民集17巻11号1446頁　213
最判昭38.12.3民集17巻12号1596頁　　281
最判昭38.12.13民集17巻12号1696頁　272
最判昭39.1.23民集18巻1号37頁　　　　197
最判昭39.1.23民集18巻1号99頁　　　　332
最判昭39.1.24判時365号26頁　　　　　166
最判昭39.1.28民集18巻1号136頁　　　114
最判昭39.1.30民集18巻1号196頁　　　162
名古屋高判昭39.2.20下民集15巻2号315頁
　　　　　　　　　　　　　　　　　　　　191
最判昭39.4.2民集18巻4号497頁　　　　301
最判昭39.5.23民集18巻4号621頁　　　295
最判昭39.6.30民集18巻5号991頁　　　　38
最判昭39.7.7民集18巻6号1016頁　　　127
最判昭39.7.28民集18巻6号1220頁
　　　　　　　　　　　　　　　　27, 38, 187
最判昭39.9.15民集18巻7号1435頁　　　273
最判昭39.10.15民集18巻8号1671頁
　　　　　　　　　　　　　　　　　101, 104
最判昭39.10.29民集18巻8号1823頁　　191
最判昭39.12.11民集18巻10号2127頁　211
最判昭39.12.11民集18巻10号2160頁　304
最判昭40.2.19判時405号38頁　　　　　298
最判昭40.3.9民集19巻2号233頁　　　　34
最判昭40.4.22民集19巻3号703頁　　　191
最判昭40.5.4民集19巻4号811頁　　　　170
最判昭40.6.4民集19巻4号924頁　　　　231
最判昭40.6.18民集19巻4号986頁　　　288
最判昭40.7.15民集19巻5号1275頁　　　386
最判昭40.8.2民集19巻6号1337頁　　　164
最判昭40.8.2民集19巻6号1368頁　　　187

最判昭40.9.10民集19巻6号1512頁
　………………………………227,231
最判昭40.10.8民集19巻7号1731頁
　………………………………224,227
最判昭40.12.7民集19巻9号2101頁………42
最判昭40.12.21民集19巻9号2187頁……192
最判昭40.12.23民集19巻9号2306頁……191
最判昭41.3.18民集20巻3号451頁………217
最判昭41.3.29判時446号43頁……………28
最判昭41.4.15民集20巻4号676頁………371
最大判昭41.4.20民集20巻4号702頁
　………………………………29,355
最判昭41.4.21民集20巻4号720頁……38,187
最判昭41.4.22民集20巻4号752頁…295,297
最判昭41.4.26民集20巻4号826頁………292
最判昭41.4.26民集20巻4号849頁………120
最判昭41.6.21民集20巻5号1052頁………127
最判昭41.9.16判時459号45頁……………307
最判昭41.11.15集民85号97頁……………301
最判昭41.11.18民集20巻9号1827頁……309
最判昭41.11.22民集20巻9号1901頁……377
東京地判昭41.12.20判時467号26頁……198
最判昭41.12.22民集20巻10号2168頁……215
最判昭42.3.10民集21巻2号295頁………386
最判昭42.4.20民集21巻3号697頁
　………………………………117,209,271
最判昭42.6.20判時492号49頁……………375
最判昭42.6.23民集21巻6号1492頁………383
最判昭42.6.29判時491号52頁……………213
最判昭42.7.20民集21巻6号1583頁………247
最判昭42.7.21民集21巻6号1643頁………372
最判昭42.7.21民集21巻6号1653頁………377
最判昭42.9.29判時497号59頁……………266
最判昭42.10.27民集21巻8号2110頁
　………………………………350,356
最判昭42.10.31民集21巻8号2232頁……216
最判昭42.11.9判時506号36頁……………172
最判昭42.11.10民集21巻9号2417頁……295
最判昭42.11.16民集21巻9号2430頁……204
最判昭42.11.30民集21巻9号2497頁……305
最判昭43.3.1民集22巻3号491頁…………375
最判昭43.3.8民集22巻3号540頁…………268

最判昭43.3.29民集22巻3号725頁………364
最大判昭43.4.24民集22巻4号1043頁……273
最判昭43.6.7集民91号241頁………………267
最判昭43.8.2民集22巻8号1571頁…………30
最判昭43.9.3民集22巻9号1817頁……36,37
最判昭43.9.26民集22巻9号2002頁………350
最判昭43.10.8民集22巻10号2145頁……380
最判昭43.10.17民集22巻10号2188頁……218
最判昭43.10.17判時540号34頁…………388
最大判昭43.11.13民集22巻12号2510頁…359
最判昭43.11.15判時544号33頁……………210
最判昭43.12.17民集22巻13号2998頁……246
最判昭43.12.12民集22巻13号2963頁……273
最大判昭43.12.25民集22巻13号3511頁…133
最判昭44.2.13民集23巻2号291頁…………80
最判昭44.2.27民集23巻2号511頁…………93
最判昭44.3.20判時557号237頁…………356
最判昭44.3.28民集23巻3号699頁……168,169
最判昭44.4.24民集23巻4号855頁…………38
最判昭44.5.22民集23巻6号993頁……156,372
最判昭44.5.27民集23巻6号998頁
　………………………………216,217
最判昭44.6.24民集3巻7号1121頁………127
最判昭44.6.24民集23巻7号1143頁………165
最判昭44.6.26民集23巻7号1175頁………105
最判昭44.7.4民集23巻8号1347頁………120
最判昭44.7.8民集23巻8号1374頁………380
最判昭44.7.15民集23巻8号1520頁………351
最判昭44.7.25判時574号26頁……………311
最判昭44.10.7民集23巻10号1753頁……386
最判昭44.10.7判時575号35頁……………201
最判昭44.10.17判時573号56頁…………261
最判昭44.10.31集民97号159頁
　判時576号53頁……………………310
最判昭44.11.4民集23巻11号1951頁……105
最判昭44.11.27民集23巻11号2251頁
　………………………………359,360
最判昭44.12.18民集23巻12号2467頁……370
最判昭44.12.18民集23巻12号2476頁
　………………………………308,309
最判昭44.12.19民集23巻12号2539頁
　………………………………272,302

最判昭45.3.24集民98号455頁 ……………267
最判昭45.3.26民集24巻3号151頁 ……228,231
最判昭45.4.21判時593号32頁 ……………202
最判昭45.5.21民集24巻5号393頁 ………356
福岡高判昭45.5.25高民集23巻3号311頁
　………………………………………………204
最判昭45.5.28判時596号41頁 ……………380
最判昭45.6.2民集24巻6号465頁 ……216,218
最判昭45.6.18判時600号83頁 ……………370
最大判昭45.6.24民集24巻6号625頁 ……120
最判昭45.7.2民集24巻7号731頁 …………121
最大判昭45.7.15民集24巻7号771頁 ……… 2
最判昭45.7.24民集24巻7号1116頁
　………………………………………………215,218
最判昭45.7.24民集24巻7号1177頁 ………360
最判昭45.7.28民集24巻7号1203頁
　…………………………………………263,295,296
京都地判昭45.8.3判時621号70頁 ………293
東京高判昭45.9.17判時607号47頁 ………186
最判昭45.9.22民集24巻10号1424頁 ……218
最判昭45.10.22民集24巻11号1599頁 ……332
最判昭45.10.29判時612号52頁 …………370
最判昭45.12.15民集24巻13号2081頁 ……305
最判昭45.12.24民集24巻13号2230頁 ……302
最判昭46.3.16集民102号249頁
　　判時626号48頁 ……………………………304
最判昭46.4.9民集25巻3号264頁 …………197
最判昭46.4.20判時628号42頁 ……………261
最判昭46.4.20判時631号53頁 ……………65
最判昭46.6.3民集25巻4号455頁 …………301
最判昭46.11.11判時654号52頁 …………374
最判昭46.11.19民集25巻8号1331頁 ……386
最判昭46.11.30民集25巻8号1437頁 ……371
大阪地判昭46.12.10判時654号29頁 ……198
最判昭46.12.16民集25巻9号1472頁 ……186
最判昭47.2.18民集26巻1号46頁 …………291
最判昭47.2.18民集26巻1号63頁 …………187
最判昭47.3.9民集26巻2号213頁 …………170
最判昭47.4.4民集26巻3号373頁 …………270
最判昭47.5.19民集26巻4号723頁 ………222
最判昭47.6.2民集26巻5号957頁 …………104
最判昭47.6.27民集26巻5号1067頁 ………35

最判昭47.7.6民集26巻6号1133頁 ………264
最判昭47.9.1民集26巻7号1289頁 ……85,265
最判昭47.9.7民集26巻7号1327頁 ………322
最判昭47.11.21民集26巻9号1657頁 ……118
最判昭47.11.28民集26巻9号1686頁 ……132
最判昭47.11.28民集26巻9号1715頁 ……219
最判昭47.12.19民集26巻10号1969頁 ……316
最判昭48.4.24判時704号50頁 ……………65
最判昭48.6.21民集27巻6号712頁 ………213
最判昭48.6.28民集27巻6号724頁 ………218
最判昭48.7.3民集27巻7号751頁 …………290
最判昭48.10.9民集27巻9号1129頁 ………103
最判昭48.10.26民集27巻9号1240頁 ……93
最判昭48.12.14民集27巻12号1586頁 ……350
最判昭48.12.20民集27巻11号1536頁 ……201
最判昭49.2.28判時735号97頁 ……………128
最判昭49.9.26民集28巻6号1213頁 ………238
最大判昭49.10.23民集28巻7号1473頁 …204
最判昭49.12.20民集28巻10号2072頁 ……381
最判昭50.2.20民集29巻2号99頁 …………187
最判昭50.2.25民集29巻2号143頁 …………31
最判昭50.2.28民集29巻2号193頁 …………38
最判昭50.3.6民集29巻3号220頁 …………191
最判昭50.4.10判時782号40頁 ……………204
最判昭50.4.25判時781号67頁 ……………215
最判昭50.6.24判時784号63頁 ……………303
最判昭50.7.14民集29巻6号1012頁 ………125
最判昭50.7.14判時791号74頁 ……………162
最判昭50.10.3集民116号179頁
　　判時799号37頁 ……………………………262
新潟地六日町支判昭50.10.30交通民集
　　8巻5号1551頁 ……………………………51
最判昭50.11.21民集29巻10号1537頁 ……364
最判昭51.4.9民集30巻3号208頁 …………279
最判昭51.4.23民集30巻3号306頁
　………………………………………………27,120,121
最判昭51.5.25民集29巻4号417頁 ……38,40
最判昭51.5.25民集30巻4号554頁 ………353
最判昭51.6.25民集30巻6号665頁 ………305
最判昭51.10.1判時835号63頁 ……………184
最判昭51.12.24民集30巻11号1104頁
　………………………………………………156,372

最判昭52.3.15判時852号60頁……………27
長野地判昭52.3.30判時849号33頁………199
最判昭52.3.31判時855号57頁……………375
最判昭52.6.20民集31巻4号449頁………191
東京高判昭52.6.29判時863号51頁………204
最判昭52.9.29判時866号127頁……………380
最判昭52.12.8判時879号70頁……………216
最判昭53.1.23民集32巻1号1頁…………389
最判昭53.3.6民集32巻2号135頁…………374
最判昭53.12.14民集32巻9号1659頁……380
最判昭54.2.15民集33巻1号51頁…………154
大阪高判昭54.3.29判時937号49頁………204
最判昭54.11.2判時955号56頁……………316
最判昭54.11.30判タ404号60頁……………128
最判昭54.12.14判時953号56頁……………324
福井地判昭55.1.31判時983号110頁……52
大阪地判昭55.2.29下民集32巻
　　5〜8号588頁…………………………199
最判昭55.9.11民集34巻5号683頁……213, 215
最判昭55.10.23民集34巻5号747頁………318
大阪高判昭55.11.19判タ444号127頁……204
最判昭56.1.27判時1000号83頁……………371
最判昭56.3.24民集35巻2号300頁…………198
最判昭56.4.28民集35巻3号696頁……110, 211
大阪高判昭56.5.13判タ454号97頁………204
最判昭57.1.29民集36巻1号105頁…………363
最判昭57.6.8判時1049号36頁……………213
最判昭57.6.17民集36巻5号824頁…………161
最判昭57.7.15民集36巻6号1113頁………353
最判昭57.10.19民集36巻10号2163頁……347
最判昭57.12.17判時1070号26頁……………38
最判昭58.4.7民集37巻32号256頁…………133
最判昭58.6.21判時1082号45頁……………131
名古屋高判昭58.8.10下民集34巻
　　5〜8号606頁…………………………291
最判昭59.4.24民集38巻6号687頁…………367
最判昭59.9.18判時1137号51頁……………31
最判昭59.12.13民集38巻12号1411頁……187
最判昭60.3.28判時1168号56頁……………371
最判昭60.11.26民集39巻7号1701頁………350
最判昭60.11.29民集39巻7号1760頁………132
最判昭61.2.27判時1193号112頁…………159

最判昭61.3.17民集40巻2号420頁……346, 349
最判昭61.5.29判時1196号102頁…………199
最判昭61.9.4判時1215号47頁……………197
広島高判昭61.10.23判時1218号83頁……199
最判昭61.11.20民集40巻7号1167頁……199
最判昭61.11.20判時1220号61頁…………204
最判昭61.12.16民集40巻7号1236頁……151
最判昭62.7.7民集41巻5号1133頁……286, 287
名古屋高金沢支判昭62.8.31高民集
　　40巻3号53頁…………………………199
東京高判昭62.10.8判時1254号70頁……152
最判昭62.11.10民集41巻8号1559頁……155
東京地判昭62.12.18判時1275号41頁……200
最判昭63.3.1判時1312号92頁……………292
最判昭63.7.14判時1297号29頁……………108
名古屋地判昭63.7.22判時1303号103頁…199

〔平　成〕

最判平元.9.14判時1336号93頁……………223
最判平元.12.21民集43巻12号2209頁……348
最判平元.12.22判時1344号129頁…………375
最判平2.4.19判時1354号80頁……………168
最判平2.6.5民集44巻4号599頁………350, 388
最判平2.11.26民集44巻8号1137頁………135
最判平4.3.19民集46巻3号222頁…………350
最判平4.12.10民集46巻9号2727頁………272
最判平5.1.21民集47巻1号265頁…………289
最判平5.9.24民集47巻7号5035頁…………35
最判平5.12.16判時1489号114頁…………230
東京地判平6.5.30判時1493号49頁………230
最判平6.5.31民集48巻4号1029頁…………332
最判平6.5.31民集48巻4号1065頁…………104
最判平6.9.13民集48巻6号1263頁…………292
最判平7.3.23民集49巻3号984頁…………389
最判平7.12.15民集49巻10号3088頁……371
最判平8.3.19民集50巻3号615頁…………121
最判平8.7.12民集50巻7号1901号…………364
最判平9.7.1民集51巻6号2251頁……………37
最判平9.7.1民集51巻6号2452頁……………30
最判平9.8.25判時1616号52頁………………83
最判平9.9.4民集51巻8号3619頁…………197
最判平9.11.11民集51巻10号4077頁……197

最判平10.6.12民集52巻4号1087頁 ……368
最判平10.6.22民集52巻4号1195頁 ……351
最判平10.7.17民集52巻5号1296頁 ……290
最判平11.3.11民集53巻3号451頁 ………339
最判平11.4.27民集53巻4号840頁 ………364
最判平11.10.21民集53巻7号1190頁 ……351

最判平11.11.9民集53巻8号1403頁………351
最判平12.10.20判時1730号26頁；
　　判タ1046号89頁……………………102
最判平13.3.27 ……………………………28
最大判平13.3.28 …………………………15

条文索引

民 法

- 1条
  - 1項 …………………………25～
  - 2項 …………………25～,345,353
  - 3項 …………………………31～
- 1条の2 …………………………46～
- 1条の3 …………………………50～,
- 2条 ……………………………54
- 3条 ……………………………61
- 4条1項 ………………………63,276
  - 2項 …………………………276
- 5条 ……………………………64
- 6条 ……………………………64
- 7条 ……………………………68
- 8条 ……………………………69
- 9条 …………………………69,318
- 10条 …………………………70,318
- 11条 ……………………………71
- 11条の2 …………………………75
- 12条 …………………………71～74
- 13条1項 ………………………76,318
- 14条1項 …………………………76
  - 2項 …………………………76
- 15条 ……………………………77
- 16条1項 …………………………77
  - 2項 …………………………77
  - 3項 …………………………77
  - 4項 …………………………77
- 17条3項 …………………………78
- 18条1項 …………………………76
  - 2項 …………………………78
- 19条1項 …………………………79
  - 2項 …………………………79
  - 3項 …………………………79
  - 4項 ………………………79,323
- 20条 …………………………78,80
- 21条 ……………………………81
- 22条 ……………………………83
- 23条 ……………………………83
- 24条 ……………………………83
- 25条1項 ……………………85,86,258
  - 2項 …………………………87
- 26条 …………………………258
- 27条1項 …………………………86
  - 2項 …………………………87
  - 3項 …………………………86
- 28条 …………………………85,86
- 29条1項 ………………………86,87
  - 2項 …………………………86,87
- 30条1項 …………………………87
  - 2項 …………………………87
- 31条 ……………………………88
- 32条1項 ……………………89,90,317
  - 2項 …………………………91
- 32条の2 …………………………54
- 33条 …………………………106
- 34条 ……………97,106,109,145,245
- 34条の2 …………………………111
- 35条1項 …………………………97
  - 2項 …………………………97
- 36条1項 …………………………146
  - 2項 …………………………146
- 37条 ………………………107,138,179
- 38条1項 ………………………108,138
- 39条 ………………………109,179
- 40条 …………………………110
- 41条 …………………………110
- 42条1項 …………………………110
  - 2項 …………………………110
- 43条 ………………………114,115,119
- 44条1項 ………………………122,123,125

45条1項	109,112
2項	109,112,147
46条1項	112
2項	112
47条	113
48条1項	112
2項	114
49条1項	147
2項	147
51条1項	135
2項	135
52条1項	129
2項	129,131,135
53条	131
54条	131
55条	277
56条	130
57条	133,267
58条	136
59条1号	136
2号	136
3号	137
4号	137
60条	137
61条1項	137,138
2項	137
62条	137,256
63条	138
64条	138
65条1項	138
2項	138
3項	138
66条	138
67条1項	145
68条1項	139,140
2項	141
69条	140
70条1項	140
2項	136,140
71条	140,146,317
72条	144
73条	142
74条	135,142
75条	142
76条	142
77条1項	143
2項	143
78条1項1号	143
2号	143
3号	143
79条1項	143
2項	143
3項	143
80条	144
81条1項	144
2項	144
3項	144
82条	145
83条	144
83条の2	145
83条の3	
1項	145
84条1号	135
2号	135
3号の2	145
4号	137
5号	136,140,144
6号	143
84条の2	111
85条	149
86条1項	158
2項	164
3項	165
87条1項	167
2項	169
88条1項	171
2項	171
89条1項	172
2項	171
90条	194～205,313

条文索引　*415*

91条 ……………………185,189,313	114条 …………………………284
92条 ……………………………183	115条 ………………………283,284
93条 ……………………207,208,313	116条 ……………………283,312,314
94条1項 …………………209,212,313	117条1項 …………………284,285
2項 ……………………212,214,215,313	2項 ……………………286,289
95条 ……………207,221,226,230,231,313	118条 …………………………287
96条1項 …………………235,236,242,274	119条 …………………………314
2項 ……………………237,242	120条1項 ……………………76,318
3項 ……………………238,240,242,322	2項 ……………………………318
97条1項 ……………………137,245	121条 ………………………260,321
2項 ……………………………248	122条 …………………………76,322
97条の2	123条 …………………………320
1項 ……………………………248	124条1項 ……………………323
2項 ……………………………248	2項 ……………………………323
3項 ……………………………248	3項 ……………………………322
98条 ……………………………249	125条 ………………………78,323
99条1項 ………………………251,257	126条 ………………78,324,325,388
2項 ………………………256,257	127条 ………………………179,330
100条 ……………………………273	128条 …………………………331,333
101条1項 ………………118,251,274	129条 …………………………332
2項 ……………………………275	130条 …………………………331,332
102条 ……………………255,275,280	131条1項 ……………………330
103条1号 ……………………264	2項 ……………………313,330
2号 ……………………………265	132条 …………………………328
104条 ………………252,257,259,277	133条1項 ……………………329,330
105条1項 ……………………257,277	2項 ……………………………330
2項 ……………………………277	134条 …………………………329
106条 …………………………257,277	135条1項 ……………………332,333
107条1項 ……………………276,278	2項 ……………………332,333
2項 ……………………………278	136条1項 ……………………334
108条 …………………………266	2項 ……………………………334
109条 ……………………256,292〜298	137条 …………………………334
110条 …………………125,127,298〜310	138条 …………………………337
111条1項	139条 …………………………337
1号 ……………………………279	140条 …………………………338,347
2号 ……………………………280	141条 …………………………338
2項 ………………252,257,259,260,280	142条 …………………………338
112条 …………………………310,311	143条1項 ……………………338
113条1項 ……………………180,282	2項 ……………………………338
2項 ……………………………283	144条 …………………………347

145条	345, 349〜353
146条	345, 353〜356
147条	357, 358, 364, 365
148条	367
149条	358, 361
150条	361, 362
151条	362
152条	363
153条	256, 363
154条	364
155条	364
156条	365
157条1項	347, 366, 388
2項	347, 366, 367, 388
158条	368
159条	368
159条の2	369
160条	369
161条	369
162条	173, 346, 371, 373, 376, 378
163条	173, 369, 379
164条	376
166条1項	347, 380
2項	381
167条1項	346, 383
2項	387
168条1項	383
2項	384
169条	384
170条	385
171条	385
172条	385
173条1号	385
2号	386
3号	386
174条	386
174の2条	367, 388
176条	157
177条	161, 166, 219, 239, 378
178条	165, 166
180条	370
181条	370
183条	256
184条	256
185条	371
186条1項	370, 372
192条	165, 166
194条	166
203条	376
205条	379
206条	171
217条	184
219条3項	184
228条	184
236条	184
239条1項	167, 173
2項	167
240条	173
241条	173
258条2項	156
265条	171
278条	189
292条	367
303条	166
311条	166
325条	166
342条	166, 180
344条	166, 169
347条	166
352条	166
369条	167
400条	157
412条3項	256
415条	22, 28, 188
423条1項	350
424条	317
430条	156
434条	367
457条1項	367
458条	367

条文索引 417

466条	178
483条	157
484条	157
506条1項	328
2項	333
522条	256
525条	248
526条1項	245
534条	157, 188
535条	188
536条	188
541条	256
545条1項	321
550条	318
559条	180
561条	274
570条	234, 275
579条	167
587条	156, 157, 180
591条	382
593条	156
601条	156, 171
605条	10
644条	278
646条	278
648条1項	86, 278
650条	86, 278
654条	279
655条	280
662条	334
663条2項	334
666条	157
695条	234
696条	234
703条	91, 179, 313, 321, 322
704条	91, 314, 321
709条	22, 43
715条	123, 124, 276
721条	50
724条	348
732条	91
739条	179, 180
743条	318
744条	91
753条	63
761条	307, 308
762条	307
770条1項	91
783条1項	50
799条	180
802条1号	209
803条	317
818条	257, 258
819条1項	258, 259
2項	258
3項	258, 265
4項	258
824条	65
826条	65, 267
833条	275
839条	257, 258
840条	257, 258
841条	257
843条	258
846条	275
851条4号	65
859条2項	65
860条	65
865条	317
866条	317
867条	275
876条の2	
3項	267
876条の4	
1項	75
876条の9	
1項	77
2項	77
886条	50
896条	173

918条 …………………………………………257
919条2項 ………………………………317
938条 …………………………………………245
952条 …………………………………………257
965条 ……………………………………………50
967条 …………………………………………179
985条 …………………………………………180
990条 …………………………………………173
1016条 ………………………………………277

外　国　法

ドイツ民法

1条 ……………………………………48, 49
2条 ………………………………………………62
7条1項 …………………………………………81
　　2項 …………………………………………82
　　3項 …………………………………………81
27条1項 ………………………………………130
30条 …………………………………………134
40条 …………………………………………130
54条 …………………………………………101, 103
73条 …………………………………………141
94条1項 ………………………………………158
97条1項 ………………………………………168
105条 ……………………………………………56
119条1項 ……………………………230, 232
　　　2項 ……………………………………221
120条 …………………………………232, 254
122条 …………………………………………230
123条2項 ……………………………………237
130条1項 ……………………………………247
133条 …………………………………………181
138条1項 ……………………………………194
　　　2項 ……………………………………203
139条 …………………………………………189
140条 …………………………………………316
157条 ……………………………26, 182, 185
161条 …………………………………………331
162条1項 ……………………………………332
　　　2項 ……………………………………332

164条1項 ……………………………271, 272
167条1項 ……………………………………258
179条3項 ……………………………………286
181条 …………………………………………266
185条1項 ……………………………………255
　　　2項 ……………………………………255
194条1項 ……………………………………342
222条1項 ……………………………………342
225条 …………………………………………354
226条 ……………………………………………33
229条 ……………………………………………41
230条1項 ………………………………………41
242条 ……………………………………………26
306条 …………………………………………188
618条 ……………………………………………30
826条 …………………………………………195
844条2項 ………………………………………50
859条1項 ………………………………………41
　　　2項 ………………………………………41
　　　3項 ………………………………………41
900条1項 ……………………………341, 378
937条 …………………………………………341
1912条 …………………………………………50
1923条2項 ……………………………………50

フランス民法

8条1項 …………………………………………48
88条 ……………………………………………84
89条 ……………………………………………84
90条 ……………………………………………84
91条 ……………………………………………84
102条 ……………………………………………81
103条～105条 …………………………………81
112条 ……………………………………………84
113条 ……………………………………………84
115条 ……………………………………………84
108条 ……………………………………………81
119条 ……………………………………………84
120条 ……………………………………………84
129条 ……………………………………………84

132条	84	25条	81
388条	62	31条1項	49
476条	62	2項	50
477条1項	62	32条2項	53
478条〜482条	62	34条	84
487条	62	35条1項	85
488条	62	38条2項	88
489条	56	55条3項	128
518条	158	62条	101
524条1項	158	76条〜78条	141
3項	158	166条1項	308
526条	158	393条	84
720条〜722条	53	661条	342, 378
725条	50	644条2項	168
906条1項	50	667条2項	158
1110条	230	713条	150
1131条	194		
1133条	194	**スイス債務法**	
1134条3項	26	18条1項	182
1156条〜1164条	182	19条2項	194
1912条	50	20条1項	188, 194
1923条2項	50	2項	189, 315
2219条〜2222条	342	21条1項	203
2242〜2250条	342	23条	230
2262条	342	24条1項	230
2271条〜2273条	342	2項	230
2277条	342	25条1項	230
		26条1項	230
スイス民法		2項	230
1条2項	185	32条1項	258, 271
2条1項	26	2項	272
2項	33	52条3項	41
11条1項	48	55条2項	122
2項	48	127条	342
14条1項	62	129条	354
2項	62	328条	30
15条	62		
18条	56		
23条1項	81		
2項	82		

〈著者紹介〉

齋藤　修（さいとう　おさむ）

1950（昭和25）年　神戸市生まれ
1972（昭和47）年　関西大学法学部卒業
1977（昭和52）年　神戸大学大学院法学研究科博士後期課程修了
　　　　　　　　　修了と同時に法学博士（神戸大学）
　　　　　　　　　神戸大学大学院法学研究科研究生
1978（昭和53）年　神戸商科大学専任講師（商経学部経営学科）
1980（昭和55）年　神戸商科大学助教授
1988（昭和63）年～神戸商科大学教授
1989（平成元）年～神戸商科大学大学院経営学研究科長兼
1991（平成3）年　神戸商科大学経営学科長
1992（平成4）年～『世界紳士録』（Who's Who in the World 11版
　　　　　　　　　以降現在まで）に登載される（米国Marquis
　　　　　　　　　Who's Who社）

〔所属学会等〕
国際法律家協会（International Bar Association, London），
日本法律家協会
日本私法学会，比較法学会，日本交通法学会（平成14年より理事）
法とコンピュータ学会，金融法学会：〔各正会員〕

現代民法総論（第3版）

1994（平成6）年3月19日　　第1版第1刷発行
1995（平成7）年3月19日　　第1版第2刷発行
1999（平成11）年10月31日　第2版第1刷発行　1924-0202
2001（平成13）年7月31日　 第3版第1刷発行　3065-0301
2003（平成15）年7月31日　 第3版訂正第2刷発行　3065-0302

著　者　齋　藤　　　修
発行者　今　井　　　貴
発行所　信山社出版株式会社
〒113-0033　東京都文京区本郷6-2-9-102
電　話　03（3818）1019
FAX　03（3818）0344

Printed in Japan

ⓒ齋2003．印刷・製本／東洋印刷・和田製本工業
ISBN4-7972-3065-7 C3332
3065-0302-012-050-010
NDC分類 324.101

―――――――― 信山社 ――――――――

[民　法]

9316	現代民法研究(全3巻)
	栗田哲男・栗田敏子・平井宜雄　47,000円
1795	契約法(第2版)　　平野裕之著　5,000円
7051	フラン圏の形成と発展
	岡田昭男著　5,000円
4588	民事問題・答案(明治16年刊)別巻47
	司法省第七局　50,000円
020	注釈民法理由(全3巻)
	岡松参太郎　180,000円
099	我妻栄先生の人と足跡
	我妻洋・唄孝一編　12,000円
335	日本帝国民法典並びに立法理由書1
	ボアソナード　57,000円
336	日本帝国民法典並びに立法理由書2
	ボアソナード　88,000円
337	日本帝国民法典並びに立法理由書3
	ボアソナード　50,000円
338	日本帝国民法典並びに立法理由書4
	ボアソナード　55,000円
339	日本帝国民法典並びに立法理由書(全4巻)
	ボアソナード　250,000円
5042	思想としての日本憲法史
	(憲法史叢書1)　長尾龍一　2,800円
341	明治民法編纂史研究　星野通　48,544円
348	仏訳日本帝国民法典(第1編～第5編)
	富井政章・本野一郎　20,000円
428	谷口知平先生追悼論文集1　家族法
	林良平・甲斐道太郎　13,592円
429	谷口知平先生追悼論文集2　契約法
	林良平・甲斐道太郎　19,228円
430	谷口知平先生追悼論文集3　財産法、補遺
	林良平・甲斐道太郎　25,243円
455	初版民法要義(財産法全3巻)
	梅謙次郎　163,107円
481	初版民法要義　巻之一　総則篇
	梅謙次郎　33,107円
482	初版民法要義　巻之二　物権篇
	梅謙次郎　50,000円
483	初版民法要義　巻之三　債権篇
	梅謙次郎　80,000円
594	民法学と比較法学の諸相Ⅰ
	山畠正男・五十嵐清・藪重夫　12,000円
595	民法学と比較法学の諸相Ⅱ
	山畠正男・五十嵐清・藪重夫　12,800円
596	民法学と比較法学の諸相Ⅲ
	山畠正男・五十嵐清・藪重夫　14,500円
597	民法学と比較法学の諸相(全3巻)
	山畠正男・五十嵐清・藪重夫　39,300円
679	新しい民法　　牧瀬義博　6,000円

767	民法論上[民法原論]　伊藤進　6,000円
768	民法論下[物権・債権]　伊藤進　6,000円
769	法律行為・時効論　伊藤進　5,000円
770	物的担保論　伊藤進　7,000円
771	権利移転型担保論　伊藤進　6,000円
772	保証・人的担保論　伊藤進　6,000円
773	債権消滅論　伊藤進　6,000円
774	リース・賃借契約論　伊藤進　6,000円
775	公害・不法行為論　伊藤進　近刊
777	製造物責任・消費者保護法制論　近刊
	6,000円
779	学校事故賠償責任法理　伊藤進　近刊
785	メディクス：ドイツ民法(上)
	河内宏・河野俊行訳　12,000円
786	メディクス：ドイツ民法(下)
	河内宏・河野俊行訳　続刊
1636	定期借家権
	阿部泰隆・野村好弘・福井秀夫　4,800円
1640	21世紀の日韓民事法学（高翔龍先生還暦記念）(仮)　続刊
1642	現代民法学の諸問題
	（玉田弘毅先生古稀記念論文集）
	伊藤進・新井泉太朗・平野裕之編　12,000円
1793	マンション管理法入門　山畑哲也　3,600円
2052	日本民法学史・通史
	水本浩・平井一雄編　8,000円
2059	日本民法学史・各論
	水本浩・平井一雄編　10,000円
2097	現代民法研究(1) 請負契約
	栗田哲男・平井宜雄　20,000円
2098	現代民法研究(2) 消費者法・製造物責任法
	栗田哲男　15,000円
2099	現代民法研究(3) 損害賠償法
	栗田哲男　12,000円
3811	民法の基本問題
	（民法の研究1）　菅野耕毅　7,600円
3812	債権法の基本問題
	（民法の研究2）　菅野耕毅　7,980円
3813	家族法の基本問題
	（民法の研究3）　菅野耕毅　7,600円
3814	信義則の理論
	（民法の研究4）　菅野耕毅　7,600円
3815	権利濫用の理論
	（民法の研究5）　菅野耕毅　7,600円
4501	民法正義　財産編第一部　巻之一
	今村和郎・亀山貞義　40,000円
4502	民法正義　財産編第一部　巻之二
	今村和郎・宮城浩蔵　36,000円
4503	民法正義　財産編第二部　巻之一
	井上正一　44,000円

信山社

ご注文は書店へ　　　既刊・新刊（価格税別）

【民法全般】

民法の基本問題　　菅野耕毅著　7,600円
明治民法編纂史研究　　星野通編　48,544円
21世紀の日韓民事法学—高翔龍先生還暦記念論文集
　　能見善久・瀬川信久・内田貴・大村敦志編　未刊　円
初版民法要義巻之一總則篇　　梅謙次郎著　33,107円
初版民法要義巻之五相續篇　　梅謙次郎著　45,087円
初版民法要義巻之三債權篇　　梅謙次郎著　80,000円
初版民法要義巻之四親族篇　　梅謙次郎著　52,000円
初版民法要義巻之二物權篇　　梅謙次郎著　50,000円
初版民法要義（財産法全3巻）　梅謙次郎著　163,107円
初版民法要義（身分法全2巻）　梅謙次郎著　97,087円
民法原理　債權總則　完　梅謙次郎著　120,000円
民法原理　總則編［巻之一．二合本］　梅謙次郎著　78,000円
民法講義　梅謙次郎著　35,000円
民法總則　梅謙次郎著　80,000円
仏訳日本帝国民法典　富井政章・本野一郎訳　20,000円
帝国民法正解［明治29年］第1巻　穂積陳重・富井政章・梅謙次郎・
　松波仁一郎・仁保亀松仁・井田益太郎著　27,000円
帝国民法正解［明治29年］第2巻　穂積陳重・富井政章・梅謙次郎・
　松波仁一郎・仁保亀松・仁井田益太郎著　32,000円
帝国民法正解［明治29年］第3巻　穂積陳重・富井政章・梅謙次郎・
　松波仁一郎・仁保亀松・仁井田益太郎著　35,000円
帝国民法正解［明治29年］第4巻　穂積陳重・富井政章・梅謙次郎・
　松波仁一郎・仁保亀松・仁井田益太郎著　35,000円
帝国民法正解［明治29年］第5巻　穂積陳重・富井政章・梅謙次郎・
　松波仁一郎・仁保亀松・仁井田益太郎著　45000円
帝国民法正解［明治29年］第6巻　穂積陳重・富井政章・梅謙次郎・
　松波仁一郎・仁保亀松・仁井田益太郎著　45,000円
法典質疑問答　第1編　民法總則全　梅謙次郎編　27,184円
法典質疑問答　第2編　物権法全　法典質疑会編　27,184円
法典質疑問答　第3編　民法債権全　法典質疑会編　31,068円
法典質疑問答　第4編　民法親族相続　法典質疑会編　25,243円
日本民法学史・通史　水本浩・平井一雄著　8,000円
日本民法学史・各論1　水本浩・平井一雄著　10,000円
民法研究［第1巻通1号］　広中俊雄編・大村敦志　2,500円
民法研究［第2号］　広中俊雄編・磯村保　2,500円　近刊

獨逸民法論
　　(第1巻総則)　ハインリヒ・デルンブルヒ著　副島義一・中村進年・山口弘一訳　50,000円
　　(第2巻物権)　ハインリヒ・デルンブルヒ著　瀬田忠三郎・古川五郎・山口弘一訳　45,000円
　　(第3巻総則)　ハインリヒ・デルンブルヒ著　瀬田忠三郎・古川五郎・山口弘一訳　60,000円
　　(第4巻債権)　ハインリヒ・デルンブルヒ著　浩田忠三郎・古川五郎・山口弘一訳　70,000円
民法論上［民法原論］　伊藤進著　6,000円
民法論下［物権・債権］　伊藤進著　6,000円
注釈民法理由（全三巻)　岡松参太郎著　180,000円
ローマ法とフランス法における債権譲渡　井上正一著　12,000円（未刊）
メディクス・ドイツ民法　河内宏・河野俊行訳（上）12,000円（下）（未刊）
民法釈義　証拠編之部　磯部四郎著　26,000円
民法釈義　人事編之部（下）　磯部四郎著　30,000円
民法釈義　人事編之部（上）　磯部四郎著　30,000円
民法修正案理由書　第四編　第五編　58,252円
日本帝国民法典並びに立法理由書　ボアソナード訳
　　第一巻　57,000円　第二巻　88,000円　第三巻　50,000円　第四巻　55,000円
　　（全4巻セット）　250,000円
日本民法義解　ボアソナード・富井政章・本野一郎・城数馬・森順正・寺尾亨著
　　［財産編1巻　総則・物権(上)］　45,000円
　　［財産編2巻　物権（下）］　45,000円
　　［財産編3巻　人権及義務（上）　35,000円
　　［財産取得編］　（上）　33,000円　（下）33,000円
教育私法論　伊藤進著　近刊
現代民法学の諸問題　伊藤進・新井新太郎・中舎寛樹・草野元己編　12,000円
我妻栄先生の人と足跡　我妻洋・唄孝一編　12,000円
ローマ法における海上業者への融資利子　熊野敏三著　12,000円
現代民法研究1　請負契約　栗田哲男著　平井宜雄先生序文　20,000円
現代民法研究2　消費者法ほか　栗田哲男著　15,000円
現代民法研究3　災害・損害賠償法・その他　栗田哲男著　12,000円
　　（全3巻セット）47,000円
民法学の論点　三藤邦彦著　近刊
民法学と比較法学の諸相［山畠正男・藪重夫・五十嵐清先生古稀記念］
　　Ⅰ：12,000円　Ⅱ：12,800円　Ⅲ：14,500円　（3セット）：39,300円
民法の基本問題（総則・物権）　山本進一著　6,602円
新旧対照改正民法案　附・国賠法／憲法施行に伴う民法応急措置法
　　司法省　12,000円
導入対話による民法講義（総則）　大西泰博・橋本恭宏・松井宏興・三林宏2,900円
新しい民法　牧瀬義博著　6,000円
谷口知平先生追悼論文集Ⅰ　家族法　林良平・甲斐道太郎編　13,592円
谷口知平先生追悼論文集Ⅱ　契約法　林良平・甲斐道太郎編　19,228円
谷口知平先生追悼論文集Ⅲ　財産法、補遺　林良平・甲斐道太郎編　25,243円
民法体系Ⅰ（総則・物権）　加賀山茂著　2,800円　改訂中　近刊
民法体系Ⅱ（総則・担保物権）　加賀山茂著　続刊

民法体系Ⅲ（債権各論）　加賀山茂著　続刊
人口法学のすすめ　野村好弘・小賀野晶一編　3,800円
民事問題・答案（明治１６年刊行）　司法省第七局著　50,000円
ゼロからの民法（財産法）　松浦千誉監修　2,800円

【総　則】
信義則および権利濫用の研究　菅野耕毅著　8,000円
信義則の理論（民法の研究４）　菅野耕毅著　7,600円
権利濫用の理論（民法の研究５）　菅野耕毅著　7,600円
民法基本判例１総則　遠藤浩著　2,000円
講説民法（総則）　野口昌宏・落合福司・久々湊晴夫・木幡文徳著　2,800円
現代民法総論（第２版）　齋藤修著　3,800円
民法１ 総則・物権　岸上晴志・中山知己・清原泰司鹿野菜穂子・草野元己　2,800円
民法Ⅰ講義要綱［付・判例編］　泉久雄著　1,994円
法人法の理論　福地俊雄著　7,300円
法律行為・時効論　伊藤進著　5,000円
法律行為乃至時効（復刊法律学大系２）　鳩山秀夫著　50,000円
法律行為論 全　岡松参太郎著　12,000円
無効行為の転換の理論　山本進一著　6,408円
信頼保護における帰責の理論　多田利隆著　8,641円
錯誤無効の競合論　竹石惣著　12,000円
取得時効の研究　草野元己著　6,000円
時効理論展開の軌跡　金山直樹著　18,000円

【物　権】
民法基本判例２ 物 権　遠藤浩著　2,400円
導入対話による民法講義（物権法）　鳥谷部茂・橋本恭宏・松井宏興著　2,600円
概説民法177条　土生滋穂著　12,000円
不動産登記法正解（明治32）　中山文次郎著　未刊
不実登記責任論・入門　田中克志著　2,913円
情報化社会の新しい不動産実務　小村哲夫編　近刊
世界の不動産取引制度と法　日本司法書士会連合会編　未刊
不動産登記手続と実体法　日本司法書士会連合会編　2,800円
不動産登記制度の歴史と展望　日本司法書士連編　2,700円（品切）
不動産仲介契約論　明石三郎著　12,000円
相隣法の諸問題　東孝行著　6,000円
私道通行権入門　岡本詔治著　2,800円
隣地通行権の理論と裁判　岡本詔治著　20,000円
物的担保論　伊藤進著　7,000円
権利移転型担保論　伊藤進著　6,000円
留置権論　薬師寺志光著　18,000円

【債権総論】
債権総論・担保物権（第1分冊）三藤邦彦著　2,600円
債権総論・担保物権（第2分冊）三藤邦彦著　続刊
導入対話による民法講義（債権総論）
　　今西康人・清水千尋・橋本恭宏・三林宏著　3,000円
債權總論完　富井政章著　17,476円
債権総論［第2版補訂版］平野裕之著　4,700円
債権総論講義（第4版）　安達三季生著　3,000円
口述講義債権総論　赤松秀岳著　2,621円
債権総論　法律学の森1　潮見佳男著　5,700円
債権総論講義案Ⅰ　潮見佳男著　1,748円
債権総論講義案Ⅱ　潮見佳男著　1,748円
債権法の基本問題（民法の研究2）菅野耕毅著　7,980円
債権法の基礎課題　山本進一著　8,000円
保証・人的担保論　伊藤進著　6,000円
売買契約における危険負担の研究　半田吉信著　12,500円
利息制限法と公序良俗　小野秀誠著　16,000円
通貨の法律原理　牧瀬義博著　48,000円
外貨債権の法理　川地宏行著　9,000円
給付障害と危険の法理　小野秀誠著　11,000円
危険負担と危険配分　新田孝二著　12,000円
債権者代位訴訟の構造　池田辰夫著　4,854円
反対給付論の展開　小野秀誠著　12,000円
債権譲渡と法解釈学方法論　安達三季生著　8,000円
債権消滅論　伊藤進著　6,000円
ゴルフ会員権の譲渡に関する研究　須藤正彦著　9,515円
クレジット法の理論と実際　中坊公平・植木哲・木村達也・島川勝・藤田裕一編　13,600円
【債権各論】
第三者のためにする契約の理論　春田一夫著　続刊
債権各論講義　内山尚三著　3,600円
債權各論 完　富井政章著　17,476円
契約法　平野裕之著　5,000円
製造物責任の理論と法解釈　平野裕之著　9,515円　（品切）
講説民法（債権各論）野口昌宏・山口康夫・加藤照夫・木幡文徳著　3,600円
リース・貸借契約論　伊藤進著　6,000円
登記詐欺（新装版）　桑原忠一郎著　1,800円
借家権の承継　高翔龍著　続刊
マンション管理法入門　山畑哲也著　3,600円
マンション管理紛争の現実　吉田武明著　5,000円
新借地借家法の実務　都市再開発法制研究会　丸山英気編　2,136円

現代民法総論
（第3版）
齋藤　修　著
正　誤　表

［本文］

111頁9行目　　　③→④
209頁下から7行目　　（272頁）→（271頁）
220頁5行目　　（240頁以下）→（239頁以下）
367頁下から11行目　　380頁→388頁

〒113-0033　東京都文京区本郷6-2-9-102
信　山　社
Tel 03-3818-1019 FAX 03-3818-0344
http://www.shinzansha.co.jp
ISBN4-7972-3085-1 C3332　3085:0220

事項索引

あ

悪意の転得者 …………………90, 214
相手方のある単独行為 ……………178
相手方のない単独行為 ……………178
安全配慮義務の理論 …………………30

い

遺言の自由 …………………………176
意思主義 ……………………………207
意思能力 ………………………………56
意思の欠缺 …………………………207
意思表示 …………………177, 205
　　　の効力発生時期 ……………245
　　　の受領能力 …………………249
居職人 ………………………………386
一物一権主義 ………………………152
一部不能 ……………………………189
一部無効 ……………………………315
委任状 ………………………………262
違法行為 ……………………………175
隠匿行為 ……………………………212

う

訴えの提起（時効の中断）………358
ウルトラ・ヴィーレースの理論 ………114

え

営業を許された未成年者 ……………64
営業の自由の制限 …………………200
営利法人 …………………97, 119
エストッペル（禁反言）の原則 …29, 292
延期証の差入れ（時効利益の放棄）…355
援用（時効の）………………………349
　　　権者 …………………………349
　　　権の濫用 ……………………353
　　　の効力 ………………………352

　　　の時期 ………………………351
　　　の場所 ………………………351
　　　の方法 ………………………351
NPO〔Non Profit Organization〕法
　（特定非営利活動促進法）………110

お

応訴（時効の中断）…………………359
公の秩序 ……………………………194
恩給担保 ……………………………192

か

外形標準説 …………………………124
外国人 …………………………………54
外国法人 ……………………………146
　　　の登記 ………………………147
　　　の認許 ………………………146
解除権の行使と権利濫用 ……………38
解除権の存続期間 …………………387
解除条件 ……………………………326
外部的容態 …………………………175
改良行為 ……………………………265
隔地者間の意思表示 ………………246
拡張解釈 ………………………………44
確定期限 ……………………………333
確定効果説 …………………………345
確定判決のあった権利の時効期間 ……388
確定無効 ……………………………314
瑕疵ある意思表示 …………………235
果　実 ………………………………170
過失責任の原則 …………………22, 23
　　　の修正 …………………………23
仮植中の植物（定着物か）…………161
割賦払債権 …………………………382
可分物 ………………………………156
貨　幣 ………………………………165
仮住所 …………………………………83

仮理事	130	強　迫	235
監　事	136	——による意思表示	241
——の職務権限	136	——を理由とする取消	242
——の地位	136	虚偽表示	209
慣　習	183	居　所	82
慣習法	184	ギールケ（Gierke）	95
間接代理	253	近代私法の三大原則	21
観念の通知	175	禁治産者	60, 66
管理行為	85, 265	禁反言（エストッペル）の原則	29, 292

き

く

期　間	337	果物（天然果実）	171
——の計算方法	337	組合（社団との対比）	100
機関（法人の）	129	クリーン・ハンズの原則	29
機関個人の責任	127, 128		

け

企業担保法	153	経済統制法規に違反する取引	191
危険責任の理論	23	形式主義（住所に関する）	81
期　限	326, 332	芸娼妓契約	200
——に親しまない行為	333	形成権	38
——の到来	333	——の消滅時効	388
——の利益	334	契　約	176
——の利益喪失約款	335	契約自由の原則	21
——の利益の喪失	334	——の修正	22
——の利益の放棄	334	契約締結上の過失理論	31
期　日	337	原始取得	173, 376
既成条件	329	原始的不能	188
偽造文書による登記	309	現存利益	321
期待権	331	元　物	170
危難失踪	87	顕名主義	270
疑念性	304	顕名の方法	272
寄附行為	109	権　利	149
——の変更	110	——の客体	149
基本財産目録	135	——の行使期間	348
基本代理権	300	——の失効	30
——の存在	298	——の社会性	32
——の内容	300	——の主体	47
欺罔行為	236	——の取得	173
旧民法	6	——の消滅	174
共益権	139	——の喪失	174
競業を禁止する契約（効力）	200	——の発生	173
強行法規	189, 192	——の変更	174
共同代理	265		

——の変動 …………………173	——の行使の制限 ………………201
権利外観理論 …………………292	財産法 ……………………………19
権利失効の原則 …………………30	財団抵当制度 ………………9, 153
権利能力 …………………………47	財団法人 …………………………96
——の消滅 …………………52	——の設立の要件 …………109
——の発生 …………………49	裁判外の時効の援用 ……………351
外国人の—— ………………54	裁判上の時効援用 ………………351
権利能力なき財団 ………………105	裁判上の請求（時効の中断）…358
権利能力なき社団 ………………100	詐　欺 …………………………235
権利濫用禁止の原則 ……………31	——による意思表示 ………235
	——による取消 ……………236

こ

詐欺的商法 …………………………199

行為能力 …………………………56	錯　誤 …………………………220
公益信託 …………………………97	——と瑕疵担保責任 ………233
公益法人 …………………………97	——と詐欺 …………………233
効果意思 …………………205, 207	——と和解 …………………234
公共の福祉 ………………………24	——よる無効 ………………230
公共用物 ………………………372	——の意義 …………………220
後　見 ……………………………66	——の効果 …………………230
後見監督人 ………………………70	詐　術 ………………………78, 80
後見人 …………………………64, 69	——による取消権の排除 ……79
公示の方法による意思表示 ……248	サヴィニー（Savigny）…………94
公序良俗（90条）………………194	
公信力 …………………166, 217, 219	## し
公正証書の作成 ………………310	
合同行為 …………………177, 178	自益権 …………………………139
後発的不能 ……………………188	シカーネ（Schikane）………32, 33
公　物 …………………………372	始　期 …………………………332
——の取得時効 ……………372	権利能力の—— ……………49
公法人 ……………………………99	私　権 ……………………………24
公法と私法 ………………………1	——の享有 ………………48, 49
効力要件（法律行為）…………180	——の社会性 ……………24, 40
個人の尊厳 ………………46, 151	——の得喪および変更 ……173
戸　籍 ……………………………83	事件（法律事実としての）……175

さ

時　効 …………………………341

債権行為 ………………………178	——の意義 …………………341
催告（時効の中断）……………363	——の援用 …………………349
催告権 ……………………………78	——の援用権者 ……………349
制限能力者の相手方の—— …78	——の援用の効力 …………352
無権代理人の相手方の—— …284	——の援用の方法 …………351
財産権 ……………………………22	——の遡及効 ………………347
	——の存在理由 ……………342
	——の中断 …………………356

——の中断事由 …………………357
——の停止 ………………………368
——の停止事由 …………………368
——の法的構成 …………………345
——の利益の放棄 ………………353
時効期間（取得時効の）……………373
——（消滅時効の）………………383
時効の中断 …………………………356
——の効果 ………………………366
——の根拠 ………………………357
——の相対効 ……………………367
——の中断事由 …………………357
自己契約 ……………………………267
自己責任の原則 ………………………22
事実たる慣習 ………………………183
事実的契約関係の理論 ………………59
事実問題 …………………………42,187
使　者 ………………………………254
——と代理人 ……………………254
自主占有 ……………………………370
事情変更の原則 ………………………29
地震売買 ………………………………10
自然人 …………………………………47
自然中断 ……………………………376
自然的計算方法 ……………………337
死体（権利の客体）………………152
市町村長の権限踰越行為の効力 …306
失踪宣告 ………………………………87
——の効果 …………………………88
——の取消 …………………………89
——の取消と再婚 …………………91
——の要件 …………………………87
実体法説 ……………………………345
私的自治の原則 ………………………21
——の修正 …………………………22
自動車修理工場の修理代金債権 …386
支配可能性（物の要件）…………151
支配権 ………………………………150
支払督促（時効の中断）…………361
支払猶予の申出（時効の中断）…365
私　法 …………………………………1
——と公法の区別 …………………1

私法人 …………………………………99
死　亡 …………………………………52
——の時期 …………………………52
社員権 ………………………………138
社員総会 ……………………………137
——の決議 ………………………138
——の権限 ………………………137
——の招集 ………………………137
社会的妥当性（法律行為の内容の）…194
社会類型的行為 ………………………59
借地借家法の制定 ……………………12
社　団 …………………………………96
社団設立行為（合同行為としての性格）
　…………………………………107
社団設立の自由 ……………………176
社団法人 ………………………………96
終　期 ………………………………332
集合物 ………………………………153
住　所 …………………………………81
自由設立主義 ………………………106
従　物 ………………………………167
住民票 …………………………………83
縮小解釈 ………………………………44
授権（Ermächtigung）……………255
授権行為 ……………………………258
出　生 …………………………………49
出世払債務 …………………………327
受動代理 ……………………………257
取得時効 ……………………………370
——と登記 ………………………377
主　物 ………………………………167
主務官庁 ……………………106,108,111
樹木（個々の）……………………164
準禁治産者 ………………………61,66
純粋随意条件 ………………………329
準法律行為 …………………………175
条　件 ………………………………326
——および期限 …………………326
——に親しまない行為 …………327
——の成就 ………………………330
——の成否確定後の効力 ………330
——の成否確定前の効力 ………330

事項索引　395

───の成就の妨害 ……………………331
条件付権利 ………………………………331
条件付法律行為 …………………………328
譲渡担保 …………………………193, 210
承認（時効の中断事由）………………365
消費者契約法 …………………………18, 244
消費物 ……………………………………156
消滅時効 …………………………………381
　───期間と起算点 ………382, 383, 384
　───と除斥期間 ………………………348
　───の援用と権利濫用 …………………38
条　理 ……………………………………185
除斥期間 …………………………………348
初日不算入の原則 ………………………338
処分行為 …………………………256, 264
所有権 ……………………………21, 173, 370
　───以外の財産権の取得時効 ………379
　───の社会性 …………………………24
　───の取得時効 ………………………370
　───の濫用 ……………………………34
所有権絶対の原則 ………………………21
　───の修正 ……………………………23
自力救済 …………………………………40
真　意 …………………182, 208, 209, 223
人格権 ……………………………………149
信義誠実の原則（信義則）………………25
　───と権利濫用の禁止 ………………38
　───と公共の福祉 ……………………26
　───と条理 ……………………………185
信玄公旗掛松事件 ………………………32, 34
親権者 ……………………………………64
　───のいない未成年者 ………………64
心臓停止説 ………………………………52
信　託 ……………………………………97
信託的法律行為 …………………………210
信頼関係破壊の理論 ……………………38, 186
信頼利益 …………………………………286
心裡留保 …………………………………208
人倫に反する行為 ………………………198

す

推　定 ……………………………………54

せ

「生活ノ本拠」（21条）…………………81
正義の観念に反する行為（効力）……197
制限能力者 ………………………………57
　───と身分上の行為 …………………58
　───の相手方の保護 …………………78
　───の種類 ……………………………61
清算人 ……………………………………142
　───の職務権限 ………………………142
清算法人 …………………………………142
　───の機関 ……………………………142
　───の能力 ……………………………141
製造物責任法 ……………………………18
制定法………………………………………3
正当事由 ……………………………11, 12, 13
「正当ノ理由」（110条）………………304
成年期 ……………………………………61
　皇族の─── …………………………62
成年後見制度 ……………………………66
成年後見人 ………………………………69
成年擬制 …………………………………63
成年被後見人 ……………………………68
　───の能力 ……………………………69
成文法主義…………………………………3
成立要件（法律行為の）………………180
責任能力 …………………………………57
折衷説（意思表示の効力に関する）
　…………………………………………207
善意の第三者
　208, 212, 214, 215, 216, 217, 237, 239, 242
前借金無効判決 …………………………200
占　有 ……………………………………370
　───の継続 ……………………………375
「善良ノ風俗」（90条）…………194, 195

そ

臓器の移植に関する法律 ………………53
相殺の意思表示（時効の中断）…365, 366
双方代理 …………………………………267
贈　与（無償行為）……………………179
組織体説 …………………………………95

訴訟法説 …………………………346
損失保証契約 ……………………197

た

対抗要件と第三者の保護（94条2項）
　　　　　　　　　　　　　　…215
　──（96条3項）…………237
第三者制限連合部判決 …………44
第三者の詐欺 ……………………237
胎児の権利能力 …………………49
胎児の法律上の地位 ……………50
代替物 ……………………………156
代　表 ……………………………255
代物弁済予約 ……………………203
代　理 ……………………………249
　──と委任との関係 …………252
代理における三面関係 …………251
代理に親しまない行為 …………257
代理権 ……………………………258
　──の消滅 ……………………279
　──の発生原因 ………………258
　──の範囲 ……………………256
　──の濫用 …………………209, 271
代理権授与行為 …………………258
　──と委任状 …………………262
　──の認定 ……………………261
　──の法的性質 ………………258
代理権授与の表示による表見代理（109条）
　　　　　　　　　　　　　　…293
代理権消滅による表見代理（112条）
　　　　　　　　　　　　　　…310
代理権限踰越による表見代理（110条）
　　　　　　　　　　　　　　…298
代理行為 …………………………270
　──の瑕疵 ……………………273
　──の効果 ……………………276
代理制度の意義 …………………249
代理人 ……………………………249
　──の虚偽表示 ……………211, 274
　──の権限濫用 ……………209, 271
　──の詐欺 ……………………274
　──の能力 ……………………275

　──の不法行為による本人の責任 …276
対話者間の意思表示 ……………247
脱法行為 …………………………192
建　具 ……………………………163
建　物 ……………………………161
他人の物の売買契約 ……………314
短期消滅時効 ……………………384
団体の設立 ………………………105
単独虚偽表示 ……………………207
単独行為 …………………………177
　──の無権代理 ………………287

ち

地上権の取得時効 ………………380
地代・家賃（法定果実）………171
仲介業者の報酬請求権 …………332
中間法人 …………………………98
中間法人法 ………………………98
調停の申立 ………………………362
賃借権 ……………………………10
　──の取得時効 ………………380
　──の無断譲渡による解除の制限 …38

つ

追　認 …………………………282, 322
　取り消しうべき行為の── …………322
　取り消しうべき行為の法定── ……323
　無権代理行為の── …………282
　無効行為の── ………………313
追認拒絶 …………………………284
通常総会 …………………………137
通謀虚偽表示（虚偽表示）………207, 209

て

定　款 ……………………………107
　──の変更 ……………………108
　──の法的性質 ………………107
定期給付債権の消滅時効期間 …384
定期金債権の消滅時効期間 ……383
定期借家契約 ……………………13
停止条件 …………………………326
定着物 ……………………………160

| 抵当権 ……………………………9, 161, 167
抵当制度の展開……………………………9
電気 ……………………………………149
天然果実 ………………………………171

と

動機 ……………………………………221
　――の不法 ……………………………196
　――の錯誤 ……………………………221
当座預金債権の消滅時効 ………………383
動産 ………………………………157, 164
　――と不動産との区別 ………………157
同時死亡の推定 …………………………53
到達主義（意思表示の効力発生時期）
　………………………………………246
　――の結果 ……………………………247
桃中軒雲右衛門事件 ……………………43
特殊法人 …………………………………98
特定商取引に関する法律 ………………17
特定非営利活動促進法（NPO法）……111
特定物 …………………………………157
特別失踪 ……………………………87, 88
特別代理人 …………………………65, 132
特別法上の法人（特殊法人）……………98
特別法による民法の修正…………………9
独立性（物の要件）……………………152
土地 ……………………………………158
　――の定着物 …………………………160
　――の構成部分 ………………………161
取消 ……………………………………317
　――と無効の差異 ……………………312
　――と無効の競合（二重効）……58, 312
　――の効果 ……………………………320
　――の遡及効 …………………………320
　――の方法 ……………………………320
取消権 ……………………………284, 317
　制限能力者の――からの相手方の保護
　…………………………………………78
　――の短期消滅 ………………………324
　無権代理人の相手方の―― …………284
取消権者 ………………………………318
取締法規 ………………………………189

　――違反の効力 ………………………190
取引慣行 ………………………………183
取引の安全 ……………206, 207, 281, 308

な

内国法人 ………………………………146
名板貸契約 ……………………………191
内容の錯誤 ……………………………221

に

二重効 ……………………………58, 312
日常家事に関する代理権 ………………307
庭石 ……………………………………161
任意規定 …………………………184, 185
任意後見制度 ……………………………66
任意代理 ………………………………257
任意的記載事項 ………………………108
認可法人 …………………………………99
認定死亡 …………………………………91

ね

年齢の計算（年齢計算に関する法律）
　………………………………………338

の

脳死説 ……………………………………52
農地法の制定 ……………………………13
能動代理 ………………………………257
ノルマントン事件…………………………6

は

背信的悪意者排除の理論 ………………30
売買予約完結権の消滅時効期間 ………388
賠償額の予定 …………………………203
白紙委任状 ……………………………262
破産宣告の申立（時効の中断）………363
破産手続参加（時効の中断）…………363
発信主義 ………………………………245
　――の結果 ……………………………246
ハリート事件……………………………6
判決などで確定した権利の消滅時効期間
　………………………………………388

反対解釈	44, 242
判例法	3

ひ

非営利法人	120
——の行為能力	120
必要的記載事項（定款および寄附行為）	107, 109
被保佐人	70
——の能力	71
被補助人	76
表意者の死亡・能力喪失	247
表見代理	292
——の効果	297, 305, 311
表見代理制度の基礎	292
表示意思	205
表示機関としての使者	254
表示主義（意思表示の効力に関する）	207
表示上の効果意思	207
表示上の錯誤	220

ふ

不確定期限	333
不確定効果説	346
不可分物	156
復代理	276
復代理権の消滅原因	281
復代理人の地位	277
復任権	277
不在者	83
——の財産管理制度	85
——の財産管理人	85
不作為債権の消滅時効	383
不代替物	156
普通失踪	87, 88
物権行為	178
——の独自性	178
物権的請求権の消滅時効	387
不動産	158
不特定物	157
不　能	188
不能条件	329
不法行為	34, 39, 43, 122, 175
不法条件	328
不融通物	155
不要式行為	179
文理解釈	43

へ

変額保険	229
変更登記	112

ほ

ボアソナード（Boissonade）	5
法　源	3
報償責任の理論	23
法　人	92
——の意義	92
——の解散	139
——の監督	145
——の機関	129
——の機関個人の不法行為責任	127
——の権利能力	113, 114
——の行為能力	113, 116
——の種類	96
——の消滅	139
——の設立	105
——の清算	141
——の登記	111
——の能力	113
——の不法行為責任	121
——の本質	92
——の目的の範囲	114
——の理事の地位	129
法人格	93
法人格否認の法理	93
法人擬制説	94
法人実在説	95
法人否認説	95
法人設立許可の取消	145
法人法定主義	106
法定果実	171
法定後見制度	66

法定代理 …………………………258	未成年者 …………………………61
法定代理人 ………………………64	――の能力 ……………………63
――の権限 ……………………65	身分から契約へ …………………176
――の同意権 …………………65	身分行為 …………………………209
法定中断 …………………………357	――の取消 ……………………317
法定追認 …………………………323	未分離の天然果実 ………………171
暴利行為 …………………………203	民法典 ……………………………4
法律行為 …………………………175	――の沿革 ……………………4
――自由の原則 ………………175	――の改正 ……………………7
――の解釈 ……………………181	――の編纂 ……………………4
――の解釈の基準 ……………181	民法の指導原理 …………………24
――の効力の発生 ……………180	民法の構成 ………………………19
――の成立 ……………………180	**む**
――の附款 ……………………326	
――の分類 ……………………177	無因行為 …………………………178
――の内容の確定 ……………181	無過失責任 ………………………23
――の内容の実現可能性 ……188	無記名債権 ………………………165
――の内容の社会的妥当性 …194	無権代理 …………………………281
――の内容の適法性 …………189	――の相手方に対する効果 …284
法律効果 …………………………173	――の本人に対する効果 ……282
法律事実 …………………………174	無権代理人が本人を相続した場合 …288
法律要件 …………………………174	無権代理人の責任 ………………284
法律問題 ……………………42,187	無 効 …………………………312,313
法例2条 …………………………184	――と取消 ……………………312
保 佐 ……………………………66	絶対的―― ……………………312
保佐人 ……………………………74	相対的―― ……………………312
――の権限 ……………………75	無効行為の追認 …………………313
――の同意権 …………………75	無効行為の転換 …………………316
保証人の援用権 ………349,350,351	無償行為 …………………………179
補 助 …………………………68,76	無体物 ……………………………149
補助人 ……………………………77	無免許運送業者の運送契約の効力 …191
ホステスの債務保証契約 ………204	**め**
保存行為 …………………………265	
本 籍 ……………………………83	名義貸の効力 ……………………191
本人が無権代理人を相続した場合 …290	明認方法 ………………163,164,185
ま	**も**
毎年度財産目録 …………………135	目的論的解釈 ……………………44
末日の定め方 ……………………338	物 …………………………………149
み	――の意義 ……………………149
	――の独立性 …………………152
未確定無効 ……………………282,314	――の分類 ……………………155

ゆ

有因行為 …………………………… 178
有償行為 …………………………… 179
有体物 ……………………………… 149
融通物 ……………………………… 155

よ

要式行為 …………………………… 179
要素の錯誤 ………………………… 226
容　態 ……………………………… 175
要物契約（虚偽表示の成立要件との関係）
　………………………………………210

り

利益相反行為 ……………… 65, 133, 267
履行利益（無権代理人の責任の内容）
　………………………………………286
理　事 ………………………………129
　――の職務権限 ……………………130
　――の善管注意義務 ………………130
　――の代表権の制限 ………………131
　――の地位 …………………………129
　――の任免 …………………………130
立法者意思解釈 ………………………44
立木［りゅうぼく］ …………………163
立木法 …………………………………163
利用行為 ……………………………265
両性の本質的平等 ……………………46
臨時総会 ……………………………137

る

類推解釈 ………………………………44

れ

例文解釈 ……………………………186
暦法的計算法 ………………………337

ろ

労働法 …………………………………17
浪費者 …………………………………71
ローマ法大全（Corpus juris civilis） … 7
労務供給契約 …………………………16
論理解釈 ………………………………43

わ

和解（錯誤のある場合の効力） ………234
和解のためにする呼出（時効の中断）
　………………………………………362
和議手続の参加（時効の中断） ………363

条文関連

44 条と 110 条 ………………………125
44 条と 709 条との関係 ……………127
44 条と 715 条 1 項との関係 ………123
54 条と 110 条との関係 ……………132
57 条と 826 条との関係 ……………133
57 条と 108 条との関係 ……………133
92 条と法例 2 条との関係 …………183
93 条但書の規定の類推適用 ………209
94 条 2 項の類推適用 ………………217
108 条但書の事例 …………………269
108 条の拡張と縮小 ………………270
110 条と 761 条との関係 …………307

判 例 索 引

（年月日順）

〔明 治〕

大判明29.10.1民録2輯9巻5頁‥‥‥‥‥263
大判明32.2.1民録5輯2巻1頁 ‥‥‥‥‥32
大判明32.2.9民録5輯2巻24頁‥‥‥‥‥327
大判明32.3.15民録5輯3巻20頁‥‥‥‥‥201
大判明32.3.25民録5輯3巻37頁‥‥‥‥‥198
大判明32.4.12民録5輯4巻23頁‥‥‥‥‥164
大判明32.5.2民録5輯5巻4頁 ‥‥‥‥‥201
大判明33.3.5民録6輯3巻19頁‥‥‥‥‥262
大判明33.5.7民録6輯5巻15頁‥‥‥‥‥237
大判明33.12.5民録6輯11巻28頁‥‥‥‥‥320
大判明34.6.20民録7輯6巻47頁‥‥‥‥‥32
大判明35.1.27民録8輯1巻77頁‥‥‥‥‥160
大判明35.3.26民録8輯3巻73頁‥‥‥‥‥226
大判明35.11.6民録8輯10巻54頁‥‥‥‥‥317
大判明35.12.22民録8輯11巻133頁‥‥‥123
大判明36.1.29民録9輯102頁‥‥‥‥‥119
大判明36.3.14民録9輯313頁‥‥‥‥‥123
大判明36.5.21刑録9輯874頁‥‥‥‥‥151
大判明36.6.30民録9輯818頁‥‥‥‥‥199
大判明36.7.7民録9輯888頁‥‥‥‥‥305
大決明36.7.9民録9輯908頁‥‥‥‥‥112
大判明36.11.13民録9輯1221頁‥‥‥‥‥164
大判明37.3.25民録10輯331頁‥‥‥‥‥73
大判明37.5.12民録10輯662頁‥‥‥‥‥267
大判明38.2.13民録11輯120頁‥‥‥‥‥164
大判明38.2.21民録11輯196頁‥‥‥‥‥294
大判明38.5.11民録11輯706頁‥‥‥‥‥57
大判明38.6.10民録11輯919頁‥‥‥‥‥271
大判明38.6.27民録11輯1047頁‥‥‥‥‥262
大判明38.9.30民録11輯1262頁‥‥‥‥‥268
大判明38.10.5民録11輯1287頁‥‥‥‥‥278
大判明38.11.25民録11輯1581頁‥‥345,351
大判明38.12.19民録11輯1790頁‥‥‥171,172
大判明38.12.26民録11輯1877頁‥‥‥‥‥311
大判明39.3.31民録12輯492頁‥‥‥‥‥274

大判明39.4.2民録12輯553頁 ‥‥‥‥‥275
大判明39.5.17民録12輯758頁 ‥‥‥72,297
大判明39.5.17民録12輯837頁‥‥‥‥‥323
大判明39.6.1民録12輯893頁‥‥‥‥‥72
大判明39.10.3民録12輯1167頁 ‥‥‥‥‥128
大判明39.11.26民録12輯1579頁‥‥‥‥‥320
大判明39.12.1民録12輯1598頁‥‥‥‥‥382
大判明39.12.13刑録12輯1360頁‥‥‥‥‥242
大判明39.12.24刑録12輯1417頁‥‥‥‥‥320
大判明40.2.12民録13輯99頁 ‥‥‥‥‥119
大判明40.2.25民録13輯167頁‥‥‥‥‥226
大判明40.3.18民録13輯302頁‥‥‥‥‥329
大判明40.3.30民録13輯368頁‥‥‥‥‥73
大判明40.4.11民録13輯423頁‥‥‥‥‥362
大判明40.6.1民録13輯619頁‥‥‥‥‥213
大判明40.6.13民録13輯643頁‥‥‥‥‥383
大判明40.7.9民録13輯806頁‥‥‥‥‥73
大判明41.6.10民録14輯665頁‥‥‥‥‥275
大決明41.9.1民録14輯871頁‥‥‥‥‥112
大判明41.12.15民録14輯1276頁‥‥‥‥‥44
大判明42.3.12刑録15輯229頁‥‥‥‥‥73
大判明42.4.30民録15輯439頁‥‥‥‥‥361
大判明42.5.28民録15輯528頁‥‥‥‥‥317
大阪控判明42.7.8新聞592号13頁 ‥‥‥208
大判明43.1.25民録16輯22頁‥‥‥349,350
大判明43.2.10民録16輯76頁‥‥‥267,270
大決明43.3.30民録16輯241頁‥‥‥‥‥73
大判明43.9.28民録16輯610頁‥‥‥‥‥143
大判明43.10.31民録16輯739頁‥‥‥‥‥327
大判明44.2.16民録17輯59頁‥‥‥‥‥118
大判明44.3.20民録17輯139頁‥‥‥‥‥119
大判明44.4.7民録17輯187頁‥‥‥‥‥374
大判明44.4.28民録17輯243頁‥‥‥‥‥278
大判明44.12.18民録17輯835頁‥‥‥‥‥73
大判明45.2.3民録18輯54頁‥‥‥‥‥321
大判明45.2.12民録18輯97頁 ‥‥‥‥‥309
大判明45.3.13民録18輯193頁‥‥‥‥‥246

大判明45.3.14刑録18輯337頁 ……… 202,329
大判明45.5.9民録18輯475頁 …………… 201
大判明45.7.1民録18輯679頁 …………… 264

〔大　正〕

大判大元.9.25民録18輯810頁 ………… 120
大判大元.10.2民録18輯772頁 ………… 166
大判大元.10.16民録18輯870頁 ………… 124
東京控判大元.11.21新聞844号23頁 … 196
大判大元.12.25民録18輯1078頁 ……… 119
大判大2.3.8新聞853号27頁 …………… 228
大判大2.3.20民録19輯137頁 ……… 362,366
大判大2.4.19民録19輯255頁 ……… 251,263
大判大2.5.1民録19輯303頁 …………… 298
大判大2.5.27新聞869号27頁 ………… 227
大判大2.6.4民録19輯401頁 …………… 264
大判大2.6.16民録19輯637頁 ………… 375
大判大2.6.28民録19輯530頁 ………… 141
大判大2.7.1民録19輯590頁 …………… 73
大判大2.7.9民録19輯619頁 ……… 119,141
大判大2.11.20民録19輯983頁 ………… 187
大判大3.1.15新聞921号26頁 ………… 123
大判大3.1.20民録20輯12頁 …………… 299
大判大3.3.12民録20輯152頁 ………… 382
大判大3.3.16民録20輯210頁 ………… 213
大判大3.4.6民録20輯265頁 ……… 262,294
大判大3.4.25民録20輯342頁 ……… 354,355
大判大3.5.16刑録20輯903頁 ………… 321
大判大3.6.5民録20輯437頁 …………… 119
大判大3.7.4刑録20輯1360頁 …………… 43
大判大3.7.9刑録20輯1475頁 ………… 214
大判大3.7.13民録20輯607頁 …………… 74
大判大3.9.28民録20輯690頁 …………… 65
東京地判大3.10.14新聞978号22頁 …… 57
大判大3.10.27民録20輯818頁 ………… 183
大判大3.10.29民録20輯846頁 ………… 305
大判大3.11.20民録20輯954頁 ………… 182
大判大3.12.11民録20輯1085頁 ………… 159
大判大3.12.15民録20輯1101頁
　　　　　………………………… 222,226,228
大判大4.2.16民録21輯145頁 ………… 144
大判大4.2.19民録21輯163頁 ………… 327

大判大4.3.9民録21輯299頁 …………… 159
大判大4.3.24民録21輯439頁 ……… 327,382
大判大4.4.7民録21輯451頁 …………… 268
大判大4.4.7民録21輯464頁 …………… 252
大判大4.4.30民録21輯625頁 ……… 144,365
大判大4.5.15新聞1031号27頁 ………… 198
大判大4.5.20民録21輯750頁 ………… 366
大判大4.6.16民録21輯953頁 ………… 271
大判大4.9.30民録21輯1536頁 ………… 268
大判大4.10.2民録21輯1560頁 ………… 286
大判大4.10.19民録21輯1661頁 ……… 202
大判大4.12.1民録21輯1935頁 ………… 327
大判大4.12.8民録21輯2028頁 ………… 163
大判大4.12.11民録21輯2051頁 ……… 349
大判大4.12.17民録21輯2124頁 ……… 213
大判大5.1.21民録22輯25頁 …………… 184
大判大5.2.2民録22輯210頁 …………… 76
大判大5.3.11民録22輯739頁 ………… 163
大判大5.3.24民録22輯657頁 ………… 375
大判大5.4.1民録22輯674頁 …………… 387
大判大5.4.19民録22輯770頁 ………… 171
大判大5.5.8民録22輯931頁 …………… 241
大判大5.6.1民録22輯1113頁 …………… 89
大判大5.6.10民録22輯1149頁 ………… 321
大判大5.6.23民録22輯1161頁 ………… 387
大判大5.6.29民録22輯1294頁 ………… 197
大判大5.7.5民録22輯1325頁 ……… 226,233
大判大5.8.12民録22輯1646頁 ………… 199
大判大5.9.20民録22輯1440頁 ………… 164
大判大5.9.20民録22輯1721頁 ……… 323,325
大判大5.9.20民録22輯1821頁 ………… 193
大判大5.10.13民録22輯1886頁 ……… 354,365
大判大5.10.19民録22輯1931頁 ……… 171
大判大5.11.21民録22輯2250頁 ……… 210
大判大5.11.22民録22輯3301頁 ……… 119
大判大5.12.6民録22輯2358頁 ………… 80
大判大5.12.25民録22輯2494頁 ……… 356
大判大5.12.28民録22輯2529頁 ……… 322
大判大6.1.16民録23輯1頁 …………… 367
大判大6.2.7民録23輯210頁 …………… 263
大判大6.2.13新聞1253号26頁 ………… 265
大判大6.2.19民録23輯311頁 ………… 355

大判大6.2.24民録23輯284頁
　　　　　　　　　………………222, 224, 228
大判大6.4.7民録23輯690頁 ………123, 134
大判大6.4.27民録23輯706頁 ……………197
大判大6.5.18民録23輯831頁………………50
大判大6.5.28民録23輯846頁……………329
大判大6.7.21民録23輯1168頁……………271
大判大6.8.22民録23輯1293頁……………352
大判大6.9.6民録23輯1319頁……………235
大判大6.9.18民録23輯1342頁……………234
大判大6.9.20民録23輯1360頁……………241
大判大6.9.26民録23輯1495頁………………80
大判大6.10.10民録23輯1564頁……………202
大判大6.11.8民録23輯1758頁……………231
大判大6.11.8民録23輯1762頁 ………347, 381
大判大6.11.8民録23輯1772頁……………376
大判大6.11.10民録23輯1955頁……………164
大判大6.11.14民録23輯1965頁……………388
大判大6.12.12民録23輯2079頁……………192
大判大6.12.26新聞1380号34頁……………263
大判大7.2.14民録24輯221頁……………329
大判大7.2.27民録24輯368頁……………162
大判大7.3.2民録24輯423頁……………376
大判大7.3.8民録24輯427頁……………131
大判大7.3.13民録24輯523頁……………159
大判大7.3.20民録24輯623頁……………334
大判大7.3.27民録24輯599頁……………228
大刑判大7.3.27刑録24輯241頁……………124
大判大7.4.13民録24輯669頁……………161
大判大7.4.20民録24輯751頁……………144
大判大7.4.29民録24輯785頁……………253
大判大7.5.10民録24輯830頁……………201
大判大7.5.23民録24輯1027頁……………270
大判大7.6.1民録24輯1159頁……………229
大判大7.6.13民録24輯1263頁……………302
大判大7.7.3民録24輯1338頁……………227
大判大7.7.6民録24輯1403頁……………121
大判大7.7.6民録24輯1467頁……………352
大判大7.8.6民録24輯1570頁……………382
大判大7.9.18民録24輯1710頁………………43
大判大7.10.3民録24輯1852頁 ………226, 229
大判大7.10.9民録24輯1886頁……………365

大判大7.10.12民録24輯1954頁 …………200
大阪控判大7.10.14新聞1467号21頁 ……236
大判大7.10.30民録24輯2087頁……………262
大判大7.12.3民録24輯2284頁……………231
大判大8.1.25民録25輯89頁……………143
大判大8.2.24民録25輯340頁……………303
大判大8.3.3民録25輯356頁…………32, 34
大判大8.3.15民録25輯473頁……………169
大判大8.4.1民録25輯643頁……………365
大判大8.4.30民録25輯709頁……………278
大判大8.5.12民録25輯851頁……72, 354, 365
大判大8.5.24民録25輯889頁……………170
大判大8.6.3民録25輯955頁……………317
大判大8.6.19民録25輯1058頁……………351
大判大8.6.19民録25輯1063頁……………216
大判大8.6.24民録25輯1095頁……………352
大判大8.6.30民録25輯1200頁……………363
大判大8.7.4民録25輯1215頁
　　　　　　　　………346, 349, 351, 352, 354
大判大8.7.9民録25輯1373頁……………193
大判大8.8.1民録25輯1413頁……………261
大判大8.10.13民録25輯1863頁……………374
大判大8.11.3民録25輯1955頁……………303
大判大8.11.19刑録25輯1133頁……………197
大判大8.11.20民録25輯2049頁……………385
大判大8.12.2民録25輯2224頁……………363
大判大8.12.13刑録25輯1367頁………………49
大判大8.12.26民録25輯2429頁………267, 365
大阪控判大8.12.27新聞1659号11頁………34
大判大9.1.21民録26輯9頁………………63
大判大9.2.19民録26輯142頁……………163
大判大9.4.27民録26輯606頁……………272
大判大9.5.5民録26輯622頁……………164
大判大9.5.25民録26輯759頁……………347
大判大9.5.28民録26輯773頁……196, 198, 328
大判大9.6.5民録26輯812頁……………273
大判大9.6.24民録26輯923頁……………335
大判大9.6.24民録26輯1083頁………123, 256
大判大9.6.29民録26輯949頁……………364
大判大9.7.23民録26輯1171頁………213, 216
大決大9.7.23民録26輯1157頁………………81
大判大9.8.2民録26輯1293頁……………387

大決大9.10.18民録26輯1551頁 ………… 213
大判大9.10.21民録26輯1561頁 ………… 131
大判大9.11.27民録26輯1797頁 ………… 382
大判大9.12.9民録26輯1895頁 ………… 272
大判大10.2.1民録27輯160頁 ………… 372
大判大10.2.2民録27輯168頁 ………… 366
大判大10.2.14民録27輯285頁 …… 263, 355
大判大10.3.4民録27輯407頁 ………… 257
大判大10.3.5民録27輯493頁 ………… 388
大判大10.5.18民録27輯939頁 ………… 187
大判大10.5.23民録27輯957頁 ………… 327
大判大10.6.2民録27輯1038頁 ………… 183
大判大10.6.4民録27輯1062頁 ………… 367
大判大10.7.13民録27輯1318頁 ………… 273
大判大10.7.25民録27輯1408頁 ………… 151
大判大10.8.10民録27輯1480頁 …… 161, 164
大判大10.9.29民録27輯1774頁 ………… 200
大判大10.11.3民録27輯1875頁 ………… 370
大判大10.11.15民録27輯1959頁 ………… 170
大判大10.12.6民録27輯2121頁 ………… 278
大判大10.12.10民録27輯2103頁 ………… 30
大判大10.12.15民録27輯2160頁 …… 228, 234
大判大11.2.6民集1巻13頁 ………… 235
大判大11.3.13民集1巻102頁 ………… 338
大判大11.3.22民集1巻115頁 …… 227, 231
大判大11.4.14民集1巻187頁 … 352, 359, 366
大判大11.5.11評論11民308頁 ………… 124
大判大11.6.2民集1巻267頁 …… 75, 76, 318
大判大11.6.6民集1巻295頁 …… 267, 268
大判大11.8.4民集1巻488頁 ………… 69, 71
大判大11.8.21民集1巻493頁 ………… 387
大判大11.10.10民集1巻575頁 ………… 159
大判大11.11.24民集1巻738頁 ………… 29
大判大12.3.26民集2巻182頁 ………… 352
大判大12.4.26民集2巻272頁 ………… 233
大判大12.5.24民集2巻323頁 ………… 270
大連判大12.7.7民集2巻438頁 ………… 317
大判大12.11.26民集2巻634頁 ………… 267
大判大12.12.12民集2巻668頁 ………… 198
大判大13.2.9民集3巻8頁 ………… 280
大連判大13.10.7民集3巻476頁 ………… 159
大連判大13.10.7民集3巻509頁 …… 159, 372

大判大14.5.9新聞2430号12頁 ………… 315
大連判大14.7.8民集4巻412頁 …… 348, 377
大決大14.7.11民集4巻423頁 ………… 142
大判大14.8.3新聞2475号13頁 ………… 182
大判大14.10.3民集4巻481頁 ………… 260
大判大14.10.5民集4巻489頁 ………… 264
大判大14.10.29民集4巻522頁 ………… 263
大判大14.11.9民集4巻545頁 ………… 242
大判大14.12.3民集4巻685頁 ………… 28
大判大14.12.14民集4巻590頁 ………… 278
大判大14.12.21民集4巻743頁 …… 304, 310
大判大14.12.24民集4巻765頁 ………… 283
大判大15.2.22民集5巻99頁 ………… 161
大決大15.4.19民集5巻259頁 ………… 142
大判大15.4.21民集5巻271頁 ………… 191
大判大15.6.4民集5巻451頁 ………… 385
大決大15.9.4新聞2613号16頁 ………… 210
大判大15.10.11民集5巻703頁 ………… 316
大連判大15.10.13民集5巻785頁 ………… 124
大判大15.11.19民集5巻759頁 ………… 382
大判大15.12.25民集5巻897頁 ………… 375

〔昭 和〕

大判昭2.1.25新聞2666号14頁 ………… 247
大判昭2.3.22民集6巻106頁 ………… 288
大判昭2.3.23評論16民568頁 ………… 261
大判昭2.3.23新聞2677号7頁 ………… 255
大判昭2.4.21民集6巻166頁 ………… 287
大判昭2.4.25民集6巻182頁 ………… 170
大決昭2.5.4民集6巻219頁 ………… 81
大判昭2.5.19刑集6巻190頁 ………… 129
大判昭2.5.27民集6巻307頁 ………… 152
東京控判昭2.6.7新聞2732号10頁 ………… 57
大判昭2.10.22新聞2767号16頁 ………… 170
大判昭2.12.24民集6巻754頁 …… 310, 311
大判昭3.2.6刑集7巻83頁 ………… 200
大判昭3.3.24新聞2873号13頁 ………… 365
大判昭3.4.25民集7巻295頁 ………… 385
大判昭3.8.1民集7巻687頁 ………… 321
大判昭3.8.3刑集7巻533頁 ………… 197
大判昭3.8.8新聞2907号9頁 ………… 164
大判昭3.11.8民集7巻980頁 ………… 350

大判昭4.1.23新聞2495号14頁…………242
大判昭4.2.20民集8巻59頁…………242, 243
大判昭4.2.23民集8巻337頁…………268
大判昭4.5.3民集8巻447頁…………297
大判昭4.6.21新聞3031号16頁…………72
大判昭4.6.22民集8巻597頁…………362
大判昭4.7.4民集8巻686頁…………316
大判昭4.10.19新聞3081号15頁…………160
大判昭4.11.22新聞3060号16頁…………324
大判昭4.12.11民集8巻914頁…………372
大判昭4.12.18新聞3081号10頁…………187
大判昭4.12.21民集8巻961頁…………190
大判昭4.12.26新聞3081号16頁…………187
大判昭5.2.12民集9巻143頁…………300
大判昭5.3.4民集9巻299頁…………283
大判昭5.4.18民集9巻398頁…………80
大判昭5.5.6新聞3126号14頁…………297
大判昭5.5.24民集9巻468頁…………337
大判昭5.6.27民集9巻619頁…………358
大判昭5.10.2民集9巻930頁…………57
大判昭5.10.30新聞3203号8頁…………227
大判昭5.12.18民集9巻1147頁…………163, 168
大判昭5.12.23評論20民31頁…………263
大判昭6.2.9評論20民訴141頁…………261
大判昭6.4.21評論20商381頁…………261
大判昭6.5.2民集10巻232頁…………339
大判昭6.6.4民集10巻401頁…………356
大判昭6.6.9民集10巻470頁…………210, 213
大判昭6.6.22民集10巻440頁…………320
大判昭6.7.22民集10巻593頁…………163
大判昭6.10.19新聞3336号11頁…………236
大判昭6.10.24新聞3334号4頁…………213, 214
大判昭6.10.28民集10巻975頁…………293
大判昭6.11.14民集10巻1060頁…………269
大判昭6.11.24裁判例5民249頁…………294
大判昭6.12.19民集10巻1237頁…………352, 359
大判昭6.12.22裁判例5民286頁…………76
大判昭7.3.5新聞3387号14頁…………231, 274
大判昭7.4.19民集11巻837頁…………107, 208, 211
大判昭7.5.27民集11巻1069頁…………128
大判昭7.6.6民集11巻1115頁…………269
大判昭7.6.9民集11巻1341頁…………162

大判昭7.6.21民集11巻1186頁…………349, 385
大判昭7.6.30民集11巻1464頁…………269
大決昭7.7.26民集11巻1658頁…………87
大判昭7.8.9民集11巻1879頁…………237
大判昭7.10.6民集11巻2023頁…………50
大判昭7.10.26民集11巻1920頁…………322
大判昭7.10.29民集11巻1947頁…………201
大判昭7.11.25新聞3499号8頁…………299, 301
大判昭7.12.9新聞3503号9頁…………72
大判昭7.12.24新聞3518号17頁…………302
大判昭8.1.28民集12巻10頁…………286
大判昭8.1.31民集12巻24頁…………80
大判昭8.3.24民集12巻490頁…………161
大判昭8.4.10民集12巻574頁…………72
大判昭8.4.28民集12巻1040頁…………323
大判昭8.6.16民集12巻1506頁…………213
大判昭8.7.19民集12巻2229頁…………120
大判昭8.9.29民集12巻2401頁…………286
大判昭8.11.22民集12巻2756頁…………311
大判昭8.12.2民集12巻2804頁…………261
大判昭8.12.9民集12巻2827頁…………306
大判昭8.12.18民集12巻2854頁…………169
大判昭8.12.19民集12巻2882頁…………213
大判昭9.1.24民集13巻64頁…………144
大決昭9.2.2民集13巻115頁…………131
大判昭9.2.26民集13巻366頁…………28
大判昭9.3.7民集13巻278頁…………29
大判昭9.3.28民集13巻318頁…………191
大判昭9.4.6民集13巻492頁…………166
大判昭9.4.12民集13巻596頁…………202
大判昭9.5.2民集13巻670頁…………350
大判昭9.5.4民集13巻633頁…………226, 232, 255
大判昭9.5.5民集13巻562頁…………73
大判昭9.5.25民集13巻829頁…………213
大判昭9.5.28民集13巻857頁…………372
大判昭9.9.10民集13巻1777頁…………288
大判昭9.9.15民集13巻1839頁…………334
大判昭9.10.5新聞3757号7頁…………124
大判昭9.10.5判決全集11号3頁…………133
大判昭9.10.23新聞3784号8頁…………198
大判昭9.10.24新聞3773号17頁…………246
大判昭9.11.6新聞3790号9頁…………365

大判昭9.11.26新聞3790号12頁 ………… 247
大判昭9.12.28民集13巻2427頁 ………… 164
大判昭10.1.29民集14巻183頁 ……… 222, 228
大判昭10.2.4裁判例9民15頁 ………… 229
大判昭10.2.19民集14巻137頁 ………… 383
大判昭10.3.25民集14巻389頁 ………… 306
大判昭10.7.11民集14巻1421頁 ………… 386
大判昭10.8.10新聞3882号13頁 ………… 279
大判昭10.9.10民集14巻1717頁 ……… 256, 314
大判昭10.10.1民集14巻1671頁 ………… 162
大判昭10.10.5民集14巻1965頁 ………… 35
大判昭10.10.10判決全集23輯4頁 ………… 261
大判昭10.11.9民集14巻1899頁 ………… 325
大判昭10.12.24民集14巻2096頁 ………… 351
大判昭11.2.14民集15巻158頁 ………… 246
大判昭11.7.10民集15巻1481頁 ………… 33
大判昭11.8.4民集15巻1616頁 ………… 331
大判昭11.8.7民集15巻1630頁 ………… 65
大判昭11.10.3民集15巻2035頁 ………… 310
大判昭11.11.21民集15巻2072頁 ………… 241
大判昭12.4.17判決全集4輯8巻3頁 ………… 226
大判昭12.4.20新聞4133号12頁 ………… 198
大判昭12.5.28民集16巻903頁 ………… 72
大判昭12.6.29民集16巻1014頁 ………… 151
大判昭12.6.30民集16巻1298頁 ………… 162
大判昭12.8.10新聞4181号9頁 ………… 214
大判昭12.9.17民集16巻1435頁 ………… 381
大判昭12.10.5新聞4042号6頁 ………… 126
大判昭13.2.4民集17巻87頁 ………… 365
大判昭13.2.7民集17巻59頁 ………… 90
大判昭13.2.8民集17巻100頁 ………… 130
大判昭13.2.21民集17巻232頁 ………… 231
大判昭13.3.5判決全集5輯6巻34頁 ………… 365
大判昭13.3.8民集17巻367頁 ………… 216
大判昭13.3.30民集17巻578頁 ………… 196
大判昭13.6.8民集17巻1219頁 ………… 119
大判昭13.6.27民集17巻1324頁 ………… 367
大判昭13.9.28民集17巻1927頁 ………… 164
大判昭13.10.26民集17巻2057頁 ………… 33
大判昭13.11.11判決全集5輯22巻5頁 ………… 227
大判昭13.11.16民集17巻2216頁 ………… 288
大判昭13.12.10判決全集5輯24巻31頁 ………… 299

大判昭13.12.17民集17巻2651頁 ………… 213
大刑昭14.3.7刑集18巻93頁 ………… 152
大連判昭14.3.22民集18巻238頁
 ……………………… 358, 359, 363, 366
大判昭14.3.29民集18巻370頁 ………… 352
大判昭14.7.19民集18巻856頁 ……… 376, 378
大判昭14.9.22新聞4481号7頁 ………… 211
大判昭14.10.26民集18巻1157頁 ………… 321
大判昭14.11.6民集18巻1224頁 ………… 197
大判昭14.12.6民集18巻1490頁 ……… 211, 274
大判昭15.2.20民集19巻200頁 ………… 121
大判昭15.2.27民集19巻441頁 ……… 124, 126
大連判昭15.3.13民集19巻544頁 ………… 383
大判昭15.4.5新聞4563号12頁 ………… 104
大判昭15.4.24民集19巻749頁 ………… 297
大判昭15.6.1民集19巻944頁 ………… 325
大判昭15.6.19民集19巻1023頁 ………… 131
大判昭15.7.10民集19巻1265頁 ………… 358
大判昭15.7.16民集19巻1185頁 ………… 85
大判昭15.10.10新聞4627号12頁 ………… 256
大判昭15.11.2新聞4642号7頁 ………… 186
大判昭15.11.26民集19巻1100頁 ………… 387
大判昭15.12.11法学10巻539頁 ………… 299
大判昭16.2.4新聞4674号8頁 ………… 261
大判昭16.2.24民集20巻106頁 ………… 366
大判昭16.2.25新聞4673号7頁 ………… 197
大判昭16.2.28民集20巻264頁 ………… 127
大判昭16.3.15民集20巻491頁 ………… 263
大判昭16.3.25民集20巻347頁 ………… 120
大判昭16.6.26新聞4716号11頁 ………… 299
大判昭16.8.26民集20巻1108頁 ………… 192
大判昭16.8.30新聞4747号15頁 ……… 213, 274
大判昭16.9.26新聞4743号15頁 ………… 327
大判昭16.10.29民集20巻1367頁 ………… 362
大判昭17.1.28民集21巻37頁 ………… 359
大判昭17.2.20民集21巻118頁 ………… 375
大判昭17.2.25民集21巻164頁 ………… 288
大判昭17.4.13民集21巻362頁 ………… 269
大連判昭17.5.20民集21巻571頁 ………… 306
大判昭17.9.30民集21巻911頁 ………… 239
大判昭17.11.28新聞4819号7頁 ………… 246
大判昭18.6.29民集22巻557頁 ………… 361

判例索引　*407*

大判昭18.9.29民集22巻983頁……………329
大判昭18.12.22民集22巻1263頁…………213
大判昭19.2.4民集23巻42頁………………268
大判昭19.10.24民集23巻608頁 …………191
大連判昭19.12.22民集23巻626頁 ………302
大判昭20.5.21民集24巻9頁………………319
大判昭20.11.12民集24巻115頁……………191
大判昭20.11.26民集24巻120頁 …212, 213, 214
最判昭23.9.18民集2巻10号231頁………329
最判昭23.12.23民集2巻14号493頁………209
東京地判昭25.10.6下民集1巻10号1596頁
　………………………………………………293
最判昭25.12.1民集4巻12号625頁 ………25
最判昭25.12.28民集4巻13号701頁………316
最判昭26.6.1民集5巻7号367頁………267, 269
東京地判昭26.10.16下民集2巻10号34頁
　………………………………………………294
最判昭26.12.21民集5巻13号796頁………81
最判昭27.1.29民集6巻1号49頁 …………304
最判昭27.2.15民集6巻2号77頁……………120
最判昭27.4.25民集6巻4号451頁…………187
大阪地判昭27.10.31下民集3巻10号1536頁
　………………………………………………294
最判昭27.11.20民集6巻10号1015頁 ……203
最判昭28.4.23民集7巻4号396頁……92, 279
最判昭28.6.16民集7巻6号629頁……313, 322
最判昭28.9.25民集7巻7号979頁…………38
最判昭28.10.1民集7巻10号1019頁………213
最判昭28.12.3民集7巻12号1311頁………305
最判昭28.12.18民集7巻12号1470頁 ……203
最判昭28.12.28民集7巻13号1683頁 ……264
最判昭29.2.12民集8巻2号465頁…………227
最判昭29.6.25民集8巻6号1321頁…………309
最判昭29.7.16民集8巻7号1359頁…………318
最判昭29.8.20民集8巻8号1505頁…………217
最判昭29.8.24集民15号439頁……………256
最大判昭29.10.20民集8巻10号1907頁 …82
最判昭29.11.5刑集8巻11号1675頁………166
最判昭29.11.26民集8巻11号2089頁………222
最判昭30.5.13民集9巻6号679頁…………118
最判昭30.6.24民集9巻7号919頁…………159
最判昭30.9.30民集9巻10号1498頁………192

最判昭30.10.7民集9巻11号1616頁………200
最判昭30.10.27民集9巻11号1720頁 ……193
最判昭30.10.28民集9巻11号1748頁………120
最判昭30.11.22民集9巻12号1781頁………30
最判昭30.11.29民集9巻12号1886頁………121
大阪地判昭30.12.6下民集6巻12号2559頁
　………………………………………………154
最判昭31.4.6民集10巻4号342頁…………329
最判昭31.4.24民集10巻4号417頁…………30
最判昭31.5.18民集10巻5号532頁…………191
最判昭31.6.1民集10巻6号612頁…………279
最判昭31.7.20民集10巻8号1045頁………163
東京高判昭31.8.17下民集7巻8号2213頁
　………………………………………………186
最判昭31.9.18民集10巻9号1148頁………304
最判昭31.10.9集民23号421頁……………162
最判昭31.12.28民集10巻12号1613頁 ……211
最判昭32.2.15民集11巻2号286頁 ………203
東京地判昭32.3.19下民集8巻3号512頁
　………………………………………………154
最判昭32.6.6民集11巻7号1177頁…………310
最判昭32.7.5民集11巻7号1193頁……27, 185
最判昭32.9.19民集11巻9号1574頁………30
最判昭32.11.14民集11巻12号1943頁……102
最判昭32.11.29民集11巻12号1994頁……302
最判昭32.12.19民集11巻13号2299頁……229
最判昭33.3.13集民30号889頁……………269
最判昭33.5.23民集12巻8号1105頁………310
最大判昭33.6.2民集12巻9号1281頁 ……339
最判昭33.6.5民集12巻9号1296頁…………282
最判昭33.6.14民集12巻9号1492頁
　…………………………………………224, 228, 233
最判昭33.6.17民集12巻10号1532頁………286
最判昭33.7.1民集12巻11号1601頁………242
最判昭33.7.29民集12巻12号1879頁………164
最判昭33.8.28民集12巻12号1936頁………377
最判昭33.9.18民集12巻13号2027頁 ……121
最判昭34.2.5民集13巻1号67頁 …………305
最判昭34.2.13民集13巻2号105頁…………263
最判昭34.2.20民集13巻2号209頁…………360
最判昭34.6.18民集13巻6号737頁…………292
最判昭34.7.14民集13巻7号960頁……127, 307

最判昭34.7.24民集13巻8号1176頁
　　　　　　　　　　　　　　……298, 299
最判昭35.2.2民集14巻1号36頁 …………215
最判昭35.2.19民集14巻2号250頁 ………299
最判昭35.3.1民集14巻3号307頁…………163
最判昭35.3.18民集14巻4号483頁 ………190
最判昭35.3.22民集14巻4号551頁 …………82
最判昭35.5.19民集14巻7号1145頁………329
最判昭35.7.1民集14巻9号1615頁 ………307
最判昭35.7.27民集14巻10号1871頁
　　　　　　　　　　　　　……348, 376, 378
最判昭35.7.27民集14巻10号1913頁 ……121
最判昭35.10.4民集14巻12号2395頁 ……330
最判昭35.10.18民集14巻12号2764頁……304
最判昭35.10.21民集14巻12号2661頁……298
最判昭35.11.29判時244号47頁 …………171
最判昭35.12.23民集14巻14号3166頁……366
最判昭35.12.27民集14巻14号3234頁……302
最判昭35.12.27民集14巻14号3253頁
　　　　　　　　　　　　　　……358, 363
最判昭36.3.28民集15巻3号617頁 ………386
最判昭36.4.7民集15巻4号716頁…………261
最判昭36.4.20民集15巻4号774頁 ………247
最判昭36.4.27民集15巻4号901頁 ………196
最判昭36.5.26民集15巻5号1336頁 ……234
最判昭36.7.20民集15巻7号1903頁………378
最判昭36.8.31民集15巻7号2027頁………365
最判昭36.12.12民集15巻11号2756頁……302
最判昭36.12.12民集15巻11号2778頁……318
最判昭37.2.6民集16巻2号195頁…………124
最判昭37.3.29民集16巻3号643頁 ………161
最判昭37.4.20民集16巻4号955頁……288, 290
最判昭37.4.26民集16巻4号992頁 ………248
最判昭37.5.18民集16巻5号1073頁………374
最判昭37.5.24民集16巻7号1251頁………309
最判昭37.8.10民集16巻8号1700頁
　　　　　　　　　　　　　　……256, 314
最判昭37.9.7民集16号9号1888頁 ………127
最判昭37.9.14民集16巻9号1935頁………217
最判昭37.10.2民集16巻10号2059頁 ……65
最判昭37.11.27判時321号17頁……224, 228
最判昭37.12.13判タ140号124頁…………213

最判昭38.1.18民集17巻1号1頁 …………361
最判昭38.1.18民集17巻1号25頁…………315
最大判昭38.1.30民集17巻1号99頁………364
最判昭38.2.21民集17巻1号182頁 ………264
最判昭38.5.24民集17巻5号639頁 …………36
最判昭38.6.7民集17巻5号728頁 …………215
最判昭38.6.13民集17巻5号744頁 ………191
最判昭38.9.5民集17巻8号909頁
　　　　　　　　　　　　……117, 209, 271
最判昭38.10.30民集17巻9号1252頁 ……360
最判昭38.11.19民集17巻11号1408頁……81
最判昭38.11.28民集17巻11号1446頁……213
最判昭38.12.3民集17巻12号1596頁 ……281
最判昭38.12.13民集17巻12号1696頁 ……272
最判昭39.1.23民集18巻1号37頁…………197
最判昭39.1.23民集18巻1号99頁…………332
最判昭39.1.24判時365号26頁……………166
最判昭39.1.28民集18巻1号136頁 ………114
最判昭39.1.30民集18巻1号196頁 ………162
名古屋高判昭39.2.20下民集15巻2号315頁
　　　　　　　　　　　　　　　　……191
最判昭39.4.2民集18巻4号497頁…………301
最判昭39.5.23民集18巻4号621頁 ………295
最判昭39.6.30民集18巻5号991頁 …………38
最判昭39.7.7民集18巻6号1016頁 ………127
最判昭39.7.28民集18巻6号1220頁
　　　　　　　　　　　　　……27, 38, 187
最判昭39.9.15民集18巻7号1435頁………273
最判昭39.10.15民集18巻8号1671頁
　　　　　　　　　　　　　　……101, 104
最判昭39.10.29民集18巻8号1823頁 ……191
最判昭39.12.11民集18巻10号2127頁……211
最判昭39.12.11民集18巻10号2160頁……304
最判昭40.2.19判時405号38頁……………298
最判昭40.3.9民集19巻2号233頁…………34
最判昭40.4.22民集19巻3号703頁 ………191
最判昭40.5.4民集19巻4号811頁 ………170
最判昭40.6.4民集19巻4号924頁 ………231
最判昭40.6.18民集19巻4号986頁 ………288
最判昭40.7.15民集19巻5号1275頁………386
最判昭40.8.2民集19巻6号1337頁 ………164
最判昭40.8.2民集19巻6号1368頁 ………187

最判昭40.9.10民集19巻6号1512頁
............................227, 231
最判昭40.10.8民集19巻7号1731頁
.................................224, 227
最判昭40.12.7民集19巻9号2101頁..........42
最判昭40.12.21民集19巻9号2187頁 192
最判昭40.12.23民集19巻9号2306頁 191
最判昭41.3.18民集20巻3号451頁 217
最判昭41.3.29判時446号43頁...............28
最判昭41.4.15民集20巻4号676頁 371
最大判昭41.4.20民集20巻4号702頁
.................................29, 355
最判昭41.4.21民集20巻4号720頁......38, 187
最判昭41.4.22民集20巻4号752頁......295, 297
最判昭41.4.26民集20巻4号826頁 292
最判昭41.4.26民集20巻4号849頁 120
最判昭41.6.21民集20巻5号1052頁 127
最判昭41.9.16判時459号45頁..............307
最判昭41.11.15集民85号97頁...............301
最判昭41.11.18民集20巻9号1827頁 309
最判昭41.11.22民集20巻9号1901頁 377
東京地判昭41.12.20判時467号26頁 198
最判昭41.12.22民集20巻10号2168頁......215
最判昭42.3.10民集21巻2号295頁 386
最判昭42.4.20民集21巻3号697頁
...........................117, 209, 271
最判昭42.6.20判時492号49頁..............375
最判昭42.6.23民集21巻6号1492頁 383
最判昭42.6.29判時491号52頁..............213
最判昭42.7.20民集21巻6号1583頁 247
最判昭42.7.21民集21巻6号1643頁 372
最判昭42.7.21民集21巻6号1653頁 377
最判昭42.9.29判時497号59頁..............266
最判昭42.10.27民集21巻8号2110頁
..............................350, 356
最判昭42.10.31民集21巻8号2232頁 216
最判昭42.11.9判時506号36頁..............172
最判昭42.11.10民集21巻9号2417頁 295
最判昭42.11.16民集21巻9号2430頁 204
最判昭42.11.30民集21巻9号2497頁 305
最判昭43.3.1民集22巻3号491頁..........375
最判昭43.3.8民集22巻3号540頁..........268

最判昭43.3.29民集22巻3号725頁 364
最大判昭43.4.24民集22巻4号1043頁......273
最判昭43.6.7集民91号241頁 267
最判昭43.8.2民集22巻8号1571頁 30
最判昭43.9.3民集22巻9号1817頁......36, 37
最判昭43.9.26民集22巻9号2002頁 350
最判昭43.10.8民集22巻10号2145頁 380
最判昭43.10.17民集22巻10号2188頁......218
最判昭43.10.17判時540号34頁 388
最大判昭43.11.13民集22巻12号2510頁...359
最判昭43.11.15判時544号33頁 210
最判昭43.12.17民集22巻13号2998頁......246
最判昭43.12.12民集22巻13号2963頁......273
最大判昭43.12.25民集22巻13号3511頁...133
最判昭44.2.13民集23巻2号291頁 80
最判昭44.2.27民集23巻2号511頁 93
最判昭44.3.20判時557号237頁 356
最判昭44.3.28民集23巻3号699頁......168, 169
最判昭44.4.24民集23巻4号855頁 38
最判昭44.5.22民集23巻6号993頁......156, 372
最判昭44.5.27民集23巻6号998頁
..............................216, 217
最判昭44.6.24民集3巻7号1121頁 127
最判昭44.6.24民集23巻7号1143頁 165
最判昭44.6.26民集23巻7号1175頁 105
最判昭44.7.4民集23巻8号1347頁 120
最判昭44.7.8民集23巻8号1374頁 380
最判昭44.7.15民集23巻8号1520頁 351
最判昭44.7.25判時574号26頁...............311
最判昭44.10.7民集23巻10号1753頁 386
最判昭44.10.7判時575号35頁..............201
最判昭44.10.17判時573号56頁 261
最判昭44.10.31集民97号159頁
判時576号53頁 310
最判昭44.11.4民集23巻11号1951頁 105
最判昭44.11.27民集23巻11号2251頁
..............................359, 360
最判昭44.12.18民集23巻12号2467頁......370
最判昭44.12.18民集23巻12号2476頁
..............................308, 309
最判昭44.12.19民集23巻12号2539頁
..............................272, 302

最判昭45.3.24集民98号455頁…………267
最判昭45.3.26民集24巻3号151頁……228, 231
最判昭45.4.21判時593号32頁…………202
最判昭45.5.21民集24巻5号393頁 …………356
福岡高判昭45.5.25高民集23巻3号311頁
………………………………………204
最判昭45.5.28判時596号41頁…………380
最判昭45.6.2民集24巻6号465頁 ……216, 218
最判昭45.6.18判時600号83頁…………370
最大判昭45.6.24民集24巻6号625頁 …120
最判昭45.7.2民集24巻7号731頁 …121
最大判昭45.7.15民集24巻7号771頁 …… 2
最判昭45.7.24民集24巻7号1116頁
………………………………215, 218
最判昭45.7.24民集24巻7号1177頁………360
最判昭45.7.28民集24巻7号1203頁
………………………………263, 295, 296
京都地判昭45.8.3判時621号70頁 …………293
東京高判昭45.9.17判時607号47頁…………186
最判昭45.9.22民集24巻10号1424頁 …………218
最判昭45.10.22民集24巻11号1599頁……332
最判昭45.10.29判時612号52頁 …………370
最判昭45.12.15民集24巻13号2081頁……305
最判昭45.12.24民集24巻13号2230頁……302
最判昭46.3.16集民102号249頁
判時626号48頁 ……………………304
最判昭46.4.9民集25巻3号264頁 …………197
最判昭46.4.20判時628号42頁…………261
最判昭46.4.20判時631号53頁…………65
最判昭46.6.3民集25巻4号455頁…………301
最判昭46.11.11判時654号52頁 …………374
最判昭46.11.19民集25巻8号1331頁……386
最判昭46.11.30民集25巻8号1437頁……371
大阪地判昭46.12.10判時654号29頁 …………198
最判昭46.12.16民集25巻9号1472頁……186
最判昭47.2.18民集26巻1号46頁…………291
最判昭47.2.18民集26巻1号63頁…………187
最判昭47.3.9民集26巻2号213頁…………170
最判昭47.4.4民集26巻3号373頁…………270
最判昭47.5.19民集26巻4号723頁…………222
最判昭47.6.2民集26巻5号957頁…………104
最判昭47.6.27民集26巻5号1067頁…………35

最判昭47.7.6民集26巻6号1133頁 …………264
最判昭47.9.1民集26巻7号1289頁……85, 265
最判昭47.9.7民集26巻7号1327頁…………322
最判昭47.11.21民集26巻9号1657頁……118
最判昭47.11.28民集26巻9号1686頁……132
最判昭47.11.28民集26巻9号1715頁……219
最判昭47.12.19民集26巻10号1969頁……316
最判昭48.4.24判時704号50頁 …………65
最判昭48.6.21民集27巻6号712頁…………213
最判昭48.6.28民集27巻6号724頁…………218
最判昭48.7.3民集27巻7号751頁…………290
最判昭48.10.9民集27巻9号1129頁…………103
最判昭48.10.26民集27巻9号1240頁 ……93
最判昭48.12.14民集27巻12号1586頁……350
最判昭48.12.20民集27巻11号1536頁……201
最判昭49.2.28判時735号97頁…………128
最判昭49.9.26民集28巻6号1213頁……238
最大判昭49.10.23民集28巻7号1473頁 …204
最判昭49.12.20民集28巻10号2072頁……381
最判昭50.2.20民集29巻2号99頁…………187
最判昭50.2.25民集29巻2号143頁 …31
最判昭50.2.28民集29巻2号193頁 …38
最判昭50.3.6民集29巻3号220頁 …191
最判昭50.4.10判時782号40頁 …204
最判昭50.4.25判時781号67頁 …215
最判昭50.6.24判時784号63頁 …303
最判昭50.7.14民集29巻6号1012頁……125
最判昭50.7.14判時791号74頁 …162
最判昭50.10.3集民116号179頁
判時799号37頁 ……………………262
新潟地六日町支判昭50.10.30交通民集
8巻5号1551頁……………………51
最判昭50.11.21民集29巻10号1537頁……364
最判昭51.4.9民集30巻3号208頁…………279
最判昭51.4.23民集30巻3号306頁
………………………………27, 120, 121
最判昭51.5.25民集29巻4号417頁……38, 40
最判昭51.5.25民集30巻4号554頁 …………353
最判昭51.6.25民集30巻6号665頁 …………305
最判昭51.10.1判時835号63頁…………184
最判昭51.12.24民集30巻11号1104頁
………………………………………156, 372

最判昭52.3.15判時852号60頁………………27
長野地判昭52.3.30判時849号33頁………199
最判昭52.3.31判時855号57頁……………375
最判昭52.6.20民集31巻4号449頁 …………191
東京高判昭52.6.29判時863号51頁………204
最判昭52.9.29判時866号127頁……………380
最判昭52.12.8判時879号70頁………………216
最判昭53.1.23民集32巻1号1頁……………389
最判昭53.3.6民集32巻2号135頁…………374
最判昭53.12.14民集32巻9号1659頁………380
最判昭54.2.15民集33巻1号51頁…………154
大阪高判昭54.3.29判時937号49頁………204
最判昭54.11.2判時955号56頁……………316
最判昭54.11.30判タ404号60頁……………128
最判昭54.12.14判時953号56頁……………324
福井地判昭55.1.31判時983号110頁………52
大阪地判昭55.2.29下民集32巻
　　5〜8号588頁 ……………………………199
最判昭55.9.11民集34巻5号683頁……213, 215
最判昭55.10.23民集34巻5号747頁………318
大阪高判昭55.11.19判タ444号127頁……204
最判昭56.1.27判時1000号83頁……………371
最判昭56.3.24民集35巻2号300頁 ………198
最判昭56.4.28民集35巻3号696頁………110, 211
大阪高判昭56.5.13判タ454号97頁………204
最判昭57.1.29民集36巻1号105頁 ………363
最判昭57.6.8判時1049号36頁……………213
最判昭57.6.17民集36巻5号824頁 ………161
最判昭57.7.15民集36巻6号1113頁 ………353
最判昭57.10.19民集36巻10号2163頁……347
最判昭57.12.17判時1070号26頁……………38
最判昭58.4.7民集37巻32号256頁…………133
最判昭58.6.21判時1082号45頁……………131
名古屋高判昭58.8.10下民集34巻
　　5〜8号606頁 ……………………………291
最判昭59.4.24民集38巻6号687頁 ………367
最判昭59.9.18判時1137号51頁………………31
最判昭59.12.13民集38巻12号1411頁……187
最判昭60.3.28判時1168号56頁……………371
最判昭60.11.26民集39巻7号1701頁 ……350
最判昭60.11.29民集39巻7号1760頁 ……132
最判昭61.2.27判時1193号112頁…………159

最判昭61.3.17民集40巻2号420頁……346, 349
最判昭61.5.29判時1196号102頁……………199
最判昭61.9.4判時1215号47頁………………197
広島高判昭61.10.23判時1218号83頁……199
最判昭61.11.20民集40巻7号1167頁………199
最判昭61.11.20判時1220号61頁……………204
最判昭61.12.16民集40巻7号1236頁………151
最判昭62.7.7民集41巻5号1133頁……286, 287
名古屋高金沢支判昭62.8.31高民集
　　40巻3号53頁 ……………………………199
東京高判昭62.10.8判時1254号70頁……152
最判昭62.11.10民集41巻8号1559頁………155
東京地判昭62.12.18判時1275号41頁……200
最判昭63.3.1判時1312号92頁……………292
最判昭63.7.14判時1297号29頁 …………108
名古屋地判昭63.7.22判時1303号103頁…199

〔平　成〕

最判平元.9.14判時1336号93頁 …………223
最判平元.12.21民集43巻12号2209頁……348
最判平元.12.22判時1344号129頁 ………375
最判平2.4.19判時1354号80頁……………168
最判平2.6.5民集44巻4号599頁………350, 388
最判平2.11.26民集44巻8号1137頁………135
最判平4.3.19民集46巻3号222頁…………350
最判平4.12.10民集46巻9号2727頁………272
最判平5.1.21民集47巻1号265頁…………289
最判平5.9.24民集47巻7号5035頁…………35
最判平5.12.16判時1489号114頁…………230
東京地判平6.5.30判時1493号49頁………230
最判平6.5.31民集48巻4号1029頁………333
最判平6.5.31民集48巻4号1065頁………104
最判平6.9.13民集48巻6号1263頁………292
最判平7.3.23民集49巻3号984頁…………389
最判平7.12.15民集49巻10号3088頁……371
最判平8.3.19民集50巻3号615頁…………121
最判平8.7.12民集50巻7号1901頁………364
最判平9.7.1民集51巻6号2251頁…………37
最判平9.7.1民集51巻6号2452頁…………30
最判平9.8.25判時1616号52頁………………83
最判平9.9.4民集51巻8号3619頁…………197
最判平9.11.11民集51巻10号4077頁 ……197

最判平10.6.12民集52巻4号1087頁 ……… 368
最判平10.7.17民集52巻5号1296頁 ……… 290
最判平11.3.11民集53巻3号451頁 ……… 339
最判平11.4.27民集53巻4号840頁 ……… 364
最判平11.10.21民集53巻7号1190頁 …… 351
最判平11.11.9民集53巻8号1403頁 ……… 351
最判平12.10.20判時1730号26頁；
　　　判タ1046号89頁 …………………… 102
最判平13.3.27 ……………………………… 28
最大判平13.3.28 …………………………… 15

債権総論講義（第4版）　安達三季生著　3,000円
口述講義債権総論　赤松秀岳著　2,621円
債権総論（第2版）II 保全・回収・保証他　法律学の森1　潮見佳男著　5,700円
債権総論講義案I　潮見佳男著　1,748円
債権総論講義案II　潮見佳男著　1,748円
債権法の基本問題（民法の研究2）菅野耕毅著　7,980円
債権法の基礎課題　山本進一著　8,000円
保証・人的担保論　伊藤進著　6,000円
売買契約における危険負担の研究　半田吉信著　12,500円
利息制限法と公序良俗　小野秀誠著　16,000円
通貨の法律原理　牧瀬義博著　48,000円　外貨債権の法理　川地宏行著　9,000円
給付障害と危険の法理　小野秀誠著　11,000円
危険負担と危険配分　新田孝二著　12,000円
債権者代位訴訟の構造　池田辰夫著　4,854円
反対給付論の展開　小野秀誠著　12,000円
債権消滅論　伊藤進著　6,000円
ゴルフ会員権の譲渡に関する研究　須藤正彦著　9,515円
クレジット法の理論と実際　中坊公平・植木哲・木村達也・島川勝・藤田裕一編　13,600円

【債権各論】
近代不動産賃貸借法の研究　小柳春一郎著　12,000円
競売の法と経済学　鈴木禄弥・福井秀夫・山本和彦・久米良昭編　2,900円
都市再生の法と経済学　福井秀夫著　2,900円
不法行為法　藤原正則著　4,500円
第三者のためにする契約の理論　春田一夫著　近刊
債権各論講義　内山尚三著　3,600円　債権各論　完　富井政章著　17,476円
契約法　平野裕之著　5,000円
講説民法（債権各論）　野口昌宏・山口康夫・加藤照夫・木幡文徳著　3,600円
リース・貸借契約論　伊藤進著　6,000円
登記詐欺（新装版）　桑原忠一郎著　1,800円　借家権の承継　高翔龍著　続刊
マンション管理法セミナー　山畑哲世著　2,222円
マンション管理法入門　山畑哲也著　3,600円
マンション管理士必携　岡崎泰造編　1,800円
マンション管理紛争の現実　吉田武明著　5,000円
新借地借家法の実務　都市再開発法制研究会　丸山英気編　2,136円
定期借家権　阿部泰隆・野村好弘・福井秀夫編　4,800円

条文索引

民 法

1条
 1項 …………………………25〜
 2項 …………………25〜, 345, 353
 3項 ……………………………31〜
1条の2 …………………………46〜
1条の3 …………………………50〜,
2条 ………………………………54
3条 ………………………………61
4条1項 ………………………63, 276
 2項 ……………………………276
5条 ………………………………64
6条 ………………………………64
7条 ………………………………68
8条 ………………………………69
9条 …………………………69, 318
10条 …………………………70, 318
11条 ………………………………71
11条の2 …………………………75
12条 …………………………71〜74
13条1項 ……………………76, 318
14条1項 …………………………76
 2項 ……………………………76
15条 ………………………………77
16条1項 …………………………77
 2項 ……………………………77
 3項 ……………………………77
 4項 ……………………………77
17条3項 …………………………78
18条1項 …………………………76
 2項 ……………………………78
19条1項 …………………………79
 2項 ……………………………79
 3項 ……………………………79
 4項 …………………………79, 323

20条 …………………………78, 80
21条 ………………………………81
22条 ………………………………83
23条 ………………………………83
24条 ………………………………83
25条1項 ……………………85, 86, 258
 2項 ……………………………87
26条 ……………………………258
27条1項 …………………………86
 2項 ……………………………87
 3項 ……………………………86
28条 …………………………85, 86
29条1項 ……………………86, 87
 2項 ……………………………86, 87
30条1項 …………………………87
 2項 ……………………………87
31条 ………………………………88
32条1項 ……………………89, 90, 317
 2項 ……………………………91
32条の2 …………………………54
33条 ……………………………106
34条 …………………97, 106, 109, 145, 245
34条の2 ………………………111
35条1項 …………………………97
 2項 ……………………………97
36条1項 ………………………146
 2項 …………………………146
37条 …………………107, 138, 179
38条1項 ……………………108, 138
39条 …………………………109, 179
40条 ……………………………110
41条 ……………………………110
42条1項 ………………………110
 2項 …………………………110
43条 …………………114, 115, 119
44条1項 ……………………122, 123, 125

45条1項	109, 112
2項	109, 112, 147
46条1項	112
2項	112
47条	113
48条1項	112
2項	114
49条1項	147
2項	147
51条1項	135
2項	135
52条1項	129
2項	129, 131, 135
53条	131
54条	131
55条	277
56条	130
57条	133, 267
58条	136
59条1号	136
2号	136
3号	137
4号	137
60条	137
61条1項	137, 138
2項	137
62条	137, 256
63条	138
64条	138
65条1項	138
2項	138
3項	138
66条	138
67条1項	145
68条1項	139, 140
2項	141
69条	140
70条1項	140
2項	136, 140
71条	140, 146, 317
72条	144
73条	142
74条	135, 142
75条	142
76条	142
77条1項	143
2項	143
78条1項1号	143
2号	143
3号	143
79条1項	143
2項	143
3項	143
80条	144
81条1項	144
2項	144
3項	144
82条	145
83条	144
83条の2	145
83条の3 1項	145
84条1号	135
2号	135
3号の2	145
4号	137
5号	136, 140, 144
6号	143
84条の2	111
85条	149
86条1項	158
2項	164
3項	165
87条1項	167
2項	169
88条1項	171
2項	171
89条1項	172
2項	171
90条	194〜205, 313

91条	185, 189, 313	114条	284
92条	183	115条	283, 284
93条	207, 208, 313	116条	283, 312, 314
94条1項	209, 212, 313	117条1項	284, 285
2項	212, 214, 215, 313	2項	286, 289
95条	207, 221, 226, 230, 231, 313	118条	287
96条1項	235, 236, 242, 274	119条	314
2項	237, 242	120条1項	76, 318
3項	238, 240, 242, 322	2項	318
97条1項	137, 245	121条	260, 321
2項	248	122条	76, 322
97条の2		123条	320
1項	248	124条1項	323
2項	248	2項	323
3項	248	3項	322
98条	249	125条	78, 323
99条1項	251, 257	126条	78, 324, 325, 388
2項	256, 257	127条	179, 330
100条	273	128条	331, 333
101条1項	118, 251, 274	129条	332
2項	275	130条	331, 332
102条	255, 275, 280	131条1項	330
103条1号	264	2項	313, 330
2号	265	132条	328
104条	252, 257, 259, 277	133条1項	329, 330
105条1項	257, 277	2項	330
2項	277	134条	329
106条	257, 277	135条1項	332, 333
107条1項	276, 278	2項	332, 333
2項	278	136条1項	334
108条	266	2項	334
109条	256, 292〜298	137条	334
110条	125, 127, 298〜310	138条	337
111条1項		139条	337
1号	279	140条	338, 347
2号	280	141条	338
2項	252, 257, 259, 260, 280	142条	338
112条	310, 311	143条1項	338
113条1項	180, 282	2項	338
2項	283	144条	347

145条	345, 349〜353
146条	345, 353〜356
147条	357, 358, 364, 365
148条	367
149条	358, 361
150条	361, 362
151条	362
152条	363
153条	256, 363
154条	364
155条	364
156条	365
157条1項	347, 366, 388
2項	347, 366, 367, 388
158条	368
159条	368
159条の2	369
160条	369
161条	369
162条	173, 346, 371, 373, 376, 378
163条	173, 369, 379
164条	376
166条1項	347, 380
2項	381
167条1項	346, 383
2項	387
168条1項	383
2項	384
169条	384
170条	385
171条	385
172条	385
173条1号	385
2号	386
3号	386
174条	386
174の2条	367, 388
176条	157
177条	161, 166, 219, 239, 378
178条	165, 166
180条	370
181条	370
183条	256
184条	256
185条	371
186条1項	370, 372
192条	165, 166
194条	166
203条	376
205条	379
206条	171
217条	184
219条3項	184
228条	184
236条	184
239条1項	167, 173
2項	167
240条	173
241条	173
258条2項	156
265条	171
278条	189
292条	367
303条	166
311条	166
325条	166
342条	166, 180
344条	166, 169
347条	166
352条	166
369条	167
400条	157
412条3項	256
415条	22, 28, 188
423条1項	350
424条	317
430条	156
434条	367
457条1項	367
458条	367

条文	頁
466条	178
483条	157
484条	157
506条1項	328
2項	333
522条	256
525条	248
526条1項	245
534条	157, 188
535条	188
536条	188
541条	256
545条1項	321
550条	318
559条	180
561条	274
570条	234, 275
579条	167
587条	156, 157, 180
591条	382
593条	156
601条	156, 171
605条	10
644条	278
646条	278
648条1項	86, 278
650条	86, 278
654条	279
655条	280
662条	334
663条2項	334
666条	157
695条	234
696条	234
703条	91, 179, 313, 321, 322
704条	91, 314, 321
709条	22, 43
715条	123, 124, 276
721条	50
724条	348
732条	91
739条	179, 180
743条	318
744条	91
753条	63
761条	307, 308
762条	307
770条1項	91
783条1項	50
799条	180
802条1号	209
803条	317
818条	257, 258
819条1項	258, 259
2項	258
3項	258, 265
4項	258
824条	65
826条	65, 267
833条	275
839条	257, 258
840条	257, 258
841条	257
843条	258
846条	275
851条4号	65
859条2項	65
860条	65
865条	317
866条	317
867条	275
876条の2 3項	267
876条の4 1項	75
876条の9 1項	77
2項	77
886条	50
896条	173

918条	257
919条2項	317
938条	245
952条	257
965条	50
967条	179
985条	180
990条	173
1016条	277

外国法

ドイツ民法

1条	48, 49
2条	62
7条1項	81
2項	82
3項	81
27条1項	130
30条	134
40条	130
54条	101, 103
73条	141
94条1項	158
97条1項	168
105条	56
119条1項	230, 232
2項	221
120条	232, 254
122条	230
123条2項	237
130条1項	247
133条	181
138条1項	194
2項	203
139条	189
140条	316
157条	26, 182, 185
161条	331
162条1項	332
2項	332
164条1項	271, 272
167条1項	258
179条3項	286
181条	266
185条1項	255
2項	255
194条1項	342
222条1項	342
225条	354
226条	33
229条	41
230条1項	41
242条	26
306条	188
618条	30
826条	195
844条2項	50
859条1項	41
2項	41
3項	41
900条1項	341, 378
937条	341
1912条	50
1923条2項	50

フランス民法

8条1項	48
88条	84
89条	84
90条	84
91条	84
102条	81
103条〜105条	81
112条	84
113条	84
115条	84
108条	81
119条	84
120条	84
129条	84

132条	84
388条	62
476条	62
477条1項	62
478条〜482条	62
487条	62
488条	62
489条	56
518条	158
524条1項	158
3項	158
526条	158
720条〜722条	53
725条	50
906条1項	50
1110条	230
1131条	194
1133条	194
1134条3項	26
1156条〜1164条	182
1912条	50
1923条2項	50
2219条〜2222条	342
2242〜2250条	342
2262条	342
2271条〜2273条	342
2277条	342

スイス民法

1条2項	185
2条1項	26
2項	33
11条1項	48
2項	48
14条1項	62
2項	62
15条	62
18条	56
23条1項	81
2項	82
25条	81
31条1項	49
2項	50
32条2項	53
34条	84
35条1項	85
38条2項	88
55条3項	128
62条	101
76条〜78条	141
166条1項	308
393条	84
661条	342, 378
644条2項	168
667条2項	158
713条	150

スイス債務法

18条1項	182
19条2項	194
20条1項	188, 194
2項	189, 315
21条1項	203
23条	230
24条1項	230
2項	230
25条1項	230
26条1項	230
2項	230
32条1項	258, 271
2項	272
52条3項	41
55条2項	122
127条	342
129条	354
328条	30

【総　則】

信義則および権利濫用の研究　菅野耕毅著　8,000円
信義則の理論（民法の研究4）　菅野耕毅著　7,600円
権利濫用の理論（民法の研究5）　菅野耕毅著　7,600円
民法基本判例1 総則　遠藤浩著　2,000円
講説民法（総則）　野口昌宏・落合福司・久々湊晴夫・木幡文徳著　2,800円
現代民法総論（第2版）　齋藤修著　3,800円
民法1 総則・物権　岸上晴志・中山知己・清原泰司鹿野菜穂子・草野元己著　2,800円
民法Ⅰ講義要綱［付・判例編］　泉久雄著　1,994円
法人法の理論　福地俊雄著　7,300円
法律行為・時効論　伊藤進著　5,000円
法律行為乃至時効（復刊法律学大系2）　鳩山秀夫著　50,000円
法律行為論　全　岡松参太郎著　12,000円
無効行為の転換の理論　山本進一著　6,408円
信頼保護における帰責の理論　多田利隆著　8,641円
錯誤無効の競合論　竹石惣著　12,000円
取得時効の研究　草野元己著　6,000円
時効理論展開の軌跡　金山直樹著　18,000円

【物　権】

不動産無償利用権の理論と裁判　岡本詔治著　12800円
民法基本判例2 物権　遠藤浩著 2,400円　民法基本判例3 担保物権　同著　2,300円
導入対話による民法講義（物権法）　鳥谷部茂・橋本恭宏・松井宏興著　2,600円
概説民法177条　土生滋穂著　12,000円
不動産登記法正解（明治32）　中山文次郎著　未刊
不実登記責任論・入門　田中克志著　2,913円
情報化社会の新しい不動産実務　小村哲夫編　近刊
不動産仲介契約論　明石三郎著　12,000円
相隣法の諸問題　東孝行著　6,000円
私道通行権入門　岡本詔治著　2,800円
隣地通行権の理論と裁判　岡本詔治著　20,000円
物的担保論　伊藤進著　7,000円
権利移転型担保論　伊藤進著　6,000円
留置権論　薬師寺志光著　18,000円
留置権の研究　関武志著　13,800円

【債権総論】

債権総論・担保物権（第1分冊）　三藤邦彦著　2,600円
債権総論・担保物権（第2分冊）　三藤邦彦著　続刊
導入対話による民法講義（債権総論）
　今西康人・清水千尋・橋本恭宏・三林宏著　3,000円
債權總論完　富井政章著　17,476円　債権総論［第3版］　平野裕之著　近刊